Sascha Plackov

Dem Licht ganz nahe

Nahtod-Erfahrungen und Suizid

Eine empirische Studie

Dr. Sascha Plackov

Dem Licht ganz nahe

Nahtod-Erfahrungen und Suizid

– Eine empirische Studie –

crotona

Deutsche Originalausgabe:
1. Auflage 2024

www.crotona.de

Lektorat: Annerose Sieck
Umschlaggestaltung: Annette Wagner

Druck: CPI • Birkach

ISBN 978-3-86191-279-8

**Meiner geliebten Frau Christiane gewidmet,
die sich einst das Leben nehmen wollte.**

Inhalt

»Aber ich kann nichts dafür,
denn es ist eben das Leben in mir,
das den Wert bestimmt.«

Jack London, Der Seewolf

Vorwort

Wer sich das Leben nimmt, kommt in die Hölle. Ist doch klar. Oder? So zumindest wurde es uns seit einem Jahrtausend hinweg kolportiert. Man denke nur an das Werk des italienischen Schriftstellers Dante Alighieri (1265–1321). In seiner »Göttlichen Komödie«, deren erste gedruckte Ausgaben 1472 in Foligno, Mantua und Jesi erschienen, verortete er Menschen, die sich selbst töteten, in den siebten Höllenkreis. Damit waren sie nur einen Höllenkreis von Satan, dem Fürsten der Hölle, entfernt. Ihr Schicksal in der Hölle fasste Dante kunstvoll in Worten zusammen, die sich in etwa so anhören:

Im siebten Höllenkreis offenbart sich dem Betrachter eine völlig neue Vegetation, ein Dornenwald mit Bäumen und Sträuchern. Es ist der Wald der Selbstmörder. Jener Seelen, bei denen sich die Gewalt gegen sich selbst richtete. Sie haben sich aus freiem Willen von ihrem Leib getrennt, ihn gleichsam weggeworfen, deshalb müssen ihre Seelen hier ohne ihn auskommen. Getreu der Regel, dass man nicht haben darf, was man sich selbst nahm. Körperlos fristen sie nun ihr Dasein, verwandelt als verkrüppelte Bäume und Sträucher, in denen Harpyien nisten. Hässliche, dämonische Sturmvögel, die sich von ihren Blättern und Knospen ernähren. Kreischend zerpflücken sie immer wieder die Gewächse, in denen sich die Menschenseelen verbergen und fügen ihnen endlos Wunden zu, was zu unerträglichen Schmerzen führt. Das Jammern der Gepeinigten ist dann allenthalben zu vernehmen, wenn es durch die Öffnungen ihrer Wunden nach außen dringt. Doch es gibt kein Entrinnen davor. Die Sünder sind dem dämonischen Treiben schutzlos ausgeliefert. Regungslos müssen sie alles ertragen. Das ist ihre Strafe.

Doch ist das wirklich so, dass der in die Hölle kommt, der Suizid begeht, oder sind das nur Ammenmärchen? Was ist dran an dieser Behauptung? Recherchiert man etwas im Internet, so finden sich sowohl friedliche Nahtod-Erfahrungen (NTE) als auch unschöne Erlebnisse in Todesnähe. Schaut man sich die negativen Nahtod-Erfahrungen genauer an, finden sich immer wieder Berichte, in denen die Selbsttötung eine Rolle spielt. So wie bei Tamara Laroux, die sich das Leben nahm und in der Hölle landete. Mit fünfzehn Jahren entschloss sich das Mädchen, sich zu erschießen. Zuvor sprach sie noch ein Gebet zu Gott und zu Jesus Christus, man möge ihr den Suizid vergeben. Als dann die Kugel ihren Körper durchdrang, verließ ihre Seele den Körper. Aber sie gelangte nicht in eine wunderbare Welt der Liebe und Geborgenheit, sondern an einen schrecklichen Ort. Dort waren Millionen von Menschen, die sich in tiefer Angst und Hoffnungslosigkeit befanden und fürchterliche Qualen litten. Trotzdem nahm das Ganze ein gutes Ende; denn Gott, so sagte sie selbst, habe sie nur für einen kurzen Augenblick in die Hölle werfen lassen, um sie dann in den Himmel zu erheben. Zurück in ihrem Körper, führte sie diesen Umstand auf das kurze Gebet zurück, das sie gesprochen hatte. Ebenso wie die Heilung ihres Körpers, samt der emotionalen und seelischen Wunden.

Oder nehmen wir den Erfahrungsbericht von Dennis, der unter dem Pseudonym Lebenhasser 1994 schreibt:

> »Im Internet bestellte ich ein Seil. Beim Probehängen hielt ich es. Ich war bereit, mir das Leben zu nehmen. Ich stellte mich auf einen Stuhl, den Strick um den Hals. Ich schob den Stuhl fort … Meine Erwartung war: Mit dem Tod ist alles aus, ich habe alles hinter mir, ich bin fertig, bin erleichtert. Gott gibt es nicht. Mit dem Tod ist alles aus. Tatsächlich passierte etwas ganz anderes. Mir wurde ganz schwarz vor Augen. Und als ich zu mir kam, fühlte ich mich fast brutal befreit. Ich sah mich an, ich hatte Hände, meine Augen waren noch da, meine Ohren waren noch da. Ich konnte denken. Ich hatte Gefühle, mein Leben war nicht zu Ende. Ich sah meinen Körper, der an dem Strick hing. Ich hatte ihn ausgezogen und aufgehängt gesehen, wie einen alten Mantel. Ein neuer Körper war da; doch er unterlag nicht den Gesetzen der Schwerkraft. Ich fühlte mich wohl, ich fühlte mich fantastisch.

Ich dachte: Jetzt hast du es geschafft, jetzt bist du am Ziel. Es dauerte nur kurze Zeit, da wurde ich angezogen, beziehungsweise angesaugt, wie immer man das nennen will. Ich fiel in eine Art schwarzes Loch. Die Geschwindigkeit wurde immer schneller und immer rasender … Ich rauschte in eine Sphäre hinein, die war rot-schwarz. Ich sah einen roten Schein am Ende des Tunnels. Auf dem Boden sah ich eine Art Schwamm und es brodelte, ich sah Feueradern. Ich befand mich wie in einer Glaskugel, wie in einer Art Plastikkugel. Ich schwebte über diesen Feueradern. Dann sah ich etwas ganz Entsetzliches: Aus diesen Feueradern erschienen menschliche Gestalten, die auftauchten und wieder untergingen und erneut auftauchten und wieder untergingen. Ich hörte in meiner Glaskugel ein Stimmengewirr in vielen Sprachen, die ich komischerweise alle verstand. Das waren alles Menschen, die entweder Gott fluchten oder Gott lästerten oder aber Gott um Gnade anflehten, dass er sie doch erlösen möge von ihrer Pein und ihren Schmerzen. Sie waren vor Schmerzen einfach wie von Sinnen. Meine Reise ging eine ganze Weile über diesen (Ab-)Grund hinweg. Die Leute schienen eine Art Asbesthaut zu haben; zudem Gesichter, in denen die Augen tief in den Höhlen lagen. Das Feuer tat ihnen keinen Schaden. Offenbar war unter der Asbesthaut ein Nervensystem. Dieses Nervensystem verursachte bei ihnen offenbar diese üblen Schmerzen. Wie ich diese Menschen schreien, leiden und betteln sah, da konnte ich mir vorstellen, dass ein Tropfen Wasser auf ihrer Zunge sehr viel Linderung gebracht hätte … Was ich sah, war so abscheulich, dass ich es hier nicht wiedergeben will. Wenn die Gequälten keine Schmerzen mehr empfanden, dann holte man sie aus diesem Schwamm heraus, ließ sie regenerieren, damit sie dann die Schmerzen neu spürten … Ich hatte nur eine einzige Furcht: Was passiert, wenn die Kugel platzt oder Schäden bekommt und ich auch an diesem Ort bleiben muss? Ich empfand eine große Erleichterung, als die Kugel mit immer schnellerem Tempo, wie an einem Gummizug durch den Tunnel zurückgezogen wurde. Als ich zu mir kam, saß ich auf dem Boden meines Zimmers. Der dicke Strick war gerissen, was eigentlich nie hätte passieren dürfen. Mein Hals schmerzte furchtbar. Ich habe dann später gesehen, dass ich dort eine riesige feuerrote Narbe hatte. Ich habe mich gewundert, dass diese Narbe sehr schnell geheilt ist. Ich staunte, weil sie nur drei bis vier Tage zu sehen war.«

Immer wieder stößt man während der Suche im Netz auf ähnliche Berichte. Es ist nicht so, dass alle negativen Nahtod-Erfahrungen nur mit Selbsttötung zu tun hätten, aber die Häufung stimmt doch nachdenklich. Ist es wirklich so, dass diejenigen, die versuchen, ihrem Leben selbst ein Ende zu setzen, in die Hölle kommen? Was sagt die Wissenschaft dazu? Gibt es im Jenseits dafür eine Strafe?

Frühe Forschungsergebnisse deuten darauf hin, dass Suizidenten mit einer geringeren Wahrscheinlichkeit Nahtod-Erlebnisse hatten und ihre Erfahrungen auch kürzer waren und weniger Merkmale aufwiesen (Ring, 1980). Auch wurde in den Anfängen der Forschung nicht selten die Ansicht vertreten, dass insbesondere suizidbedingte Nahtod-Erfahrungen negative Erlebnisse nach sich zögen. Durchgehend findet man in der zur Verfügung stehenden Quellen- und Fachliteratur, dass Reanimierte nach versuchter Selbsttötung – im Gegensatz zu den sonst so oft als wunderschön geschilderten Erfahrungen an der Schwelle des Todes – von äußerst unangenehmen, ja zum Teil höllenartigen Erlebnissen und Visionen erzählten. Die Nahtod-Forschung des 20. Jahrhunderts scheint demzufolge die theologisch-sittlichen Vorbehalte gegen den Suizid eher zu bestätigen. Doch es gab auch andere Ergebnisse. Weitere Forscher, die sich mit dem Thema beschäftigten, konnten keine quantitativen oder qualitativen Unterschiede zwischen Nahtod-Erfahrungen von Suizidanten und solchen aufgrund anderer Ursachen ausmachen (Ring & Franklin, 1982; Greyson & Flynn, 1984; Greyson, 1991). In ihren Studien hatten Menschen, die sich das Leben nahmen, genauso häufig Nahtod-Erlebnisse, und ihre Erfahrungen konnten ebenso positiv ausfallen wie die anderer auch. Damit sprechen ihre Erlebnisse nicht für die These, dass Überlebende von Suizidversuchen über den Tod hinaus bestraft werden. Andere Studien lassen wiederum Zweifel an dieser Aussage aufkommen, insbesondere die Studie der amerikanischen Internistin und Nahtod-Forscherin Barbara Rommer. Sie sprach mit über 300 Menschen, die eine Nahtod-Erfahrung erlebt hatten. 2004 publizierte sie die Ergebnisse ihrer Studie in dem Buch »Der verkleidete Segen«. Demnach scheint die Anzahl unschöner Nahtod-Erfahrungen nach Suizidversuchen insgesamt erhöht zu sein. So hatten 54,5% ihrer Befragten nach ihrem Suizidversuch Isolation und eine Leere erlebt. 18% der Untersuchten machten eine Höllenerfahrung durch. Kommen also Menschen, die sich das Leben nehmen, doch in die Hölle? Werden sie über den Tod hinaus für ihre Tat bestraft? Wir wissen es nicht. Dem derzeitigen Forschungsstand zufolge lassen sich diese Fragen nicht endgültig beantworten.

Aber warum sind die Ergebnisse der zur Verfügung stehenden Literatur so widersprüchlich? Das liegt zum einen daran, dass die Fallzahlen in den vorliegenden Studien recht niedrig sind. So äußerte beispielsweise Raymond Moody in seinem Buchklassiker »Leben nach dem Leben«, dass er nur wenige Fälle kenne, in denen ein Selbsttötungsversuch die Ursache für die Nahtod-Erfahrung gewesen sei. Zum anderen liegen die Gründe für die widersprüchlichen Ergebnisse auch im Studiendesign. So sprach zum Beispiel Bruce Greyson 1991 mit insgesamt 61 Menschen nach einem Selbsttötungsversuch. Davon hatten 26% eine Nahtod-Erfahrung. Also hatten nur 16 Personen eine NTE erlebt, von der sie im Anschluss berichten konnten. Auch die Studie von Barbara Rommer hilft uns bei der entscheidenden Frage nicht weiter, denn von den über 300 Betroffenen, die sich einem Interview gestellt hatten, erlebten nur 17,7% eine negative Nahtod-Erfahrung. Das entspricht den Angaben der uns vorliegenden Literatur. Der Anteil an negativen Nahtod-Erfahrungen in ihrer Studie war also nicht wesentlich höher. Zum anderen hatten aus den über 300 Fällen nur 30,6% ihren Tod selbst verursacht. Die Studie war folglich nicht nur auf Suizidenten konzentriert. Außerdem hat Barbara Rommer selbst hervorgehoben, dass unter den 54,5% derjenigen, die während ihrer NTE eine unendliche Leere, Dunkelheit und Lähmung erlebt haben, sowohl Fälle waren, die ihren Tod absichtlich als auch unabsichtlich verursacht hatten. Wie viele Suizidenten tatsächlich unter den 54,5% waren, wissen wir also nicht. Das alles darf an dieser Stelle bitte nicht als Kritik missverstanden werden, denn alle hier genannte Nahtod-Forscher haben großartige und exzellente Arbeit geleistet. Was vielmehr damit zum Ausdruck gebracht werden sollte, ist einfach nur der Hinweis, dass alle bisher veröffentlichten Studien die Fragen, ob Selbstmörder in die Hölle kommen und ob sie im Jenseits über den Tod hinaus bestraft werden, gar nicht beantworten können, weil sie überhaupt nicht mit dieser Fragestellung durchgeführt wurden. Vielmehr haben andere versucht, aus den vorliegenden Studien die Beantwortung dieser Fragen abzuleiten, was aber nicht funktioniert oder zu Fehlschlüssen führt.

Um diese speziellen Fragen wirklich zu beantworten, erfordert es zum einen eine Studie, die über eine ausreichende Anzahl an Fällen verfügt, also mindestens über 100, und zum anderen nur solche Fälle berücksichtigt, in denen ein Suizidversuch zu einer nachweislichen Nahtod-Erfahrung geführt hat. Mit anderen Worten: Eine Studie, die nur Suizidenten mit einer wissenschaftlich nachgewiesenen Nahtod-Erfahrung berücksichtigt. Und das auch noch international. Kein einfaches Unterfangen, denn Suizidenten sind bekanntlich weit weniger bereit, an Befragungen teilzunehmen. Niemand spricht gerne über seinen Selbsttötungsversuch und über eine Nahtod-Erfahrung auch nicht. Erst recht nicht, wenn diese albtraummäßig war. Hier kumulieren einfach zu viele Tabu-Themen. Außerdem bestehen auch Probleme technischer Natur. Sie betreffen die Standardinstrumente der NTE-Forschung wie die Fragebögen Greyson-Skala (entwickelt vom US-amerikanischen Psychiater Bruce Greyson) und den WCEI. Beide erheben nämlich in ihren Fragen nur die positiven Gefühle. Negative Gefühle werden gar nicht abgefragt bzw. bewertet. Mit anderen Worten, sie bringen keine Punkte. Und weil in negativen Nahtod-Erfahrungen auch keine Lichterfahrungen vorkommen, die ebenfalls Punkte bringen, läuft man mit diesen Messinstrumenten bei einer unschönen NTE Gefahr, überhaupt nicht als Nahtod-Erfahrung gewertet zu werden, einfach, weil nicht genügend Punkte zustande kommen oder aber die Erfahrung nach dem WCEI fälschlicherweise nicht als tiefe NTE gewertet wird. Es bräuchte deshalb eine Greyson-Skala und einen WCEI, die an negative Nahtod-Erfahrungen adaptiert sind. Doch die gibt es momentan nicht. Folglich müssten für eine Studie, die diese speziellen Fragestellungen sauber beantworten will, weltweit Erinnerungen von Personen gesammelt werden, die nicht nur einen Suizidversuch unternommen und dabei eine NTE erlebt haben, sondern auch nur solche, die eine sehr weitreichende Erfahrung gemacht haben. Ansonsten liefe man nämlich Gefahr, dass gerade die schrecklichen NTEs durch die Greyson-Skala und den WCEI aussortiert werden, was zu einem Ungleichgewicht von positiven und negativen Nahtod-Erfahrungen in der Studie und damit zu verfälschten Ergebnissen führen würde.

Wie man unschwer erkennen kann, ist Nahtod-Forschung kein einfaches Unterfangen, und mühselig ist es auch noch. Doch es lohnt sich, wie man an der vorliegenden empirischen Studie, die ich später vorstelle, sehen wird; denn sie wurde genau auf diese speziellen Fragestellungen ausgerichtet und auch so konzipiert, dass sie verlässliche Antworten darauf geben kann. Die vorliegende Arbeit ist somit die weltweit erste Studie dieser Art. Ihr Anliegen ist es, die spirituellen Konsequenzen eines Suizids auszuleuchten. Damit will sie gezielt Menschen, die mit dem Gedanken spielen, sich das Leben nehmen zu wollen, eine Orientierungshilfe an die Hand geben, die weit über das rein Irdische hinausgeht. Angesprochen werden sollen aber auch Berater und Therapeuten, die sich mit dem Thema Suizid auseinandersetzen. Ihnen soll im Rahmen dieses Buches ein vertieftes Wissen vermittelt sowie praktische Empfehlungen für ihre tägliche Arbeit mitgegeben werden. Dabei geht es vor allem um die spirituellen Aspekte, deren Einbeziehung für eine erfolgreiche Tätigkeit wichtig wäre. Das Gleiche gilt auch für alle, die sich in der Suizidprävention engagieren. Ihnen sollte die vorliegende Arbeit als Inspirationsquelle für ihr Wirken dienen. Zu guter Letzt richtet sich dieses Buch an alle, die Interesse an den Themen Suizid und Nahtod-Erfahrungen haben. Ihnen allen wünsche ich viel Freude beim Lesen und Inspiration durch das neue Wissen. Möge die vorliegende Arbeit nützen und ein wenig Hoffnung in diese Welt bringen.

Dr. med. Sascha Plackov
Berlin, im Herbst 2022

Was sagt uns die Geschichte?

Der Gedanke, sich das Leben nehmen zu wollen sowie die daraus folgende Handlung, sind so alt wie die Menschheit selbst. Es existiert kein Volk, keine Kultur, die das Phänomen Suizid nicht kennt. Es war und ist präsent. Es nimmt folglich nicht Wunder, dass uns das Thema bereits im Alten Testament sowie im alten Ägypten und dem antiken Orient begegnet. Die älteste Überlieferung, die wir als schriftliches Zeugnis haben, stammt aus der 12. Dynastie des alten Ägyptens und datiert um das Jahr 1900 v. Chr. Der Text wurde demzufolge im sogenannten Mittleren Reich verfasst. Es ist ein poetischer Text, wobei der Autor unbekannt ist, ebenso wie der Anlass und die äußeren Umstände. Wiedergegeben wird darin der Dialog eines lebensmüden Mannes mit seiner Seele. Er ist verzweifelt und hat das Leben satt. Deshalb spielt er mit dem Gedanken der Selbsttötung und versucht, seine Seele in mehreren Reden und Liedern von seinem Vorhaben zu überzeugen. In einem dieser Lieder bringt er seine Todessehnsucht mit den Worten zum Ausdruck:

»Der Tod steht heute vor mir,
(wie) wenn ein Kranker gesund wird,
wie das Hinaustreten ins Freie nach dem Eingesperrtsein.
Der Tod steht heute vor mir
wie der Duft von Myrrhen,
wie das Sitzen unter einem Segel an einem windigen Tag.
Der Tod steht heute vor mir
wie der Duft von Lotosblumen,
wie das Sitzen am Ufer der Trunkenheit.
Der Tod steht heute vor mir
wie das Abziehen des Regens (oder: wie ein betretener Weg),
wie wenn ein Mann von einem Feldzug heimkehrt.
Der Tod steht heute vor mir,
wie wenn sich der Himmel enthüllt,
wie wenn ein Mensch die Lösung eines Rätsels findet.

Der Tod steht heute vor mir,
wie ein Mann, der sich danach sehnt, sein Heim wiederzusehen,
nachdem er viele Jahre in Gefangenschaft verbracht hat.«

Gerade die letzten Zeilen verdeutlichen, wie sehr der Lebensmüde das Diesseits beklagt und sich den Tod als Idealzustand eines versorgten Lebens vorstellt.

Seine Seele antwortet ihm darauf:

»Lasse das Wehklagen auf sich beruhen, du, der zu mir gehört, mein Bruder. Lege Kohle auf das Feuerbecken und schließe Dich dem Lebenskampf – wie Du ihn geschildert hast – an. Sei mir hier zugetan und stelle für Dich den Westen zurück. Wünsche erst dann in den Westen zu gelangen, wenn sich Deine Glieder dem Boden zuneigen. Nach Deinem Ermatten werde ich mich niederlassen, und wir werden eine Wohnstatt zusammen bereiten.«

Die Seele fordert den lebensmüden Mann damit unmissverständlich auf, das Wehklagen aufzugeben und sich dem Leben wieder zuzuwenden. Sie preist das Leben, weil sie den Tod als jenseitige Gotteswirksamkeit ansieht. Veröffentlicht wurde der Text erstmals 1859 von Richard Lepsius. Er war es auch, der den sogenannten Papyrus Berlin 3024, der sich im Neuen Museum zu Berlin befindet, im Jahr 1843 in Ägypten kaufte. Interessant an diesem Text ist, dass er keinerlei moralische Wertung enthält. Weder wird die suizidale Absicht darin verurteilt noch in irgendeiner Form heroisiert.

Ganz ähnlich verhält es sich mit der Bibel. Auch sie kennt Menschen mit suizidalen Absichten sowie jene, die ihren Wunsch in die Tat umsetzten. Drei Beispiele seien hier für Menschen genannt, die in der Bibel suizidale Gedanken hegten, wobei eine aus dem Neuen Testament stammt und zwei aus dem Alten Testament. Die wohl bekannteste Persönlichkeit in diesem Zusammenhang ist der Prophet Jona, dessen Geschichte im Alten Testament fast jedes Kind kennt. Es ist der Prophet, der von einem Walfisch verschluckt und drei Tage später wieder ausgespuckt wurde. Jona ist ein rebellischer Prophet. Als er von Gott den Auftrag erhält, der Stadt Ninive ihren Untergang zu prophezeien, macht

Jona kehrt und geht prompt in die entgegengesetzte Richtung. Er denkt gar nicht daran, den Auftrag Gottes auszuführen. Stattdessen nimmt er lieber ein Schiff, um zu fliehen. Doch als ein heftiger Sturm aufkommt, der das Schiff zu versenken droht und der Besatzung klar wird, dass Jona die Ursache dieses Unglückes ist, will Jona lieber sterben, als für den Tod der anderen verantwortlich zu sein. Und so spricht er:

> »Nehmt mich und werft mich ins Meer, damit das Meer sich beruhigt und euch verschont. Denn ich weiß, dass dieser gewaltige Sturm durch meine Schuld über euch gekommen ist.« *Jona 1,12*

Interessant ist, dass sich Jona in seiner Geschichte ein zweites Mal den Tod wünscht. Und zwar als Gott die Stadt Ninive verschont, weil sich seine Bewohner bekehrt haben. Das gefiel Jona überhaupt nicht, hatte er doch so viel Mühsal auf sich nehmen müssen. Und jetzt, alles umsonst? Da sprach Jona zu Gott:

> »Ach Herr, habe ich das nicht schon gesagt, als ich noch daheim war? Eben darum wollte ich ja nach Tarschisch fliehen; denn ich wusste, dass du ein gnädiger und barmherziger Gott bist, langmütig und reich an Huld und dass deine Drohungen dich reuen. Darum nimm mir jetzt lieber das Leben, Herr! Denn es ist für mich besser zu sterben als zu leben.« *Jona 4,2–3*

Die zweite Geschichte aus dem Alten Testament bezieht sich auf Sara, die einzige Tochter von Rachel, die Tobias, den Sohn Tobits, heiratete, nachdem der böse Dämon Aschmodai siebenmal die Hochzeitsnacht mit sieben anderen Bräutigamen vereitelt hatte. Genauer gesagt, sie getötet hatte, noch bevor sie mit ihr geschlafen hatten. Daraufhin verhöhnten ihre Mägde sie. Sara wurde darüber so traurig, dass sie zu Gott mit den Worten betete:

> »Lass mich von dieser Erde scheiden, damit ich nicht länger solche Beschimpfungen hören muss.« *Tob 3,13*

Die dritte und letzte Bibelstelle in Bezug auf suizidale Gedanken bezieht sich auf das Wirken des Apostels Paulus in Philippi. Sie entstammt dem Neuen Testament, der Apostelgeschichte. Paulus und sein Begleiter Silas hatten in der Stadt Philippi durch ihr Reden und Wirken das Volk gegen sich aufgebracht und wurden daraufhin ins Gefängnis geworfen. Doch ein gewaltiges Erdbeben erschütterte die Grundmauern des Gefängnisses, sodass die Türen des Kerkers aufsprangen. Das blieb nicht ohne Eindruck auf den Kerkermeister. In der Apostelgeschichte heißt es dazu:

> »Als der Gefängniswärter aufwachte und alle Türen des Gefängnisses offen sah, zog er sein Schwert, um sich zu töten; denn er meinte, die Gefangenen seien entflohen.« *Apg 16,27*

Doch Paulus beobachtete das Geschehen und konnte es verhindern, indem er rechtzeitig mit lauter Stimme rief:

> »Tu dir nichts an! Wir sind alle noch da.« *Apg 16,28*

Kommen wir von den suizidalen Gedanken zu den Selbsttötungen in der Bibel. Zu finden sind insgesamt neun Suizide im Alten und einer im Neuen Testament. Beginnen wollen wir wieder mit dem Alten Testament. Und zwar mit König Saul. Mit seiner Herrschaft wird der Übergang von einem losen Zusammenschluss einzelner Stämme Israels zu einem festgefügten Staat markiert. Er ist der erste König Israels. In einer Schlacht gegen die Philister erlitt er eine bittere Niederlage. Mit dieser Schande konnte und wollte König Saul nicht mehr leben. Deshalb sprach er zu seinem Waffenträger:

> »Zieh dein Schwert und durchbohre mich damit! Sonst kommen diese Unbeschnittenen, durchbohren mich und treiben ihren Mutwillen mit mir. Der Waffenträger wollte es nicht tun; denn er hatte große Angst. Da nahm Saul selbst das Schwert und stürzte sich hinein.« *1 Sam 31,4*

Und weiter heißt es:

> »Als der Waffenträger sah, dass Saul tot war, stürzte auch er sich in sein Schwert und starb zusammen mit Saul.« *1 Sam 31,5*

Damit haben wir gleich zwei Selbsttötungen auf einmal. Ein weiterer Suizid im Zusammenhang mit den Philistern begegnet uns bei Simson. Er ist der stärkste Mann im Heer der Israeliten. Seine Kraft ist ihm von Gott gegeben. Das Geheimnis liegt in seinen Haaren, die nie geschnitten wurden. Als Simson sein Geheimnis der Frau offenbart, in die er sich verliebt hat, verrät sie es für eine große Menge Geld an die Philister. Simson wird im Schlaf geschoren und verliert daraufhin seine übermenschliche Kraft, sodass die Philister ihn mit Leichtigkeit gefangen nehmen können. Sie stechen ihm die Augen aus und machen ihn zu ihrem Sklaven. Eines Tages feiern die Philister ein großes Fest. Sie holen Simson aus dem Gefängnis, weil sie ihren Spott mit ihm treiben wollen. Doch in der Zwischenzeit sind Simsons Haare nachgewachsen. Blind ergreift Simson die Säulen des Hauses, in dem sich 3000 Menschen versammelt haben. Er drückt sich mit aller Kraft gegen die Säulen, sodass das ganze Gebäude einstürzt. Dabei spricht er:

> »So mag ich denn zusammen mit den Philistern sterben.« *Ri 16,30*

Etwas weniger spektakulär ist die Geschichte von Ahitofel im Alten Testament. Ahitofel lebte zur Zeit Davids, des Königs von Israel, und war einer von dessen Ratgebern. Er war ein kluger Mann mit einem messerscharfen Verstand, der es gewohnt war, dass man seinem Ratschlag folgte. Doch als eines Tages dem Ratschlag eines anderen Mannes der Vorzug gegeben wurde, brach für Ahitofel eine Welt zusammen. Die Bibel berichtet uns dies mit den Worten:

> »Als Ahitofel sah, dass sein Rat nicht ausgeführt wurde, sattelte er seinen Esel, brach auf und kehrte in seine Heimatstadt zurück. Dann bestellte er sein Haus und erhängte sich.« *2 Sam 17,23*

Auch bei der nächsten Selbsttötung, die uns die Bibel schildert, geht es um die Ehre. Erzählt wird das Schicksal eines Statthalters mit dem Namen Ptolemaios Makron. Als er sich von Ptolemaios VI., dem damaligen König von Ägypten, nicht mehr ausreichend gewürdigt fühlt, wechselt er auf die Seite der Seleukiden, einem Volk in Nordsyrien. Wahrscheinlich unmittelbar nach der Niederlage der Seleukiden gegen die aufständischen Juden (Makkabäer), in der Schlacht von Emmaus, wurde Ptolemaios Makron von König Antiochos IV. zum Statthalter von Koilesyrien und Phönizien ernannt. Den schwelenden Konflikt mit den Juden versuchte er durch ein entgegenkommendes Auftreten ihnen gegenüber auf friedlichem Weg zu lösen. Doch genau das wurde ihm zum Verhängnis; denn nach dem Tod von König Antiochos IV. bevorzugte der neue Regent Lysias ein gewaltsames Vorgehen gegen den Aufstand. Zudem bezichtigte man Ptolemaios Makron des Verrats. Sein Ende beschreibt die Bibel so:

> »Da er seine ehrenvolle Stellung nicht mehr in Ehren verwalten konnte, machte er seinem Leben durch Gift ein Ende.«
> *2 Makk 10,13*

Im Zusammenhang mit dem syrischen König Antiochus IV., der wegen seiner Tempelschändung als Vorläufer des Antichristen in die Geschichte eingegangen ist, erzählt die Bibel uns von zwei weiteren Selbsttötungen. Es handelt sich um die sogenannten heiligen Makkabäer, sieben Söhne und ihre Mutter. Sie alle sind gesetzestreue Juden, die wegen ihrer Gebundenheit an den einzigen wahren Glauben ihrer Väter niemals Götzenopfer darbringen noch Schweinefleisch essen würden. Doch genau dazu wurden sie von Antiochus IV. gezwungen. Als sie ablehnten, ließ der König sie mit Geißeln und Riemen peitschen. Als auch das nicht half, griff der König zu anderen Mitteln. Er befahl, Pfannen und Kessel heiß zu machen. Nachdem sie heiß geworden waren, ließ der König dem Ersten die Zunge abschneiden, die Kopfhaut abziehen sowie Nase, Ohren, Hände und Füße stückweise abhacken. Den auf diese Art und Weise Verstümmelten, der noch atmete, ließ er ans Feuer bringen und in der Pfanne braten. Die anderen Brüder und die Mutter mussten dabei zuschauen. So erging es sechs von ihnen. Der siebte und jüngste Sohn aber sagte zum König, als er dasselbe Schicksal wie seine Brüder erleiden sollte:

> »Niemals werde ich der Sache untreu, für die meine Brüder Zeugnis ablegten. Ich rufe den Gott der Väter an, dass er meinem Geschlechte gnädig sei. Dich aber soll er in diesem Leben und nach dem Tode bestrafen. Nach diesem Gebet stürzte er sich selbst in die Glut und gab so den Geist auf.« *4 Makk 12, 17–20*

Die Mutter der sieben Söhne tat es dem Jüngsten gleich. Zu ihrem Ende sagt uns die Bibel:

> »Es erzählten übrigens einige der Wächter, als man auch sie zum Tode schleppen wollte, habe sie sich selbst in die Flammen gestürzt, damit niemand ihren Leib berührte.« *4 Makk 17, 1*

Der achte Suizid, den die Bibel überliefert, bezieht sich auf Simri. Er war der Knecht und Befehlshaber über das Heer des Königs Ela von Israel. Der König regierte leider nicht verantwortungsvoll. Im Gegenteil, er gab sich dem Müßiggang und der Trunkenheit hin. Simri zettelte eine Verschwörung gegen ihn an. Er tötete den König und übernahm die Herrschaft. Doch sein Königtum war nicht von langer Dauer. Gerade einmal sieben Tage herrschte Simri über Israel. Denn das israelitische Heer wählte den Feldhauptmann Omri zum König. Dieser zog mit dem Heer gegen die Stadt Tirza, wo sich Simri im Königspalast verschanzt hatte. Das Ende Simris beschreibt die Bibel nur mit kurzen Worten. Hierzu heißt es:

> »Als Simri sah, dass die Stadt genommen war, zog er sich in den Wohnturm des königlichen Palastes zurück, steckte den Palast über sich in Brand und fand den Tod.« *1 Kön 16,18*

Der neunte und letzte Suizid im Alten Testament ist wohl der spektakulärste. Erzählt wird die Geschichte des Helden Rasi, eines hoch angesehenen Mannes, der wegen seiner Güte auch der Vater der Juden genannt wurde. Aufgrund einer Anzeige bei Nikanor, einem General des Königs Demetrius über Judäa, wollte dieser Befehlshaber Rasi unbedingt verhaften lassen, um den Juden damit einen schweren Schlag zu versetzen. Er rückt deshalb mit über 500 Mann aus, um den Turm zu besetzen, in dem sich Rasi verbarrikadiert hatte. Umzingelt von allen Seiten sah Rasi für sich keinen Ausweg mehr als den Freitod. Die Bibel schildert das Geschehen im Einzelnen mit folgenden Worten:

> »Rasi war von allen Seiten umzingelt. Da stürzte er sich in das Schwert; denn er wollte lieber in Ehren sterben, als den Verruchten in die Hände fallen und eine schimpfliche Behandlung erfahren,

> die seiner edlen Herkunft unwürdig war. In der Hast aber hatte er sich nicht sofort tödlich getroffen; die Männer stürmten bereits durch die Türen herein. Da lief er mutig hinauf auf die Mauer und stürzte sich entschlossen auf die Menge hinab. Weil diese sofort zurückwich, entstand ein freier Raum und er fiel mitten auf den leeren Platz. Doch er lebte immer noch; in höchster Erregung erhob er sich, während das Blut in Strömen aus seinen schrecklichen Wunden schoss, durchbrach im Laufschritt die Menge und stellte sich auf einen steil abfallenden Felsen. Fast schon verblutet, riss er sich die Eingeweide aus dem Leib, packte sie mit beiden Händen und schleuderte sie auf die Leute hinunter; dabei rief er den Herrn über Leben und Tod an, er möge sie ihm wiedergeben. So starb er.« *2 Makk 14, 41–46*

Im Gegensatz zum Alten berichtet uns das Neue Testament nur von einer einzigen Selbsttötung. Erzählt wird das Lebensende von Judas Iskariot, einem der zwölf Jünger Jesu. Judas ist ein Zelot, also eine Art Guerilla-Kämpfer, der am liebsten mit Waffengewalt die verhassten römischen Besatzer aus seinem Land verjagen möchte. In Jesus Christus sieht er anfangs den Messias. Denjenigen, der sein Volk von der Fremdherrschaft befreit. Doch Jesus lehrt den Weg der Liebe und der Gewaltlosigkeit. Diesen kann Judas nicht gehen. Denen, die sein Volk mit brutaler Waffengewalt unterdrücken, soll er noch die andere Wange hinhalten, wenn er geschlagen wird? Nein, auf keinen Fall. Enttäuscht wendet sich deshalb Judas von Jesus ab und verrät ihn an die jüdische Obrigkeit. Eine günstige Gelegenheit, wollten die Hohepriester den unbequemen Mahner doch ohnehin ausschalten. 30 Silberstücke erhielt er dafür als Lohn. Heute wären das etwa 10.000 Euro. Was dann geschah, beschreibt der Evangelist Matthäus so:

> »Als nun Judas, der ihn verraten hatte, sah, dass Jesus zum Tod verurteilt war, reute ihn seine Tat. Er brachte den Hohepriestern und den Ältesten die 30 Silberstücke zurück und sagte: Ich habe gesündigt, ich habe euch einen unschuldigen Menschen ausgeliefert. Sie antworteten: Was geht das uns an? Das ist deine Sache. Da warf er die Silberstücke in den Tempel; dann ging er weg und erhängte sich.« *Mt 27,3–5*

Damit haben wir insgesamt zehn Suizide, von denen uns die Bibel in Kenntnis setzt. Entscheidend dabei ist, dass sich bei den zitierten Stellen keinerlei Hinweise auf Sünde, Verfehlung gegen Gottes Gebote oder ewige Verdammnis finden lassen. Das bedeutet: Weder das Alte noch das Neue Testament verbieten oder verurteilen den Suizid ausdrücklich und eindeutig. Die biblischen Schriften berichten uns lediglich von den unterschiedlichen Möglichkeiten der Selbsttötung. Sie werden meist einfach nur geschildert und zur Kenntnis genommen. Viel mehr Bedeutung erhalten dagegen die einzelnen Umstände sowie die Intention der Tat. Insofern beschreibt die Bibel den Suizid ganz nüchtern als tragisches Lebensschicksal und toleriert ihn entsprechend. Ein Umstand, der sich auch in der Kirchenkunst widerspiegelt. So lässt sich in der Kathedrale von Vezelay, einer Wallfahrtskirche in Burgund, genauer gesagt am Pfeilerkapitell im Hochschiff, ein Bild finden, das den erhängten Judas zeigt, wie er barmherzig getragen wird. Genauso, wie Jesus das verlorene Schaf auf seinen Schultern nach Hause trug.

Was sich im antiken Orient entwickelte, blieb für Europa nicht ohne Einfluss. Im Gegenteil. Denn über Jahrtausende hinweg bestanden zwischen dem alten Ägypten, Persien und Griechenland sehr intensive Kontakte. Diese antiken Hochkulturen beeinflussten sich wechselseitig. So verwundert es nicht, dass uns das Thema Suizid in den epischen Dichtungen *Ilias* und in der *Odyssee* des griechischen Dichters Homer, geschrieben um 800 v. Chr., sowie in der griechischen Mythologie allgemein oft wiederbegegnet. Es ist die archaische Zeit Griechenlands, aus der die Heldensagen stammen, und sie führen uns gleich mehrere, um nicht zu sagen zahlreiche Suizide vor Augen. Man denke nur zuerst an die Selbsttötung der Sirenen. Weibliche Fabelwesen mit dämonischem Charakter, halb Mensch, halb Vogel, die durch ihren betörenden Gesang die vorbeifahrenden Seeleute anlocken, um sie zu töten. Bei zwei erfahrenen Seefahrern gelingt ihnen das nicht. Der Erste war Odysseus, der König von Ithaka, der auf seiner Irrfahrt die Sirenen mithilfe der Zauberin Kirke überlistet. Odysseus schmiert nämlich seinen Gefährten die Ohren mit Wachs zu, sodass sie den Gesang der Sirenen nicht hören können. Er selbst, weil er den herrlichen Gesang der Sirenen unbedingt hören will, lässt sich an den Schiffsmast binden, um nicht der Versuchung zu erliegen, dem Lockruf zu folgen. Der zweite heldenhafte Seefahrer, der den Sirenen entkommt, ist der berühmte Sänger Orpheus. Er war einer der Argonauten, der unter Jason nach dem Goldenen Vlies suchte. Den Sirenen entkommt er dadurch, indem er mit seiner Leier ihren Gesang einfach übertönt und so die Schiffsmannschaft vor dem sicheren Untergang bewahrt.

Das waren aber nicht die einzigen Niederlagen, die die Sirenen hinnehmen mussten. Zuvor unterlagen sie nämlich noch im Gesangswettstreit den Musen, den Schutzgöttinnen der Künste. Aber die Besatzung der Argo war der letzte Tropfen, der das Fass schließlich zum Überlaufen brachte. Diese dritte und letzte Niederlage konnten die Sirenen nicht mehr verkraften. Tief betrübt und untröstlich verübten sie, ihre Zahl schwankt zwischen zwei und acht, gemeinschaftlich Suizid, indem sie sich im Meer ertränkten.

Verzweiflung ist auch das Motiv der Erigone. In ihrer Geschichte ist es Dionysos, der griechische Gott des Weines und der Ekstase, der die ganze Welt in die Kunst des Weinbaus einführen will. Mit dieser Idee beginnt er bei Ikarios, dem Vater der Erigone. Ikarios als frisch ausgebildeter Winzer bietet seinen Wein attischen Hirten an. Die trinken ihn sehr gern, aber leider auch unmäßig und unvermischt. Als ihnen dadurch übel wird, meinen sie vergiftet worden zu sein und töten daraufhin Ikarios. Erigone, die das nicht verkraften kann, erhängt sich deshalb in ihrer Seelennot. Das alles erzürnt Dionysos, der nun Athen heimsucht und zur Strafe mit einer Suizidwelle überzieht, der zahlreiche junge Frauen zum Opfer fallen. Die Suizide enden erst, als die Stadt das Schaukelfest einführt. Bei diesem Fest schaukeln die Mädchen in den Bäumen und stellen so den Tod der Erigone nach.

Ein anderes Motiv für den Freitod begegnet uns in der griechischen Mythologie bei Epikaste. Sie ist die Mutter von Ödipus. Er ist der Sohn von Laios, dem König von Theben. Das Schicksal wollte es, dass der Junge seine leiblichen Eltern nie kennenlernen sollte. Als Ödipus erwachsen ist, begegnet ihm auf dem Rückweg von Delphi ein alter dahergelaufener Mann. Mit diesem gerät er in einen heftigen Streit und verliert die Selbstbeherrschung. Er tötet den Mann, ohne auch nur zu ahnen, dass er seinen Vater, den König von Theben, erschlagen hat. Auf seiner Wanderschaft gelangt er nach Theben. Die Umstände dort führen dazu, dass er unwissentlich seine Mutter heiratet. Doch nach der Eheschließung wird der Inzest von den Göttern aufgedeckt. Aus Scham erhängt sich daraufhin Epikaste.

Weitere Selbsttötungen begegnen uns im Gefolge von Ödipus. So bei Antigone, einer seiner Töchter. Ihr Onkel Kreon, ein Interimskönig Thebens, erlässt ein Verbot, wonach ihr toter Bruder Polyneikes nicht bestattet werden darf, weil er das Vaterland verraten habe. Jeder Versuch, ihn zu bestatten, soll streng mit dem Tod bestraft werden. Aber Antigone widersetzt sich diesem Verbot. Sie stellt nämlich ihr eigenes Gewissen über das Gesetz und glaubt, den Göttern mehr gehorchen zu müssen als den Menschen. Deshalb leitet sie die von den Göttern vorgeschriebenen Rituale ein. Doch ein Wächter beobachtet sie dabei. Er berichtet Kreon, was Antigone getan hat, worauf dieser sie zum Tode verurteilt. Sie soll bei lebendigem Leibe begraben werden. Etwas Nahrung soll sie aber erhalten, weil ansonsten Theben bei den Göttern in Ungnade fallen könnte. Haimon, der Sohn Kreons, dessen Braut Antigone ist, ergreift unterdessen Partei für sie und wirft seinem Vater Starrsinn vor. Beide trennen sich daraufhin im Streit. Als der Seher Teiresias jedoch Kreon den Tod innerhalb der eigenen Familie prophezeit, lenkt dieser ein. Allerdings ist es da schon zu spät. Denn Antigone, in einem irdischen Verlies eingesperrt, hat sich bereits durch Erhängen dem Hungertod entzogen. In tiefer Trauer und Verzweiflung über ihren Tod versucht Haimon nun, seinen Vater zu erschlagen. Doch vergebens, Kreon flieht. Daraufhin rammt sich Haimon das Schwert selbst in die Brust. Als seine Mutter, Kreons Frau Eurydike, davon hört, nimmt auch sie sich das Leben.

Eine Mischung aus Scham, Ehrverlust und Verzweiflung ist es auch, die Aias, einen der griechischen Hauptheldendes Trojanischen Krieges, Hand an sich legen lässt. In dem besagten Krieg verteidigt Aias nach dem Tod des Achilleus dessen Leiche bis zu ihrer Bergung. Er streitet dabei mit Odysseus um die Waffen des Achilleus. Da diese schließlich Odysseus zugesprochen werden, sinnt er auf Rache. Aus Sorge um Odysseus treibt Athene den Geharnischten in den Wahn. Aias erschlägt daraufhin ganze Schafherden, weil er sie für Feinde hielt. Auch tötet er, unter Halluzinationen leidend, einen Widder, weil er glaubt, es sei Odysseus. Als der Wahn Aias wieder verlässt und er sich besinnt, stürzt er sich in sein Schwert.

Wie man unschwer erkennen kann, finden sich in der griechischen Mythologie zahlreiche Selbsttötungen. Doch auch hier sind keinerlei moralische Bewertungen, keine Verurteilung oder Verdammung der Person, die sich selbst das Leben nahm, zu erkennen. Dies verwundert nicht, denn die alten Griechen glaubten fest an das Schicksal. Die in der griechischen Mythologie beschriebenen Suizide dürfen wir deshalb als psychologische Grundsituationen verstehen. Sie illustrieren die menschlichen Triebe und Leidenschaften, denen sich niemand entziehen kann. Es sind die Faktoren, die unausweichliches Unheil und Schuld über jeden Einzelnen bringen können. Das Schicksal, so die Vorstellung und Überzeugung, kann man nicht beeinflussen. Es ist eine übermächtige Instanz, der man nicht entrinnen kann. So mächtig, dass sich selbst die Götter dieser Übermacht beugen mussten. Warum sollte man also einen Menschen verurteilen, der sich selbst tötete? Es war eben sein Schicksal. Es kam, wie es kommen musste. Und wie es kommen musste, wie das Leben und wann es zu Ende ging, das entschieden die Moiren allein. Schicksalsgöttinnen, gleich drei an der Zahl. Sie waren zuständig für die Weise, wie die Menschen zu Tode kommen sollten. Und dahingehend waren sie nie um originelle Einfälle verlegen. Die Schicksalsgöttinnen waren in der griechischen Mythologie die Töchter des Zeus und der Themis. Ihre Namen waren Atropos, Klotho und Lachesis. Klotho war diejenige, die den Lebensfaden spann. Lachesis war dafür zuständig, die Länge dieses Lebensfadens zu bemessen. Und Atropos hatte die Aufgabe, diesen Lebensfaden abzuschneiden. Deshalb nannte man die Drei auch Moiren, von *moira*, was so viel wie Schicksal oder Tod bedeutet.

Doch der Blick der alten Griechen auf das Schicksal sollte sich im Laufe der Jahre verändern. Und damit auch der Blick auf die Beurteilung des Suizids. Aber wie konnte das geschehen? Ganz einfach, indem sich die griechische Philosophie mit dem Schicksal auseinandersetzte und die Götter entthronte. Es war jene Philosophie, die auch für die abendländische Philosophie sowie für das wissenschaftliche Denken überhaupt richtungsweisend wurde. Eine Philosophie, die im Wesentlichen in der Auseinandersetzung mit der Frage wurzelte, wie denn der Mensch gut handeln und glücklich werden kann, sodass er in die Lage versetzt wird, seinem drohenden Schicksal etwas entgegenzusetzen. Diese Philosophie war somit gleichsam eine Reaktion der

Griechen auf das menschliche Bewusstsein, widrigen Mächten möglicherweise doch nicht hilflos ausgeliefert zu sein.

Der erste Philosoph war Thales (624–546 v. Chr.), ein reicher Händler aus der Stadt Milet. Traditionell wird er auch zu den »Sieben Weisen der Antike« gezählt. Gemeint sind damit griechische Staatsmänner und Philosophen des 6. und 7. Jh. v. Chr., die erstmals bei Platon Erwähnung fanden. Und mit Platon sind wir dann auch gleichzeitig bei dem Philosophen angekommen, der den Blick auf den Suizid immens prägen sollte. Es war ein wertender Blick, der sich bereits bei den Vorsokratikern abzeichnete. Also bei jenen, deren Philosophie noch nicht von dem Gedanken des großen Philosophen Sokrates beeinflusst worden waren. Oder anders ausgedrückt: Schon bei den Philosophen, mit denen unsere abendländische Philosophie begann.

So zum Beispiel bei Pythagoras von Samos (570–510 v. Chr.). Pythagoras war Philosoph und Mathematiker. Er glaubte an die Unsterblichkeit der menschlichen Seele und dass diese nach dem Tod in einen neuen Körper übergeht. Um 530 v. Chr. reiste er nach Kroton in Süditalien und gründete dort eine Schule. Mit seinen Anhängern führte er ein gemeinschaftliches und asketisches Leben. Es ist bekannt, dass die Gemeinschaft des Pythagoras den Suizid strikt ablehnte, weil sie überzeugt war, dass die Seele wegen einer Ursünde im Körper gefangen sei und auf diese Weise Buße tue. Mit dem Suizid entziehe sich die Seele dieser Sühne, was einer Gotteslästerung gleichkomme. In diesem Zusammenhang ist hervorzuheben, dass die religiösen Lehren des Pythagoras auch spätere Philosophen wie Sokrates, Platon und Aristoteles beeinflusst haben – und damit Menschen, die gemeinsam die Grundsteine unserer westlichen Kultur legten.

Eine besondere Bedeutung kommt dabei, wie bereits angedeutet, Platon (427–347 v. Chr.), dem Schüler von Sokrates, zu. Auch wenn Sokrates (469–399 v. Chr.) selbst kein einziges Wort niedergeschrieben hat, so leben seine Gedanken und Ideen in den Schriften seines Schülers weiter. Und aus diesen wissen wir, erinnert sei hier nur an Platons »Phaidon«, dass Sokrates zwar bereit war, für seine Ideen zu sterben, aber den Suizid klar ablehnte. Fragt man nach den Gründen, so stößt man auf zwei Erklärungen, die Sokrates dafür anführte. So vertrat er zum einen die Ansicht, dass es nicht recht sei, sich selbst Gewalt anzutun, weil der Mensch in einer Festung lebt, aus der er sich nicht entfernen darf. Würde er sich töten, so wäre das wie eine Art Fahnenflucht. Dieses Argument erinnert sehr stark an die Argumentation der Pythagoreer. Und zum anderen führt Sokrates an, und dieser Gedanke ist neu, dass der Mensch Teil von etwas Größerem ist, einer Gemeinschaft. Und weil er ein Teil einer Gemeinde ist, sei es eben nicht recht, dass er sich willentlich daraus entfernt und ihr damit nicht mehr zur Verfügung steht. Hier kommt der Gedanke der Demokratie ins Spiel. Es wird das getan, was die Mehrheit will und nicht umgekehrt. Oder anders formuliert, es zählt nur das, was dem Wohl der Gemeinschaft dient, und nicht dem eines Einzelnen. Hier wird also ganz klar auf das soziale Wesen des Menschen angespielt. Der Mensch ist Teil von einer Gemeinschaft, die dafür Sorge trägt, dass der Einzelne überleben kann. Verlassen Menschen diese Gemeinde, ohne höhere Gewalt, einfach so, dann gefährden sie das Überleben aller anderen. Und das sei zutiefst unsozial, so die Argumentation des Sokrates.

Auch Platon war strikt gegen die Selbsttötung. Er vertrat somit die Position seines Lehrers. Er argumentierte aber anders als Sokrates. Für Platon ist der Mensch eine Seele. Sie ist sein Wesen. Diese Seele stammt nicht aus der physischen Welt, sondern aus einer transzendenten, die ohne Zeit und Raum ist. Weil die Götter diese menschliche Seele geschaffen haben, ist der Mensch eben nicht unabhängig und eigenständig, sondern steht in der Macht der Götter. Folglich ist es dem Menschen als physische Projektion der göttlichen Seele solange nicht erlaubt, aus dem weltlichen Leben zu scheiden, bis die Götter es erlauben oder sogar befehlen. Es bedarf also einer Notwendigkeit. Entzieht sich ein Mensch dieser und stellt sich einfach gegen den Willen der Götter, so verlangt dieses Verhalten der Sühne. Einer Sühne, die im Verlust der Totenehre besteht. Das heißt, jemand, der sich selbst tötet, versündigt sich gegen die Götter. Deshalb soll er einsam und an einer unbedeutenden Stelle ruhmlos beerdigt werden, ohne Grabinschrift. Eine Forderung, die leider im späteren Christentum ihre Fortsetzung finden wird. Aristoteles, Platons Schüler, wird in Bezug auf den Suizid noch deutlicher. Seiner Ansicht nach ist der Mensch Teil einer Gemeinschaft. Gegenüber dieser Gemeinschaft verletzt der Selbstmörder seine Pflichten, was völlig verantwortungslos sei. Die Gemeinschaft hat deshalb das Recht, mit schärfsten Strafen auf eine solche Pflichtverletzung zu reagieren.

Aber nicht alle Philosophen der damaligen Zeit vertraten eine solche Ansicht. Der Philosoph Hegesias, der um 300 v. Chr. in Alexandria lebte, propagierte beispielsweise das genaue Gegenteil davon. Eigentlich war Hegesias ein Vertreter der Schule der sogenannten Kyrenaiker, also ein Hedonist. Für einen Hedonisten ist die Maximierung von Freude und Lust oberstes Lebensziel, unabhängig davon, ob es sich um körperliche oder seelische Lust und Freude handelt. Ebenso ist es für einen Hedonisten wichtig, Leid und Schmerz zu vermeiden. Darin sieht er seinen Lebenssinn. Hegesias wandelte in seiner Sichtweise diese Lebensanschauung dahingehend ab, dass er sagte, die Glücksseligkeit ist in diesem Leben nicht zu erreichen, denn das Leben auf der Erde bietet mehr Schmerz und Leid als Freude und Vergnügen. Folglich besteht das höchste Lebensziel darin, möglichst wenig Unlust, Leid, Schmerz, Betrübnis und Beschwerden zu empfinden. Das Leben kann diesem Ziel nicht gerecht werden, sondern nur der Tod. Nur er könne einen Menschen von all dem Elend in diesem Dasein befreien. Deshalb sei der Tod dem Leben vorzuziehen. Ein wirklich verständiger Mensch, so Hegesias, könne gar nicht anders, als sich selbst das Leben zu nehmen. In seinen Reden empfahl er deshalb seinem Publikum, Hand an sich zu legen, um dem Leid und Elend in dieser Welt zu entgehen. Und mit diesem Aufruf war er äußerst erfolgreich. Hegesias war derart überzeugend, dass die Menschen sich scharenweise selbst töteten.

Ein Umstand, den die Obrigkeit nicht einfach hinnehmen konnte. Denn das Staatswesen stand auf dem Spiel. Einfach deshalb, weil es einen immensen volkswirtschaftlichen Schaden nach sich zieht, wenn sich Sklaven und Arbeiter zuhauf das Leben nehmen. Und so untersagte König Ptolemaios I. (367–282 v. Chr.) dem Philosophen das Reden und Lehren in Alexandria. Er ließ seine Bücher verbieten, seine Schule schließen und schickte Hegesias ins Exil. Nie wieder sollte in seinem Herrschaftsgebiet ein derartiges Gedankengut unter das Volk gebracht werden, das eine solche Suizid-Epidemie auslöste. Was aus Hegesias im Exil geworden ist, wissen wir nicht, auch nicht, wie er starb. Nur eins wissen wir genau, dass er selbst während seiner aktiven Zeit in Alexandria nicht Hand an sich legte und damit seinem eigenen Rat nicht folgte. Seinen Worten ließ er damit keine Taten folgen. Ganz im Gegensatz zu Epikur.

Wie Hegesias war auch Epikur (341–270 v. Chr.) ein Hedonist. Seine Ethik war geprägt von Lust und Genuss, die er als höchstes Gut darstellte. Schmerz und Pein hingegen waren als ein großes Übel zu betrachten. Doch Epikur war ein Hedonist der Balance. Er empfahl als Philosoph ein gemäßigtes und in ruhigen Bahnen verlaufendes Leben in Gemeinschaft mit anderen Menschen. Sollten jedoch Unlust und Leid im Leben überhandnehmen, so sei es gestattet, sich selbst das Leben zu nehmen. Den Tod, so Epikur, brauche man nicht zu fürchten, denn »so lange wir sind, ist der Tod noch nicht da, und, wenn der Tod da ist, sind wir nicht mehr«. Diesen Worten ließ Epikur Taten folgen. Als er von einer Krankheit schwer gezeichnet war, nahm er noch ein letztes Bad und trank einen Becher mit Gift. Nach Epikur war es also dem Menschen durchaus erlaubt in bestimmten Situationen oder Umständen seinem Leben ein Ende zu setzen.

Diesen Standpunkt vertraten auch die Stoiker. Der Gründer dieser philosophischen Richtung war Zenon von Kition (336–265 v. Chr.), ein Zeitgenosse Epikurs. Dem Stoizismus zufolge war der Mensch dazu berufen, tugendhaft zu leben und sich nicht seinen Begierden hinzugeben. Der Mensch solle Weisheit erlangen, so Zenon. Widrigkeiten des Lebens, die Veränderlichkeit und Unberechenbarkeit, die zwangsläufig damit einhergehen sowie die daraus resultierenden Schicksalsschläge, solle der Mensch einfach gelassen und seelenruhig hinnehmen. Mit stoischer Gelassenheit sozusagen. Zenon von Kition prägte dabei den Begriff der *Apatheia*. Gemeint war damit die Abwesenheit von Affekten. Es ging Zenon von Kition in diesem Zusammenhang vor allem um die emotionale Selbstbeherrschung. Durch diese soll der Mensch sein Schicksal akzeptieren lernen und mithilfe von Gelassenheit und Seelenruhe zur Weisheit gelangen. Sollte jedoch das Schicksal einen Menschen dahin geführt haben, dass er kein vernunftgemäßes Leben mehr führen kann, beispielsweise durch eine schwere Verletzung oder eine unheilbare Erkrankung, dann gebiete es die Vernunft, einem solchen Leben freiwillig ein Ende zu bereiten. Denn auch der Tod gehört zur Vernunft des Lebens. Diesen Worten folgend starb Zenon durch eigene Hand, nachdem er gestürzt war und sich ein Bein gebrochen hatte. Der Stoizismus, den Zenon von Kition in die Welt getragen hat, blieb nicht nur auf Griechenland beschränkt. Er reichte weit darüber hinaus, bis nach Rom. So überlebte die stoische Philosophie über drei Jahrhunderte bis in die Römerzeit hinein. Und mit Marc Aurel (121–180 n. Chr.) bestieg sogar ein Stoiker den römischen Kaiserstuhl. Einer der bedeutendsten Vertreter der römischen Stoa war allerdings der Philosoph, Dramatiker, Naturforscher und Politiker Lucius Annaeus Seneca (1–65 n. Chr.). Als Stoiker war er damals einer der meistgelesenen Schriftsteller seiner Zeit. Wie sehr Seneca im Stoizismus verhaftet war, zeigt sich in seiner Abhandlung »De Vita Beata« (»Vom glücklichen Leben«), in der er zu Gelassenheit und Seelenruhe aufruft. Hier schreibt er in stoischer Manier:

> »Das höchste Gut ist die Harmonie der Seele mit sich selbst.«

Die Stoa räumte dem Menschen nur in bestimmten Situationen und unter besonderen Bedingungen ein Recht auf Selbsttötung ein. So zum Beispiel bei drohendem oder eingetretenem Verlust von Ehre oder Freiheit. Für die Stoiker war nämlich ein gutes Leben nicht unbedingt ein langes Leben. Wer unter Krankheit und Schmerzen leidet, Armut, Hunger oder die Herrschaft eines Tyrannen ertragen muss, der sollte nach Ansicht der Stoa besser freiwillig aus dem Leben scheiden, als ein solches Leben zu erdulden. Man muss allerdings dazu sagen, dass es im antiken Rom weder entsprechende Gesetze noch religiöse Vorschriften gab, die die Selbsttötung ausdrücklich untersagten. Dennoch billigte das römische Recht keinen Suizid oder den Versuch dazu, wenn Mutwilligkeit und niedere Motive dahintersteckten.

Nach dem Untergang des Römischen Reiches nahm jedoch die theologische Verdammung der Selbsttötung vehement zu. Dies geschah vor allem durch die Ausbreitung des Christentums im Abendland. Wieso und weshalb genau, werden wir noch an späterer Stelle erfahren. Hier sei nur so viel gesagt, dass im Grunde über das ganze Mittelalter, also über Jahrhunderte hinweg, Suizidenten oder diejenigen, die einen entsprechenden Versuch unternahmen, von der Kirche, dem Staat und der Gesellschaft gefühllos behandelt und erbarmungslos geächtet wurden. Es war damals eine fatale Mischung aus Aberglaube, Glaube und Gesetz, die für dieses geistige Klima sorgte. Selbst die Reformation unter Luther und Calvin machte diesem erbärmlichen Treiben kein Ende. Erst im Geiste der Renaissance und der Aufklärung, und damit nach gut 1000 Jahren, tauchten die ersten Schriften und Abhandlungen auf, die die Selbsttötung unter ethischen und moralischen Gesichtspunkten beleuchteten und ihr eine Legitimation zusprachen. Darunter waren zum Beispiel die Schriften der französischen Moralisten Michel de Montaigne (1533–1592), Montesquieu (1689–1755), Voltaire (1694–1778) und Jean-Jacques Rousseau (1712–1778). Es waren Schriften des Widerstandes gegen die alte und überkommene Haltung der Kirche und des Staates zur Selbsttötung. So sprach sich der Politiker und Philosoph Montaigne in seinen »Essais« für ein Recht des Menschen auf Selbsttötung aus. Entscheidend sei das individuelle Motiv. Und an die Kirche gewandt, schrieb er:

> »Gott gibt uns genügend Spielraum für den Fall, dass er uns in eine Lage versetzt, wo wir das Leben unerträglicher finden als den Tod. Gewiss ist es Schwäche, den Leiden zu weichen, aber Torheit ist es, sie noch hegen und pflegen zu wollen.«

Montaigne drückte sich allerdings sehr vorsichtig, differenziert und einschränkend aus, weil er um die Macht von Staat und Kirche wusste. Etwas deutlicher wurde da schon der Schriftsteller und Philosoph Montesquieu in seinen »Persischen Briefen«, in denen er schrieb:

> »Wenn ich von Schmerz, Elend und Verachtung erdrückt werde, warum will man mich hindern, meinen Leiden ein Ende zu setzen, und warum beraubt man mich eines Heilmittels, das in meinen Händen ist?«

Klar und unmissverständlich drückte sich dagegen Voltaire zum Thema Suizid aus. Eine Schande sei es für die Gesellschaft, wie sie mit den Leichen von Selbstmördern umgeht. Weder in der Bibel noch im römischen Recht gäbe es ein Verbot für die Selbsttötung, so Voltaire. Doch ein ausdrückliches und allgemeingültiges Recht auf Suizid räumte auch er dem Menschen nicht ein. Diesen Part übernahm dafür sein philosophischer Kollege Jean-Jacques Rousseau, als er in seinem Briefroman »Julie oder die neue Heloise« sorgfältig den Satz formulierte:

> »Wenn unser Leben ein Übel für uns und kein Gut für jemand ist, so ist es erlaubt, sich seiner zu entledigen.«

Diesen Satz hat er ganz geschickt in einen Dialog seiner beiden Hauptfiguren gepackt, die das Für und Wider der Selbsttötung reflektieren. Ganz still und heimlich sozusagen, um sich nicht unnötig einem Angriff durch Kirche und Staat aussetzen zu müssen. Aber diese Gegenstimmen fanden damals kaum Beachtung oder gar Anklang.

Großes Aufsehen dagegen fand das Werk »Biathanatos« des englischen Theologen und Schriftstellers John Donne (1572–1631), das im Jahr 1648 veröffentlicht wurde. Geschrieben wurde es eigentlich 1608, aber Donne hat es bewusst nach seinem Tod herausbringen lassen, da er Repressalien befürchtete. In seinem Prosawerk warf Donne mehrere zentrale Fragen auf. So zum Beispiel die Frage, woher die Kirche eigentlich wisse, dass Gott den Suizid als Todsünde bestraft? Und ob ein gnädiger Gott nicht auch eine solche Tat verzeihen würde? Und er plädierte dafür, dass die Verdammung der Selbsttötung seitens der Kirche endlich ein Ende haben müsse. Zum großen Rundumschlag, der den Suizid aus den klerikalen und weltlichen Fesseln endgültig befreien sollte, holte jedoch der schottische Ökonom, Historiker und Philosoph David Hume (1711–1776) aus. Wie Donne ließ auch er sein Essay »On Suicide« erst posthum 1783 veröffentlichen. Hume fürchtete nicht nur Strafmaßnahmen, er bekam sie auch schon zu Lebzeiten zu spüren. So scheiterte im Jahr 1745 seine Bewerbung um eine Professur wegen Atheismusvorwürfen. Und 1755 unternahm die Kirche Schottlands Versuche, Hume zu exkommunizieren, allerdings erfolglos. Außerdem wurden 1761 seine sämtlichen Schriften vom Vatikan auf den Index der verbotenen Bücher gesetzt. Hume wusste also genau, was für ihn mit seiner Schrift auf dem Spiel stand. Und er sollte recht behalten, denn der Sturm der Entrüstung blieb nicht aus. In seinem Essay »Über den Suizid« plädiert Hume klar für das Recht des Einzelnen auf Selbsttötung. Und er trat unmissverständlich für die Menschenwürde all jener ein, die ihr Leben durch eigene Hand beendet hatten oder es durch eigene Hand beenden wollten. Hume verwies zunächst einmal auf die menschliche Natur, die Lastern und Unvollkommenheiten unterworfen ist. Und er unterstrich die Lust und Freude, zu denen wir durch eine starke Neigung hingezogen werden. Hume entkräftete auch die drei damals populärsten Postulate, die gegen die Selbsttötung vorgebracht wurden und die da lauteten: Der Suizid ist eine Übertretung unserer Pflicht gegenüber Gott, unserem

Nächsten oder uns selbst. Diesen Postulaten setzte Hume schlüssige Antithesen entgegen. So kann der Suizid zunächst keine Pflichtverletzung gegenüber Gott sein, denn Gott hat die Menschen mit freier Verfügungsgewalt über ihr Leben ausgestattet, und zur selbstständigen Lebensgestaltung kann sowohl die Erhaltung als auch die Zerstörung des eigenen Lebens gehören. Des Weiteren stellt der Suizid auch keine Pflichtübertretung gegenüber dem Nächsten dar, denn ein Suizidant fügt nach Hume der Gesellschaft keinen Schaden zu. Er hört lediglich auf, Gutes zu tun, und falls er eine Last für die Gesellschaft darstellt, ist seine Selbsttötung sogar als lobenswert zu betrachten. Schließlich ist in der Selbsttötung auch kein Verstoß gegen die Pflichten, die wir gegenüber uns selbst haben, zu sehen, da aufgrund unserer natürlichen Angst vor dem Tod und unseres Selbsterhaltungstriebs noch niemand das Leben weggeworfen hat, als es noch lebenswert war.

In eine ähnliche Kerbe schlug auch der italienische Rechtsphilosoph und Strafrechtsreformer Cesare Beccarias (1738–1794). Im Zeitalter der Aufklärung plädierte er dafür, dass der Bürger wissen müsse, wann er schuldig sei und wann nicht. Beccarias führte dazu aus, dass grundsätzlich alles erlaubt sei, was nicht ausdrücklich gesetzlich verboten ist. In diesem Zusammenhang empfahl er, die Selbsttötung nicht mehr unter Strafe zu stellen. Er stellte sie auf eine Stufe mit dem Auszug aus der Heimat. Ein Gesetz, das die Menschen im Lande hält, sei aus seiner Sicht nichts wert. Und selbst wenn die Kirche den Suizid für bestrafenswert halte, so sei diese Strafe erst nach dem Tod in einer anderen Welt zu vollziehen. Mit dem irdischen Gesetz jedenfalls, so Beccarias, dürfe der Suizid nicht in Verbindung gebracht werden.

Doch diese Sichtweisen blieben nicht unwidersprochen. Denn längst nicht alle Philosophen und Gelehrten der Renaissance und der Aufklärung konnten oder wollten diesen Sichtweisen folgen. Der Philosoph und Schriftsteller der französischen Aufklärung, Denis Diderot (1713–1784), sprach sich beispielsweise explizit gegen das Recht des Menschen auf Selbsttötung aus. In seinen »Philosophischen Schriften« über die Erhaltung (Moral), im Band II der Enzyklopädie von 1752, begründet er seine Auffassung ausführlich. Dazu schreibt Diderot:

> »Das Gesetz der Erhaltung ist eines der Hauptgesetze der Natur; es verhält sich zu den anderen Gesetzen wie die Existenz zu den anderen Eigenschaften. Hört die Existenz auf, so hören alle anderen Eigenschaften auf; wird das Gesetz der Erhaltung übertreten, so wird die Grundlage der anderen Gesetze erschüttert. Sich selbst auf irgendeine beliebige Weise zu vernichten, heißt, sich des Selbstmords schuldig zu machen. Man muss so lange wie möglich existieren – nämlich für sich, für seine Freunde, für seine Verwandten, für die Gesellschaft, für die Menschheit; alle Beziehungen, die ehrbar und erfreulich sind, bestimmen uns dazu. Wer gegen das Gesetz der Erhaltung verstößt, tritt diese Beziehungen mit Füßen.«

Auch der große Philosoph der deutschen Aufklärung, Immanuel Kant (1724–1804), sprach sich klar gegen das Recht auf Selbsttötung aus. Allerdings argumentierte er nicht aus dem Blickwinkel des Rechts, sondern vielmehr aus ethischer Perspektive. Der Suizident, so Kant, behandelt sich selbst wie eine Sache. Er zerstört damit die moralische Person in ihm. Es ist nicht recht, dass man sich selbst als Mittel gebraucht, indem man sich selbst umbringt, um sich möglicherweise von nahenden Strafen oder Gefahren zu bewahren. Das, worüber ein Mensch verfügen kann, muss eine Sache sein. Der Mensch ist aber keine Sache. Eine Sache ist beispielsweise ein Vieh. Der Mensch versetzt sich also mit dem Suizid in den Wert eines Viehs, wenn er über sich selbst verfügt, so die Argumentation Kants. Genau andersherum argumentierte der deutsche Philosoph Arthur Schopenhauer (1788–1860), und das, obwohl er sich selbst als Schüler und Vollender Immanuel Kants sah. Keineswegs würde der Mensch durch einen Suizid seine Würde unterhalb die eines Tieres setzen. Denn, so Schopenhauer:

> »Dem Menschen allein hat die Natur zum Ersatz für drückende, geistige Leiden das Vorrecht verliehen, sein Leben, auch ehe er demselben ein Ziel gesetzt, beliebig enden zu können und nur, solange er will zu leben.«

Mit anderen Worten, der Suizid ist ein Vorrecht des Menschen. Der Mensch muss nicht wie ein Tier so lange leben, wie es nur kann oder muss, sondern, er kann sein Leben beenden, wann immer er es will und für richtig hält. Genau das unterscheidet ihn vom Tier. An dieser Kontroverse lässt sich gut erkennen, wie weit die Meinungen der damaligen Aufklärer auseinandergingen. Wie unterschiedlich sie ein und denselben Sachverhalt bewerteten. Im geschichtlichen Kontext können wir deshalb sagen, dass sich in der Renaissance die ersten Ansätze von öffentlichem Interesse am Suizid finden lassen. Selbsttötungen fanden deshalb häufiger Beachtung. Sie wurden dokumentiert und sogar analysiert. Trotzdem hielt auch in der Neuzeit der Großteil der Menschen an der christlichen Vorstellung des Suizidverbots fest. Doch es regte sich langsam Widerstand und das Verbot, sich selbst zu töten, wurde zunehmend kritisiert. Im Zeitalter der Aufklärung nahm schließlich das Bewusstsein für ein selbstbestimmtes Leben zu. Und hier begann sich auch die Bewertung der Selbsttötung zu ändern.

Galt diese noch bis ins 18. Jahrhundert als ein schweres Verbrechen, änderte sich nunmehr diese Sichtweise Schritt für Schritt. Und damit natürlich auch die rechtliche Situation. So war Frankreich das erste Land in Europa, das 1790 den Suizid als Verbrechen abschaffte. Preußen folgte 1796 nur ein paar Jahre später und 1850 auch Österreich. In England dagegen blieb der Suizid noch bis 1961 illegal. Erst mit dem sogenannten »Suicide Act« wurde hier die Selbsttötung entkriminalisiert. England bildete damit das Schlusslicht in Europa. Das 19. Jahrhundert war vor allem durch die Frage geprägt, was denn in einem Menschen vor sich geht, der seinem Leben ein Ende bereiten will. Damit verbunden war auch die Frage nach der Biologie und der Pathophysiologie. Dazu wurden mehrere Theorien aufgestellt, doch im Großen und Ganzen wurde der Suizidwunsch mehrheitlich als Geisteskrankheit interpretiert. Ein typisches Beispiel für diese Art der Interpretation war der seinerzeit einflussreichste französische Psychiater Jean Étienne Dominique Esquirol (1772–1840). In seinem Lehrbuch der Psychiatrie »Des maladies mentales«, das im Jahr 1838 veröffentlicht wurde, schrieb er:

»Der Selbstmord bietet alle Merkmale von Geisteskrankheit.«

Und weiter heißt es:

> »Der Mensch nimmt sich nur das Leben, wenn er wahnsinnig ist, und der Selbstmörder ist wahnsinnig.«

Heute würde man diese Sätze nicht mehr so stehen lassen. Dennoch war das Engagement und der Beitrag Esquirols zum Thema Suizid wichtig, denn er trug mit seiner Arbeit wesentlich zur Beendigung des jahrhundertelangen religiösen Leitbilds von Suizidalität bei und richtete den Blick zunehmend auf eine psychiatrisch-psychosoziale Betrachtung suizidalen Verhaltens. Überdies forderte er die Unterbringung suizidaler Patienten in einer offenen Landschaft und familiären Häuschen und legte somit den Grundstein der therapeutischen Umwelt.

Etwa 100 Jahre später identifizierte der deutsche Psychiater, Neurologe und Internist Wilhelm Griesinger (1817–1868) die Depression als Hauptrisikofaktor für den Suizid. Aber es gäbe, so Griesinger 1845, keinen Grund, einen Suizidenten für geisteskrank zu halten. Damit formulierte der Begründer der modernen, naturwissenschaftlich orientierten Psychiatrie eine bis heute gültige Position. Griesinger postulierte darüber hinaus auch, dass psychische Erkrankungen nichts weiter seien als Erkrankungen des Gehirns. Einen Beweis für diese These hatte er jedoch nicht. Dieser Beweis steht auch heute noch aus. Aber ungeachtet dessen ist an dieser Stelle festzuhalten, dass sich seit der Aufklärung Mediziner, Psychologen und Soziologen mit der Thematik der Selbsttötung befasst haben.

Eine eigenständige Suizidforschung, die Suizidologie, sollte es aber erst ab der Mitte des 20. Jahrhunderts geben. Die Suizidologie ist somit eine recht junge, interdisziplinäre Wissenschaft, die sich vor allem mit dem Verstehen, Vorbeugen und der Verhinderung des Suizids beschäftigt. Es geht dabei also nicht nur um Fragen der Häufigkeit oder um entsprechende Krankheitskonzepte, sondern auch um therapeutische Empfehlungen. Und hier sollte vor allem die Diskussion über die Suizidalität als Ausdruck von Krankheit oder Krise die 1960er- bis 1980er-Jahre prägen. So entstanden in den 1970er- und 80er-Jahren eine Reihe von Kriseninterventionszentren, so zum Beispiel die »Arbeitskreise Leben« in Baden-Württemberg oder auch spezifisch suizidpräventiv orientierte Einrichtungen wie »Die Arche« in München und »NeUhland« in Berlin, um nur einige zu nennen. Hintergrund dieser Entwicklung war ein psychosoziales Konzept von Suizidalität im Rahmen einer Krisensituation und die sich daraus logischerweise ableitende Krisenintervention. Man muss allerdings dazu sagen, dass bereits um die Wende des 19. zum 20. Jahrhundert führende Psychiater, aufbauend auf den Arbeiten Griesingers, zwischen Suizidalität im Rahmen psychischer Erkrankungen und solchen suizidalen Handlungen, die in einem verstehbaren Verhältnis zur auslösenden Situation standen, unterschieden haben, nach heutigem Verständnis also die klassische Unterscheidung zwischen einem Krankheits- und einem Krisenkonzept von Suizidalität schon beherzigt haben.

Die Krisenintervention als solche konzentriert sich dabei im Schwerpunkt auf die momentan vorherrschenden Probleme und soll der betroffenen Person verdeutlichen, dass sie zu jeder Zeit zu einer neuen inneren Veränderung fähig ist. Und sie soll darüber hinaus ins Bewusstsein rücken, dass eine passende Hilfe diesen Prozess effektiv fördern kann. Die heutige Suizidologie berücksichtigt damit in ihrer Arbeit sowohl medizinische als auch psychosoziale Aspekte. Sie beschäftigt sich aber nicht nur mit der biologischen, psychologischen und psychiatrischen Ebene, sondern nimmt auch die theologische, philosophische und soziologische Dimension wieder vermehrt in den Blickpunkt. Dies vor allem deshalb, weil einige spezielle Phänomene wie beispielsweise der Terroristen-Suizid, der Märtyrertod, der altruistische Suizid im gesellschaftlich-kulturellen Auftrag oder der Opfer-Suizid als Hingabe des eigenen Lebens für andere sowie im erweiterten Sinne auch der Amoklauf es einfach notwendig erscheinen lassen.

Was also können wir aus der Geschichte des Suizids für uns lernen? Wir können aus der Geschichte lernen, dass die Tatsache, dass Menschen von sich aus ihr Leben beenden, eine historische Konstante ist; denn Suizid kam zu allen Zeiten und in allen Kulturen vor. Und wir können daraus lernen, dass nur die Umstände, unter denen Menschen sich das Leben nehmen sowie die Art und Weise, wie die Gesellschaft mit dieser Tatsache umgeht, hochgradig variabel sind. Natürlich ist es menschlich, leben zu wollen. Doch zur Kulturgeschichte der Menschheit gehört offensichtlich auch der Wunsch, sich selbst zu töten. Immer aber geht es dabei um die alles entscheidende Frage: Ist es dem Menschen erlaubt, seinen Tod frei wählen zu dürfen? Diese Frage betrifft das grundsätzliche Lebensverständnis und lässt deshalb kaum einen

Menschen unberührt. Folglich führt diese Frage fast immer zu äußerst leidenschaftlichen Debatten. In der Vergangenheit sowie auch heute noch. Und so findet die Geschichte des Suizids ihren Gegenwartsbezug in den aktuellen bioethischen Kontroversen um die Sterbehilfe. Wie so oft geht es dabei um das Recht auf den eigenen Tod und die Frage nach dem Wert des Lebens. Aber diese Fragen werden wir in einem anderen Kapitel beleuchten.

Selbstmord oder Selbsttötung?

Wenn ein Mensch Hand an sich legt, um sich aus diesem Leben zu verabschieden, ein für allemal, wie nennen wir das dann? Nennen wir es Selbstmord oder Selbsttötung oder doch besser Suizid? Welcher Begriff trifft es am besten? Mord ist juristisch ein klar definierter Begriff. Er beinhaltet sogenannte Mordmerkmale. Definiert ist Mord im Paragraphen 211 des Strafgesetzbuches. Hier werden auch die entsprechenden Merkmale beschrieben. So heißt es im Absatz 2:

Mörder ist, wer aus Mordlust, zur Befriedigung des Geschlechtstriebs, aus Habgier oder sonst aus niedrigen Beweggründen, heimtückisch oder grausam oder mit gemeingefährlichen Mitteln oder um eine andere Straftat zu ermöglichen oder zu verdecken, einen Menschen tötet.

In dieser Definition stecken folglich acht Mordmerkmale, als da wären:

1. Mordlust
2. Befriedigung des Geschlechtstriebs
3. Habgier
4. Sonstige niedrige Beweggründe
5. Heimtücke
6. Grausamkeit
7. Gemeingefährliche Mittel
8. Verdeckungs- und Ermöglichungsabsicht

Doch was bedeuten diese Merkmale im Einzelnen? Nun, Mordlust bedeutet, dass der Täter einen Menschen umbringt, nur um diesen sterben zu sehen. Der Tod des Opfers ist somit der einzige Zweck der Tat. Das Merkmal der Befriedigung des Geschlechtstriebs ist dagegen klar und muss an dieser Stelle deshalb nicht weiter erörtert werden. Habgier als Mordmerkmal bezeichnet ein Gewinnstreben, das ein derart übersteigertes Ausmaß annimmt, dass dafür auch Menschenleben geopfert werden, nur um eine Vermögensvermehrung zu erzielen.

Und unter niederen Beweggründen versteht man Motive eines Täters, welche die niederste Stufe einnehmen, wenn man einen allgemeinen sittlichen Bewertungsmaßstab anlegt. Also hemmungsloser Egoismus beispielsweise oder Rache und Eifersucht. Bezogen sich die bisher erwähnten Mordmerkmale auf die Kategorie der Verwerflichkeit, so bezieht sich dagegen das der Heimtücke auf die Kategorie der Tatausführung. Demnach handelt ein Täter aus Heimtücke, wenn er die Arg- und Wehrlosigkeit des Opfers zur Mordhandlung ausnutzt. Der Umstand der Arglosigkeit beschreibt dabei, dass das Opfer sich keines Angriffsgrundes bewusst ist und sich dadurch in falscher Sicherheit wiegt. Ebenso wie die Heimtücke bezieht sich auch das Mordmerkmal der Grausamkeit auf die Kategorie der Tatausführung. Dabei meint das Wort Grausamkeit, dass der Täter dem Opfer bewusst besondere Schmerzen beziehungsweise Qualen bereitet, die entweder körperlicher oder auch seelischer Natur sein können. Und nicht zuletzt bezieht sich auch das Mordmerkmal der gemeingefährlichen Mittel auf die Kategorie der Tatausführung. Dabei werden unter gemeingefährlichen Mitteln Werkzeuge oder Methoden verstanden, die dazu dienen, eine möglichst große Anzahl an Menschen umzubringen. Maschinengewehre, Handgranaten und Brandflaschen, auch Benzinbombe oder Molotowcocktail genannt, wären beispielsweise solch gemeingefährliche Mittel. Das letzte Mordmerkmal, die Verdeckungs- und Ermöglichungsabsicht, fallen unter die Kategorie der verwerflichen Zielsetzung. Gemeint ist damit eine Handlungsweise des Täters im Hinblick auf eine andere Straftat, die er diesbezüglich zu ermöglichen oder zu verdecken beabsichtigt. So, und was hat das alles mit dem Suizid eines Menschen zu tun? Nichts, rein gar nichts. Denn bei einem Suizid liegt nicht ein einziges Mordmerkmal vor. Davon abgesehen, bezieht sich Mord immer auf die Tötung einer anderen Person und nicht auf sich selbst.

Und warum nennt man es dann Selbstmord? Dafür gibt es zwei Gründe. Entweder man verwendet den Begriff umgangssprachlich. Das heißt, man verwendet ihn, ohne wirklich tiefer über das Wort nachzudenken, oder aber man verwendet den Begriff bewusst, um einen anderen zu diffamieren. Um ihn oder sie zu brandmarken. Exakt mit dieser Zielsetzung. Schließlich ist der Begriff Mord im Allgemeinen emotional hoch aufgeladen und damit wunderbar geeignet, Menschen zu denunzieren, sie zu stigmatisieren. Und aus welcher Motivation sollten Menschen so etwas tun? Um die Betroffenen zu verdammen und um die Angehörigen zu diskriminieren. So wie es jahrhundertelang seitens der Obrigkeit geschehen ist.

Ich rate jedenfalls dringend dazu, Selbstmord als Begriff nicht zu verwenden. Weil er die Betroffenen in ein schlechtes Licht rückt, sie kriminalisiert. Und das haben Menschen, die sich selbst das Leben genommen haben, nicht verdient. Wenn aber Selbstmord kein geeigneter Begriff ist, um die Handlung einer Person zu beschreiben, die sich selbst das Leben genommen hat, welcher ist es dann? Testen wir einmal den zweiten Begriff, den Totschlag. Kann ein Mensch sich selbst totschlagen? Im Prinzip schon, nur sieht das der Jurist völlig anders. Denn für den Juristen basieren sowohl der Totschlag wie auch der Mord auf der vorsätzlichen Tötung. Liegt keines der acht Mordmerkmale vor, dann handelt es sich eben um einen Totschlag und nicht um einen Mord. Totgeschlagen werden kann aus juristischer Sicht folglich nur eine andere Person. Sich selbst totschlagen, das geht juristisch nicht. Totschlag kommt dementsprechend als Bezeichnung auch nicht infrage. Bleibt noch der Begriff der Tötung. Ganz allgemein gesprochen versteht man unter dem Wort Tötung eine Handlung, die den Tod eines Lebewesens bewirkt. Das kann Mord sein, das kann Totschlag sein oder ein Suizid, um nur einige Beispiele zu nennen. Ähnlich sieht das der Jurist. Für ihn handelt es sich bei einer Tötung »um die zurechenbare Verursachung des Todes durch eine beliebige Handlung, die dazu geeignet ist, das Leben des Opfers zu beenden«.

Tötung ist also eher ein Sammel- oder Oberbegriff. So gibt es beispielsweise die fahrlässige Tötung, die Tötung auf Verlangen oder die assistierte Tötung. Letztere liegt vor, wenn man einem Menschen einen Giftcocktail bereitet, den dieser dann selbst zu sich nimmt. Tötet man dagegen eine andere Person, weil es deren ernsthafter und eindringlicher Wunsch ist, so spricht man von Tötung auf Verlangen. Ein anderer Begriff dafür ist aktive Sterbehilfe. Die abgeschwächte Form davon ist die indirekte Sterbehilfe. Bei dieser wird der vorzeitige Tod eines Menschen durch eine medizinische Behandlung in Kauf genommen. Also wenn man beispielsweise einem sterbenden krebskranken Patienten aufgrund starker Schmerzen eine hohe Dosis Morphium verabreicht, was zu einer Atemdepression führen kann. Hat der sterbende

Patient dagegen keine Schmerzen und man verzichtet auf lebensverlängernde Maßnahmen, so spricht man von passiver Sterbehilfe. Aber das nur so am Rande.

Ungeachtet dessen, der Begriff der Tötung ist für unser Unterfangen durchaus passend. Man muss ihn eben nur einengen und von Selbsttötung sprechen. Noch besser als der Begriff der Selbsttötung ist allerdings das Wort Suizid. Es entstammt dem Lateinischen und setzt sich zusammen aus *sui*, was »seiner selbst« bedeutet und *caedium*, das für »Tötung« steht. Zusammengesetzt *suicidium*, also Tötung seiner selbst, sprich Selbsttötung. Der Suizid beschreibt folglich eine selbst ausgeführte Handlung, die zum Tod derjenigen Person führt, die sie ausgeführt hat. Selbsttötung ist nur die eingedeutschte Version von Suizid. Dennoch sollte man besser den Begriff Suizid verwenden, weil es ein neutraler, nicht wertender und auch von der Medizin und Wissenschaft bevorzugter Terminus ist.

Wie viele Menschen töten sich selbst?

Es klingt nicht nur erschreckend, sondern ist es auch. Laut Weltgesundheitsorganisation (WHO) stirbt alle 40 Sekunden ein Mensch durch Suizid. Das sind jährlich rund 800.000 Menschen weltweit. Der Suizid gehört damit zu den häufigsten Todesarten, so die WHO am 9. September 2019. Im selben Jahr lag die globale altersstandardisierte Suizidrate bei 9,0 je 100.000 Personen. Die Abbildung 1 zeigt die globale altersstandardisierte Suizidrate je 100.000 Personen beider Geschlechter im Jahr 2019 weltweit.

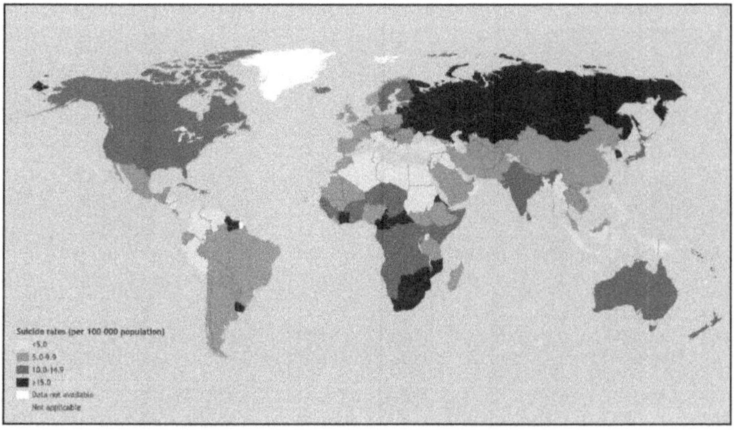

Abb. 1 (Quelle: WHO Global Health Estimates 2000–2019)

Man kann also grob gerechnet sagen, dass jeder 100. Todesfall weltweit ein Suizid ist. Die Zahlen der WHO offenbaren weiterhin, dass unter den 15- bis 29-Jährigen der Suizid die vierthäufigste Todesursache war. Gefolgt von Verkehrsunfällen, Tuberkulose und zwischenmenschlicher Gewalt. Die meisten Opfer waren Männer. Ihre Rate lag bei 12,6 pro 100.000 Männer. Im Vergleich dazu betrug die Rate bei Frauen 5,4 pro 100.000 Frauen. Zwar ist die Rate der Selbsttötungen zwischen den Jahren 2000 und 2019 weltweit um 36% zurückgegangen, doch sind viele Risikofaktoren für Suizide durch die Coronapandemie gestiegen, so etwa der Arbeitsplatzverlust, finanzielle Sorgen oder die soziale Isolation. In Deutschland lag die Suizidrate im Jahr 2019 laut WHO bei 12,3 je 100.000 Personen. Damit lag Deutschland im Vergleich mit den anderen G7-Staaten im Mittelfeld. Die USA wiesen mit 16,1 je 100.000 Personen die höchste Suizidrate auf. Die wenigsten Selbsttötungen waren in Italien zu verzeichnen. Hier betrug die Suizidrate 6,7 je 100.000 Personen. Zieht man die BRICS-Staaten zum Vergleich hinzu, so hat die Russische Föderation mit 25,1 je 100.000 Personen die höchste Suizidrate. Brasilien hingegen hat mit 6,9 je 100.000 Personen die niedrigste. Abbildung 2 verdeutlicht diesen Sachverhalt.

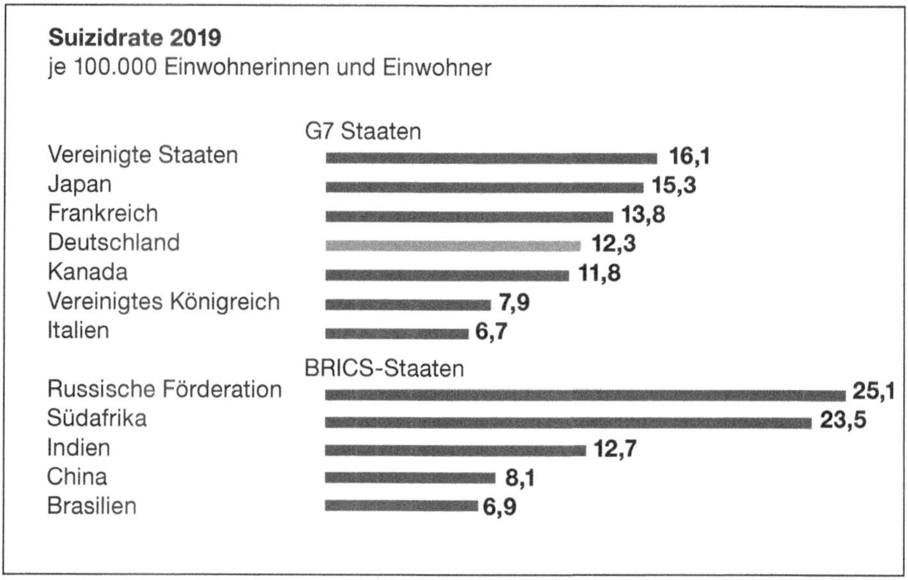

Abb. 2 (Quelle: WHO © Statistisches Bundesamt (Destatis), 2021

Bleiben wir aber, was die reinen Zahlen anbelangt, einmal in Deutschland. Denn eine Suizidrate von 12,3 drückt noch lange nicht das ganze Elend aus, das mit dem Suizid verbunden ist. Wesentlich aufschlussreicher sind da schon die Angaben für das Jahr 2020 der Deutschen Gesellschaft für Suizidprävention (DGS). Demnach starben 2020 in Deutschland 9206 Menschen durch Selbsttötung. Das sind mehr Verstorbene als durch Verkehrsunfälle, Mord, Totschlag, illegale Drogen und AIDS zusammen gerechnet. Abbildung 3 gibt hierzu eine Übersicht.

Todesursachen 2020		
Illegale Drogen	1.581	Quelle: Statistisches Bundesamt [1]
Mord	280	Quelle: Statistisches Bundesamt [1]
Totschlag	1.994	Quelle: Statistisches Bundesamt [1]
Verkehrsunfälle	2.724	Quelle: Statistisches Bundesamt [1]
AIDS	~380	Quelle: Statistisches Bundesamt [2]
Suizid	1.581	Quelle: Statistisches Bundesamt [1]

[1] Gesundheitsberichterstattung des Bundes, Stand November 2021, [2] Epidemiologische Kurzinformation des Robert Koch-Instituts, Stand November 2021; Darstellung und Berechnung: H. Müller-Pein & K. Wache, Universität Kassel, 2021

Abb. 3 (Quelle: DGS, Suizide in Deutschland 2020)

Die Suizidraten weisen allerdings zwischen den einzelnen Bundesländern große Unterschiede auf. So hatten im Jahr 2020 Sachsen-Anhalt mit 15,9% und Sachsen mit 15,6% die höchsten Suizidziffern. In Bremen war mit 2,2% der größte Anstieg zu verzeichnen. Das Saarland mit 9,3% und Nordrhein-Westfalen mit 7,6% hatten dagegen die niedrigste Suizidziffer in ganz Deutschland. Schleswig-Holstein hatte 2020 die höchste Suizidrate bei Frauen mit 7,1% und Sachsen-Anhalt bei den Männern mit 25,9%. Die Abbildung 4 gibt einen Überblick über die Suizide und Suizidziffern der einzelnen Bundesländer.

Arbeitet man das Zahlenmaterial für die Suizidstatistiken 2020, die durch das Statistische Bundesamt veröffentlicht wurden, weiter aus und zitiert sie gemäß einer Pressemitteilung des Nationalen Suizid Präventions-Programms vom 30.11.2021, dann ergibt sich für Deutschland folgendes Bild:

- Alle 57 Minuten nimmt sich ein Mensch selbst das Leben.
- Alle fünf Minuten findet ein Suizidversuch statt.
- In den letzten zehn Jahren gab es weit über eine Million Suizidversuche.

- Alle neun Minuten verliert jemand einen nahestehenden Menschen durch Suizid.
- In den letzten zehn Jahren sind zwischen 500.000 und einer Million Menschen von dem Suizid eines ihm nahestehenden Menschen betroffen.

Suizidziffern und Suizide in den Bundesländern 2020								
	Suizide pro 100.000 Einwohner				Anzahl der Suizide			
	Gesamt	*	Männer	Frauen	Gesamt	*	Männer	Frauen
Sachsen-Anhalt	15,9	0,5	25,9	6,1	347	7	279	68
Sachsen	15,6	1,3	24,7	6,8	635	52	495	140
Thüringen	15,4	2,1	25,3	5,8	328	44	266	62
Mecklenburg-Vorpom.	14,2	0,3	23,5	5,1	228	4	186	42
Schleswig-Holstein	12,5	-1	17,1	7,1	364	-27	258	106
Hessen	12,2	0,7	18,3	6,3	768	46	569	199
Hamburg	11,7	-0,6	16,9	6,7	216	-10	153	63
Bayern	11,6	0,0	17,6	5,7	1522	2	1143	379
Rheinland-Pfalz	11,6	-0,4	17,4	6	477	-14	352	125
Brandenburg	11,4	0,5	17,5	5,4	287	12	218	69
Berlin	11,2	1,1	16,2	6,4	412	44	293	119
Niedersachsen	11,2	0,4	17,1	5,4	893	27	676	217
Deutschland	11,1	0,2	16,9	5,4	9.206	165	6.944	2.262
Bremen	11	2,2	15,1	7	75	15	51	24
Baden-Württemberg	109	-0,2	16,6	5,2	1206	-20	915	291
Saarland	9,3	-0,3	14,5	4,4	92	-31	70	22
Nordrhein-Westfalen	7,6	0,1	11,6	3,7	1.356	14	1.020	336

Quelle: Statistisches Bundesamt · Gesundheitsberichterstattung des Bundes · www.gdb-bund.de · Datenblätter vom 19.11.2021 · Darstellung und Berechnung: H. Müller-Pein & K. Wache, Universität Kassel, 2021

Abb. 4 (Quelle: DGS, Suizide in Deutschland 2020)

Erschreckende Zahlen, die noch weiter vertieft betrachtet werden sollten. Unter den 9206 Menschen, die 2020 in Deutschland durch Suizid verstorben sind, waren 6944 Männer. Das sind 75,4%. Bei den Frauen waren es 2262, also 24,6%. Abbildung 5 zeigt die Anzahl der Suizide, gestaffelt nach dem Lebensalter.

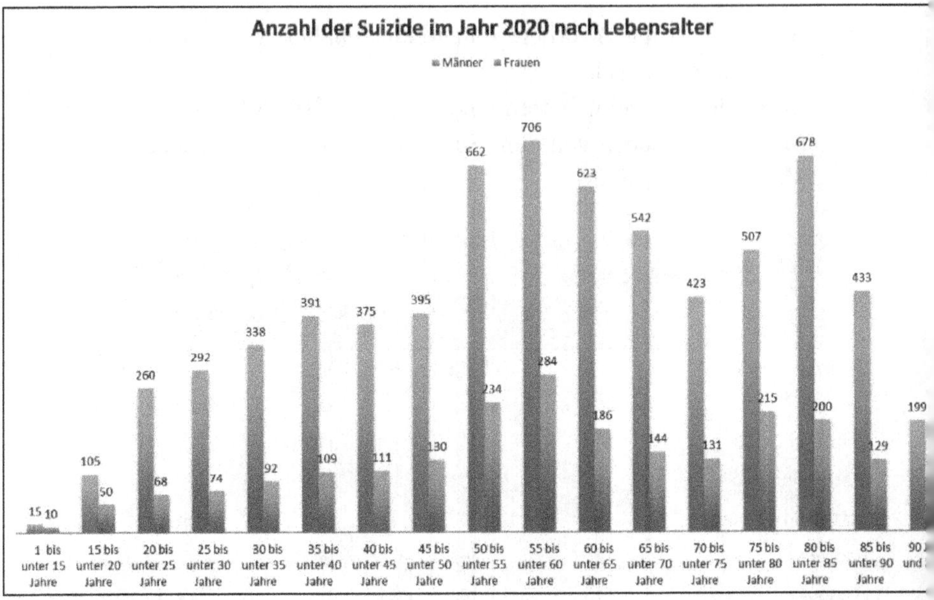

Quelle: Statistisches Bundesamt · Gesundheitsberichterstattung des Bundes · www.gdb-bund.de · Datenblätter vom 19.11.2021 · Darstellung und Berechnung: H. Müller-Pein & K. Wache, Universität Kassel, 2021

Abb. 5 (Quelle: DGS, Suizide in Deutschland 2020)

Das durchschnittliche Sterbealter betrug im Jahr 2020 exakt 58,7 Lebensjahre. Nahezu die Hälfte aller Suizide (48,6%) entfiel damit auf Menschen jenseits des 60. Lebensjahres. Abbildung 6 zeigt den Verlauf des durchschnittlichen Sterbealters durch Suizid über einen Zeitraum von 20 Jahren.

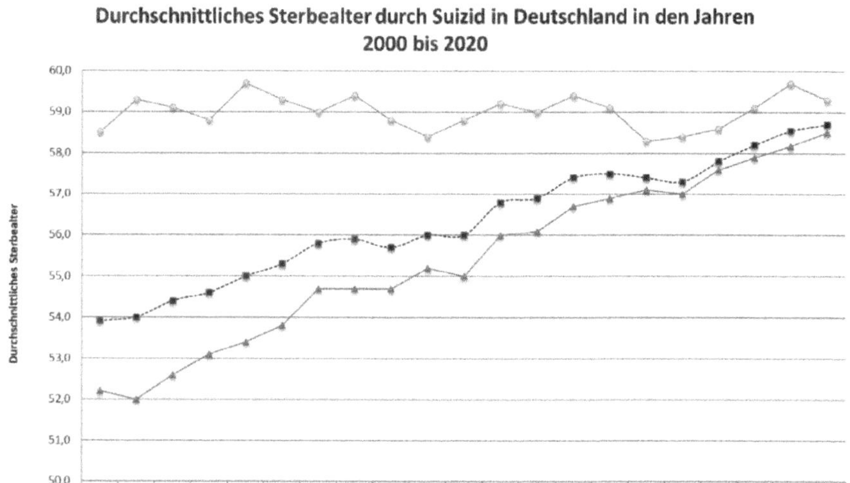

	2000	2001	2002	2003	2004	2005	2006	2007	2008	2009	2010	2011	2012	2013	2014	2015	2016	2017	2018	2019	2020
Beide Geschlechter	53,9	54,0	54,4	54,6	55,0	55,3	55,8	55,9	55,7	56,0	56,0	56,8	56,9	57,4	57,5	57,4	57,3	57,8	58,2	58,5	58,7
Männlich	52,2	52,0	52,6	53,1	53,4	53,8	54,7	54,7	54,7	55,2	55,0	56,0	56,1	56,7	56,9	57,1	57,0	57,6	57,9	58,2	58,5
Weiblich	58,5	59,3	59,1	58,8	59,7	59,3	59,0	59,4	58,8	58,4	58,8	59,2	59,0	59,4	59,1	58,3	58,4	58,6	59,1	59,7	59,3

Quelle: Statistisches Bundesamt · Gesundheitsberichterstattung des Bundes · www.gdb-bund.de · Datenblätter vom 19.11.2021 · Darstellung und Berechnung: H. Müller-Pein & K. Wache, Universität Kassel, 2021

Abb. 6 (Quelle: DGS, Suizide in Deutschland 2020)

Unter den Suizidmethoden dominierte auch 2020 das Erhängen mit 4179 Fällen deutlich das Geschehen, wobei allerdings ein langsamer Rückgang der Methode zu verzeichnen ist, während eine tendenzielle Zunahme der Selbsttötungen durch Medikamente und Stürzen beobachtet werden kann. Die Abbildung 7 zeigt die Anzahl der angewandten Suizidmethoden im Vergleich.

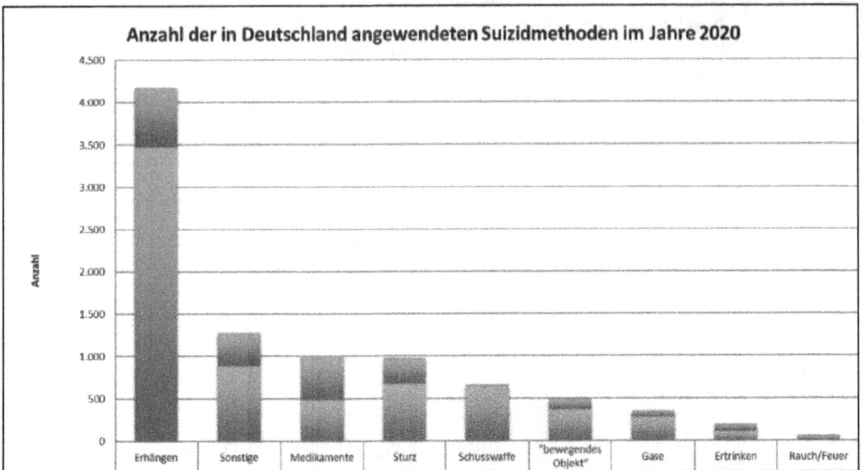

	Erhängen	Sonstige	Medikamente	Sturz	Schusswaffe	"bewegendes Objekt"	Gase	Ertrinken	Rauch/Feuer
Beide Geschlechter	4.179	1.284	1.013	980	657	488	353	194	57
Frauen	713	400	524	312	14	122	74	89	11
Männer	3.466	880	487	668	642	366	279	105	46

Quelle: Statistisches Bundesamt · Gesundheitsberichterstattung des Bundes · www.gdb-bund.de · Datenblätter vom 19.11.2021 · Darstellung und Berechnung: H. Müller-Pein & K. Wache, Universität Kassel, 2021

Abb. 7 (Quelle: DGS, Suizide in Deutschland 2020)

Ein Einfluss der Covid-19-Pandemie oder der Legalisierung des assistierten Suizids auf die Suizidrate konnte 2020 noch nicht nachgewiesen werden. Wie sich diese beiden Faktoren langfristig auf die Rate auswirken werden, ist aktuell noch nicht absehbar. So viel zu den düsteren Seiten des Suizidgeschehens, aber es gibt auch Lichtblicke. Einer zumindest ist die Gesamtzahl der Suizide in Deutschland. Sie nahm nämlich in den vergangenen 30 Jahren kontinuierlich ab. Lag die Anzahl der Suizide 1990 noch bei 13.924 Fällen, ging es im Jahr 2020 auf 9206 Fälle herunter. Die Abbildung 8 verdeutlicht diesen Sachverhalt.

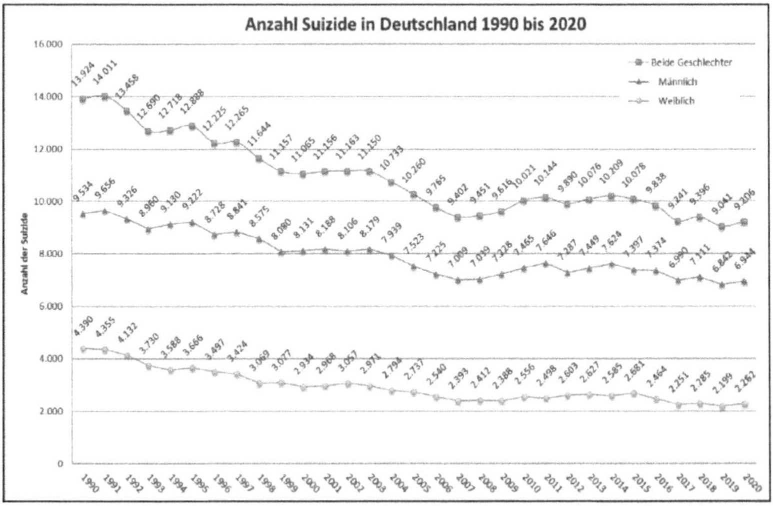

Quelle: Statistisches Bundesamt · Gesundheitsberichterstattung des Bundes · www.gdb-bund.de · Datenblätter vom 19.11.2021 · Darstellung und Berechnung: H. Müller-Pein & K. Wache, Universität Kassel, 2021

Abb. 8 (Quelle: DGS, Suizide in Deutschland 2020)

Trotzdem sind die Suizidzahlen in Deutschland immer noch erschreckend hoch. Angesichts der zusammengetragenen Fakten fordert die Deutsche Gesellschaft für Suizidprävention (DGS) daher:

- die nachhaltige Förderung qualifizierter niedrigschwelliger/barrierefreier suizidpräventiver Angebote in Deutschland;
- die nachhaltige Förderung des Nationalen Suizidpräventionsprogramms und regionaler Netzwerke;
- die Einrichtung einer bundesweiten Informations- und Koordinationsstelle zur Suizidprävention;
- die nachhaltige Verbreitung von Informationen über die Hilfen in suizidalen Krisen und die Möglichkeiten, im Alter und bei tödlich verlaufenden Erkrankungen auch ohne Hilfen zum Suizid in Würde zu sterben;
- die nachhaltige Unterstützung für Hinterbliebene nach Suizid und Angehörige von suizidalen Personen;
- die nachhaltige Berücksichtigung suizidpräventiver Aspekte in gesetzlichen Beschlüssen und Vorhaben;
- die Förderung der Forschung.

Warum töten sich Menschen?

Der Suizid hat viele Gesichter. Denken Sie nur an die japanischen Kamikaze-Piloten aus dem Zweiten Weltkrieg, die ihre zu Bomben umgebauten Flugzeuge auf amerikanische Kriegsschiffe lenkten. Blutjunge Männer im Alter zwischen 17 und 19 Jahren, die wie Helden für den Kaiser und das Vaterland sterben wollten. Es waren zumeist studentische Piloten, daher das zarte Alter. Rund 3000 dieser jungen Männer opferten so ihr Leben. Oder denken Sie an die Samurai-Krieger des japanischen Mittelalters, für die Ehre, Gesetz, Loyalität und Selbstbeherrschung zentrale Bedeutung hatten. Für diese Begriffe lebten und starben sie. Das zeigte sich vor allem im *seppuku* oder, wie es im Deutschen heißt, im *harakiri*. Gemeint ist das Aufschneiden des Bauches mit dem *Wakizashi*, einem Kurzschwert, dessen Klingenlänge zwischen 30 und 60 cm schwankte. Es war eine ritualisierte Form der Selbsttötung, die dazu diente, seine Ehre in der Öffentlichkeit wiederherzustellen. Denn im alten Japan pflegte man zu sagen:

> »Wenn die Ehre verloren ist, ist es besser zu sterben, der Tod ist eine sichere Rettung vor der Schande.«

Eine solche Schande war zum Beispiel gegeben, wenn eine Schlacht verloren ging. Auch eine Pflichtverletzung oder eine Nachlässigkeit war dazu geeignet, in der Öffentlichkeit sein Gesicht zu verlieren. Das alles zeigt, wie eng der Ehrbegriff in Japan mit dem Suizid assoziiert war. Doch man muss nicht erst ins ferne Japan schauen. Auch hierzulande war der Verlust von Ehre, Macht oder Freiheit ein häufiges Motiv der politischen Oberschicht, sich das Leben zu nehmen.

Ein anderes Gesicht des Suizids zeigt sich uns in den Handlungen von Selbstmordattentätern. Gedacht sei hier vor allem an die islamistischen Attentäter, deren Anschläge seit den 1990er-Jahren exponentiell zunehmen. Auch wenn ihnen die japanischen Todesflieger des Zweiten Weltkriegs als moderne Vorbilder gelten, so folgt ihr Selbstopfer doch einer anderen Tradition beziehungsweise einem vermeintlich höheren Ziel. Sie hoffen nämlich darauf, sich auf diese Weise das ewige Leben zu verdienen, ganz so, wie es ihnen der Koran in Vers 111 der Sure 9 verspricht. Da heißt es:

> »Allah hat von den Gläubigen ihre eigene Person und ihren Besitz dafür erkauft, dass ihnen der (Paradies)garten gehört; Sie kämpfen auf Allahs Weg, und so töten sie und werden getötet. (Das ist) ein für Ihn bindendes Versprechen in Wahrheit in der Thora, dem Evangelium und dem Qur'an. Und wer ist treuer in (der Einhaltung) seiner Abmachung als Allah? So freut euch über das Kaufgeschäft, das ihr abgeschlossen habt, denn das ist der großartige Erfolg!«

Die terroristischen Organisationen, die hinter solchen Anschlägen stehen, sei es nun Boko Haram, der islamische Staat (IS), die Hamas oder eine andere islamistische Vereinigung, folgen indes einem anderen Leitmotiv. Sie verbreiten Angst und Schrecken, um ihre Machtfülle zu demonstrieren. Mit dieser Potenz wollen sie erreichen, dass die Gesetze des Islam, so wie sie im Koran niedergeschrieben sind, nicht nur in allen muslimischen Ländern streng befolgt werden, sondern nach und nach weltweit. Die Welt soll ein einziger islamischer Gottesstaat werden. Das ist die Ideologie des Terrors.

Eine andere Form des Terrors im Zusammenhang mit dem Phänomen Suizid geht dagegen von bestimmten Sekten aus. Erinnern Sie sich noch an das Massensterben der Volkstemplersekte in Guyana 1978, um nur das weltweit größte freiwillige Massensterben von Sektenmitgliedern zu nennen? Was war passiert? 1956 gründete der US-amerikanische Sektenführer Jim Jones in Indianapolis den *Peoples Temple*, auch Volkstempel genannt. Mitte der 1960er-Jahre tauchten plötzlich vermehrt kritische Presseberichte über Drogenexzesse und sexuellen Missbrauch von Frauen und Kindern im Volkstempel auf, worauf sich Jones und viele seiner Anhänger 1974 in den Nordwesten Guyanas (Südamerika), nach Jonestown, zurückzogen. Die Sekte lebte dort in einer Dschungelsiedlung hermetisch abgeschlossen vom Rest der Welt. Bis sich am 18. November 1978 auf Geheiß ihres Anführers 909 Menschen, darunter 276 Kinder und Jugendliche, mit Zyankali das Leben nahmen. Es war ein Giftcocktail, der innerhalb von fünf Minuten zum Tod führte. Was Augenzeugen danach vorfanden, war ein Bild, als hätte jemand Hunderte von Menschenleichen achtlos auf den Dschungelboden zusammengeworfen. So lagen sie da, Mütter mit ihren Kindern und Familienangehörige, alle eng umschlungen. Aber nicht alle gingen freiwillig in den Tod. Sektenmitglieder, die sich widersetzten, wurden mit Waffengewalt zum Trinken gezwungen. Sie starben an ihren Schusswunden. Und warum das alles? Ganz einfach, weil ihr Anführer Jim Jones an diesem Tag auf dem Gelände über Lautsprecher allen verkünden ließ:

»Die Zeit ist gekommen, dass wir uns an einem anderen Ort treffen.«

Es klingt verrückt, aber Säuglingen und Kindern wurde das Gift von ihren Eltern mittels Einwegspritze verabreicht. Man könnte beinahe an eine assistierte Tötung denken. Doch weder wollten diese Säuglinge und Kinder bewusst sterben, noch nahmen sie das Gift selbst ein. Apropos assistierte Selbsttötung. Bei dieser offenbart sich uns wieder ein völlig anderes Gesicht des Suizids. Hier sind es oft unheilbar Kranke und unter großen Schmerzen leidende Menschen, die manchmal einfach nur sterben möchten und diesen Weg wählen, um aus dem Leben zu scheiden. Das Gleiche gilt auch für andere schwere Leiden, andere Krankheiten oder Einschränkungen, welche die Betroffenen einfach nicht mehr ertragen wollen oder können. Eine Alternative zum assistierten Suizid, so zumindest in den Augen der Befürworter, ist das Sterbefasten. Hierbei handelt es sich um den bewussten Verzicht auf Nahrung und Flüssigkeit. Es ist eine umstrittene Form des Suizids. Doch egal, wie man dazu stehen mag, eines ist völlig unstrittig. Die Motivationslage derer, die sich für diese Form entscheiden, ob assistierter Suizid oder Sterbefasten, unterscheidet sich grundlegend von den bisher genannten Beispielen. Ähnlich ist die Motivationslage bei Menschen, die sich aufgrund von Arbeitslosigkeit, finanziellen Problemen, Verzweiflung, Gewalterfahrungen, Trennungen vom Lebenspartner, dem Tod naher Angehöriger, wegen zunehmenden Alters oder Einsamkeit und sozialer Isolation das Leben nehmen. Das alles sind zwar andere Auslöser für den Suizid, die Motivationslage ist aber identisch. Die Menschen können oder wollen ihr Leben so nicht mehr fortsetzen. Deshalb sehen sie in der Selbsttötung einen geeigneten Ausweg, um sich von ihrem Leiden, ob körperlich oder seelisch, zu befreien. Eine Exitstrategie, wenn man so will. Zieht man also an dieser Stelle eine kurze Bilanz, so ist unschwer zu erkennen, dass Suizidalität ein sehr komplexes Geschehen darstellt, welches obendrein noch von zahlreichen Faktoren abhängig ist. Wir sind deshalb gut beraten, wenn wir von Anfang an lernen, zwischen dem Auslöser und der Ursache für einen Suizid zu unterscheiden; denn Ursache und Auslöser sind keineswegs Synonyme.

Am besten macht man sich das an ein paar Beispielen klar. Nehmen wir an, ein Lkw mit 40 Tonnen Gewicht fährt über eine Brücke, die daraufhin einstürzt. Der Lkw mit seinem schweren Gewicht war der Auslöser, dass die Brücke zusammengebrochen ist. Aber er war nicht die Ursache. Ursache war das Material, das nicht ordentlich gewartet wurde. Oder nehmen wir an, dass ein Ehepaar in Konflikt gerät. Sie hat ihn gebeten, den Geschirrspüler auszuräumen, und er hat es einfach vergessen. Sie ist daraufhin außer sich, schließlich hat sie ihn extra noch einmal daran erinnert. Sie wirft ihm vor, sie sei nicht seine Dienstmagd und könne wegen seiner Unzuverlässigkeit aus der Haut fahren. Er dagegen findet ihre Reaktion völlig übertrieben. Es sei doch schließlich kein Weltuntergang, nur weil der Geschirrspüler nicht beizeiten ausgeräumt wurde. Dass das Geschirr nicht wunschgemäß aus dem Geschirrspüler herausgenommen wurde, ist ganz klar der Auslöser für den Konflikt, aber nicht die Ursache. Die Ursache ist, dass er ihr nicht mehr zuhört – nach 30 Ehejahren. Sozusagen abschaltet, wenn sie auch nur den Mund aufmacht. Oder, wie man so schön sagt, weil er auf »Durchzug« stellt. Links rein, recht raus. Das heißt, der Auslöser für ein Ereignis passiert spontan und ist etwas, das das Ereignis geschehen lässt. Die Ursache dagegen schwelt schon längere Zeit. Sie ist etwas, das tiefer geht. Oder anders ausgedrückt, die Ursache ist der ursprüngliche Grund für ein Ereignis, während der Auslöser nur eine Möglichkeit von vielen darstellt, die dem Ereignis zum Ausdruck verholfen hat. Nehmen wir beispielsweise einen Wutausbruch. Der Auslöser für einen solchen kann ein böses Wort oder eine Beleidigung sein. Die Ursache dagegen liegt vielleicht in einem hormonellen Ungleichgewicht, einer psychischen Instabilität oder in unterdrückten Gefühlen.

Ähnlich verhält es sich mit dem Suizid. Natürlich können große Hoffnungslosigkeit, schwere Partnerschaftskonflikte, Schulden, Arbeitslosigkeit, chronische Erkrankungen oder Trennungen und Trauer suizidale Handlungen auslösen, keine Frage. Was aber ist die Ursache für den Suizid? Liegt die Ursache in der genetischen Ausstattung der Menschen? Oder liegt sie in deren Persönlichkeit? Oder ist es vielleicht die Gesellschaft, in die ein Mensch hineingeboren wird und aufwächst? Was sagt die Suizidologie dazu, jene junge Wissenschaft, die sich mit der Erforschung des Suizids und dessen Prävention beschäftigt? Welche Antworten hat sie auf diese drängenden Fragen? Keine, leider. Die Antworten bleiben bis auf den heutigen Tag aus. Warum eigentlich? Ist es wirklich so kompliziert? Ja, ist es. Suizidalität ist nun einmal ein sehr komplexes Phänomen, das gesellschaftlich-kulturelle, individuell-psychologische und letzten Endes auch biologische Aspekte umfasst. Genau das macht die Angelegenheit so schwierig. Das heißt, Suizidalität entwickelt sich immer aus einem Zusammenspiel verschiedener Faktoren. Selten gibt es nur den einen Grund, der erklärt, warum ein Mensch nicht mehr leben möchte. Um vielleicht doch noch wenigstens an ein paar Antworten zu gelangen, empfiehlt es sich daher aus meiner Sicht, die Fragestellung abzuwandeln.

Die Frage sollte nicht lauten, was die Ursache für einen Suizid ist, sondern: Wie bilden sich unser Charakter, unser Temperament, unsere Persönlichkeit und unsere Einstellungen? Letztere sind schließlich die Schienen, auf denen der Zug des Lebens fährt. Noch präziser und auf den Punkt gebracht wäre allerdings die Frage, wie entsteht eigentlich unsere Psyche? Dabei stellt sich uns wiederum ein neues Problem in den Weg. Wie soll die Psyche ihrer Aufgabe nachkommen und inneres Erleben verarbeiten und individuelles Verhalten steuern, wenn kein Bewusstsein da ist? Es kann schließlich nur etwas gefühlt, verarbeitet und mit Emotionen versehen werden, wenn zuvor auch etwas wahrgenommen wurde. Doch ohne Bewusstsein keine Wahrnehmung. Das Maß des Bewusstseins bestimmt somit das Ausmaß, in dem die Psyche zur Entfaltung und Geltung gelangt. Bewusstsein geht somit der Psyche immer voraus. Anders gesagt: Die Entwicklung der Psyche folgt der Entwicklung des Bewusstseins auf dem Fuße.

Unsere Frage muss deshalb lauten: Wie entwickeln sich Bewusstsein und Psyche im Laufe unseres Lebens? Diese Frage lässt sich ziemlich präzise beantworten, weil es Bewusstsein und Psyche, inklusive ihrer Entwicklung, nur auf dem Boden eines intakten Gehirns geben kann. Das ist die Basis. Das menschliche Gehirn beginnt seine Entwicklung schon 19 Tage nach der Empfängnis. Zu diesem Zeitpunkt misst der Embryo gerade einmal zwei Millimeter. In der vierten Schwangerschaftswoche setzt dann auch die Blutversorgung des Gehirns ein. In der elften Schwangerschaftswoche, der Embryo ist zu diesem Zeitpunkt bei normaler Entwicklung etwa zwölf Gramm schwer, beginnen die beiden Gehirnhälften sich zu differenzieren. Und in der 21. bis 24. Woche, wir befinden uns jetzt im sechsten Schwangerschaftsmonat, beginnt das Gehirn sich zu furchen. Am Ende des sechsten Monats, der Fötus ist jetzt etwa 31 cm groß und wiegt ca. 660 Gramm, ist das Gehirn fertig ausgebildet. Die Hirnströme gleichen jetzt denen eines neugeborenen Kindes, und es beginnt sich allmählich ein Schlaf-Wach-Rhythmus auszubilden. Dieser Zeitpunkt ist von elementarer Bedeutung, denn von jetzt an prägen sich auch die Sinneswahrnehmungen des Fötus immer weiter aus. Er kann jetzt schmecken und verschiedene Aromen voneinander unterscheiden. Dies liegt daran, dass aus der mütterlichen Nahrung entsprechende Geschmacksstoffe in das Fruchtwasser gelangen. Der Fötus trinkt das Fruchtwasser und trainiert auf diese Weise seinen Geschmackssinn. Gegen Ende des sechsten Monats entwickelt sich aber nicht nur der Geschmackssinn, auch Geräusche und Berührungen nimmt der Fötus jetzt wahr. Er kennt die Stimmen seiner Eltern und andere vertraute Klänge. Sein Tastsinn bildet sich immer besser aus, bedingt durch die zahlreichen Bewegungen, die er zu diesem Zeitpunkt vollführt. Seine Bewegungen nehmen spürbar an Koordination und Kraft zu. Das lässt sich besonders gut an der Bauchdecke der Mutter beobachten. Mit anderen Worten, gegen Ende des sechsten Monats nimmt der Fötus zahlreiche Sinneseindrücke wahr und reagiert entsprechend darauf. Sein Bewusstsein, in Form von Wahrnehmung, hat eingesetzt. Er lernt, fühlt, träumt und verfügt über ein Gedächtnis. Und gerade weil der Fötus ein erlebendes Wesen ist, wird sich von nun an im Gefolge dieses Erlebens und Bewusstseins von Wahrnehmungen, Empfindungen, Wohlgefühlen und Ängsten nicht nur allmählich seine körperliche Entfaltung vollziehen, sondern mittels dieser Erfahrungen auch das zu formen, zu prägen und zu entwickeln beginnen, was wir später einmal Psyche nennen werden. Vorgeburtlich also, das müssen wir an dieser Stelle einmal deutlich betonen.

Die Psyche des Menschen entwickelt sich aus seinen Empfindungen heraus. Das ist der Beginn. Zu diesem Zeitpunkt bildet das Gehirn des heranreifenden Fötus eine Struktur mit Milliarden von Neuronen, unzähligen Nervenbahnen, Synapsen und Verschaltungen. Der Entwicklungsentwurf für die Nervenzellen ist dabei genetisch festgelegt. Die synaptische Verknüpfungsstruktur hingegen unterliegt keiner direkten genetischen Steuerung. Damit es aber zu einer entsprechenden Ausbildung neuer Verknüpfungsmuster sowie zu Umstrukturierungen kommen kann, bedarf es moderater und vielfältiger Sinnesreize. Deshalb werden die Verbindungen der einzelnen Nervenzellen untereinander mit dem Heranreifen des Gehirns auch immer komplexer. Die zukünftige Entwicklung des fötalen Gehirns wird somit von einem ausgeglichenen Auf- und Abbau der synaptischen Verbindungen geprägt sein. Die Entstehung neuer Netzwerke wird dabei zum einen sein Verhalten festigen und zum anderen die Möglichkeiten für seine Persönlichkeitsentwicklung schaffen. Noch ist es aber nicht so weit, denn was der Fötus zu diesem Zeitpunkt seiner Entwicklung erlebt, reflektiert er natürlich noch nicht bewusst. Das heißt, noch erlebt sich der Fötus nicht als eigenständiges Ich. Dieses wird sich erst nachgeburtlich im Alter von 18 bis 24 Monaten herausbilden. Für die Entwicklung des Ich-Bewusstseins sind vor allem andere Menschen von entscheidender Bedeutung. Sie dienen dem Kleinkind gleichsam als Spiegel, in dem es sein eigenes Verhalten gespiegelt bekommt. Es ist, wenn man so will, ein emotionaler Spiegel, den das Kleinkind vorgesetzt bekommt. Zu dieser Zeit kann es nämlich bereits die Gefühle der Eltern und anderer Personen wahrnehmen. Hierdurch wird es nach und nach in die Lage versetzt, sich selbst besser zu empfinden. Dieser Moment ist ein wirklich bedeutender, denn er markiert neben dem Erwachen des eigenen Willens auch den von selbstbezogenen Emotionen. Darunter versteht man Emotionen, die bei Verletzung oder Steigerung des Selbstwertgefühls auftreten. Also beispielsweise Scham, Verlegenheit, Schuld, Neid oder Stolz. Mit dem Beginn des vierten Lebensjahres setzt beim Kleinkind die Erkenntnis ein, dass das Selbst von Dauer ist, also über Zeit und Raum konstant bleibt. Die eigene Identität ist nun über Zeit und Raum hinweg stabil. Mit der Erlangung dieser Stabilität wird schließlich die letzte Stufe der Selbstentwicklung eingeläutet. Sie wird zwischen dem vierten und fünften Lebensjahr erreicht. Jetzt vermag das Ich nämlich über sich selbst nachzudenken. Das Selbst verfügt somit über die Fähigkeit, die eigene Person aus Sicht anderer zu betrachten. Es hat damit ein erwachsenes Verständnis von sich als Selbst sowie von seiner Umwelt erlangt. Dazu hat es fünf Jahre der Interaktion mit anderen Menschen und der Umwelt gebraucht.

Damit ist aber die Entwicklung des menschlichen Bewusstseins nicht abgeschlossen. Eines fehlt ihm nämlich noch, die Fähigkeit zur Transzendenz. Gemeint ist damit das Vermögen, das Denken zum Jenseitigen zu öffnen. Es ist die Gabe, über unseren vierdimensionalen Raum, über die wahrnehmbaren Grenzen hinauszudenken. Es ist die Fähigkeit, an einen Gott zu glauben, an die Ewigkeit in einer höheren und besseren Welt. Erst mit dieser Stufe wird der Mensch zum Menschen und unterscheidet sich grundlegend vom Tier. Doch die Reifung und Ausbildung dieser Ebene des Bewusstseins wird erst mit dem Beginn der Pubertät abgeschlossen, nicht vorher. Damit haben wir die Entwicklung des menschlichen Bewusstseins schemenhaft und in groben Zügen nachgezeichnet.

Und die Psyche? Was wir bisher über die Entwicklung der Psyche wissen, ist lediglich, dass sie bereits vorgeburtlich beginnt und von Anfang an durch Emotionen geprägt wird, mehr nicht. Die Bedeutung von Gefühlen kann für ihre Entwicklung gar nicht hoch genug eingeschätzt werden. Oder vielleicht sollte man besser sagen, die Bedeutung der Liebe. Alle bisherigen Studien zeigen nämlich, dass Liebe in Form von Präsenz, Aufmerksamkeit und wohlwollender Zuwendung auf der einen Seite und psychische Gesundheit auf der anderen Seite eng miteinander verknüpft sind. So eng, dass man sagen kann, dass Liebe gleichbedeutend ist mit psychischer Gesundheit. Geliebt zu werden, bedeutet dabei so viel, wie etwas wert zu sein, einen Wert zu besitzen, ja kostbar zu sein. Das ist es, was einem Menschen sein Selbstwertgefühl verleiht.

Was lernen wir daraus? Wir lernen daraus, dass Bindungserfahrungen eine zentrale Bedeutung für die psychische Entwicklung eines Menschen spielen. Dabei geht es vor allem um die fühlbare Ausformung eines festen sozialen Bindungssystems. Es ist die frühe emotionale Form der Kommunikation im Säuglingsalter, die das Fundament für die gesamte weitere psychische Entwicklung legt. In der Kindheit ist deshalb das Thema Liebe eng verzahnt mit den Themen Verhalten, Selbstentfaltung und Selbstwertschätzung. Mit anderen Worten, wir müssen verstehen, dass die Selbstwertregulierung eines Menschen bereits zu einem sehr frühen Zeitpunkt seiner irdischen Existenz entwickelt wird. Die Entwicklung des Bindungssystems beginnt übrigens bereits in den ersten Wochen nach der Geburt, und zwar dann, wenn der Säugling anfängt, Mutter oder Vater gezielt anzulächeln und auf vielfältige Weise mit ihnen in Interaktion zu treten. Wird das Bindungssystem durch die Interaktionen positiv ausgerichtet, ergibt sich ein stabiles Bindungsverhalten, das über die Kindheit und Jugend bis weit in das Erwachsenenalter hineinträgt. Gelingt dies nicht, ergibt sich ein instabiles Bindungsverhalten, mit geradezu verheerenden Konsequenzen für das weitere Leben dieses Menschen. Das Kind braucht Liebe, um sich sicher zu fühlen, um Vertrauen zu den Menschen, zur Umwelt und damit auch zu sich selbst zu entwickeln. Dieses Vertrauen zu sich selbst und zu anderen Menschen muss es aufbauen, um das Leben glücklich und zufrieden bewältigen zu können. Die Erfahrungen in dieser Phase prägen somit die gesamte emotionale Entwicklung samt Persönlichkeitsentwicklung des heranwachsenden Menschen.

Woher aber wissen wir das? Wir wissen es aus psychologischen Langzeitstudien. Sie zeigen uns, dass Menschen mit sicheren Bindungen in der Kindheit sozial kompetenter sind. Sie können Krisen besser verkraften, leiden seltener an Suchtverhalten und weisen weniger psychische Erkrankungen auf. Sichere Bindungen in der Kindheit bedeuten daher, langfristig gesehen, vor allem soziale Kompetenz und einen Gewinn an Freiheit. Wir können deshalb sagen, je mehr ein Mensch die Fähigkeit besitzt, sich anderen Menschen und seiner Umwelt zu öffnen, ihnen zu vertrauen und ihnen angstfrei mit einem guten Selbstwertgefühl zu begegnen, desto glücklicher und zufriedener wird sein Leben auf Erden verlaufen. Bei unsicheren Bindungen hingegen verkehrt sich alles ins genaue Gegenteil. So bedeutet ein Mangel an liebevollen Zuwendungen und Reizen, dass sich die psychische Entwicklung verzögert oder gar gestört abläuft. Das kann sich in verschiedenen Symptomen niederschlagen, zum Beispiel in sozialen Kontaktstörungen, Aufmerksamkeitsstörungen, Wutausbrüchen, Angstzuständen, Stressanfälligkeit oder in Form von Teilnahmslosigkeit und motorischer Verlangsamung. Ein Kleinkind muss sich deshalb in seiner frühen Entwicklungszeit liebend angenommen fühlen, ansonsten ist sein Leidensweg unweigerlich vorgezeichnet. Der österreichische Schriftsteller Franz Carl Heimito von Doderer (1896–1966) hat es in seinem Roman »Ein Mord den jeder begeht« treffend zusammengefasst, als er die Worte schrieb:

> »Jeder bekommt seine Kindheit über den Kopf gestülpt wie einen Eimer. Später erst zeigt sich, was darin war. Aber ein ganzes Leben lang rinnt das an uns herunter, da mag einer die Kleider oder auch Kostüme wechseln wie er will.«

Es gibt also eine kritische Phase in der psychischen Entwicklung eines jeden Menschen. Eine vulnerable oder verletzliche Zeit, wenn man so will. Doch wie lange dauert diese kritische Phase eigentlich an? Sie umfasst die ersten zwei Lebensjahre. Das wissen wir aus zuverlässigen wissenschaftlichen Studien. Das heißt, während der ersten zwei Lebensjahre durchläuft der Mensch eine kritische Periode hinsichtlich seiner emotionalen und sozialen Entwicklung. Oder drastischer ausgedrückt, der psychische Werkzeugkasten eines Menschen entwickelt sich innerhalb der ersten zwei Lebensjahre. Nach dem zweiten Lebensjahr schließt sich dann dieses zeitlich klar umrissene Entwicklungsfenster endgültig. Und das zu einem Zeitpunkt, an dem das Ich weder in der Lage ist, bewusst über sich selbst nachzudenken noch über die Fähigkeit verfügt, Erinnerungen an Ereignisse des eigenen Lebens abzurufen. Denn Erinnerungen an die ersten zwei bis drei Lebensjahre sind in der Regel nicht möglich. Infantile Amnesie nennt man das. Aufgrund der Ergebnisse jahrzehntelanger psychologischer Forschungen sind wir also mittlerweile imstande, die Bedeutung des Inhaltes und somit die Bedeutung der Kindheit in einem einzigen Satz zusammenzufassen. Und dieser Satz lautet kurz und knapp: Menschliche Bindungen machen frei. So einfach kann die Wahrheit manchmal sein.

Das klingt zugegebenermaßen zunächst einmal wie ein Widerspruch in sich, ist es aber nicht. Denn der Satz fasst die Beobachtung zusammen, dass Kinder, die als Säuglinge in einer liebevollen Beziehung aufwachsen, zu unabhängigen Menschen werden, die neugierig in die

Welt hinausgehen. Gleichzeitig sind sie aber auch zu engen Kontakten mit anderen fähig. Ja, Bindung macht frei, im wahrsten Sinne des Wortes, und sie ist für uns Menschen eben unerlässlich. Das Leben ist nur dann sinnvoll und schön, wenn Liebe da ist, ansonsten ist es voller Angst, Leid und Unsicherheit. Die liebevolle Zuwendung der Eltern ist für eine gesunde psychische Entwicklung des Kindes unabdingbar. Das Kind weiß um diesen Umstand, zumindest instinktiv. Deshalb ist auch die Angst davor, die Liebe seiner Eltern zu verlieren, seine erste erlebte Angst. Es ist eine sehr ernst zu nehmende Angst, denn sie hinterlässt tiefe Spuren in der Psyche. Das zumindest haben Untersuchungen zeigen können. Ja, die Liebe, auf dieses zentrale Thema lassen sich viele psychische Schwierigkeiten und Störungen zurückführen, manchmal sogar auch schwere Krankheiten. Der dahinterstehende Mechanismus ist dabei oft derselbe. So führt die Lieblosigkeit der Eltern beim Kind zu Misstrauen und Angst. Dieses Misstrauen und diese Angst werden später auf andere Menschen und die Umwelt übertragen. Sie verfestigen sich im Laufe der Zeit und kondensieren zu manifesten Einstellungen in Gestalt von ständigen Wegbegleitern, die einem nicht mehr von der Seite weichen. Genau diese Einstellungen sind es dann auch, die das weitere Leben nachhaltig prägen werden, mit all den sich daraus ergebenden negativen Konsequenzen. Der Betreffende selbst ist sich dieser Mechanismen natürlich nicht bewusst. Wie auch? Er sieht die Quelle seines Unglücks nur im Außen. Das heißt, er externalisiert sein Problem. Nur die anderen sind schuld, er selbst ist immer nur das Opfer übler Machenschaften. Die Tatsache, dass das Problem tief in ihm selbst steckt, das begreift er in der Regel ohne professionelle Hilfe nicht. Die Externalisierung stabilisiert zwar sein psychisches Gleichgewicht, hilft ihm aber nicht wirklich bei der Überwindung des Grundproblems, und so bleibt er oder sie in dem Dickicht einer irrigen Gesinnung gefangen, aus dem es aus eigener Kraft oft kein Entrinnen mehr gibt.

Es gibt keinen Weg vorbei an der Liebe, so wie es auch keinen Weg vorbei am Essen, Trinken und Schlafen gibt. Sie sind essenziell. Nur die Liebe schafft Vertrauen. Und dieses Vertrauen ist elementar wichtig, ansonsten setzt Misstrauen ein. Misstrauen gegenüber Menschen und Umwelt, ja mehr noch, Misstrauen gegenüber sich selbst. Das Selbstvertrauen hängt somit unabdingbar von vorangegangenen Liebeserfahrungen ab. Man darf deshalb zu Recht sagen, dass die Liebe Selbstbewusstsein formt. Und dieses wiederum schafft seinerseits ein gutes Selbstwertgefühl. Wo aber das Selbstwertgefühl erst einmal gestört ist, machen sich sehr gerne Minderwertigkeitsgefühle breit. Und diese sind bekanntermaßen ein idealer Nährboden für spätere Depressionen. Das ist aber leider nicht alles, denn der Weg kann noch weiter hinab in den Abgrund führen. Bis hin zum Suizid, wie wir später noch sehen werden. Dann nämlich, wenn sich Stress, Angst, innere Leere, Verzweiflung, Traurigkeit, Mutlosigkeit, Hilf- und Hoffnungslosigkeit sowie Schuld und Selbstvorwürfe in der Psyche breitmachen.

Nicht nur die Entwicklungen innerhalb der ersten zwei Lebensjahre können der Psyche arg zusetzen. Auch psychosoziale Belastungen im späteren Leben können den Weg für Depressionen ebnen. Ob es dabei aber zum Äußersten kommt, hängt im Wesentlichen von drei Faktoren ab: der Stärke des Auslösers, der Resilienz und den vorhandenen Bewältigungsstrategien. Letztere werden dabei unter dem Begriff Coping zusammengefasst, wobei der Begriff Resilienz die psychische Widerstandskraft beschreibt. Coping und Resilienz sind im Grunde eng verzahnt. Denn Coping-Strategien erleichtern die Bewältigung von Stress, belastenden Situationen und Angst. Coping ist sozusagen das Trainings- oder Fitness-Programm für die Psyche. Dieses steigert ihre Widerstandskraft. Und damit wiederum erhöht sich ihre Fähigkeit, Krisen zu bewältigen. Und das muss sie auch, denn schließlich prasseln Tag für Tag entsprechende Belastungen und Beanspruchungen auf sie ein. Fehlt es der Psyche dagegen an geeigneten Strategien, kann das durchaus zu ernsten psychischen Schwierigkeiten führen. So sind beispielsweise Depressionen nicht selten die Folge eines Mangels an geeigneten individuellen Bewältigungsstrategien. Das kann manchmal ganz harmlos beginnen, mit Selbstzweifeln. Dadurch geht aber auf Dauer das Selbstvertrauen verloren. Noch schlimmer ist es dann, wenn man sich einredet, unfähig zu sein. Negativen Gedanken und Gefühlen sind damit Tor und Tür geöffnet, und sie kommen durch diese nur allzu gern hinein. Haben sie es sich in unserer Psyche so richtig gemütlich gemacht, ist der weitere Weg vorgezeichnet. Steil abwärts nämlich. Vor solch einem Abwärtstrend kann sich die Psyche nur schützen, indem sie lernt, mit negativen Gedanken und Gefühlen, die in bestimmten Situationen auftreten, angemessen umzugehen.

Sie muss lernen, wie man derartige Situationen in Zukunft vermeidet, wie man sich an diese am besten adaptiert oder aber, wie man derartige Sachlagen befriedigend verändert, je nachdem, was gerade Sinn macht. Die Psyche muss also lernen, ein Problem richtig einzuschätzen, es geschickt zu handhaben und es am besten gleich von mehreren Seiten anzugehen.

Damit sie im täglichen Kugelhagel wirklich bestehen kann, muss sie auch lernen, verschiedene Bewältigungsstrategien effektiv miteinander zu kombinieren. Das klingt zunächst einmal recht einfach, ist es aber in Wahrheit nicht. Denn für das Coping und die daraus resultierende Resilienz braucht es entsprechende Persönlichkeitsfunktionen. Diese aber sind abhängig von der Persönlichkeitsstruktur. Die Persönlichkeitsstruktur eines Menschen wiederum ist abhängig von der Persönlichkeit und diese ist ihrerseits direkt abhängig von der zugrunde liegenden Psyche.

Wir haben somit wieder jede Menge neue Fragen zu klären. Als da wären, wie könnte man den Begriff Psyche möglichst treffend definieren? Was ist unter der Bezeichnung menschliche Persönlichkeit zu verstehen? Was genau ist eine Persönlichkeitsstruktur? Und was verbirgt sich hinter dem Ausdruck Persönlichkeitsfunktion? Fangen wir am besten mit der Definition der Psyche an, denn sie steht hier am Anfang. Wer nach einer passenden Definition in der Literatur sucht, wird sie schnell finden, zahlreiche, viele und unterschiedliche. Eine allgemein anerkannte Definition wird man jedoch vergeblich suchen, und das aus gutem Grunde. Einfach deshalb, weil es schwierig ist, den Begriff der menschlichen Psyche in ihrer Gesamtheit zu erfassen. Es bleibt deshalb nichts anderes übrig, als zu versuchen, definitive Aussagen über die Psyche zu treffen. So würde beispielsweise niemand der Aussage widersprechen, dass die Psyche das Seelenleben darstellt. Das zeigt, wie eng verwoben die Psyche und die Seele miteinander sind. Ferner würde niemand der Behauptung widersprechen, dass die Psyche die Gesamtheit des menschlichen Erlebens und Fühlens repräsentiert. Und es würde niemand der Aussage widersprechen, dass die Psyche alle inneren Vorgänge und inneren Zustände umfasst. Sie steuert sozusagen das Innenleben eines Menschen. Das macht die Psyche gleichzeitig auch zu einer Art seelischem »Verdauungsorgan«, denn sie »verdaut« alle individuellen Eindrücke und Emotionen, egal ob

Freude, Leid, Kummer, Lust, Schmerz oder Angst. Zudem kann sich die Psyche meist an die erlebten Eindrücke und Emotionen erinnern. Sie besitzt ein Gedächtnis, in dem sie ihre verdauten sowie ihre unverdauten Erlebnisse und Erfahrungen speichern und wiederkäuen kann. Das ständige Wiederkäuen psychischer Inhalte bezeichnet man in der Psychologie als *Rumination*. Es meint ein sich in die Länge ziehendes nicht zielgerichtetes Grübeln. Empfinden, Verspüren, Erleben und Erinnern, eine eigene Innenwelt, welche die Psyche da hervorbringt. Oder anders gesagt, unsere Wirklichkeit. Das, was wir landläufig Realität nennen. An der Psyche geht somit kein Weg vorbei.

Fassen wir deshalb das Gesagte kurz zusammen, bevor es zum nächsten Begriff geht. Wir haben gelernt, dass Psyche etwas ist, das zwingend Liebe braucht, um sich positiv und vorteilhaft entwickeln zu können. Bekommt die Psyche als Pflänzchen ausreichend Sonne, so wächst, entwickelt und gedeiht sie zu einem robusten Gewächs. Wird sie nicht ausreichend beschienen, verkümmert sie oder geht im schlimmsten Falle ein. Die Psyche, so sie nicht in ausreichendem Maße das erhält, was für sie elementar ist, kann gestört, verletzt und traumatisiert werden. Ja mehr noch, sie kann sogar erkranken. Wie auch immer aber ihre Entwicklung vonstattengeht, ob günstig oder ungünstig, sollte die Pflanze Psyche als solche am Leben bleiben, so wird sie in jedem Falle eine Knospe ausbilden. Eine Knospe, die wir Persönlichkeit nennen. Psyche und Persönlichkeit sind also nicht ein und dasselbe. Das können wir schon an der Tatsache erkennen, dass eine gesunde Psyche die Persönlichkeit eines Menschen an den Problemen des alltäglichen Lebens reifen, jedoch nicht zerbrechen lässt.

Was aber Persönlichkeit ist, was sie darstellt, das haben schon die Menschen in der Antike versucht herauszufinden. Auch sie wollten den Begriff der Persönlichkeit näher beschreiben, ihn definieren, ihn klassifizieren, allerdings ohne Erfolg. Daran hat sich bis auf den heutigen Tag nichts geändert. Ja, man muss es offen aussprechen, einer der wichtigsten Begriffe in der Psychologie besitzt keine scharfe Definition. Und es kommt noch schlimmer. Alle elementaren psychologischen Begriffe besitzen keine scharfe Definition. Das sollte uns aber nicht davon abhalten, den Begriff der Persönlichkeit oder andere fundamentalen Begriffe der Psychologie etwas genauer unter die Lupe zu nehmen. Ganz allgemein gesprochen, darf man unter dem Begriff der Persönlichkeit sicherlich die Gesamtheit der persönlichen Eigenschaften eines Menschen verstehen, seine Wesensart oder Eigenart, je nachdem, wie man möchte. Auch wenn es dabei zweifelsohne einige Gemeinsamkeiten zwischen den Menschen gibt, so ist doch die eigene Persönlichkeit stets individuell und unterscheidet sich folglich von der anderer Menschen. Es nimmt daher nicht Wunder, wenn jeder Mensch seine Umgebung unterschiedlich wahrnimmt, unterschiedlich fühlt, erlebt und reagiert. Man sollte deshalb den Persönlichkeitsbegriff besser dahingehend präzisieren, dass wir darunter die zeitlich stabilen Charakteristika verstehen, die das eigentliche Fühlen, Empfinden und Handeln eines Menschen grundlegend ausmachen. Die Art und Weise, wie jemand mit körperlichen wie auch psychischen Belastungen umgeht, dürfte zudem ziemlich gut den Kern dieser Persönlichkeit beschreiben. So weit, so gut, doch ab welchem Zeitpunkt beginnt eigentlich die Entwicklung der menschlichen Persönlichkeit? Wie gestaltet sie sich? Und von welchen Faktoren wird sie maßgeblich bestimmt?

Die Entwicklung wird im Wesentlichen von vier elementaren Faktoren bestimmt, die allesamt zahnradartig ineinandergreifen. Als Erstes wäre der Faktor Genetik zu nennen. Er umfasst das Erbgut des Menschen und damit die materiellen Träger der Vererbung. Der zweite Faktor sind die Umwelteinflüsse. Dieser Faktor umfasst neben den Einflüssen der natürlichen Umwelt vor allem die Bedingungen der Sozialisation, also die Eltern, die Familie, den Freundeskreis, die soziale Schicht, die Schule, die Gesellschaft sowie die jeweilige Kultur. Kurz gesagt: das gesamte soziokulturelle Umfeld. Der dritte Faktor betrifft die epigenetischen Prozesse. Die Epigenetik müssen wir dabei als das Bindeglied zwischen den Genen und den Umwelteinflüssen verstehen. Sie ist ein übergeordneter molekularer Genregulationsmechanismus, der darüber entscheidet, wann und welches Gen unter welchen Umständen an- oder abgeschaltet wird. Das heißt, die Gene eines Menschen steuern nicht nur, sondern sie werden auch gesteuert. Da sich diese Steuerung oberhalb der Gene abspielt und somit die in den Genen gespeicherte Information unverändert bleibt, spricht man auch von Epigenetik, wobei das aus dem griechischen stammende *epi* so viel wie »über« bedeutet. Epigenetik ist somit die Summe aller genregulierenden Prozesse, die sich oberhalb der Gene abspielen. Damit ist der Mensch auch weit mehr als nur die Summe seiner rund 25.000

Gene. Den vierten großen Faktor in Bezug auf die Entwicklung der menschlichen Persönlichkeit bildet die Psyche. Ihre Entwicklung haben wir schon beleuchtet und dabei festgestellt, dass sie sich entlang der frühkindlichen Beziehungserfahrungen prägt. Sie sind der wesentlichste Faktor, denn sie allein entscheiden darüber, wie die in der Außenwelt gemachten Erfahrungen letzten Endes verarbeitet werden. Dies herauszuheben, ist enorm wichtig, denn erst die verarbeiteten Erfahrungen, ob bewusste oder unbewusste, werden zum Bestandteil der eigenen Persönlichkeit. Die Persönlichkeit eines Menschen prägt sich somit entlang der Psyche.

Es ist also das Zusammenspiel von Genetik, Umwelteinflüssen, Epigenetik und psychischer Verarbeitung des Erfahrenen, was der menschlichen Persönlichkeit ihre Form verleiht. Ein kompliziertes Wirrwarr an Beziehungen und Verflechtungen, undurchdringlich und doch einzigartig in seiner Kombination, so wie die Persönlichkeit selbst, die es zum Vorschein bringt. Was den Entwicklungsbeginn der menschlichen Persönlichkeit anbelangt, sollten wir uns zwingend wieder in Erinnerung rufen, dass wir diesen Zeitpunkt bei der Psyche eindeutig vor der Geburt festmachen konnten. Da sich aber nicht nur die Psyche bereits pränatal zu entwickeln beginnt, sondern auch epigenetische Prozesse vor der Geburt wie auch nach der Geburt eines Menschen über Einflüsse der Umwelt direkt in die Ausprägung der einzelnen Gene eingreifen, müssen wir folglich auch davon ausgehen, dass die Entwicklung der menschlichen Persönlichkeit bereits vorgeburtlich ihren Anfang nimmt. Das heißt, schon bei der Geburt besitzt das Kind eine eigene Persönlichkeit. Die eigentliche Entwicklung beginnt aber erst etwa ab dem 18. Lebensmonat; denn in diesem Stadium setzt die Selbstwahrnehmung ein. Die einzelnen Aspekte der individuellen Persönlichkeit entstehen allerdings erst im Laufe der Entwicklung, also zu unterschiedlichen Zeitpunkten. So werden beispielsweise grundlegende Verhaltensmuster vor allem in der Kindheit und Jugend durch das soziokulturelle Umfeld geprägt. Im Gegensatz dazu bewirken die Erfahrungen im späteren Leben meist nur noch kleine Veränderungen. Das bedeutet, auch wenn gewisse Alterstrends bestehen, bleibt die individuelle Persönlichkeit doch insgesamt lebenslang relativ stabil. Vorausgesetzt natürlich, dass es in der Biographie zu keinen dramatischen Ereignissen kommt. Große Veränderungen sind zwar auch noch im Erwachsenen- und Seniorenalter möglich, bedürfen allerdings dann eines intensiven Lernens, und das über einen längeren Zeitraum hinweg. Durch Selbsterkenntnis und den freien Willen kann die Persönlichkeit eines Menschen also durchaus modifiziert werden, allerdings schwer. Dagegen können bedeutende emotionale Erfahrungen sowie Krankheiten das Gesamtbild einer Persönlichkeit recht kurzfristig, sehr stark und auch nachhaltig verändern. Die individuelle Persönlichkeit darf folglich nicht als ein festes statisches Konstrukt missverstanden werden. Sie ist als die Gesamtheit aller menschlichen Eigenschaften durchaus veränderbar, nur eben nicht so einfach. Ihre Entwicklung vollzieht sich in einem langen Prozess. Dieser Prozess dauert ein Leben lang und ist frühestens mit dem Tod der Person abgeschlossen.

Nachdem der Begriff der Persönlichkeit hier kurz umrissen wurde, soll nun im Weiteren auch die Bedeutung des Wortes Persönlichkeitsstruktur erschlossen werden. Grundsätzlich beschreibt die Struktur der Persönlichkeit ihre typischen und charakteristischen Eigenschaften. Der Begriff umfasst somit die Aspekte der psychischen Organisation der menschlichen Persönlichkeit, im Sinne von zeitlich überdauernden Charakteristika und Qualitäten. Die Psychologie spricht daher von Persönlichkeitsstruktur, sobald ein Mensch über stabile und beständige Aspekte der Persönlichkeit verfügt. In diesem Sinne müssen wir die Persönlichkeitsstruktur als das Ergebnis eines erlebnis- und erfahrungsbedingten Strukturierungsprozesses des Ichs verstehen. Anders gesagt: Sie ist im Grunde die Struktur des Ichs. Und genau diese Struktur ist es dann auch, die die Identität eines Menschen ausmacht. Damit sind wir nun mitten in der Persönlichkeitspsychologie angekommen. Diese Betonung erfolgt nicht ohne Grund, denn hier bewegt man sich in einem äußerst schwierigen Metier. Schwierig nicht so sehr, weil es um recht abstrakte Anschauungsobjekte geht, sondern vielmehr, weil es in der Persönlichkeitspsychologie keine allgemein akzeptierten Grundbegriffe gibt. Hinzu kommen noch zahllose Theorien, die sich obendrein zu allem Überfluss widersprechen. Theorien, deren Vertreter miteinander im Streit liegen und sich gegenseitig bekämpfen. Das alles schafft ein Klima der Verwirrung. Klarheit hingegen sucht man vergebens. Das sieht man beispielsweise schon an den Begriffen Temperament und Charakter. Beide sind ältere Bezeichnungen für die Persönlichkeit, also Synonyme. Das würde man heute sicherlich nicht mehr so sehen. Eine andere Anschauung geht davon aus, dass Temperament und Charakter zusammen die Persönlichkeit eines Menschen ausmachen. Auch das würde man heute nicht mehr unterschreiben.

Für den amerikanischen Psychologen und Wegbereiter der modernen Persönlichkeitsforschung, Theodore Millon (1928–2014), repräsentierte die Persönlichkeit die komplexe Interaktion von Charakter und Temperament. Millon ging es dabei also um die individuellen Ausprägungen aller Eigenschaften einer Person. Hieran anknüpfend verstehen einige Theoretiker unter dem Begriff Temperament alle biologischen Faktoren, die einen Einfluss auf die Persönlichkeit eines Menschen ausüben können. Sie sprechen deshalb auch vom genetisch bedingten Temperament. Unter ihnen gibt es wiederum eine Fraktion, die dem Temperament zugesteht, dass es durch Umwelteinflüsse wie Erziehung und Kultur weitergeprägt wird. Andere gehen in ihrer Anschauung noch einen Schritt weiter und vermuten, dass schon vorgeburtliche Erfahrungen Auswirkungen auf das spätere Temperament und das Verhalten des Menschen haben können. Beide Gruppen vertreten damit die Ansicht, dass das Temperament überwiegend angeboren sei, räumen den Umwelteinflüssen aber doch einen mehr oder minder großen Anteil mit ein. Andere tun dies überhaupt nicht. Für sie ist und bleibt das Temperament eines Menschen, also das Ausmaß der Reizbarkeit und Selbstregulation, ausschließlich genetisch festgelegt.

Was aber verstehen sie dann unter Charakter? Darunter verstehen einige Vertreter bestimmter Persönlichkeitstheorien alle soziokulturellen Einflüsse wie Elternhaus und Schule, die einen Einfluss auf die Persönlichkeit eines Menschen haben können. Sie gehen davon aus, dass der Charakter eines Menschen zum großen Teil in den ersten Lebensjahren vor allem durch Erziehung geprägt wird. Kurz und plakativ gesagt: Für einige Vertreter bestimmter Persönlichkeitstheorien wird der Charakter eines Menschen einfach erworben. Andere wollen dagegen unter Charakter alle moralischen Eigenschaften eines Menschen verstanden wissen. Für sie repräsentiert das Temperament nichts weiter als die Gesamtheit der Eigenschaften des Verhaltens. Man könnte in diesem Zusammenhang auch von emotionaler Reaktionsbereitschaft, Verhaltensstil oder einfach der Gemütsart sprechen.

Wieder eine andere Theorie besagt, dass die Persönlichkeit die einzigartigen psychischen Eigenschaften eines Individuums umfasst, in denen es sich von anderen Individuen unterscheidet. Temperament und Charakter würden dabei eher Teilaspekte abbilden.

Moderne Theorien dagegen verstehen unter der Persönlichkeit eines Menschen vorzugsweise die Gesamtheit aller Persönlichkeitseigenschaften, wobei hierunter nur die zeitlich stabilen persönlichen Merkmale zu subsummieren sind. So gibt es Personen, die leicht reizbar sind und schon bei Kleinigkeiten an die Decke gehen. Andere hingegen sind eher zurückhaltend, schüchtern oder weniger gesellig. Das alles sind Persönlichkeitsmerkmale. In solchen Theorien wird die Persönlichkeit als einzigartige Individualität eines Menschen begriffen und es werden dabei gleich zahlreiche Merkmale unterschieden. Für sie sind Temperament und Charakter ebenfalls nichts weiter als Persönlichkeitsmerkmale und damit Teile der Persönlichkeit. Man könnte an dieser Stelle nun fast aufatmen, in der Hoffnung, vielleicht doch noch einen gemeinsamen Nenner gefunden zu haben, nämlich bestimmte Eigenschaften. Doch weit gefehlt; denn was genau unter Persönlichkeitseigenschaften oder Persönlichkeitsmerkmalen verstanden werden soll, darüber besteht nach wie vor in der Persönlichkeitspsychologie kein eindeutiger Konsens.

Ungeachtet der fehlenden Einmütigkeit hat sich die Persönlichkeitspsychologie allerdings nicht davon abhalten lassen, diejenigen Basistendenzen herauszufinden, die ausreichen, um die individuellen Unterschiede möglichst vollständig zu erfassen, zu erklären und zu messen. Dazu wurden zwar viele Versuche unternommen, doch erst den amerikanischen Psychologen Paul Costa und Robert McCrae war es vergönnt, aufbauend auf den Vorarbeiten des deutsch-britischen Psychologen Hans-Jürgen Eysenck (1916–1997), Mitte der 1980er-Jahre diejenigen fünf grundlegenden Dimensionen herauszuarbeiten, in welche die menschliche Persönlichkeit mit ihren gewohnheitsmäßigen Erlebens- und Verhaltensweisen unterteilbar ist. Da es fünf robuste Faktoren oder stabile Grunddimensionen waren, die ausreichten, um Unterschiede zwischen Menschen zutreffend zu beschreiben, nannte man sie die »Big Five«. Die Dimensionen der Persönlichkeit werden im »Big-Five-Modell« durch die Bewertung von fünf Grundfaktorpaaren erfasst. Diese fünf lauten im Einzelnen:

- Extraversion vs. Introversion
- Verträglichkeit vs. Feindseligkeit
- Zielstrebigkeit vs. mangelnde Zielstrebigkeit (Gewissenhaftigkeit)
- Emotionale Stabilität vs. emotionale Labilität (Neurotizismus)
- Offenheit vs. Verschlossenheit

Dazu ein paar kurze Erläuterungen. Mit dem Grundfaktorpaar Extraversion versus Introversion werden die Reiz- und Stimulationsbedürfnisse eines Menschen erfasst. Damit wird der Erfahrung Rechnung getragen, dass es Menschen gibt, welche die Ausgelassenheit und Geselligkeit lieben, während andere hingegen sich lieber zurückziehen und alleine oder in kleiner Runde bleiben. Das Faktorenpaar Verträglichkeit versus Feindseligkeit bezieht sich auf die soziale Verträglichkeit beziehungsweise Unverträglichkeit von Menschen. Sie erfassen Einstellungen und Verhaltensmerkmale wie Freundlichkeit, Hilfsbereitschaft und Selbstlosigkeit und damit positive Einstellungen anderen Menschen gegenüber. Sie erfassen aber auch das Gegenteil davon, nämlich Egoismus, Reserviertheit und Misstrauen. Das Faktorenpaar Zielstrebigkeit versus mangelnde Zielstrebigkeit kann auch mit den Begriffen Gewissenhaftigkeit und fehlende Gewissenhaftigkeit umschrieben werden. Gemeint sind damit vor allem die Tugenden wie Ordnung, Disziplin, Pünktlichkeit und Pflichtbewusstsein, über die ein Mensch verfügt oder eben nicht. Es geht dabei also um die Frage, inwieweit sich Menschen in ihrem Alltag durch eine hohe Selbstdisziplin auszeichnen oder ob sie eher alles lockerer sehen und sich auch gerne einmal gehen lassen. Mit dem Faktorenpaar emotionale Stabilität versus emotionale Labilität wird der Grad des Neurotizismus einer Person erfasst. Darunter ist die Tendenz zur Empfindlichkeit und Emotionalität gemeint. Das Faktorenpaar gibt also Auskunft darüber, ob eine Person in einer für sie heiklen Situation eher emotional und schnell reagiert oder vielleicht doch eher lange ruhig bleibt und besonnen handelt. Das letzte Faktorenpaar Offenheit versus Verschlossenheit dient der Erfassung der Bereitschaft und des Interesses einer Person, sich immer wieder neuen Herausforderungen zu stellen oder andersartige Erfahrungen von selbst zu suchen. Das Faktorenpaar beantwortet damit die Frage, ob die Person Althergebrachtes kritisch beleuchtet und eher den Wechsel oder die Veränderung sucht, oder ob sie der Tendenz folgt, an dem festzuhalten, was sie kennt und schätzt.

Wichtig an dieser Stelle ist es, sich bei allen Faktorenpaaren stets zu vergegenwärtigen, dass wir hier jeweils zwei Pole, also zwei Extremausprägungen auf einer Skala vor uns haben, die für sich genommen weder etwas Gutes noch etwas Schlechtes an sich haben. Es gibt folglich keine guten oder schlechten Persönlichkeitsmerkmale. Jede Eigenschaft kann sowohl Vor- als auch Nachteile haben. Auf die konkrete Situation kommt es an, und auf das Persönlichkeitsprofil als Ganzes. Und exakt dieses ganze Persönlichkeitsprofil mit seinen individuellen Ausprägungen der fünf Grundfaktoren, die ein getreues Abbild der einzigartigen Individualität eines Menschen darstellen sollen, will der »Big-Five-Test« messen können. Aber ganz so stimmt das nicht; denn die persönlichkeitspsychologische Forschung der letzten Jahrzehnte hat zusätzlich zu den Big Five eine Fülle weiterer, zum Teil hoch spezifischer Persönlichkeitsmerkmale identifiziert und messbar gemacht. Diese stehen in einem engen Zusammenhang zu der übergeordneten Persönlichkeitsstruktur. Das konnten Studien belegen.

Es ist deshalb wichtig, zusätzlich zu den Big Five, auch die ihnen untergeordneten hochspezifischen Persönlichkeitsmerkmale zu erfassen. Diese bezeichnet man in der Fachsprache übrigens als Facetten. Derer gibt es mittlerweile 30 an der Zahl. Damit definieren derzeit insgesamt fünf grundlegende Dimensionen, samt ihrer 30 zugehörigen Facetten, die Persönlichkeit. Das klingt erst einmal recht gut, doch ganz so einfach ist es in der Praxis dann doch nicht. Warum? Hauptsächlich aus zwei Gründen. Erstens, weil bis heute unter den Fachleuten keine Einigkeit darüber besteht, wie viele Persönlichkeitsmerkmale es beim Menschen eigentlich gibt. Es könnte folglich noch etliche Persönlichkeitsmerkmale geben, die vom »Big-Five-Test« gar nicht erfasst werden. Über deren Existenz wir uns noch nicht einmal bewusst sind. Und zweitens, weil eine weitreichende persönlichkeitspsychologische Begründung dafür fehlt, weshalb es denn ausgerechnet diese fünf Grundfaktoren sein sollen, welche die Persönlichkeit eines Menschen am treffendsten beschreiben. So wird in der aktuellen wissenschaftlichen Diskussion heftig darüber debattiert, ob möglicherweise nicht noch weitere Grundfaktoren notwendig sind, um die menschliche Persönlichkeit adäquat beschreiben zu können. Dabei taucht in letzter Zeit immer wieder ein möglicher sechster Grundfaktor auf, die Risikobereitschaft. Dem widersprechen aber die Vertreter des Fünf-Faktoren-Modells. Sie schätzen die Risikobereitschaft nämlich doch eher als eine Facette der Extraversion ein. Das wiederum bewerten andere Forscher ganz anders und favorisieren dabei bevorzugt das Vier-Faktoren-Modell mit einem Aggregatfaktor von Extraversion und Offenheit für Erfahrungen. Sie verweisen darauf, dass die Grundfaktoren Extraversion und Offenheit für Erfahrungen oftmals miteinander korrelieren und sich somit statistisch nicht immer sauber voneinander trennen lassen. Das klingt einleuchtend, wird aber leider nicht von der Mehrzahl der vorliegenden Studien gedeckt; denn diese können belegen, dass bei einer repräsentativen Zusammenstellung der Fragen doch zwischen Extraversion und Offenheit für Erfahrungen unterschieden werden kann, zumindest in aller Regel. Das bedeutet, dass bei einer Zusammenlegung dieser beiden Grundfaktoren möglicherweise ein Informationsverlust droht. Immer wieder steht deshalb die Frage im Raum, ob die fünf Grundfaktoren des »Big-Five-Tests« tatsächlich völlig unabhängig voneinander sind oder ob sie sich nicht doch an der einen oder anderen Stelle teilweise überlappen? Eine wichtige Frage, die aber trotz aller Bemühungen bis heute unbeantwortet geblieben ist.

Wenden wir uns deshalb abschließend noch einer anderen Fragestellung zu und versuchen zu klären, was es denn mit den Persönlichkeitsfunktionen auf sich hat. Was verbirgt sich hinter dem Begriff, und was haben diese mit der Persönlichkeitsstruktur zu tun? Die Persönlichkeitsfunktionen beziehen sich auf die Persönlichkeitsstruktur sowie deren Organisation. Bei der Organisation geht es vor allem um die Entfaltung bestimmter Fähigkeiten. Darunter fällt beispielsweise die Kompetenz, von sich selbst und anderen Menschen ein stabiles und integratives Bild zu entwickeln. Mehr noch, es geht darum, befriedigende und stabile Beziehungen führen zu können. Dafür muss man aber die Realität adäquat abbilden können. Es geht darum, Stresssituationen angemessen bewältigen zu können, womit wir wieder beim Thema Coping angekommen wären. Es geht um die Eignung, reife moralische Wertvorstellungen entwickeln zu können. Und es geht darum, das Vermögen zu entwickeln, das es erlaubt, die eigenen Impulse hinreichend zu kontrollieren. Aus diesem Grunde unterscheidet man zum einen selbstbezogene Persönlichkeitsfunktionen wie Identität und

Selbstlenkung von sozialbezogenen Persönlichkeitsfunktionen wie Empathie und Intimität. Diese Unterscheidung ist wichtig, denn Störungen der selbstbezogenen Persönlichkeitsfunktionen führen zu einer intrapersonalen Pathologie. Das bedeutet, dass der Betreffende Probleme mit sich selbst bekommt. Störungen der sozialbezogenen Persönlichkeitsfunktionen führen dagegen zu einer interpersonalen Pathologie. Will heißen, der Betreffende bekommt Probleme mit seinen Mitmenschen. Ob es wirklich zu intrapersonalen oder interpersonalen Problemen kommt, richtet sich wiederum ganz nach dem Niveau der Persönlichkeitsfunktion. Dieses wird direkt über den Schweregrad der Beeinträchtigung des Selbst, der Identität, der Selbstbezogenheit und Selbstlenkung sowie der zwischenmenschlichen Funktion, der Empathie, der Bindung und der Intimität definiert. Sind diese Funktionen in irgendeiner Art und Weise beeinträchtigt, spricht man von einer strukturellen Störung. Hier zeigt sich also ganz besonders die enge Verbindung von Persönlichkeitsstruktur einerseits und Persönlichkeitsfunktion andererseits. So weit, so gut, fragt sich nur, wie man diese Persönlichkeitsfunktionen, die als Erleben und Fühlen, als Identität und Verhalten, als Leibbezug und Beziehungsfähigkeiten sowie als Handlungs- und Bewertungseigenschaften der Psyche imponieren, in der Praxis überhaupt erfassen soll. Doch diese Thematik bringt uns der Frage nach dem Warum, die wir in diesem Kapitel verfolgen, keinen Schritt weiter.

Vielleicht haben Sie sich auch schon gefragt, warum ich Ihnen das alles hier überhaupt erzähle? Aus mehreren Gründen. Erstens, weil ich Ihnen verdeutlichen will, welch überragende Bedeutung die Liebe für die Entwicklung der menschlichen Psyche hat. Wenn sie in ausreichendem Maße vorhanden ist, sind auch die frühkindlichen Beziehungserfahrungen intakt. Diese werden sich später vor allem in den Einstellungen eines Menschen seiner Umwelt sowie seinen Mitmenschen gegenüber äußern. Machen Sie sich bitte an dieser Stelle bewusst, dass das nichts mit Genetik zu tun hat. Die Psyche ernährt sich nicht von der Genetik, sondern von der Liebe. Die Liebe ist also tatsächlich eine seelische Kraft, ein seelisches Grundnahrungsmittel, eine Art Vitamin, ein allumfassendes seelisches Phänomen, ohne dass die Psyche nicht existieren kann. Zweitens, weil ich Ihnen einen Eindruck von der Komplexität vermitteln möchte, sobald jemand das Wort

Psyche auch nur erwähnt. Drittens, weil ich Ihnen vor Augen führen möchte, weshalb die Erforschung des Suizids noch keine Antwort auf die Frage nach dem Warum gefunden hat. Und viertens, weil ich Sie darauf vorbereiten möchte, dass es womöglich nie eine Antwort auf das Warum geben wird. Die Wissenschaft kann schließlich nicht alles erforschen. Einfach deshalb, weil ihre Methoden manchmal nicht weit genug greifen. Das trifft insbesondere auf die Psyche zu. Denn die Psyche umfasst das gesamte Spektrum des Fühlens und Erlebens eines Menschen. Und dieses ist völlig subjektiv. Sprich, dieser komplette Bereich ist nur dem Subjekt selbst zugänglich und kann nicht objektiviert werden. Das ist das Problem. Wir können den Bereich der Psyche nicht mit Zahlen abbilden. Das aber wäre nötig, um traditionell wissenschaftlich arbeiten zu können. Die Psyche entzieht sich somit den Analysen der reinen Naturwissenschaft. Folglich kann die Wissenschaft auch nicht die Frage nach dem Verhältnis zwischen der Psyche und dem Suizid valide beantworten. Fühlen und Erleben sowie die psychische Verarbeitung des Erfahrenen bilden im Zusammenspiel von Genetik, Epigenetik und soziokulturellen Umwelteinflüssen einen gordischen Knoten, der sich nicht auflösen lässt. Es ist dieses Zusammenspiel aus biologischen Aspekten, gepaart mit individuell-psychologischen und gesellschaftlich-kulturellen Faktoren, die den Suizid zu einem sehr komplexen Phänomen werden lassen.

Das Einzige, was wir mit Sicherheit sagen können ist, dass der Suizid ein multifaktorielles Geschehen darstellt. Es gibt folglich mehrere Risikofaktoren, die ihn begünstigen. Eine einzige Ursache, die man benennen könnte, gibt es nicht. Schon allein die Fragestellung, was die Ursache für einen Suizid ist, ist falsch, denn sie impliziert, dass es nur eine einzige Ursache gäbe. Dem ist aber so nicht. Deshalb lässt sich auch kein kausaler Zusammenhang mit einer einzigen Ursache herstellen. Das allerdings bedeutet wiederum, dass das Phänomen Suizid nur auf der individuellen Ebene verstanden werden kann. Vielleicht müssen wir aber auch nur verstehen und akzeptieren lernen, dass der Suizid ganz einfach zu unserer menschlichen Natur dazugehört, eine Facette von ihr darstellt. Schließlich zieht sich das rätselhafte Geheimnis der Selbsttötung wie ein roter Faden durch die ganze Menschheitsgeschichte.

Auch wenn es vielleicht eigenartig klingt, aber die Selbsttötung könnte ebenso gut als ein Akt der Selbstliebe verstanden werden.

Möglicherweise in die Richtung gedacht, »das tue ich mir nicht mehr länger an« oder »dafür bin ich mir zu schade«. Zugegeben, es klingt im ersten Augenblick ein bisschen bizarr. Aber wenn man ein wenig darüber nachdenkt, dann ergibt es durchaus einen Sinn. Wie Sie unschwer an dieser Stelle erkennen können, gibt es zahlreiche Versuche einer Erklärung, aber letzte Antworten bleiben aus, bis heute. Angesichts dieser Tatsache mag man sich fragen, ob die Suizidforschung denn mittlerweile überhaupt etwas Brauchbares herausfinden konnte. Ja, das konnte sie. So wurde beispielsweise nachgewiesen, dass es im menschlichen Genom kein einziges Suizidgen gibt. Das heißt, der Suizid ist nicht genetisch vorbestimmt, sondern eine individuelle Entscheidung. Es gibt somit kein Gen, das uns zur Selbsttötung zwingt. Gleichwohl konnte aber in Familien, in denen bereits ein Suizid aufgetreten ist, ein vielfach erhöhtes Suizidrisiko nachgewiesen werden. Konkret gesprochen, besitzt ungefähr die Hälfte der Opfer einen Verwandten ersten Grades, der ebenfalls einen Suizid verübt hat oder dies in der Vergangenheit versuchte. Demnach erhöht suizidales Verhalten innerhalb der Familie das Risiko um das 2- bis 6-Fache. Auch wenn es kein einziges Suizidgen gibt, wird daher in der Wissenschaft doch eine genetisch bedingte Veranlagung vermutet.

Auch konnte nachgewiesen werden, dass Selbsttötungen in allen Bevölkerungsschichten vorkommen, ebenso in allen Altersstufen, jedoch selten in der Kindheit. Eine Ausnahme gibt es aber. Haben Kinder und Jugendliche beispielsweise einen sexuellen Missbrauch erlitten, so weisen sie ein 3- bis 4-fach erhöhtes Suizidrisiko auf. Auch zeigen epidemiologische Studien, dass 37 Prozent der jungen Menschen in Deutschland schon einmal darüber nachgedacht haben, sich das Leben zu nehmen. Ferner hat die Suizidforschung herausgefunden, dass es geschlechtsspezifische Unterschiede gibt. So suizidieren sich Männer bis zu dreimal häufiger als Frauen. Das Verhältnis Männer zu Frauen beträgt somit exakt 3 zu 1. Frauen begehen meistens im Alter zwischen 40 und 50 Jahren Suizid, Männer dagegen ab 60 und darüber. Das heißt, bei Männern steigt das Risiko mit zunehmendem Lebensalter deutlich an.

Auch bei den Methoden konnte die Suizidforschung deutliche Unterschiede zwischen den Geschlechtern herausarbeiten. So stehen bei den Männern sogenannte »harte« im Vordergrund. Darunter versteht man Methoden, die in der Regel sichtbare Spuren am menschlichen Körper hinterlassen. Erhängen, Erschießen oder der Sturz in die Tiefe wären Beispiele dafür. Bei den Frauen überwiegen dagegen die »weichen«. Also jene, die in der Regel keine sichtbaren Spuren am menschlichen Körper hinterlassen. Dazu zählen beispielweise Vergiftungen mit Tabletten, Drogen und anderen Mitteln. Natürlich kommen auch bei den Frauen Schusswaffen oder das Erhängen zum Einsatz, genauso, wie bei den Männern weiche Methoden zum Tragen kommen können. Doch spielen sie beim weiblichen Geschlecht eher eine untergeordnete Rolle.

Noch etwas ganz Wichtiges hat die Suizidforschung herausgefunden. Suizidalität, also die Neigung zum Suizid, ist meistens das Symptom einer behandelbaren psychiatrischen Erkrankung. Dabei machen Depression mit 80 bis 90% aller Suizide den Löwenanteil aus. Auch die Weltgesundheitsorganisation (WHO) schätzt, dass für 65 bis 95% aller Suizide Depressionen die Ursache sind. So ist das Risiko von depressiven Menschen 20-mal höher als das einer vergleichbaren nicht erkrankten Bevölkerungsgruppe. Ein Bestehen von ausgeprägten depressiven Verstimmungen konnte rückblickend bei 40 bis 70% der an Suizid Verstorbenen nachgewiesen werden. Zum Zeitpunkt von Suizidvorstellungen und -versuchen zeigen sich nahezu immer gleichzeitig depressive Symptome, so die Studien. Was jemand mit depressiven Symptomen subjektiv empfindet, vermag allerdings kaum jemand von uns wirklich nachzuvollziehen. Aber der US-amerikanische Schriftsteller David Foster Wallace, der selbst zeitlebens an Depressionen litt und sich deshalb mit 46 Jahren das Leben nahm, vermochte es uns in einer seiner frühen Erzählungen etwas zu verdeutlichen, als er schrieb:

> »Die sogenannte »psychotisch depressive« Person, die versucht, sich umzubringen, tut dies nicht aus »Hoffnungslosigkeit« oder einer abstrakten Überzeugung heraus, dass die Vermögenswerte und Belastungen des Lebens nicht übereinstimmen. Und schon gar nicht, weil der Tod plötzlich ansprechend erscheint. Die Person, in der ihre unsichtbare Qual ein bestimmtes unerträgliches Niveau erreicht, wird sich auf die gleiche Weise umbringen, wie eine eingeschlossene Person schließlich aus dem Fenster eines brennenden Hochhauses springt. Machen Sie keinen Fehler bei Menschen, die aus brennen-

> den Fenstern springen. Ihr Schrecken, aus großer Höhe zu fallen, ist immer noch genauso groß wie für Sie oder mich, die spekulativ am selben Fenster stehen und nur die Aussicht überprüfen, d.h. die Angst vor dem Fallen bleibt konstant. Die Variable hier ist der andere Terror, die Flammen des Feuers: Wenn die Flammen nahe genug kommen, wird das Toden zum etwas weniger schrecklichen von zwei Schrecken. Es wünscht sich nicht den Herbst. Es ist der Schrecken der Flammen. Und doch kann niemand auf dem Bürgersteig, der aufschaut und ›Nicht!‹ Und ›Warte!‹ Schreit, den Sprung verstehen. Nicht wirklich. Sie müssen persönlich gefangen gewesen sein und Flammen gespürt haben, um einen Terror wirklich zu verstehen, der weit über das Fallen hinausgeht.«

Auch Schizophrenie, bestimmte Persönlichkeitsstörungen wie Borderline sowie Suchterkrankungen steigern das Suizidrisiko. In bis zu 50% der Fälle spielen Alkohol oder Drogen eine Rolle. So verwundert es nicht, dass in 90 bis 95% aller untersuchten Fälle für den Zeitpunkt des Selbsttötungsversuchs eine psychiatrische Diagnose gestellt werden konnte. Kinder und Jugendliche bilden da übrigens keine Ausnahme. Denn insgesamt ist das Suizidrisiko bei psychisch kranken Kindern und Jugendlichen etwa 10-fach höher als bei der gleichaltrigen gesunden Bevölkerung. Aus diesem Grunde sollte man auch den Begriff Freitod meiden. Er ist oft ein Synonym für Selbstmord, Selbsttötung und Suizid. Meiden sollte man den Begriff deshalb, weil er eine freie Entscheidung des Handelns suggeriert. Doch wie frei sind verzweifelte psychisch kranke Menschen wirklich in ihrem Handeln? Wenn überhaupt, dann trifft die Bezeichnung Freitod nur auf eine ganz kleine Gruppe suizidaler Menschen zu. Auf Menschen, von denen wir wissen, dass sie sich selbst töteten und psychisch gesund waren. Diese Menschen waren dann vor allem körperlich krank. Unter Experten gibt es deshalb weitgehende Einigkeit darüber, dass hinter Suizidalität sehr oft körperliche Gebrechen und seelische Krankheiten stehen. So belegen Studien, dass zu den häufigsten subjektiven Beweggründen, die Anlass für einen Suizid geben, in 94% psychische Störungen und in 4% körperliche Erkrankungen stehen. Doch auch bei den körperlichen Erkrankungen stellt sich genauso die Frage, wie frei ist ein Mensch in seinen Entscheidungen, der tagein, tagaus von entsetzlichen Schmerzen gepeinigt wird? Ein

Mensch, der unerträgliche Schmerzen leidet und sich aus lauter Verzweiflung das Leben nimmt. Wie frei ist ein solcher Mensch wirklich in seinen Entscheidungen? Unter Medizinern und Psychiatern herrscht daher die Meinung vor, dass eine wirklich freie Entscheidung zur Selbsttötung so gut wie nie gegeben ist. Nach ihrer Meinung ist ein Großteil der Menschen, die sich töten, die Zahlen schwanken hier in der Literatur zwischen 90 und 95%, einfach psychisch krank. Aus ihrer Sicht ist der Suizid daher primär als Folge einer psychischen Erkrankung zu werten.

Die Ironie des Schicksaals ist, dass fast alle Suizid-Gefährdeten nicht zu professionellen Helfern wie Psychologen oder Psychiatern gehen. Sie ziehen es stattdessen vor, so lehren es viele Beobachtungen, den Suizid durch unmissverständliche Zeichen oder Handlungen anzukündigen. So sprechen acht von zehn unmissverständlich von ihren Absichten. Das heißt, 70 bis 80% der Betroffenen teilen ihre seelische Not klar mit. Sie tun es, weil die meisten Menschen, die an Selbsttötung denken, zwischen dem Wunsch zu leben und dem zu sterben hin- und herschwanken. Sie spielen sozusagen mit dem Tod und überlassen es den anderen, sie zu retten. So nimmt sich kaum einer das Leben, ohne seine Gefühle vorher einem anderen offenbart zu haben. Doch leider ist die Wahrnehmungsfähigkeit der Umwelt gegenüber solchen Verlautbarungen suizidaler Menschen nicht sonderlich ausgeprägt. Das betrifft nach einer Schweizer Studie auch Ärzte. Demnach waren 92% der Menschen, die einen Suizidversuch unternommen haben und 86% derjenigen, die ihn vollendeten, in den sechs Monaten vor ihrer Tat in ärztlicher Behandlung. 76% der Suizidversucher und 5% der Suizidvollender haben sogar vor ihrer Tat ihren Hausarzt aufgesucht, so die Studie. Doch die Neigung, sich das Leben nehmen zu wollen, blieb unbemerkt, obwohl sich Arzt und Patient, in den meisten der untersuchten Fälle, über viele Jahre hinweg kannten. Und so waren mehr als ein Drittel der Ärzte völlig überrascht, als sie von den Suizidhandlungen ihrer Patienten hörten. Allerdings muss man hierzu sagen, dass nicht wenige ihrem Arzt verschweigen, dass sie von derartigen Gedanken gequält werden, weil sie eine mögliche Zwangsunterbringung in einer geschlossenen psychiatrischen Abteilung fürchten. Ferner muss auch gesagt werden, dass Menschen, die des Lebens müde geworden sind, nur während einer begrenzten Zeit den Wunsch hegen, sich selbst zu töten. So liegt das Wiederholungsrisiko innerhalb der ersten zwei

Jahre bei 15 bis 35%. Es wäre daher falsch zu meinen, dass derjenige, der einmal zum Suizid neigte, es auch immer wieder tun wird. Ebenso falsch ist es aber auch, zu meinen, dass eine Besserung nach der suizidalen Krise das Aufhören des Risikos bedeutet; denn viele Beobachtungen offenbaren, dass die meisten Selbsttötungen in den drei Monaten nach beginnender Besserung geschehen, also zu einem Zeitpunkt, wo die Patienten wieder genug Kraft verspüren, um erneut selbstzerstörerisch tätig werden zu können. Hier zeigt es sich abermals. Suizid ist und bleibt eine schwierige und vielschichtige Erscheinung, und es zeigt sich auch, dass nicht alle Betroffenen gleich gefährdet sind.

Diejenigen Faktoren, welche das Risiko einer Suizidalität erhöhen, sind dabei wie folgt zu benennen:

- Psychische Erkrankungen, insbesondere Depressionen
- Alkohol-, Medikamenten- und Drogenabhängigkeit
- Akute Krisen und Ausnahmesituationen
- Suizidankündigung
- Vorangegangene Suizidversuche
- Suizidversuche im familiären Umfeld
- Einsamkeit und Isolation
- Alter
- Schwere fortschreitende oder unheilbare Krankheiten
- Starke Schmerzen

All diese Faktoren sind in hohem Maße dazu geeignet, den Menschen die Lebensfreude zu nehmen und dafür Sorge zu tragen, dass sie keinen Lebensmut mehr haben. In der Literatur werden diese Risikofaktoren des Suizids deshalb in jeweils vier Gruppen unterteilt, die in leicht modifizierter Form folgendermaßen aussehen:

- Medizinische Ursachen
- Psychosoziale Ursachen
- Kulturelle Ursachen
- Sozioökonomische Ursachen

So viel erst einmal zu den nüchternen Zahlen, zu den Daten und Fakten der Forschung und Wissenschaft. Doch wie verhält es sich mit dem subjektiven Erleben der Gefährdeten? Wie sieht er aus, der Weg, angefangen vom Suizidgedanken bis zur Vollendung? Alles nimmt seinen Anfang mit der Krise. Der durchlebten Krise. Doch was versteht man genau unter einer Krise? Jeder Mensch kennt Schwierigkeiten, Hindernisse, Widerstände und sonstige Tiefen, die das Leben mit sich bringt. Wir alle mögen sie nicht, und doch scheinen sie unausweichlich dazuzugehören. Irgendwie bewältigen wir sie auch immer wieder. Doch irgendwann kann es passieren, dass uns Ereignisse treffen, die uns regelrecht aus der Bahn werfen. Ereignisse, die so nachhaltig und mächtig auf uns einwirken, dass wir unser psychisches Gleichgewicht verlieren. Wenn das eintrifft, sprechen wir von einer Krise. Damit ist schon mal eines ganz klar. Wer suizidgefährdet ist, befindet sich in einer Krisensituation. Die Auslöser dafür können verschieden sein. Das Spektrum reicht von Schockerlebnissen über chronischen Stress bis hin zu einer Aneinanderreihung von verschiedensten Stressfaktoren. Also all das Ungemach, das das Leben so mit sich bringt. Angefangen von Schulproblemen oder einem Schulwechsel, Konflikten mit Freunden oder innerhalb der eigenen Familie über Überforderungen am Arbeitsplatz, Mobbing, Streitigkeiten in der Ehe, Verlust von Freunden und Kontakten, sozialer Isolierung bis hin zum plötzlichen Tod oder emotionalen Verlust einer Bezugsperson oder einem traumatisierenden Unfallereignis. Egal was es ist, der suizidale Mensch, den das alles trifft, versucht wie jeder andere auch, damit fertig zu werden, doch reichen seine Bewältigungsmechanismen für eine Krise dieser Dimension nicht mehr aus. In der Folge kann die innere Spannung derart an Größe zunehmen, dass die Idee, sich selbst zu töten, mit einem Mal als eine gute Möglichkeit erscheint, den subjektiv als unerträglich erlebten Zustand endlich zu beenden. Damit hat die Erwägungsphase begonnen. In dieser Phase spielen die Betroffenen zwar mit dem Gedanken, sich selbst das Leben zu nehmen, doch ist die Gefahr noch nicht sehr hoch. Es wird folglich weiterhin nach einem Ausweg gesucht. Doch in dem Maße, indem sich die in Erwägung gezogenen Lösungsansätze als nutzlos erweisen, taucht der Suizid immer wieder als eine mögliche Alternative auf. Und der Betroffene verweilt jedes Mal ein bisschen länger bei diesem Gedanken. Dabei werden auch die möglichen Szenarien von Mal zu Mal konkreter durchgespielt. In dieser Phase fühlen sich die Betroffenen oft sehr getrieben und unruhig. Sie haben keine Freude mehr am Leben und leiden massiv. Es kann aber auch sein, dass sie sich vereinsamt oder überflüssig fühlen oder anderen nicht mehr länger zur Last fallen wollen. Der Leidensdruck wird schließlich immer unerträglicher und der Wunsch, ihm zu entkommen, stärker. Die Ambivalenzphase hat begonnen. Ambivalenz deshalb, weil die Betroffenen in dieser Phase hin- und herschwanken. Es ist ein Schwanken zwischen dem Gefühl, »eigentlich will ich leben« und dem Gefühl »aber so wie es ist, will ich nicht mehr leben«. Es ist eine Phase, in der die Betroffenen oft deprimiert sind. Sie suchen in dieser Zeit eher ärztliche Hilfe auf. Hausärztinnen und Hausärzte sollten deshalb gerade solche Patienten direkt fragen, ob sie möglicherweise an einen Suizid denken. Findet der Betroffene jetzt keine Hilfe, wird er von Verzweiflung übermannt. Es ist der Augenblick, wo der Suizid als einzig geeignete Lösung erscheint, um dem Leiden ein für allemal ein Ende zu setzen.

Damit ist der Suizident in der Planungsphase angekommen. Es folgt eine konkrete Ausarbeitung eines Planes, daher die Bezeichnung. Dabei werden die Art des Suizids, der Ort sowie Datum und Uhrzeit genau festgelegt. Kommt jetzt noch ein unvorhergesehenes Ereignis dazu, der berühmte Tropfen, kann es sein, dass das Fass an diesem Punkt der Entwicklung überläuft. Für Außenstehende kann dieses Ereignis ziemlich unbedeutend erscheinen. Entscheidend ist nur, dass es vom Betroffenen selbst als symbolisch wichtig oder bedeutsam wahrgenommen wird. Dadurch wirkt es wie eine Art Katalysator oder Brandbeschleuniger. Die letzte Phase hat damit eingesetzt. Die Entschlussphase, in der der Plan in die Tat umgesetzt wird.

Das Motiv zur Tat kann unterschiedlich sein. Entweder will der Suizident damit einen Appell setzen, der vom verzweifelten Hilferuf bis zum Denkzettel reichen kann, den man anderen verpassen will. Oder aber die Tat geschieht aus einem unerträglichen Schuldgefühl heraus, weil der Betroffene sich selbst damit bestrafen will. Es kann aber auch sein, dass sich der Suizident im Tod nach Ruhe und Geborgenheit sehnt, nach dem Ende aller Anstrengungen, Schmerzen und Leiden, sich selbst mit der Tat also einfach erlösen will. So verschieden wie die Motive sein können, so dynamisch kann auch der Suizidprozess selbst sein.

Der oben beschriebene Prozess, also die Entwicklung von der Krise bis zum Suizid, darf nicht schematisch oder statisch missverstanden werden. Das ist wichtig. Genauso von Bedeutung ist zu verstehen, dass dieser Prozess nicht irreversibel ist, sondern dass die Suizidgefährdung zu jedem Zeitpunkt überwunden werden kann. Durch ein beherztes Eingreifen nämlich. Das können wir alle. Dazu muss man kein professioneller Helfer sein. Wir alle können suizidgefährdeten Menschen helfen, indem wir ihnen einfach zuhören. Ihnen mit Respekt, Verständnis und Wärme begegnen, sodass sie sich angenommen fühlen und die angebotene Hilfe annehmen können. Es ist für die Gefährdeten entlastend, wenn sie mit jemandem über die Umstände, die zu dieser verzweifelten Situation geführt haben, reden können. Über die bedrückenden Gefühle, die Hoffnungslosigkeit und die Suizidgedanken. Wir können so einen Zugang zu den Betroffenen erhalten und ihnen bessere Alternativen aufzeigen, als den Tod in Erwägung zu ziehen. Dazu müssen wir aber in der Lage sein, die Anzeichen und Warnsignale für eine Gefährdung zu erkennen. Wir müssen lernen, den Menschen gut zuzuhören, denn die allermeisten Suizide werden entweder direkt oder indirekt angekündigt, oft sogar mehrfach. Wir müssen in dieser Hinsicht unsere Wahrnehmung schärfen und auf folgende typische Warnsignale Acht geben, wenn ein Mensch:

- davon spricht, dass er nicht mehr leben will
- sehr oft über den Tod spricht
- sich zunehmend mit den Themen Tod und Sterben beschäftigt
- gezielt nach Sterbemethoden fragt
- Veränderungen im Verhalten und der Persönlichkeit zeigt
- vermehrt Alkohol oder Drogen konsumiert
- Selbstverletzungen aufzeigt
- sich plötzlich nichts mehr aus liebgewonnenen Dingen macht
- anfängt seine Habseligkeiten und Haustiere zu verschenken
- Aktivitäten aufgibt, die einmal wichtig waren
- sich in einer akuten Krise befindet
- sehr bedrückt wirkt und sich immer pessimistisch und hoffnungslos äußert
- Bemerkungen darüber macht, eine Last für andere zu sein
- Von schweren Schuldgefühlen spricht
- sich immer mehr zurückzieht
- den Kontakt zu nahestehenden Menschen abbricht

- plötzlich ruhig und gelassen wirkt, obwohl die Lebenssituation die gleiche ist
- anfängt, durch Anrufe und Nachrichten Abschied zu nehmen
- direkte oder indirekte Suizidankündigungen macht

Natürlich muss noch nicht unbedingt eine konkrete Gefährdung vorliegen, auch wenn die hier aufgeführten Warnsignale einzeln in Erscheinung treten. Man sollte in diesem Fall aber eine eventuelle Suizidalität abklären und sich vergewissern, ob nicht doch eine akute Gefährdung vorliegt. Dies geht nur durch ein offenes und aufrichtiges Gespräch. Wenn nötig, sollte man sich nicht davor scheuen, auf den Menschen zuzugehen und nachzufragen, wenn man von seiner Krise weiß, weil der- oder diejenige von sich aus möglicherweise nicht mehr in der Lage dazu ist, ein Gespräch zu suchen. Es ist dabei wichtig, dem anderen gegenüber zu signalisieren, dass man sich ernsthafte Sorgen macht. Ebenso unerlässlich ist es, die Verzweiflung, die bedrückenden Gefühle, die Umstände, die dazu geführt haben oder auch mögliche Suizidgedanken offen anzusprechen. Dem suizidalen Menschen muss dabei mit Respekt, Verständnis und Wärme begegnet werden. Ebenso muss er ernst genommen werden. Unbedingt vermieden werden müssen Belehrungen oder Beurteilungen, denn diese helfen in keiner Weise. Ein verzweifelter Mensch hat sich nämlich nicht mehr im Griff. Er oder sie kann sich nicht einfach eben mal zusammenreißen. Auch dürfen die Probleme des Suizidalen nicht bagatellisiert werden. Nur so fühlt er sich ernst genommen und kann die angebotene Hilfe eher akzeptieren. Sollten dann Signale aus dieser Richtung kommen, sollte man die suizidale Person unbedingt dahingehend unterstützen, professionelle Hilfe in Anspruch zu nehmen. Nicht vergessen sollte man, die eigenen Grenzen im Blick zu behalten. Was kann ich leisten, und was kann ich nicht leisten? Fatal wäre es, falsche Versprechungen zu machen und somit falsche Hoffnungen zu wecken. Die eigenen Grenzen sollte man daher offen ansprechen, um sich nicht selbst unnötig in eine missliche Situation zu manövrieren. Falls nötig, darf man sich auch nicht davor scheuen, selbst professionelle Hilfe in Anspruch zu nehmen. Dafür gibt es in Deutschland entsprechende Beratungsstellen. Hier die Wichtigsten im Überblick:

Telefonseelsorge – Thema Suizid
Telefon: 0800 111 0 111 (kostenlos, rund um die Uhr): Beratung auf vielen Kanälen: www.telefonseelsorge.de

Nummer gegen Kummer
Telefon: 116 111 (anonym und kostenlos), Kinder- und Jugendtelefon, von 14 bis 20 Uhr. Elterntelefon 0800 111 0 550
www.nummergegenkummer.de

Deutsche Gesellschaft für Suizidprävention
Eine Vielzahl von Beratungsstellen für Menschen mit Suizidgedanken: www.suizidprophylaxe.de

Diese Beratungsstellen bieten nicht nur den unmittelbar Betroffenen Unterstützung an, sondern allen, die mit dem Thema Suizid in irgendeiner Weise konfrontiert sind. Sollte also die gefährdete Person signalisieren, Hilfe in Anspruch nehmen zu wollen, können diese Beratungsstellen wertvolle Hilfestellungen geben. Und sollte sie Hilfe ablehnen, kann man sich dort selbst Hilfe holen. Hilfe für suizidgefährdete Menschen bekommen Betroffene auch in Kliniken, die über eine psychiatrische Abteilung verfügen. Oder beim ärztlichen (psychiatrischen) Bereitschaftsdienst, der bundesweit unter der Telefonnummer: 116 117 erreichbar ist. Bei einem entsprechenden Vertrauensverhältnis kann ebenso gut der Hausarzt kontaktiert werden. Welchen Weg man auch immer wählt, eines sollte man nie vergessen: Es gibt immer einen Weg aus der Krise heraus. Und ein Leben mit Perspektiven ist auch immer möglich. Besteht hingegen eine schwerwiegende Suizidalität, wenn betroffene Menschen also eine Suizidabsicht klar äußern, genaue Vorstellungen darüber haben, wie sie sich das Leben nehmen und wie sie diesen Plan in die Tat umsetzen wollen, dann hilft auch kein noch so gut gemeintes Reden mehr. In diesen Fällen muss unverzüglich gehandelt werden. Das bedeutet konkret, dass man entweder sofort die Polizei (Tel.: 110) verständigt oder den Notarzt ruft. Auch der Rettungsdienst (Tel.: 112) kann in solchen Situationen weiterhelfen. Wenn möglich, kann man die betroffene Person ebenso gut selbst in die Notaufnahme einer Klinik mit psychiatrischer Abteilung fahren, um dort das Gespräch mit einem psychiatrischen Facharzt zu suchen. Man darf eben nie vergessen, dass der Anlass für einen Suizid meistens eine Depression ist. Also eine Krankheit, aus der sich die Betroffenen selbst nicht befreien können. Eine Krankheit, die sich aber gut behandeln lässt. Deshalb darf an dieser Stelle auch vor einer Zwangseinweisung nicht zurückgeschreckt werden, obgleich die Furcht vor einer solchen bei den Betroffenen häufig groß ist. Zwangseinweisung bedeutet nämlich die Unterbringung in eine geschlossene psychiatrische Einrichtung ohne die Einwilligung des Betroffenen. Dies ist aber wirklich nur die *Ultima Ratio*, also das wirklich letzte Mittel. Man sollte daher erst einmal versuchen, nach Möglichkeit das Einverständnis der betroffenen Person zu erhalten. Erst wenn bei allem guten Zureden ein solches nicht erwirkt werden kann, ist eine Zwangseinweisung unumgänglich. Hierbei gilt es allerdings, einige juristische Hürden zu beachten; denn eine Zwangseinweisung in eine geschlossene Psychiatrie kann nicht einfach nur so erlassen werden, nur weil die betreffende Person psychisch auffällig ist. Vielmehr muss die erkrankte Person in erheblichem Maß ihr eigenes Leben, die Gesundheit oder die öffentliche Sicherheit gefährden. Das heißt, es muss definitiv eine Fremd- oder Eigengefährdung vorliegen. Dies ist beispielsweise nach vorangegangenen Suizidversuchen häufig der Fall, oder aber, wenn jemand ankündigt, sich in unmittelbarer Zukunft das Leben nehmen zu wollen. Eine Zwangseinweisung sollte schon allein deshalb in Erwägung gezogen werden, weil Erkrankte, wenn die aktive Depression unter der Behandlung nach einigen Wochen oder Monaten abgeklungen ist, in der Regel sehr dankbar dafür sind, dass ihre Umgebung sie während der Depression vor sich selbst geschützt hat. Die Zwangseinweisung selbst dürfen in der Regel folgende Personen vornehmen:

- der zuständige Arzt oder Notarzt
- der Amtsarzt
- der zuständige Betreuer

So kann der zuständige Arzt oder Notarzt bei Suizidverdacht oder nach einem Selbsttötungsversuch den Erkrankten sofort in eine geschlossene psychiatrische Einrichtung einweisen. Je nach Abhängigkeit vom Bundesland muss eventuell noch ein Amtsarzt hinzugezogen werden, der dann innerhalb der ersten 24 Stunden die Zwangseinweisung entweder überprüft oder aber seine Zustimmung zur Einweisung erteilen muss. Im Falle einer Überprüfung muss auch das zuständige Gericht in diesem Zeitraum über den Verbleib des Patienten entscheiden. Sollte dagegen die erkrankte Person bereits unter Betreuung stehen und sich der Verdacht auf einen möglichen Suizid erhärten, so kann der Betreuer beim zuständigen Betreuungsgericht einen Antrag auf eine Zwangseinweisung in eine geschlossene Psychiatrie stellen. Die erkrankte Person wird dann unverzüglich, wenn nötig auch mit polizeilicher Begleitung, dorthin gebracht. Wir müssen folglich bei den Hilfsangeboten zwischen dem akuten Krisenmanagement und einer längerfristigen Behandlung unterscheiden. Letztere umfasst, sollte sich herausstellen, dass die suizidale Krise tatsächlich im Rahmen einer psychischen Erkrankung aufgetreten ist, neben einem psychotherapeutischen Verfahren auch medikamentöse Ansätze wie Lithium oder Antidepressiva. Konkret gesprochen gestaltet sich die langfristige Behandlung akut suizidal gefährdeter Personen so, dass zunächst einmal beruhigende und dämpfende Medikamente zum Einsatz kommen. Falls notwendig, können auch weitere Psychopharmaka angezeigt sein, um die zugrunde liegende psychische Erkrankung zu behandeln. Wenn dann die akute Gefährdung abgeklungen ist, schließen sich in der Regel die psychotherapeutischen Gespräche an. Je nachdem, wie das Suizidrisiko des Patienten anschließend eingeschätzt wird, erfolgt die Fortsetzung der Behandlung entweder ambulant oder in einer Klinik. Wichtige Elemente einer solchen Behandlung sind zum Beispiel die engmaschige Überwachung der Patienten, damit diese keinen Zugang zu Medikamenten oder anderen potenziellen Suizidmitteln erhalten. Auch werden problematische soziale Kontakte oder Drogenkonsum als Risikofaktoren nach Möglichkeit ausgeschaltet. Ein weiteres wichtiges Element ist das Verhaltenstraining, durch das die Betroffenen lernen, ihre Emotionen besser zu regulieren und Konflikte zu bewältigen. Selbstsicherheitsübungen und Kommunikationstraining sind ebenfalls wichtige Elemente, um die sozialen Kompetenzen zu verbessern. Von großer Bedeutung sind zudem kognitive Therapieverfahren, um den dysfunktionalen Denkstil der Betroffenen zu verändern, der oft von Hoffnungslosigkeit, Grübeln, Selbstabwertung und negativer Zukunftsbewertung geprägt ist. Weil suizidalen Menschen häufig auch eine feste Tagesstruktur fehlt, die ihnen im Alltag einen Halt geben könnte, besteht ein Teil der Behandlung darin, ihnen konkrete Strukturierungshilfen an die Hand zu geben, indem gemeinsam entsprechende Tagespläne erarbeitet werden. Und zu guter Letzt ist auch die Einbindung von Angehörigen oder engen Freunden ein wichtiges Element der Behandlung. Denn eine solche Einbindung kann den Therapieerfolg weiter unterstützen. Und zwar dahingehend, dass der Patient seine giftigen, selbstzerstörerischen Gedanken aufgibt. Ohne entsprechende Suizidgedanken gibt es auch keinen Suizid. Je schwächer, machtloser und ungefährlicher solche Gedanken während einer Therapie werden, desto besser. So weit, so gut, doch wie sieht es mit der Zwangseinweisung aus, wenn, wie so oft, die Krankheitseinsicht und/oder die Behandlungsbereitschaft fehlt beziehungsweise Hilfe krankheitsbedingt abgelehnt wird? Grundsätzlich gilt in Deutschland, dass jeder das Recht auf Nichtbehandlung und Nichtinformation hat. Das bedeutet, Menschen, von denen keine Selbst- oder Fremdgefährdung ausgeht, dürfen jederzeit selbst entscheiden, ob sie einen Aufenthalt im Krankenhaus beziehungsweise eine Therapie wünschen. Voraussetzung ist allerdings, dass die Person geistig in der Lage ist, die Schwere ihrer Erkrankung sowie die Folgen einer Nichtbehandlung zu verstehen. Gemeint sind hiermit vor allem diejenigen, die geistig völlig klar sind. Menschen also, die eine Behandlung, möglicherweise auch schon eine Beratung abgelehnt haben und die Folgen verstehen und überblicken können. In diesem Fall darf keine Zwangseinweisung erfolgen.

Hier bleibt nur, vor allem als Arzt, die Einsichtsfähigkeit bezüglich der eigenen psychischen Erkrankung und den Wunsch, nicht behandelt zu werden, genau zu dokumentieren, um sich rechtlich abzusichern. Was aber, wenn derjenige, den man vor sich hat, unter einer Realitätsverkennung leidet? Anosognosie nennt man das in der Fachsprache. Darunter versteht man ein pathologisches Nichterkennen von Krankheit, das mit einer Hirnschädigung einhergeht. Einem solchen Patienten sind die gesamten realen Auswirkungen seiner Defizite überhaupt nicht bewusst. Stattdessen glaubt er fest daran, alles im Leben richtig im Griff zu haben. Mit Patienten solcher Kategorie sind medizinische

Laien völlig überfordert. Hier ist ein erfahrener Arzt gefragt. Dieser muss zunächst einmal versuchen, in mühevoller Kleinarbeit jene Bereiche abzugrenzen, in denen noch eine adäquate Wahrnehmung besteht. In diesen Bereichen, in denen der Patient noch abschätzen kann, was er tut, wird man ihm sicherlich weitgehend seine Selbstständigkeit und Unabhängigkeit belassen können. In den defizitären Bereichen jedoch wird es darum gehen müssen, ihm eine spezifische Unterstützung zu verschaffen. Es obliegt letzten Endes also immer einem Arzt abzuwägen, ob eine Zwangsbehandlung nötig und legitim ist oder nicht.

An diesem Punkt zeigt sich ziemlich deutlich, dass Suizidprävention eine gesamtgesellschaftliche Aufgabe ist. Eine große Aufgabe, die auch nur fachübergreifend bewältigt werden kann. Dabei haben politische Diskussionen und Entscheidungen einen bedeutenden Einfluss auf die Haltung einer Gesellschaft. Ein gutes Vorbild für eine gelungene Prävention ist beispielsweise das 4-Ebenen-Interventionsprogramm der Stiftung Deutsche Depressionshilfe. Suizidgedanken und -impulse, so die Grundidee des Modells, sind ein sehr häufiges Symptom bei Depressionen. Sie sind es, die eine Depression oft zu einer lebensbedrohlichen Erkrankung machen. Folglich müsste eine erfolgreiche Behandlung das Risiko für suizidale Handlungen senken können. Das 4-Ebenen-Interventionskonzept verbindet somit zwei wichtige Ziele miteinander. Nämlich die bessere Versorgung von Menschen mit einer Depression sowie die Prävention von Suiziden beziehungsweise Suizidversuchen. Wie der Name schon sagt, setzt das Interventionskonzept an vier Ebenen an:

1. Ebene:	Kooperation mit Hausärzten
2. Ebene:	Öffentlichkeitsarbeit
3. Ebene:	Schulungen von Multiplikatoren
4. Ebene:	Unterstützung für Betroffene und deren Angehörige

Die erste Ebene, die Kooperation mit den Hausärzten, erfolgt dabei unter anderem über Schulungen, entsprechende Trainings sowie der Bereitstellung von Materialien wie Screeningbögen oder Patienteninformationen. Bei der zweiten Ebene geht es vorrangig um die Aufklärung der Öffentlichkeit. Dabei beinhaltet die Öffentlichkeitsarbeit neben öffentlichen Veranstaltungen auch PR-Informations- und Plakatkampagnen. Auf der dritten Ebene geht es um die Schulung und Zusammenarbeit mit Multiplikatoren. Das können zum Beispiel Pfarrer, Lehrer, Journalisten, Pflegekräfte oder Polizisten sein. Und in der vierten Ebene geht es darum, Betroffene und Angehörige mit speziellen Angeboten zu unterstützen. Dabei kommen unter anderem Informationsmaterialien, die Förderung von Selbsthilfeaktivitäten und das digitale Selbstmanagement-Programm iFightDepression zum Einsatz. Das iFightDepression-Tool ist ein kostenfreies und internetbasiertes Selbstmanagement-Programm für Menschen mit leichten bis mittelschweren Depressionsformen. Es beinhaltet Elemente der Kognitiven Verhaltenstherapie und neueste Erkenntnisse aus der Depressionsforschung. Das Tool kann entweder im Rahmen einer regulären Behandlung oder aber beim Warten auf einen Therapieplatz als ergänzender Behandlungsbaustein eingesetzt werden. Die Behandlung erfolgt dabei unter der Begleitung eines Arztes oder Therapeuten, der das Onlinetraining zum Tool durchlaufen hat. Das Tool unterstützt auf diese Weise Betroffene beim eigenständigen Umgang mit der Erkrankung und gibt praktische Hinweise für den Alltag. Es steht den Patienten aktuell in 14 verschiedenen Sprachen (Stand Februar 2022) zur Verfügung. Erstmalig angewandt wurde das 4-Ebenen-Interventionsprogramm der Stiftung Deutsche Depressionshilfe in den Jahren 2001 und 2002, und zwar in einem vom Bundesministerium für Bildung und Forschung geförderten Modellprojekt, dem Nürnberger Bündnis gegen Depression. Im Rahmen mehrerer EU-geförderter Projekte wurde es dann weiter optimiert. In der Zwischenzeit haben in Deutschland unter dem Dach der Stiftung Deutsche Depressionshilfe 87 Städte und Landkreise das 4-Ebenen-Konzept durch die Gründung regionaler Bündnisse umgesetzt. Auch in zehn weiteren europäischen Ländern sowie in Australien, Neuseeland, Kanada und Chile wurde der Ansatz mittlerweile aufgegriffen. Koordiniert wird er dort von der European Alliance Against Depression. Die Wirksamkeit des Konzeptes konnte dabei in mehreren Studien deutlich aufgezeigt werden. So konnte im Vergleich zum Ausgangsjahr und einer Kontrollregion im Modellprojekt Nürnberger Bündnis gegen Depression in den beiden Interventionsjahren ein Rückgang suizidaler Handlungen um 24% nachgewiesen werden. Heute ist das 4-Ebenen-Interventionsprogramm der Stiftung Deutsche Depressionshilfe das am häufigsten durchgeführte und am besten wissenschaftlich untersuchte Suizidpräventionsprogramm in Deutschland. Derweil fand das Konzept auch europaweit seine Anerkennung. So wurde der »4-Ebenen-Ansatz zur verbesserten Versorgung von Patienten mit Depression und Suizidprävention« im September 2020 offiziell von der EU-Kommission als die beste Initiative im Bereich psychischer Gesundheit ausgezeichnet. Als »Best Practice« Modell fördert die EU-Kommission seither die Ausweitung dieses Konzepts auch in anderen europäischen Staaten. Dazu wurde eigens eine Fördersumme von bis zu 2 Millionen Euro bereitgestellt. Die EU-Kommission möchte auf diese Weise helfen, den erfolgreichen deutschen 4-Ebenen-Ansatz auch auf andere nationale Gesundheitssysteme zu übertragen.

Ist es rechtlich erlaubt, sich zu töten?

Die Begriffe aktive Sterbehilfe, passive Sterbehilfe, indirekte Sterbehilfe und assistierte Sterbehilfe, die auch als assistierte Tötung beziehungsweise assistierter Suizid bezeichnet wird, sind schon am Beginn des Buches angeklungen. Nun geht es um ihre rechtliche Einordnung. Also um die Frage, was nach dem Gesetz erlaubt ist und was nicht. Wie sieht die aktuelle rechtliche Lage bei uns in Deutschland aus und wie europaweit? Mit anderen Worten, wie gehen wir mit der Sterbehilfe um, und wie tun es andere?

Bei den alten Germanen gab es keine Tabuisierung, Stigmatisierung oder Sanktionierung des Suizids. Vielmehr hatte man Verständnis dafür, dass beispielsweise Frauen sich das Leben nahmen, um nicht in die Hände der Feinde zu geraten oder Männer sich den Strick nahmen, wenn sie im Kampf ihren Schild verloren hatten, um dadurch der Schande zu entgehen. Aber nicht nur Widerstand oder die Frage nach der Ehre legitimierten bei den alten Germanen die Selbsttötung. Auch eine hoffnungslose Lage, sei sie nun finanzieller oder politischer Art, konnten zur Selbsttötung führen. Es war gerade dieser eher beliebige Umgang mit dem Suizid bei den Germanen, der ihren politischen Gegnern ein bedeutendes Druckmittel aus den Händen nahm. Und wie sieht es heute in Deutschland aus? Nun, die Lage ist sehr viel komplizierter und unübersichtlicher, ja zum Teil verwirrender geworden. Um all dies richtig zu verstehen, ist es erst einmal vonnöten, sich ein klares Bild von dem Begriff der Sterbehilfe zu verschaffen. Sterbehilfe zu leisten, bedeutet nämlich, in den Prozess des Sterbens eines anderen Menschen aktiv einzugreifen. Dieses Eingreifen lässt sich, je nach Einflussnahme auf das Sterben der betreffenden Person, im Grad deutlich differenzieren. Deshalb unterscheidet man auch die folgenden vier Arten der Sterbehilfe voneinander:

- Passive Sterbehilfe
- Indirekte Sterbehilfe
- Assistierte Sterbehilfe
- Aktive Sterbehilfe

Die passive Sterbehilfe greift am geringsten in den Prozess des Sterbens eines anderen ein. Indem lebensverlängernde Maßnahmen wie Beatmung, Bluttransfusionen oder künstliche Ernährung reduziert oder abgebrochen werden, lässt man dem natürlichen Krankheitsprozess seinen Lauf. Der Patient stirbt am Verlauf seiner Erkrankung, die jetzt nicht länger durch die Apparatemedizin aufgehalten wird. Eine solche Sterbehilfe wird vor allem bei unheilbar Kranken durchgeführt, die nur noch eine sehr begrenzte Lebenserwartung haben oder bei denjenigen, bei denen der Sterbeprozess schon eingesetzt hat. Da aus rechtlicher Sicht bei der passiven Sterbehilfe keine neue Ursache für den Tod gesetzt wird, ist sie in Deutschland seit 2010 erlaubt. Voraussetzung ist allerdings, dass eine entsprechende Willensäußerung des Todkranken, eine gültige Patientenverfügung oder das Einverständnis seiner Angehörigen vorliegt. Findet sich nichts dergleichen in der Krankenakte, gilt die passive Sterbehilfe rechtlich als Tötung durch Unterlassen. Und das ist in Deutschland strafbar. Die passive Sterbehilfe ist auch in den meisten anderen europäischen Ländern erlaubt, so in Belgien, Dänemark, Finnland, Frankreich, Großbritannien, Italien, Irland, Luxemburg, Malta, Niederlande, Norwegen, Österreich, Portugal, Slowakei, Slowenien, Spanien, Schweden, Schweiz, Tschechien, Ungarn und Zypern. Einzige Ausnahme ist Polen. Hier herrschen bezüglich der Sterbehilfe allgemein die strengsten Gesetze Europas. Gesetzlich nicht geregelt ist dagegen die passive Sterbehilfe in Ländern wie Bulgarien und Kroatien. Für die Länder Albanien, Griechenland, Mazedonien, Montenegro, Rumänien und Serbien liegen derzeit keine Erkenntnisse vor. So zumindest der Stand vom 1.4.2022.

Die indirekte Sterbehilfe greift schon etwas mehr in den Sterbeprozess eines Menschen ein. So werden beispielsweise Patienten, die sich im Endstadium einer Krebserkrankung befinden und unter starken Schmerzen leiden, schmerzstillende Medikamente verabreicht, welche die verbleibende Lebenszeit erträglicher machen können. Dadurch kommt es kurzfristig zu einer Verbesserung des klinischen Zustandes. Als unerwünschte Nebenwirkung können diese Medikamente möglicherweise aber auch die Lebenszeit des Patienten verkürzen. Das ist die Gefahr. Deshalb spricht man in diesem Zusammenhang von indirekter Sterbehilfe; denn das Eintreten des Todes ist als Folge der Linderung der Qualen und somit als Nebenwirkung zu betrachten. Sie ist nicht als direkte Absicht zu bewerten. Deshalb ist die indirekte Sterbehilfe in Deutschland erlaubt, wenn das Einverständnis des Patienten vorliegt. So wie in Deutschland ist auch in den meisten anderen europäischen Staaten die indirekte Sterbehilfe nicht strafbar. Nur in Polen ist sie ausdrücklich verboten. Nicht geregelt ist die indirekte Sterbehilfe in Kroatien. Für Albanien, Bulgarien, Finnland, Griechenland, Italien, Irland, Malta, Mazedonien, Montenegro, Norwegen, Portugal, Rumänien, Schweden, Serbien, Slowakei, Slowenien, Tschechien, Ungarn und Zypern liegen dagegen keine Erkenntnisse vor (Stand 1.4.2022).

Weit mehr als die passive und indirekte greift die assistierte Sterbehilfe in den Prozess des Sterbens ein. Denn sie tut es direkt und ohne Umschweife. Hier wird dem Suizidwilligen nämlich durch eine Person ein Mittel, zumeist ein tödliches Medikament, zur Verfügung gestellt, welches dann selbstständig, also durch eigene Hand, eingenommen wird. Die zum Tode führende Handlung nimmt der Suizident damit eigenhändig vor. Deshalb spricht man in diesem Fall auch von Beihilfe zur Selbsttötung. Eine solche Beihilfe zum Suizid ist in Deutschland heftig umstritten. Um den Sachverhalt besser zu verstehen, muss man deshalb vor allem die Historie kennen, die sich dahinter verbirgt. Über 100 Jahre lang war nämlich in Deutschland die Beihilfe zum Suizid straffrei, bis im Jahr 2015 der Bundestag den Paragraphen 217 des Strafgesetzbuches (StGB) beschlossen hat. In diesem hieß es dann:

> »Wer in der Absicht, die Selbsttötung eines anderen zu fördern, diesem hierzu geschäftsmäßig die Gelegenheit gewährt, verschafft oder vermittelt, wird mit Freiheitsstrafe bis zu drei Jahren oder mit Geldstrafe bestraft.«

Der Begriff »geschäftsmäßig« bedeutet hier nicht etwa kommerziell, wie man es irrtümlicherweise annehmen könnte, sondern meint eine Suizidhilfe, die auf eine Wiederholung der Handlung angelegt ist. Damit bezog sich der Paragraph in erster Linie auf Ärzte, Vereine und Organisationen. Denn insbesondere sie machten sich strafbar, wenn sie einem schwer kranken Menschen ein tödliches Mittel zur Verfügung stellten, weil ja ihr Handeln nach menschlichem Ermessen auf Wiederholung angelegt war. Selbst ein erstmaliges Angebot seitens dieser Gesellschaftsgruppen konnte schon strafbar sein, wenn sie denn den Beginn einer auf Fortsetzung angelegten Tätigkeit darstellt. Dagegen gingen Angehörige und Nahestehende in der Regel straffrei aus, wenn sie Beihilfe zum Suizid leisteten, weil ja ihr Handeln aller Wahrscheinlichkeit nach einmalig blieb. Dieser Umstand, den der Paragraph 217 geschaffen hatte, führte dazu, dass von mehreren Seiten Verfassungsbeschwerden eingereicht wurden. Darunter waren Betroffene, Sterbehilfevereine mit Sitz in Deutschland und in der Schweiz sowie einige Ärzte, die in der ambulanten oder stationären Patientenversorgung tätig waren. Sie alle hatten verschiedene Gründe dafür. So fühlten sich die Betroffenen nach unserem Grundgesetz in ihrem Persönlichkeitsrecht sowie in ihrer Menschenwürde verletzt. Denn sie leiteten aus den Grundgesetzartikeln 1 und 2 für sich ein Recht auf ein selbstbestimmtes Sterben ab. Sterbehilfevereine und Ärzte sahen sich dagegen in ihrer Vereins-, Berufs-, und Gewissensfreiheit verletzt. Angeheizt wurde die Debatte darüber hinaus noch durch das Bundesverwaltungsgericht in Leipzig, das mit seinem Urteil vom Frühjahr 2017 entschied, dass der Staat seinen Bürgern, die sich in einer extremen Notlage befinden, den Erwerb eines tödlichen Medikaments nicht entziehen darf. Aber der Staat weigerte sich beharrlich, dieses Urteil umzusetzen. Im Gegenteil: Das Bundesgesundheitsministerium untersagte sogar dem Bundesinstitut für Arzneimittel und Medizinprodukte, entsprechende Anträge zu bearbeiten. Am 26.2.2020 entschied dann das Bundesverfassungsgericht über die Angelegenheit. Im Fokus stand die Frage, ob es ein Grundrecht auf ein selbstbestimmtes Sterben gibt und wie weit dieses Recht eigentlich reicht. Gerade der zweite Teil der Frage war für die vor dem Bundesverfassungsgericht klagenden Patienten wichtig, weil nach ihrer Meinung das Grundrecht in seinen Artikeln 1 und 2 auch das Recht umfasst, Hilfe von Vereinen oder Ärzten beim Suizid in Anspruch nehmen zu dürfen. Die Karlsruher Richter sahen das ähnlich und erklärten das Verbot, die Selbsttötung »geschäftsmäßig zu fördern«, für verfassungswidrig. Damit war der Paragraph 217 des Strafgesetzbuches Geschichte. In der Urteilsbegründung sagte das höchste deutsche Gericht:

> »Die selbstbestimmte Verfügung über das eigene Leben ist vielmehr unmittelbarer Ausdruck der der Menschenwürde innewohnenden Idee autonomer Persönlichkeitsentfaltung; sie ist, wenngleich letzter, Ausdruck von Würde.«

Nach dem Bundesverfassungsgericht hat somit jeder Bürger das Recht auf ein selbstbestimmtes Sterben. Und dieses Recht besteht, so die Richter:

> »in jeder Phase menschlicher Existenz.«

Außerdem betonte das Bundesverfassungsgericht:

> »Das Recht, sich selbst zu töten, umfasst auch die Freiheit, hierfür bei Dritten Hilfe zu suchen und Hilfe, soweit sie angeboten wird, in Anspruch zu nehmen.«

Vereinfacht ausgedrückt: Jeder Bürger der Bundesrepublik Deutschland hat nach dem Grundgesetz das Recht, sich jederzeit selbst zu töten. Und weil in Deutschland die Selbsttötung keine Straftat darstellt, ist auch die Beihilfe zum Suizid nicht strafbar. Im Gegenteil, der Staat muss eine solche Hilfe sogar möglich machen. Ein echter Paukenschlag und eine schallende Ohrfeige für die Politik, die zuvor noch alle Hebel in Bewegung gesetzt hatte, um die Kommerzialisierung der Sterbehilfe zu verhindern. Die Karlsruher Richterinnen und Richter haben deshalb ausdrücklich betont, dass es nunmehr die Aufgabe des Gesetzgebers sei, für eine entsprechende gesetzliche Neuregelung der Sterbehilfe Sorge zu tragen. Was sich so einfach anhört, ist für den Gesetzgeber, also den Staat, ein richtiges Dilemma. Für die Medizin übrigens auch. Denn beide haben die Aufgabe, Leben zu schützen und zu bewahren. Deshalb sehen Ärzte die ihnen zugedachte Rolle bei der Sterbehilfe kritisch, denn sie widerspricht ihrer grundsätzlichen Berufsauffassung. Und der Staat muss aufpassen, dass die Lockerung der Möglichkeiten zur assistierten Sterbehilfe nicht dazu führen, dass

Suizide in Zukunft zur selbstverständlichen Art des Sterbens werden. Schließlich ist das Recht auf Leben ebenso hoch zu bewerten. Es wird folglich immer einer Einzelfallentscheidung bedürfen, mit der ein Missbrauch weitgehend ausgeschlossen werden kann und muss.

Und jetzt? Wie sieht die aktuelle Praxis der assistierten Sterbehilfe in Deutschland aus? Nun, das Bundesverfassungsgericht hat dem Gesetzgeber keine zeitliche Frist mit auf den Weg gegeben, innerhalb derer die Sterbehilfe gesetzlich neu geregelt werden muss. Und die Politik hat noch nicht entschieden. Genauer gesagt, der Bundestag debattiert noch. Es gibt also noch keine gesetzlichen Vorgaben für den assistierten Suizid. Was es gibt, sind Gesetzentwürfe von verschiedenen Parlamentariergruppen, mehr nicht. Folglich findet der assistierte Suizid seit der Urteilsverkündung durch das Bundesverfassungsgericht in einer rechtlichen Grauzone statt. Schaut man sich diese legale Grauzone etwas näher an, so darf man feststellen, dass Sterbehilfevereine wie »die Deutsche Gesellschaft für Humanes Sterben«, »Dignitas Deutschland« und »Sterbehilfe Deutschland« im Jahr 2021 in fast 350 Fällen Suizide begleitet oder Assistenz für die Selbsttötung vermittelt haben. Dabei vermittelte die »Deutsche Gesellschaft für Humanes Sterben« nach eigenen Angaben 120 Sterbewillige an Sterbehelfer. Die »Sterbehilfe Deutschland« tat dies in 129 Fällen und »Dignitas Deutschland« in 97 Fällen. Alle drei genannten Organisationen stellten auch Hilfe für Paare bereit, die gemeinsam in den Tod gehen wollten. Das alles, obwohl die Rahmenbedingungen für den assistierten Suizid in Deutschland noch völlig unklar sind. Im Umkehrschluss bedeutet dies, dass die Sterbehelfer in der Praxis nach ihren eigenen, selbst definierten Regeln, vorgehen.

Fragt man nach den Gründen für den Suizid, so waren es nach Auskunft der drei Sterbehilfevereine vor allem schwere Erkrankungen, aber auch eine sogenannte Lebenssattheit, die den Wunsch nach dem Sterben auslösten. Gerade diese letzte Aussage der Sterbehilfevereine macht deutlich, wie wichtig es wäre, dem Suizid mit besseren Therapieangeboten und den Möglichkeiten der Palliativmedizin zu begegnen. Und sie zeigen, wie wichtig es wäre, dass der Gesetzgeber endlich unmissverständliche Rahmenbedingungen formuliert, um Klarheit darüber zu schaffen, in welchen Grenzen die Hilfe zum Suizid hierzulande möglich sein kann. Für die Politik ist dies kein einfaches Unterfangen, gilt es doch, diese komplexe Gemengelage unterschiedlichster Rechts- und Freiheitsansprüche unter einen Hut zu bringen. Vereinfacht gesagt, resultiert das Spannungsverhältnis daraus, dass der Staat einerseits die Hilfe zum Suizid grundsätzlich ermöglichen, aber andererseits gleichzeitig den Missbrauch derselbigen verhindern muss. Wie dieses Spannungsverhältnis möglicherweise aufzulösen wäre, dazu hat das Bundesverfassungsgericht in seiner Urteilsbegründung ein paar Wegmarken erkennen lassen. So plädieren die Karlsruher Richter unter anderem für eine »umfassende Beratung und Aufklärung hinsichtlich möglicher Entscheidungsalternativen«. Politik, Kirchen und Wissenschaft sind sich deshalb weitgehend einig darüber, dass es eine Beratung der Todeswilligen zwingend geben muss, die dem assistierten Suizid vorgeschaltet ist. Doch stellt sich hier die Frage, wer beraten soll und wie? Über diesen zentralen Aspekt wird folglich seit der Verkündung des Urteils heftig debattiert und leidenschaftlich gestritten. Außerdem betonten die Karlsruher Richter, dass die Hilfe zum Suizid freiwillig sein muss. Das heißt, die Helfer müssen sich freiwillig entscheiden können, ob sie die Hilfe leisten wollen oder nicht. Niemand darf gezwungen werden. Wer aber helfen können soll, ob Privatpersonen, Ärzte oder Vertreter einer Sterbehilfeorganisation, darüber steht nichts im Urteil. Über diese Entscheidung wird sich von daher der Gesetzgeber Gedanken machen müssen. Und die Verfassungsrichter hoben hervor, dass »je nach Lebenssituation unterschiedliche Anforderungen an den Nachweis der Ernsthaftigkeit und Dauerhaftigkeit eines Selbsttötungswillens gestellt werden« können. Hier geht es also um den freien, festen und anhaltenden Willen des Suizidenten, der ausschlaggebend dafür sein soll, dass er sein Recht auf professionelle Hilfe bei der Selbsttötung auch in Anspruch nehmen kann; denn die Karlsruher Richter betonten in ihrer Urteilsbegründung auch, dass es legitim sei, einer »gesellschaftlichen Normalisierung« der Sterbehilfe entgegenzuwirken. Das Bundesverfassungsgericht hat somit unmissverständlich darauf hingewiesen, dass der Lebensschutz ebenso bedeutsam für das allgemeine gesellschaftliche Interesse ist. Aus den aufgezeigten Wegmarken des Bundesverfassungsgerichts eröffnet sich für den Staat dementsprechend ein breites Spektrum an Möglichkeiten, um die organisierte Suizidhilfe neu und verfassungskonform zu regulieren. So könnte beispielsweise der Gesetzgeber staatliche Beratungsstellen einrichten, in denen Betroffene von Fachleuten über Alternativen zum Suizid aufgeklärt werden. Dabei sollten vor allem mögliche Therapieangebote oder eine entsprechende Palliativversorgung zur Sprache kommen. Wichtig wäre es, in diesem Fall die Betroffenen möglichst objektiv zu beraten und zu begleiten. Da dies die größte Herausforderung sein wird, sollten derartige Beratungsstellen aus multidisziplinären Teams bestehen. Darunter Mediziner, Sozialarbeiter, Psychologen und Juristen. Den Ärzten würde in diesem Zusammenhang die Beantwortung der schwierigsten Frage zukommen. Nämlich der Frage, ob denn der Sterbewunsch der betroffenen Person wirklich freiverantwortlich entstanden und auch dauerhaft ist. Dieser Teil wäre aus ärztlicher Perspektive nicht problembehaftet, weil auch bei diesem Thema das vertrauensvolle Gespräch zwischen Arzt und Patient zum Kern ärztlicher Tätigkeit gehört. Das gilt desgleichen auch für Gespräche mit Sterbewilligen, die nicht erkrankt sind. Anders sieht es dagegen schon bei der Ausstellung einer ärztlichen Beratungsbescheinigung aus, mit der ein Sterbewilliger an ein tödliches Medikament gelangen könnte. Eine derartige Verpflichtung lehnt nämlich die Mehrheit der deutschen Ärzte strikt ab. Das zeigte sich auf dem 124. Deutschen Ärztetag, der am 4. und 5. Mai 2021 tagte, ganz deutlich. Ebenso offensichtlich war, dass die moralische Rolle, welche die deutsche Ärzteschaft zum Thema des ärztlich assistierten Suizids nach dem Urteil des Bundesverfassungsgerichts einnehmen soll, noch nicht abschließend geklärt ist. Wie sich die Ärztinnen und Ärzte in Deutschland zu dem Thema der assistierten Sterbehilfe in Zukunft genau positionieren werden, ist folglich noch unklar. Wohl aber sind die Konturen dieser Positionierung auf dem Ärztetag schon sichtbar geworden. So ist zum Beispiel klar, dass die Ärzteschaft eine Pflicht zur Beihilfe grundsätzlich ablehnt. Und ebenso klar ist, dass eine Mitwirkung von Ärztinnen und Ärzten bei der Selbsttötung nicht zu ihren Aufgaben zählt. Denn die Herbeiführung des Todes war und ist nie Ziel einer ärztlichen Heilbehandlung. Nichtsdestotrotz hat der 124. Deutsche Ärztetag aber auch entschieden, das Verbot der Suizidbeihilfe für Ärzte zu streichen. Damit ist der Satz:

> »Sie dürfen keine Hilfe zur Selbsttötung leisten.«

aus dem Paragraphen 16 »Beistand für Sterbende« der Musterberufsordnung der Ärzte (MBO) nunmehr weggefallen. Er liest sich jetzt wie folgt:

> »Ärztinnen und Ärzte haben Sterbenden unter Wahrung ihrer Würde und unter Achtung ihres Willens beizustehen. Es ist ihnen verboten, Patientinnen und Patienten auf deren Verlangen zu töten.«

Es obliegt jetzt dem einzelnen Arzt oder vielmehr seinem Gewissen, ob und inwieweit er bei der Hilfe zur Selbsttötung eines seiner Patienten mitwirken möchte. Die Deutsche Ärzteschaft hat damit das Berufsrecht, so wie es vom Bundesverfassungsgericht angesprochen und vorgeschlagen wurde, angepasst, sodass sich auch für ihre Berufsgruppe nunmehr die Möglichkeit eröffnet, Sterbewillige in ihrem Wunsch zu unterstützen. Das soll aber die absolute Ausnahme bleiben. So kann es, wie es in einem Beschluss der Ärzteschaft formuliert wurde, bei terminal Erkrankten durchaus begründete Einzelfallentscheidungen geben. Wo es um die Gewährung einer Suizidassistenz geht, sollen dann gleich mehrere Ärzte beteiligt werden. Damit es aber erst gar nicht zu solchen Einzelfallentscheidungen kommt, sprach sich der Ärztetag ganz klar für mehr Suizidprävention und einen leichteren Zugang zur Palliativversorgung aus. Ausdrücklich wurde hingegen betont, dass es niemals die Aufgabe der Ärzteschaft sein kann, Nichterkrankten einen Sterbewunsch zu erfüllen. Was ebenso von der Deutschen Ärzteschaft kategorisch abgelehnt wird, ist die aktive Sterbehilfe. Sozusagen die Tötung auf Verlangen. Aus diesem Grunde wurde einem Antrag, der auch das Verbot, Patienten auf deren Verlangen hin zu töten, aus der Musterberufsordnung der Ärzte (MBO) zu streichen, eine klare Absage erteilt. Verhältnisse wie in den Niederlanden, wo 4 bis 5% aller Sterbefälle im Jahr auf einen assistierten Suizid und auf aktive Sterbehilfe durch Ärzte zurückzuführen sind, soll es in Deutschland nicht geben. Dies ist ein wichtiger Hinweis, denn die aktive Sterbehilfe, also das Setzen einer Giftspritze oder das Einflößen eines tödlich wirkenden Medikaments, ist sowohl in den

Niederlanden als auch in Belgien, Luxemburg und Spanien erlaubt. In Belgien und den Niederlanden inzwischen sogar für Kinder. Zwar sind auch in diesen Ländern die Auflagen dafür sehr streng. So darf die aktive Sterbehilfe nur von einem Arzt vorgenommen werden, wenn der Patient keine Aussicht auf Besserung mehr hat und seine Leiden für ihn unerträglich sind. Außerdem muss der Betroffene den Willen nach Sterbehilfe wohlüberlegt und von sich aus formuliert haben. Und es muss ein zweiter Arzt der Entscheidung noch zustimmen. Den deutschen Ärzten geht das viel zu weit. Sie plädieren, so die eindeutige Positionierung auf dem 124. Deutschen Ärztetag, für eine sehr restriktive Handhabung der assistierten Sterbehilfe. Ohnehin ist die aktive Sterbehilfe in Deutschland kein wirkliches Thema, da sie ausdrücklich untersagt ist. Man denke hier nur an die deutsche Geschichte. Und so wird wohl auch der deutsche Staat eine sehr restriktive Handhabung der assistierten Sterbehilfe favorisieren. Schließlich muss er nach dem Wortlaut der Karlsruher Richter nur sicherstellen, »dass dem Recht des Einzelnen, sein Leben selbstbestimmt zu beenden, hinreichend Raum zur Entfaltung und Umsetzung verbleibt«. Und für eine restriktive Sicherstellung hat er jede Menge Optionen. Die staatlichen Beratungsstellen sind dabei nur eine davon. »Sie reichen von prozeduralen Sicherungsmechanismen, etwa gesetzlich festgeschriebener Aufklärungs- und Wartepflichten, über Erlaubnisvorbehalte, die die Zuverlässigkeit von Suizidhilfe-Angeboten sichern, bis zu Verboten besonders gefahrträchtiger Erscheinungsformen der Suizidhilfe. Diese können auch im Strafrecht verankert oder jedenfalls durch strafrechtliche Sanktionierung von Verstößen abgesichert werden«, so der ehemalige Verfassungsrichter Andreas Vosskuhle. Vielleicht folgt Deutschland ja in dieser Hinsicht dem Vorbild Österreichs. Auch dort wurde nämlich eine Neuregelung der Sterbehilfe notwendig, nachdem der Verfassungsgerichtshof (VfGH) das Verbot des assistierten Suizids mit Ende 2021 aufgehoben hatte.

Im Gegensatz zu Deutschland benötigte der österreichische Gesetzgeber nur ein Jahr, um das sogenannte »Sterbeverfügungsgesetz« auf den Weg zu bringen. In Kraft getreten ist es am 1. Januar 2022. Bewusst hatte sich die österreichische Regierung beeilt, denn ansonsten wäre die Beihilfe zum Suizid ab 2022 erlaubt gewesen. Man hätte damit Zustände gehabt, die augenblicklich in Deutschland herrschen, und das wollte der österreichische Gesetzgeber auf gar keinen Fall. Davon abgesehen hatten auch konservative Organisationen und Religionsgemeinschaften auf eine rechtliche Absicherung gedrängt, damit es hier nicht zu einem Missbrauch kommt. Mit dem neuen Gesetz und seinen Eckpunkten hat Österreich nunmehr einen Rahmen für die Beihilfe zum Suizid geschaffen, der allerdings bewusst streng limitiert geregelt wurde. So benötigt jeder Sterbewillige zunächst einmal eine sogenannte Sterbeverfügung. Das ist, ähnlich einer Patientenverfügung in Deutschland, eine Willenserklärung, mit der eine sterbewillige Person ihren dauerhaften, freien und selbstbestimmten Entschluss erklärt, ihr Leben zu beenden. Eine solche steht allerdings nur Menschen offen, die entweder dauerhaft schwer krank sind oder an einer unheilbaren Krankheit leiden, die zum Tode führt. Ferner muss die Krankheit in beiden Fällen einen für die betroffene Person nicht anders abwendbaren Leidenszustand mit sich bringen. Der Sterbewillige muss die Sterbeverfügung höchst persönlich errichten. Er muss volljährig und entscheidungsfähig sein. Minderjährige sind somit ausgeschlossen. Erstellt wird die Sterbeverfügung bei Notaren oder Patientenanwälten. Zuvor muss jedoch die Aufklärung durch zwei Ärzte erfolgen, wobei einer davon über eine palliative Qualifikation verfügen muss. Auch muss die Entscheidungsfähigkeit der sterbewilligen Person ärztlich bestätigt werden. Besteht auch nur bei einem Arzt ein Zweifel darüber, muss zusätzlich ein Psychiater oder Psychologe hinzugezogen werden. Können die Zweifel an der Entscheidungsfähigkeit der Person ausgeräumt werden, ist vor der Errichtung der Sterbeverfügung eine Frist von zwölf Wochen einzuhalten. Erst dann kann der Notar oder Anwalt aufgesucht werden. Die Einhaltung dieser Frist ist wichtig, um akute Krisenphasen zu überwinden. Sollten Erkrankte allerdings nur noch eine sehr geringe Zeit zu leben haben, etwa wenige Wochen, kann diese Frist auf zwei Wochen verkürzt werden.

Mit der errichteten Verfügung sind die sterbewilligen Personen berechtigt, ein tödliches Präparat in einer Apotheke abzuholen. In der Sterbeverfügung kann auch jemand bestimmt werden, der dieses Mittel für den Betroffenen abholt, falls der- oder diejenige nicht mehr mobil sein sollte. Auch ist eine Zustellung durch die Apotheke möglich. Das tödliche Präparat, so wurde es im Gesetz festgelegt, muss dann selbstständig zugeführt werden. Sollte die betroffene Person nicht in der Lage sein, das Mittel oral einzunehmen, weil zum Beispiel Schluckprobleme bestehen, ist auch eine andere Gabe, etwa über eine Sonde, möglich. Allerdings muss in diesem Fall der Betroffene selbst diese Sonde betätigen. Dieser Punkt der selbstständigen Gabe ist wichtig, da es dabei um die Abgrenzung zur aktiven Sterbehilfe geht, die in Österreich auch weiterhin unter Strafe steht. Nur wenn dieser Weg mit dem hier skizzierten Ablauf eingehalten wird, bleibt die Sterbehilfe straffrei. Als tödliches Mittel ist in erster Linie Natrium-Pentobarbital vorgesehen. Das österreichische Bundesministerium für Gesundheit kann aber auch andere Präparate für zulässig erklären, wenn diese nach dem Stand der Medizin die belastenden Begleiterscheinungen für den Patienten minimieren können, oder wenn die Verfügbarkeit von Natrium-Pentobarbital eingeschränkt oder nicht mehr gegeben ist. In diesem Zusammenhang wurde die österreichische Apothekerkammer dazu angehalten, eine Liste jener Apotheken zu erstellen und aktuell zu halten, bei denen ein entsprechendes Präparat ausgehändigt wird. Zudem kann der Sterbewillige dort auch eine Begleitmedikation erhalten, wenn dies für die Verträglichkeit notwendig ist. Allerdings dürfen die Apotheken nicht zur Abgabe eines tödlichen Präparats verpflichtet werden, so wie auch niemand gezwungen wird, Sterbehilfe zu leisten. Bezüglich der entstehenden Kosten, angefangen von denen für die ärztliche Aufklärung, die Anwalts- oder Notarkosten sowie die für das Präparat selbst, macht das Sterbeverfügungsgesetz keine Angaben.

Dazu hat das Bundesministerium für Soziales, Gesundheit, Pflege und Konsumentenschutz eigens einen Leitfaden für die Praxis der Sterbeverfügung erlassen. Und in diesem steht geschrieben:

> »Die Kosten für die Errichtung der Sterbeverfügung (ärztliche Aufklärung, Errichtung, Präparat) sind von der sterbewilligen Person zu tragen.«

Das klingt im ersten Moment recht hart, ist es aber im Grunde nicht, denn gleichzeitig wurden in Österreich auch Maßnahmen ergriffen, um Alternativen zum Suizid zu bieten. Dazu wurde begleitend zum Sterbeverfügungsgesetz ein Gesetz zum Ausbau der Hospiz- und Palliativversorgung verabschiedet. Dieses Gesetz sieht den flächendeckenden Ausbau und die österreichweit geregelte Finanzierung der

Hospiz- und Palliativversorgung vor. Das betrifft stationäre Hospize, Tageshospize, Mobile Palliativteams, Palliativ-Konsiliardienste, Hospizteams, Alten- und Pflegeheime, die mobile Pflege und Betreuung zu Hause und das Krankenhaus gleichermaßen. Durch das Gesetz wird auch die Qualitätssicherung sowie die Aus-, Fort- und Weiterbildung von haupt- und ehrenamtlich tätigen Personen gesichert. Dazu wurde eigens ein Fond eingerichtet. Dieser Hospiz- und Palliativfond finanziert sich zu je einem Drittel durch Bund, Länder und Sozialversicherungsträger und schafft die Grundlagen für die verbindliche Planung und Umsetzung des Vollausbaus bis 2026. Auf diese Weise übernimmt der Staat die Verantwortung dafür, dass allen in Österreich lebenden schwer kranken Menschen Lebensqualität bis zuletzt und ein Sterben in Würde, Autonomie und weitgehender Schmerzfreiheit zuteilwerden kann. Es ist deshalb davon auszugehen, dass mit diesem massiven Ausbau der Hospizbewegung viele Menschen auf einen anderen Weg gebracht werden, sodass sie erst gar nicht mehr das Bedürfnis haben, vom assistierten Suizid Gebrauch zu machen.

Doch nicht nur in die Palliativversorgung fließen seit der Verabschiedung des Gesetzes mehr Mittel. Die österreichische Regierung stellt auch mehr Geld zur Vorbeugung vor Suiziden zur Verfügung. Die eingesetzten Mittel sollen dabei eine qualitativ hochwertige Suizidprävention in Österreich etablieren und sicherstellen. Österreich ist damit neben Deutschland, Estland, Finnland, Italien, Schweden und der Schweiz das siebte Land in Europa, das die assistierte Sterbehilfe legalisiert hat, ohne bis zur aktiven Sterbehilfe zu gehen, so wie es die Niederlande, Belgien, Luxemburg und Spanien taten. Das zeigt eines ganz deutlich. Es gibt keinen europäischen Konsens in dieser Frage. Das liegt daran, dass es in der Europäischen Menschenrechtskonvention kein ausdrückliches oder implizites Recht auf eine assistierte Selbsttötung gibt. Das hat zumindest der Europäische Gerichtshof für Menschenrechte betont. Deshalb ist auch nur in sieben der 46 Staaten des Europarats die Hilfe zur Selbsttötung erlaubt. Wobei sich Deutschland, wie bereits erwähnt, in einer rechtlichen Grauzone bewegt, denn einerseits ist die Hilfe zur Selbsttötung traditionell straffrei. Andererseits soll aber die Suizidhilfe keine normale Dienstleistung sein. Daher das Verbot der geschäftsmäßigen Suizidhilfe. Doch dieses ist laut dem Bundesverfassungsgericht nichtig, weil es unverhältnismäßig in das

Recht auf selbstbestimmtes Sterben eingreift. In Deutschland muss die Suizidassistenz daher gesetzlich neu geregelt werden. Eine solche Neuregelung ist aber vorerst nicht in Sicht. Das führt dazu, dass Patienten keinen Zugang zu einem tödlich wirkenden Mittel haben. Das Präparat, das sich nämlich jene sterbewilligen Menschen wünschen, sei es wegen einer unheilbaren Krankheit, einer ausweglosen Lage oder einer extremen Notsituation, ist ein Mittel mit dem Wirkstoff Natrium-Pentobarbital. Also genau das Mittel, welches auch in Österreich in der Regel Anwendung findet. Doch dieses Mittel fällt in Deutschland unter das Betäubungsmittelgesetz. Und die Abgabe von Arzneimitteln, die unter das Betäubungsmittelgesetz fallen, ist nur unter strengen Auflagen erlaubt. Das bedeutet konkret, dass das Bundesinstitut für Arzneimittel und Medizinprodukte (BfArM) den Erwerb erst erlauben muss. Zwar dürfen Patienten Betäubungsmittel grundsätzlich erhalten, aber nur wenn eine ärztliche Verschreibung vorliegt und das therapeutische Ziel darin liegt, Krankheiten zu heilen oder zu lindern. So die aktuelle höchstrichterliche Rechtsprechung. Aber genau das ist bei einer tödlichen Dosis überhaupt nicht der Fall. So bleibt abzuwarten, ob es in Deutschland dabei bleibt oder in Zukunft doch eine gesetzliche Neuregelung zum Zugang von tödlich wirkenden Betäubungsmitteln geben wird. Das bedeutet für den Staat, dass er erst einmal kein tödliches Medikament zur Verfügung stellen muss. Entsprechend hat das Oberverwaltungsgericht Nordrhein-Westfalen im Februar 2022 die Klagen von drei Personen abgewiesen, die das Bundesinstitut für Arzneimittel und Medizinprodukte (BfArM) in Bonn verpflichten wollten, ihnen ein tödliches Medikament zur Verwendung zu überlassen. Dem Urteil zufolge muss der Staat schwerstkranken Menschen nicht den Zugang zu einem Suizidmittel verschaffen. Das Bundesinstitut für Arzneimittel und Medizinprodukte (BfArM) in Bonn ist demzufolge nicht verpflichtet, schwer kranken Menschen, die den Entschluss zum Suizid gefasst haben, hierfür den Erwerb des Betäubungsmittels Natrium-Pentobarbital zu erlauben. Wohl aber verwies das Gericht darauf, dass die Politik auch hier den gesetzlichen Rahmen neu zu regeln hat. Bis es soweit ist, könnten aber schwer kranke Menschen Ärzte aufsuchen, die ihnen bei einem Suizid möglicherweise helfen.

Was also sollten Menschen in Deutschland aus rechtlicher Sicht tun, die ihr Leben aus eigenem Entschluss beenden wollen, solange noch keine juristisch verbindliche Regelung vorliegt? Da in Deutschland die Sterbehilfe unter bestimmten Umständen erlaubt ist und grundsätzlich der Einwilligung des Sterbewilligen bedarf, ist es empfehlenswert, mit einer schriftlichen Patientenverfügung festzulegen, in welchen Fällen man der Sterbehilfe zustimmt. Eine solche Willenserklärung gewährleistet dann, dass der eigene Wunsch nach einem humanen Tod auch dann berücksichtigt wird, wenn man sich selbst nicht mehr äußern kann. So ist es beispielsweise möglich, in einer Patientenverfügung festzulegen, dass keine lebenserhaltenden Maßnahmen ergriffen werden. Ebenso kann niedergeschrieben werden, dass Medikamente verabreicht werden, die starke Schmerzen lindern, auch wenn sie das Bewusstsein trüben und aufgrund ihrer Wirksamkeit die Lebensdauer verkürzen. Darüber hinaus kann in einer Patientenverfügung auch rechtssicher dargelegt werden, dass man im Falle einer schweren Erkrankung Sterbehilfe in Anspruch nehmen möchte, soweit es der gesetzliche Rahmen erlaubt. Das heißt, neben der passiven und indirekten Sterbehilfe lässt sich seit dem Urteil des Bundesverfassungsgerichtes desgleichen die assistierte Sterbehilfe in einer Patientenverfügung regeln. So kann jeder in gesunden Tagen für seine letzte Lebensphase entsprechend vorsorgen. Es empfiehlt sich aber, zusätzlich eine sogenannte Vorsorgevollmacht zu erstellen. Darin wird eine Person des Vertrauens bestimmt, die im Ernstfall eine Entscheidung über die weitere Behandlung trifft und durchsetzt, dass die Festlegungen der Patientenverfügung auch beachtet werden. Wer darüber hinaus noch für alle Eventualitäten vorsorgen möchte, sollte außerdem eine Betreuungsverfügung erstellen. Darin wird verfügt, wer im Ernstfall als gerichtlicher Betreuer die eigenen Interessen wahrnehmen soll. Die Patientenverfügung sowie die Vorsorgevollmacht und die Betreuungsverfügung sollten dann jährlich auf Aktualität überprüft werden. Denn es ist immer möglich, dass sich die persönlichen Ansichten im Verlauf des Lebens ändern und man heute zu einer anderen Einschätzung einer Situation kommt. Ebenso ist es aber auch möglich, dass neue Gerichtsurteile neue Situationen schaffen, die sich darauf auswirken, was jetzt gerade erlaubt oder eben verboten ist.

Ist es aus religiöser Sicht erlaubt, sich zu töten?

Religionen prägen die Kultur, die gesellschaftlichen und politischen Verhältnisse, den Alltag und ganze Zeiträume. Kein Wunder, basiert doch schließlich jede uns bekannte Kultur auf einem religiösen Fundament. Religionen spielen somit in der Menschheitsgeschichte eine nicht zu unterschätzende Rolle. Weil der Suizid ein weltumspannendes Phänomen darstellt, setzten sich natürlich auch Religionen mit diesem Thema auseinander. Dabei ist zu beachten, dass sich in der Geschichte entsprechende Wertvorstellungen herausgebildet haben, die über Jahrhunderte hinweg bewahrt wurden. Jede Religion hat ihre eigenen historischen Bezugspunkte, die oftmals auf ihre Stifter und Gründer zurückgehen. Für Menschen, die auf der Suche nach moralischen Normen sind, bieten sie eine feste Orientierung. Gleichzeitig sind Religionen aber auch gewachsene Traditionen. Und so entwickeln sich die entsprechenden Wertvorstellungen gleich mit.

Auf der Welt gibt es unzählige Religionen. Es würde den Rahmen dieses Buches sprengen, wollte man sich mit jeder Einzelnen hier beschäftigen. Deshalb richten wir hier unseren Blick im Schwerpunkt auf die Weltreligionen. Einfach deshalb, weil sich heute etwa drei Viertel der Weltbevölkerung zu einer der großen Glaubenslehren bekennen. Ganz allgemein unterscheidet man insgesamt fünf große Weltreligionen. Zu ihnen gehören der Hinduismus, der Buddhismus, das Judentum, das Christentum und der Islam. Jede von ihnen hat noch verschiedene Strömungen, und oftmals gibt es auch Unterschiede in den einzelnen Gebieten der Erde. Aber diese Details sollen uns hier nicht weiter interessieren.

Beginnen wollen wir unsere Betrachtung mit dem Hinduismus, einer der ältesten Glaubensgemeinschaften überhaupt. Seine Wurzeln reichen mehr als 3000 Jahre zurück. Nach dem Christentum und dem Islam ist der Hinduismus mit etwa 900 Millionen Anhängern die drittgrößte Religionsgemeinschaft der Welt. Seine Anhänger leben fast alle in Indien, wenn auch einzelne hinduistische Gurus im Westen bekannt wurden. Auch gibt es in Europa und Nordamerika eine hinduistische Bewegung namens Hare-Krishna, die Krishna als Gott verehrt. Auffallend an dieser Bewegung beziehungsweise ihren Anhängern ist die Kopfrasur sowie ihre gelben Gewänder. Außerdem fallen sie durch ihren ununterbrochenen Gesang »Hare Krishna« auf und dem Umstand, dass sie vom Betteln leben. Eigentlich ist der Hinduismus eine Verschmelzung verschiedener indischer Traditionen, die etwa um 500 v. Chr. ihren Anfang nahm. Die einen verehren, je nach Region, Vishnu, den Gott der Güte. Andere glauben an Brahman, eine »göttliche Kraft«, die alles beseelt und lebendig macht. Und wiederum andere glauben an den Gott Shiva, den »Zerstörer«, der das Alte zerstört, damit Neues auf der Welt entstehen kann. Der Begriff Hinduismus stammt übrigens von den Europäern. Die Hindus selbst bezeichnen ihre Religion als »Sanatana Dharma«, was so viel wie ewige Ordnung bedeutet. Die heiligen Schriften der Hindus sind die »Veden«. Ein Wort, das mit dem deutschen Begriff »Wissen« übersetzt werden kann. Es handelt sich hierbei um uralte Erzählungen über die Götter. Darüber hinaus enthalten die Veden magische Beschwörungen und Lieder, welche früher von den Priestern gesungen wurden.

Im Hinduismus geht es nicht um Glaubenssätze, um Dogmen oder Rechtgläubigkeit, wie beispielsweise im Christentum oder im Islam. Auch kennt der Hinduismus kein Lehramt. Es geht vielmehr um das rechte Handeln, die Sittlichkeit, kurz gesagt, um alles, was die gelebte Religiosität ausmacht. Hindu kann man nicht werden, sondern man wird als Hindu geboren. Das heißt, Hindu ist, wer in eine Hindu-Familie hineingeboren wird. Deshalb versuchen die Hindus auch niemanden zu bekehren, weil man Hindu eben nur durch Geburt werden kann. Dies erklärt, weshalb 80% der indischen Bevölkerung Hindus sind. Eine weitere sehr wichtige heilige Schrift für die Hindus sind die sogenannten »Upanishaden«. Darin geben die Lehrer den Menschen das Wissen über den Kreislauf von Leben und Tod weiter. Hindus glauben nämlich, dass die menschliche Seele ewig ist. Sie durchläuft mehrere irdische Existenzen. Alles wird dabei durch das Gesetz des Karmas bestimmt. Das Karma ist eine Art Konto für gute und schlechte Taten. Ein gutes Karma zum Beispiel führt dazu, dass der Mensch als Seele in einem besseren Leben wiedergeboren wird.

Schlechte Taten haben das Gegenteil zur Folge. Das bedeutet, alle Taten aus früheren Leben haben eine Wirkung auf zukünftige Existenzen. Geburt, Tod und Wiedergeburt bilden so einen ewigen Kreislauf, der *Samsara* genannt wird. Die ewige Wiedergeburt bezeichnen Hindus mit dem Wort *Punarajati.* Dieser ewige Kreislauf zwingt die Hindus dazu, sich unablässig gut und anständig zu verhalten, wenn sie es denn im nächsten Leben gut haben wollen. Es ist also das Karma zum Zeitpunkt des Todes, das darüber entscheidet, in welchen Körper die Seele bei der Wiedergeburt gelangt. Ob in den eines Menschen, eines Tieres, einer Pflanze oder eines Einzellers. Für Hindus gilt es als besonders erstrebenswert, als Mensch wiedergeboren zu werden. Weil nur als Mensch die Seele dazu fähig ist, sich aus dem Rad der Wiedergeburten zu befreien. Und das ist natürlich das Ziel des menschlichen Lebens. *Moksha*, die Befreiung der Seele von der Wiedergeburt und damit das Aufgehen der Seele (Atman) im Absoluten (Brahman). Der Kreislauf der ewigen Wiedergeburt endet folglich für den Hindu erst, wenn die Seele frei wird und ins Nirvana gelangt.

Um dieses Ziel zu erreichen, kennt der Hinduismus vier Wege: den Weg der Gottesliebe, den Weg des Wissens, den Weg der selbstlosen Tat und den Weg der Gedankenarbeit und Meditation. Der Suizid gehört nicht dazu. Im Hinduismus ist er kein geachteter Weg, denn man geht davon aus, dass ein Mensch, der sich selbst Gewalt antut und sich von eigener Hand tötet, im nächsten Leben mit Krankheit oder anderen schlechten Bedingungen dafür bestraft wird. In den *Puranas*, einem umfangreichen Schriftkanon des Hinduismus, gibt es jedoch eine Ausnahme. Den Asketen wird darin ein Recht auf Selbsttötung zugesprochen. Er ist sozusagen der Lohn für ihre Frömmigkeit. Der Asket verzichtet dabei auf Essen und Trinken. Er demonstriert damit, dass er geistig so stark ist, dass er über den weltlichen und körperlichen Dingen steht. Es ist also nicht die Verzweiflung über das Leben, die den Asketen zu dieser Handlung motiviert, sondern rein religiöse Gründe. Deshalb werden die Asketen auch von vielen Hindus regelrecht verehrt.

Eng verwandt mit dem Hinduismus ist der Buddhismus. Im 6. Jh. v. Chr. ging er aus dem Hinduismus hervor. Sein Gründer war Siddharta Gautama, ein indischer Prinz. Auch wenn er wohlbehütet in herrlichen Palästen aufwuchs, wurde Siddharta Gautama irgendwie das Gefühl nicht los, dass etwas Entscheidendes in seinem Leben fehlte. So zog er mit 29 Jahren aus und ging auf Reisen. Hier sah er, wie sehr die Menschen unter Krankheiten, Alter und Tod litten. Das war für ihn eine so erschütternde Erfahrung, dass Siddharta Gautama für sich beschloss herauszufinden, wie und warum dieses Leid der Menschen entsteht und wie man es beenden kann. So wurde er Mönch. Nach vielen Jahren des Nachdenkens, Fastens und der Meditation bekam er während eines Erleuchtungserlebnisses die Antworten auf seine Fragen. Er bekam Einsicht in die Ursachen menschlichen Leidens und lehrte von da an die Menschen, die ihn umgaben, die vier edlen Wahrheiten, welche die Grundlage der buddhistischen Lehre bilden.

Die erste edle Wahrheit besagt, dass das Leben aus Leiden besteht. Die zweite edle Wahrheit erklärt, dass die Ursachen des Leidens in der Gier, dem Begehren, dem Hass und der Unkenntnis des Menschen zu finden sind. Darauf aufbauend erklärt die dritte edle Wahrheit, dass das Leiden überwunden werden kann, wenn der Mensch seine Habgier, sein Begehren, seinen Hass und seine Unwissenheit überwindet. Kurz gesagt, indem der Mensch den Weg der Ich-Bezogenheit verlässt und den Weg der Selbstlosigkeit wählt. Dies ist zu erreichen, so die vierte edle Wahrheit, wenn ein jeder die Schritte und Lebensregeln des »Achtfachen Pfades« befolgt. Er ist ein zentrales Element der buddhistischen Lehre, dessen Regeln wie folgt lauten:

1. Bemühe dich um Weisheit und verhalte dich immer richtig.
2. Sei gelassen und friedfertig.
3. Lüge niemals.
4. Tue keinem Lebewesen Böses und stehle nicht.
5. Schade niemandem und zerstöre nicht die Natur.
6. Gib dir Mühe und erfülle deine Pflichten, auch in der Religion.
7. Sei achtsam, denke und handle stets besonnen.
8. Konzentriere dich, denke nach und meditiere.

Mit dieser Heilslehre, Dharma genannt, zog Siddharta Gautama durchs Land und gab sein Wissen an die Menschen weiter. Viele folgten ihm und nannten ihn Buddha, was so viel heißt wie der »Erleuchtete«. Jeder Mensch kann Buddhist werden, aber niemand wird als Buddhist geboren. Im Buddhismus kann jeder Mensch ein »Erleuchteter« werden. Vorausgesetzt, dass er oder sie es schafft, sich immer an die Regeln des Achtfachen Pfades zu halten. Dann, nach buddhistischem Glauben, wird der Mensch so von seinem Leid und der ewigen Wiedergeburt befreit und erleuchtet und damit selbst ein Buddha. Sein Geist wird nach dem Tod des Körpers nicht wieder auf die Erde zurückkehren, sondern findet sein Glück im Nirvana. Dabei ist das Nirvana kein bestimmter Ort und damit nicht vergleichbar mit dem christlichen Himmel oder dem Paradies, sondern ein bestimmter Geisteszustand. Es ist eine andere Existenzweise, in die der menschliche Geist eingeht. Wenn es dem Menschen jedoch nicht gelingt, nach den Regeln des Achtfachen Pfades zu leben und damit der Weisheit Buddhas zu folgen, wird er nach seinem Tod in einem neuen Körper wiedergeboren. Was für ein Körper das sein wird, das bestimmt, wie im Hinduismus, das Karma des Menschen, also seine Taten sowie seine Gedanken, Absichten und Sehnsüchte. Das bedeutet, dass jeder Mensch sich nach der Lehre des Buddha, der etwa 376 Millionen Menschen weltweit nachfolgen, selbst erlösen kann. Einen Gott kennt der Buddhismus nicht. Das ist der große Unterschied zum Hinduismus.

Aber genau wie im Hinduismus ist auch im Buddhismus der Suizid kein Ausweg aus einem qual- und leidvollen Leben. Denn die Wiedergeburt und das Karma, das erlöst werden muss, lassen den Suizid vollkommen unsinnig erscheinen. Auch wenn die Selbsttötung im Buddhismus weder geächtet noch verurteilt wird, häuft der Suizident mit seiner Tat nur schlechtes Karma an. Er wird nach buddhistischer Sicht folglich wiedergeboren und muss sich erneut demselben Leid stellen, wenn nicht sogar noch größeres erdulden. Der Weg zur Erleuchtung wird damit nur erschwert. Aus diesem Grunde lehnt der Buddhismus auch die Beihilfe zur Selbsttötung sowie die aktive Sterbehilfe ab. Denn beides führt nur zu schlechtem Karma, das wieder durch heilsame Taten ausgeglichen, aber auch durch Erkenntnis und heilsames Denken aufgelöst werden muss. Doch eine Ausnahme in Bezug auf die Selbsttötung findet sich auch im Buddhismus. Es ist sozusagen eine Parallele zum Hinduismus und betrifft Menschen, die schon zur höchsten Erkenntnis gelangt und erleuchtet sind. Menschen also, die ihre letzte Inkarnation leben und nach buddhistischen Vorstellungen nicht mehr wiedergeboren werden. Bei ihnen wirkt sich die Selbsttötung, karmisch gesehen, nicht schädlich aus; denn bei solchen

Menschen zeigt sich kein Mangel. Sie sind somit untadelig in den Augen des Buddhas.

Kommen wir nun zu den drei großen monotheistischen Weltreligionen, dem Judentum, dem Christentum und dem Islam, deren Wiege im Vorderen Orient steht. Hier entstanden jene religiösen Ideen, unter deren Einfluss die Menschen bis heute stehen. Wer sich mit den Ursprüngen dieser drei Religionen befasst, entdeckt verblüffende Parallelen und Gemeinsamkeiten; denn die drei bauen aufeinander auf, sind ineinander verschachtelt und überschneiden sich in vielen Punkten. Eines muss man aber ganz klar sagen: Ohne das alte Mesopotamien gäbe es weder die Bibel noch überhaupt irgendein Buch. Als die Juden nämlich im Jahr 597 v. Chr. von König Nebukadnezar II. (um 640–562 v. Chr.) mitsamt den Schätzen des Tempels nach Babylon verschleppt wurden, lernten sie dort die alten Mythen Mesopotamiens kennen. Die Schöpfung der Welt, der Garten Eden, Noah und die Sintflut. Alle diese Erzählungen spielten dort, im alten Mesopotamien. Es waren somit die alten Sumerer, die den Stoff für biblische Geschichten lieferten. Und hier, im alten Mesopotamien, beginnt auch die Geschichte des Judentums. Einer Religion, die heute etwa 14 Millionen Anhänger zählt. Als Religion wurde das Judentum zum ersten Mal im Hellenismus erwähnt. Das war im Jahr 144 v. Chr. Die religiösen Texte der Juden reichen aber viel weiter zurück, nämlich bis zu den Israeliten, den Vorfahren der Juden. Die Geschichte des Judentums beginnt um 1800 v. Chr., als nämlich das Wort Gottes an einen einfachen Nomaden namens Abraham erging, der in Mesopotamien, dem heutigen Irak, lebte. Gott schloss nach der jüdischen Überlieferung mit Abraham einen Bund. Gott versprach ihm, seine Nachkommen zu einem großen Volk zu machen und ihnen ein Land zu geben, das die Bibel oft das »Gelobte Land« nennt. Als Gegenleistung dafür verlangte Gott von Abraham, damit aufzuhören, an die vielen Götter seines Volkes zu glauben und nur noch ihn als einzigen Gott anzubeten. Zu Abrahams Zeiten, also etwa vor 3800 Jahren, glaubten die Menschen nämlich noch an viele Götter, wobei jeder Gott für einen anderen Lebensbereich zuständig war. Abraham war nun der Erste seiner Sippe, der eine Berufung von Gott empfangen sollte, als dieser zu ihm sprach:

> »Gehe fort aus deinem Land, verlasse deine Heimat und deine Verwandtschaft, und ziehe in das Land, das ich dir zeigen werde! Deine Nachkommen sollen zu einem großen Volk werden; ich werde dir viel Gutes tun; deinen Namen wird jeder kennen und mit Achtung aussprechen. Durch dich werden auch andere Menschen am Segen teilhaben. Wer dir Gutes wünscht, den werde ich segnen. Wer dir aber Böses wünscht, den werde ich verfluchen! Alle Völker der Erde sollen durch dich gesegnet werden.«
> *Genesis 12, 1–3*

Nach dieser Offenbarung glaubte Abraham, obwohl er mit der Vorstellung von vielen Göttern groß geworden war, nur noch an einen einzigen Gott, den Gott Jahwe. Abraham sollte aber nicht der Einzige aus seinem Volk bleiben, zu dem Gott sprach. Etwa 500 Jahre später, zu der Regierungszeit von Pharao Ramses II. (um 1303–1213 v. Chr.), dem dritten altägyptischen König der 19. Dynastie, erging das Wort Gottes erneut, aber dieses Mal an einen Mann mit dem Namen Mose. Das war vor etwa 3200 Jahren. Mose war ein Hirte. Als er im Alter von 80 Jahren gerade die Schafe hütete, beobachtete er etwas Seltsames. Ein brennender Dornbusch, soweit nichts Außergewöhnliches in der Gegend, aber dieser verbrannte nicht. Als sich Mose der ungewöhnlichen Erscheinung näherte, sprach Gott aus dem brennenden Dornbusch zu ihm:

> »Ich bin der Gott deiner Vorfahren, der Gott Abrahams, Isaaks und Jakobs.« *Exodus 3,6*

Auf die Frage Moses, wie denn sein Name sei, antwortete ihm Gott:

> »Ich bin der «Ich-bin-da». Und er fuhr fort: So sollst du zu den Israeliten sagen: Der «Ich-bin-da» hat mich zu euch gesandt.«
> *Exodus 3,14*

Der Hirte Mose war es auch, zu dem Gott auf dem Berg Sinai seine berühmten Zehn Gebote gesprochen hat. Du wirst, so sprach der Eine und Allmächtige zu ihm:

1. Gott als Herrn und Befreier aus Ägypten anerkennen
2. nur an einen Gott glauben und dir nicht vorstellen, wie er aussieht
3. Gottes Namen in Ehren halten.
4. am Schabbat ruhen und ihn feiern
5. deine Eltern ehren
6. nicht morden
7. nicht ehebrechen
8. nicht stehlen
9. nicht Falsches über andere sagen
10. niemanden beneiden

Aus diesen zehn Aussagen wurden die zehn Gebote, mit denen Gott seinen Bund mit dem Volk Israel erneuerte. So wurde Mose der Hauptbegründer der jüdischen Religion, deren Grundlagen auf das 13. Jh. v. Chr. zurückgehen. Eine dieser Grundlagen ist die Erkenntnis, dass es nur einen einzigen Gott gibt. Diese Erkenntnis nennt man Monotheismus. Damit ist das Judentum die älteste der drei monotheistischen Weltreligionen.

Das Christentum entstand gut 1200 Jahre später und der Islam rund 600 Jahre danach. Die beiden jüngeren monotheistischen Weltreligionen hängen teilweise mit dem Judentum zusammen. Aber alle drei beziehen sich auf ihren Stammvater Abraham. Judentum, Christentum und Islam werden deshalb auch als abrahamitische Religionen bezeichnet. Für sie ist Abraham ein großes Glaubensvorbild, bis heute. Und bis heute verehren sie ihn. Den Mann, der den Glaubensweg für das Judentum bereitete und damit gleichzeitig auch den Weg für den einzigen und allmächtigen Gott. Das, was diese drei monotheistischen Religionen voneinander wirklich unterscheidet, ist *der Weg* zu Gott. Für die Juden geht dieser Weg über die Einhaltung von Geboten und Verboten. Für die Christen führt der Weg zu Gott über die Liebe zu ihm und den Mitmenschen. Und für den Islam führt der Weg zu Gott durch die Unterwerfung unter seinen Willen. Aber welcher Weg auch immer zu Gott führen mag, für alle drei Religionen ist es Gott, der die Macht hat, Leben zu erschaffen. Als sichtbares Zeichen für den Bund mit diesem einen Gott lassen sich Juden wie auch Muslime beschneiden. Das heißt, den Knaben wird die Vorhaut am Penis entfernt. Jude ist nach jüdischem Verständnis jeder,

der eine jüdische Mutter hat. Von manchen Glaubensrichtungen werden aber auch diejenigen als Juden anerkannt, die einen jüdischen Vater und eine andersgläubige Mutter haben. Man ist also durch seine Abstammung Jude oder Jüdin, egal ob man nun glaubt und nach den Geboten lebt oder nicht. Deshalb spricht man auch von einem jüdischen Volk. Zur jüdischen Religion kann sich auch jeder andere bekennen, der keine jüdischen Eltern hat. Er oder sie muss sich nur zum Gott Abrahams, Isaaks und Jakobs bekennen und die Gebote der Thora, der wichtigsten Schrift des Judentums, einhalten. Die Thora ist dabei der Teil der hebräischen Bibel, der bei den Christen zum Alten Testament zählt. Jüdinnen und Juden haben die Vorstellung, dass nach dem Tod alle Menschen gleich sind vor Gott. Die Seelen der Verstorbenen steigen auf zu Gott und leben dort bei ihm weiter. Dabei wird die Seele eines Menschen auf ihrem Weg zu Gott von aller Schuld und Sünde befreit. Es ist dieser eine Gott, der Schöpfer der Welt, der die Macht hat, Leben zu erschaffen. Und nur er hat deshalb auch das Recht, es wieder zu nehmen, so das jüdische Verständnis. Das bedeutet, nur Gott allein darf das Leben beenden, nicht der Mensch. Jüdinnen und Juden ist es daher untersagt, sich selbst zu töten. Wer es dennoch tut, dem wird in der Regel kein Totengebet und auch kein normales jüdisches Begräbnis zuteil. Er oder sie erhält nur ein Grab, und das am Rande des Friedhofs. Progressive Synagogen sehen das aber durchaus anders. Auch sie lehnen zwar den Suizid ab, kommen aber den Bedürfnissen der Hinterbliebenen entgegen, sodass Trauergottesdienste wie bei anderen Bestattungen in üblicher Weise stattfinden. Es gibt jedoch im Judentum drei Ausnahmen, bei denen der Suizid erlaubt ist. Diese Ausnahmen betreffen den Götzendienst, den Inzest und den Mord. Wenn sich also durch den Suizid ein Götzendienst, ein Inzest oder ein Mord verhindern lässt, dann ist es durchaus erlaubt, sich zu töten oder sich ohne Gegenwehr töten zu lassen. Denn in diesen Fällen betrachtet das Judentum den Suizid als Heiligung Gottes. Den Angehörigen wird deshalb das Beileid ausgesprochen und Freunde, Nachbarn und die Gemeinde stehen ihnen in dieser schweren Zeit zur Seite. Den Angehörigen wird damit die Ehre erwiesen. Der Verstorbene jedoch, der sich selbst getötet hat, wird nicht betrauert.

Eine sehr ähnliche Haltung dem Suizid gegenüber hat lange Zeit auch das Christentum eingenommen, das sich aus dem Judentum entwickelt hat. Doch warum gab es überhaupt eine Trennung zwischen diesen beiden Religionen? Nun, alles begann mit der Frage nach dem »Messias«, dem »Erretter der Welt«. Nachdem der Mensch durch die Sünde das Paradies und die Gemeinschaft mit Gott verlor, war es Gottes Wunsch, dass der Mensch nicht auf ewig in der Sünde und damit getrennt von Gott leben muss. Gott ersann deshalb einen Heilsplan für die Menschheit. Der Mensch sollte auf ewig leben, in der Gemeinschaft mit ihm als Fundament. Doch keine Sünde kann ohne Blut getilgt werden. Und um die Sünden der gesamten Menschheit ein für allemal zu tilgen, bedarf es weit mehr als nur bloßer Tieropfer. Was also tun? Wer kann so rein sein, dass er vor Gott bestehen kann? Kein Tier, kein Mensch, nur Gott allein. Der Heilsplan Gottes sah deshalb vor, selbst Mensch zu werden und sich für seine Schöpfung zu opfern. Gott als Mensch geboren, das ist der ersehnte Messias. Seine Geburt wurde im Alten Testament durch den großen Propheten Jesaja, der rund 800 Jahre v. Chr. lebte, angekündigt mit den Worten:

> »Darum wird euch der Herr von sich aus ein Zeichen geben: Seht, die Jungfrau wird ein Kind empfangen, sie wird einen Sohn gebären und sie wird ihm den Namen Immanuel (Gott mit uns) geben.« *Jes 7,14*

800 Jahre später las ein Mann mit dem Namen Jesus in seiner Heimatstadt Nazareth aus der Heiligen Schrift der Juden. Es war eine Stelle aus dem Buch des Propheten Jesaja, in der es heißt:

> »Der Geist des Herrn ruht auf mir; denn der Herr hat mich gesalbt. Er hat mich gesandt, damit ich den Armen eine gute Nachricht bringe; damit ich den Gefangenen die Entlassung verkünde und den Blinden das Augenlicht; damit ich die Zerschlagenen in Freiheit setze und ein Gnadenjahr des Herrn ausrufe.« *Lk 4,18–19*

Dann schloss Jesus das Buch, blickte die Gemeinde in der Synagoge an und sagte:

> »Heute hat sich das Schriftwort, das ihr eben gehört habt, erfüllt.« *Lk 4,21*

Mit dieser Aussage offenbarte Jesus sich als der Gesandte Gottes, mit dem sich die alten Heilszusagen endlich erfüllen sollten. Gleichzeitig begann damit sein öffentliches Wirken. Er selbst war zu diesem Zeitpunkt ungefähr 30 Jahre alt, und man schrieb in etwa das Jahr 28 n. Chr. in Galiläa und Judäa. Zuvor ließ sich Jesus von Johannes dem Täufer, einem strengen Bußprediger und Asketen, im Jordan taufen. Johannes der Täufer war der Erste, der Jesus als Messias anerkannte. »Seht, das Lamm Gottes, das die Sünde der Welt hinwegnimmt«, soll er gesagt haben, als er ihn am Ufer des Jordans sah. Für die Christen ist Johannes der Täufer daher der Wegbereiter Jesu. Und für die Muslime ist er ein Prophet Allahs. In der Folge wählte Jesus zwölf Jünger aus, die später Apostel genannt wurden. Mit ihnen zog er ungefähr drei Jahre durch ganz Judäa und Galiläa. Jesus von Nazareth verkündete den Menschen das Reich Gottes, ein Reich des Friedens und der Gerechtigkeit. Er erzählte von Gottes unendlicher Liebe zu den Menschen. Dass Gott sie liebt, auch wenn sie sich nicht immer an seine Gebote halten. Deshalb forderte Jesus die Menschen immer wieder auf, sich an die zehn Gebote Gottes zu halten. Die Menschen sollten dabei fair, friedlich und gerecht miteinander umgehen. Und sie sollten in Liebe füreinander sorgen. Während seiner Predigten legte Jesus den Menschen die heilige Schrift aus und erklärte ihnen die Zusammenhänge. Er selbst fasste dabei die zehn Gebote zu einem Doppelgebot der Liebe zusammen:

> »Du sollst den Herrn, deinen Gott, lieben mit ganzem Herzen, mit ganzer Seele und mit all deinen Gedanken. Das ist das wichtigste und erste Gebot. Ebenso wichtig ist das zweite: Du sollst deinen Nächsten lieben wie dich selbst. An diesen beiden Geboten hängt das ganze Gesetz samt den Propheten.« *Mt 22,37–40*

Jesus kümmerte sich vor allem um diejenigen Menschen, die am Rande der Gesellschaft lebten, also um Arme, Kranke, Gesetzesbrecher und Ausgestoßene. Ihnen half er oft auf wundersame Weise. Auch seinen Jüngern legte Jesus die Schrift aus. Er kündigte ihnen dabei seinen bevorstehenden Tod und seine Auferstehung an:

> »Der Menschensohn muss vieles erleiden und von den Ältesten, den Hohepriestern und den Schriftgelehrten verworfen werden; er wird getötet werden, aber am dritten Tag wird er auferstehen.« *Lk 9,22*

Bis zu seinem Tod hielt er daran fest, der durch die Propheten angekündigte Messias, der Sohn Gottes, zu sein. Selbst noch als Jesus vor dem Hohepriester Kaiphas und dem Hohen Rat stand und diesbezüglich befragt wurde:

> »Sag uns: Bist du der Messias, der Sohn Gottes?« *Mt 26,63*

Antwortete er ihnen:

> »Ihr sagt es – ich bin es.« *Lk 22,70*

Das war die Stunde der Entscheidung, denn für das jüdische Establishment war diese Aussage die reinste Gotteslästerung. Jesus wurde daraufhin angeklagt und zum Tode am Kreuz verurteilt. Drei Tage nach seiner Hinrichtung fanden seine Jünger ein leeres Grab vor. Nach ihren Aussagen erschien Jesus ihnen noch 40 Tage lang in leiblicher Gestalt. Während dieser Zeit setzte er seine Unterweisung der Jünger über den Glauben und die Dinge, die das Reich Gottes betreffen, weiter fort. Und er gab ihnen einen klaren Auftrag:

> »Mir ist alle Macht gegeben im Himmel und auf der Erde. Darum geht zu allen Völkern und macht alle Menschen zu meinen Jüngern; tauft sie auf den Namen des Vaters und des Sohnes und des Heiligen Geistes, und lehrt sie, alles zu befolgen, was ich euch geboten habe.« *Mt 28,18–20*

Die Jünger erhielten damit ihren missionarischen Auftrag. Das bedeutet, dass nach dem Tod jeder Mensch ein ewiges und frohes Leben in der Nähe Gottes haben kann, wenn er sich taufen lässt und Jesus Christus als seinen Retter wählt. Das ist es, woran Christen glauben. Dabei ist die Auferstehung Jesu Christi der Urgrund ihres Glaubens. Ein Glaube, der mit geschätzten 2,2 Milliarden Anhängern weltweit die größte Religionsgemeinschaft darstellt. Aber genau hier besteht eben auch der Knackpunkt zum Judentum; denn viele Juden glaubten damals an Jesus Christus, andere hingegen nicht. Und so warten die Juden noch heute auf den ersehnten Messias. Die Trennung zwischen Juden und Christen vollzog sich allerdings nicht abrupt, sondern verlief über einen längeren Zeitraum. Der jüdische Religionsphilosoph Daniel Boyarin aus Berkley in den USA, der das frühe Nebeneinander von Juden und Christen erforschte, sagte diesbezüglich:

> »Damals gab es Juden, die an etwas glaubten, was wir heute Trinität, also Dreifaltigkeit nennen. Ja, es gab sogar Juden, die an die Fleischwerdung des Messias glaubten. Und es gab Christen, die lebten koscher wie Juden. Es gab also eine Zeit, in der die Unterschiede zwischen Christentum und Judentum viel weniger eindeutig waren, als sie es heute sind.«

Das heißt, eine Klarheit darüber, was Judentum und was Christentum ist, gab es zur damaligen Zeit noch nicht. Erst nach und nach bildeten sich sowohl im jüdischen und wie auch im christlichen Lager eigene Liturgien und eigene Festkalender heraus. Dazu noch einmal Daniel Boyarin:

> »Schließlich waren es Christen, die glaubten, dass Ostern eine Form des jüdischen Pessach sei. Sie interpretierten Jesus als das Lamm Gottes für das Pessachopfer, während andere solche Verbindungen radikal ablehnten. Vor dem Konzil von Nicäa feierte etwa die halbe Christenheit Ostern zur selben Zeit wie die Juden Pessach.«

Und da ist auch schon das entscheidende Ereignis benannt worden, das Konzil von Nicäa. Im Jahr 325 berief nämlich Kaiser Konstantin das besagte Konzil ein und schaffte damit endgültige Fakten. So wurde der Ostertermin neu festgelegt, indem er sich am Ostersonntag, dem Tag der Auferstehung Christi, orientierte. Die Veränderung der religiösen Feiertage war aber nur ein Aspekt. Ein anderer war, dass sich die Einstellung der Kirche gegenüber den Juden sowie der Umgang mit ihnen veränderte. Doch eigentlich hatte die Trennung von Judentum und Christentum schon viel früher eingesetzt, und zwar mit der rabbinischen Synode von Jabne, und damit zwischen den Jahren 70 bis ca. 100 n. Chr. Was war geschehen? Im Jahr 70 n. Chr. wurden, im Kontext des Jüdischen Krieges, die Stadt Jerusalem sowie der Tempel von den Römern vollkommen zerstört. Damals blieben die Pharisäer als einzige Richtung des vielgestaltigen Judentums übrig. Jochanan ben Sakkai (30–90 n. Chr..), der als Gründer des rabbinischen Judentums gilt, ließ zu dieser Zeit Pharisäer und Schriftgelehrte nach Jabne kommen, um dort die jüdische Religion und das damit verbundene Leben neu zu organisieren. Es ging dabei vor allem um die Erneuerung der religiösen Gemeinschaft sowie das Wiederfinden der jüdischen Identität. Und so wurde eine Reform angestrebt. Diese Reform sah, unter Berücksichtigung der Tatsache, dass es nunmehr keinen Tempel mehr gab, die Erhaltung und Weiterführung des jüdischen Glaubens, mit all seinen Traditionen und Bräuchen, vor. Dabei sollte auch die jüdische Tradition von sogenannten »fremden Elementen« gereinigt werden. Man trennte sich also von jenen Gruppierungen, die im Jüdischen Krieg involviert waren beziehungsweise einen Beitrag zur inneren wie äußeren Zerrüttung der jüdischen Religion leisteten. Diese Reform hatte aber auch für die Christen unter den Juden erhebliche Konsequenzen, denn sie wurden jetzt nicht mehr als eine Gemeinschaft angesehen, die mit der jüdischen in Verbindung steht oder gar ihr zugehört. Die Christen waren damit faktisch ausgegliedert. Sie wurden von Stund an zu den Irrlehren gezählt und durften nicht mehr am jüdischen Gottesdienst in den Synagogen teilnehmen. Ebenso durften sie in den Synagogen auch nicht mehr predigen und verkünden. Wir dürfen folglich festhalten, dass Judentum und Christentum erst mit der rabbinischen Synode von Jabne und durch das Konzil von Nicäa damit begannen, sich deutlich voneinander abzugrenzen. Beide sind somit wichtige historische Zäsuren im Abgrenzungsprozess, der anfänglich auch die Einstellungen zum Suizid betreffen sollte; denn das Judentum lehnte den Suizid rigoros ab. Er galt der Tradition nach als Sünde, die vom künftigen Leben ausschließt. Das Judentum sah darin einen Frevel gegen Gott.

Dagegen war im frühen Christentum die Einstellung zur Selbsttötung zunächst noch unentschieden. Dies lag einfach daran, weil das Christentum sich in den ersten Jahrhunderten in einem römisch-hellenistischen Umfeld entwickelt hat, in dem der Suizid zwar diskutiert wurde, aber nicht umstritten oder gar verboten war. Gerade bei den römischen und griechischen Philosophen galt der Suizid, wie wir gesehen haben, als eine Möglichkeit, um unter bestimmten Umständen aus dem Leben zu scheiden. Es war dieses Umfeld, in dem sich in den ersten Jahrhunderten der entstehenden christlichen Kirche eine Debatte entwickelt hat, ob und unter welchen Umständen der Suizid auch eine Möglichkeit für die Christenheit darstellen könnte, um freiwillig das Leben zu beenden. Hierbei galt das Augenmerk in erster Linie dem freiwilligen und in Kauf genommenen Martyrium, weil dieses als eine ehrenvolle und gottgefällige Art zu sterben galt. Es gab nämlich christliche Gruppierungen, die die Kreuzigung Jesu und das Sterben seiner Apostel für ihren Glauben als freiwilligen Tod ansahen. Um ihnen nachzufolgen, suchten sie für sich ebenfalls den Märtyrertod. So nahmen sie sich zum Beispiel schon bei der geringsten Bestrafung durch römische Provinzregierungen das Leben oder sie provozierten die weltliche Verwaltung dahingehend, um am Ende zum Tode verurteilt zu werden. Der Suizid des Märtyrers wurde also nicht verdammt, sondern als ein Zeichen des Glaubens interpretiert. Im Kontrast dazu stand der verzweifelte Tod des Sünders. So wurde die Selbsttötung des Apostels Judas recht schnell zum Archetypus eines schändlichen und verdammenswerten Todes. Das allerdings nicht so sehr wegen der Tat selbst, sondern vielmehr wegen der Verzweiflung, die ihn dazu getrieben hatte. Aber unabhängig davon war die hohe Bereitschaft junger Christen, den Märtyrertod zu sterben, dem nordafrikanischen Bischof und Kirchenvater Augustinus Ende des 4. Jh. ein regelrechter Dorn im Auge. Um diese, aus seiner Sicht, christliche Selbsttötungshysterie endlich zu stoppen, verwies er darauf, dass die Bibel dem Menschen an keiner Stelle ausdrücklich ein Recht auf Selbsttötung einräumt. Augustinus schrieb dazu:

> »Keine Schriftstelle gewährt den Christen das Recht des freiwilligen Todes, in welcher Lage immer sie sich finden. Denn nicht umsonst kann man in den heiligen und kanonischen Büchern nirgends ein göttliches Gebot noch auch die Erlaubnis ausgesprochen finden, sich selbst das Leben zu nehmen, um das unsterbliche Leben zu erlangen oder irgendein Übel zu meiden oder zu beseitigen.«

Außerdem bezog er das fünfte Gebot »Du sollst nicht töten« auch auf all diejenigen, die sich selbst das Leben nahmen, indem er mit aller Deutlichkeit feststellte:

> »Es bleibt, dass wir in Bezug auf den Menschen einsehen, was gesagt worden ist: du sollst nicht töten: nicht den anderen, also auch nicht dich. Denn wer sich selbst tötet, tötet nichts anderes als einen Menschen.«

Augustinus stellte Suizidenten damit auf eine Stufe mit Mördern, denen die ewige Verdammnis drohte. Mit diesem Gedankengut schuf er unabwendbare Fakten, denn ab diesem Zeitpunkt konnten sich Selbstmörder nicht mehr auf den Tod Jesu berufen, sondern sie wurden mit dem Verräter Judas verglichen, dem die ewige Schuld anhaftet, weil er sich das Leben nahm. Diese Argumentation sollte denn auch die weitere Kirchengeschichte nachhaltig prägen. So galt ab dem 5. Jahrhundert die Selbsttötung für Christen als Mord. Für Selbstmörder durfte folglich keine Totenmesse mehr gelesen werden. Sie durften auch nicht in geweihter Erde liegen und vom 7. Jahrhundert an gar nicht mehr kirchlich beerdigt werden. Aufbauend auf der Argumentation des Augustinus sprach sich auch der Dominikanermönch Thomas von Aquin (1225–1274), einer der einflussreichsten Philosophen des Hochmittelalters, scharf gegen die Selbsttötung aus. Thomas von Aquin, der das katholische Denken bis heute noch weitgehend prägt, schreibt in seinem Hauptwerk »Summa Theologica« zu der Frage, ob es jemandem erlaubt ist, sich selbst zu töten:

> »Als Antwort ist zu sagen, dass es ganz und gar unerlaubt ist, sich selbst zu töten, und zwar aus dreifachem Grund: Erstens weil ein jedes Wesen sich von Natur aus selber liebt; und das schließt ein, dass ein jedes Wesen sich von Natur aus im Sein bewahrt, und denen, die es zerstören wollen, widersteht, insoweit dies möglich ist. Es ist also wider das natürliche Streben, dass jemand sich tötet, und auch gegen die Liebe, mit der ein jedes sich zu lieben gehalten ist. Die Selbsttötung ist also immer eine Todsünde, und zwar gegen das Naturgesetz und gegen die Liebe. – Zweitens weil ein jeder Teil in dem, was er ist, zu seinem Ganzen gehört. Ein jeder

> Mensch ist aber ein Teil der Gemeinschaft: Das, was er also ist, gehört zur Gemeinschaft, also tut er, indem er sich selbst tötet, der Gemeinschaft unrecht, wie der Philosoph im 5. Buch der Ethik darlegt. – Drittens weil das Leben ein Geschenk Gottes ist, das dem Menschen gegeben wurde, und dessen Macht dem unterstellt ist, der Leben nimmt und Leben schenkt. Wer also sich selbst das Leben nimmt, sündigt gegen Gott; so wie jemand, der einen fremden Knecht tötet, gegen den Herrn des Knechtes sündigt; so wie auch derjenige sündigt, der sich ein Urteil anmaßt über eine Sache, die ihm nicht anvertraut worden ist. Nur Gott allein steht das Urteil über Tod und Leben zu nach dem Wort der Schrift (Deut. 32,39): Ich töte und ich schenke Leben.«

Für Thomas von Aquin ist die Selbsttötung folglich ein dreifaches Verbrechen: eines gegen sich selbst, eines gegen die Gesellschaft und eines gegen Gott. Die Selbsttötung, so der Kirchenlehrer, ist sogar die gefährlichste Sünde, weil keine Zeit mehr verbleibt, um sie zu bereuen und durch Buße zu sühnen. Damit verfallen die Betroffenen automatisch dem göttlichen Gericht. Diese kirchliche Ächtung fand im Mittelalter ihren Widerhall in der weltlichen Ordnung, und so wurde 1284 für Überlebende von Suizidhandlungen die Todesstrafe verhängt. Die Selbsttötung zog damit in Europa ähnliche Strafen nach sich wie Mord. Auch wurden Suizid-Opfer nach ihrem Tod zum nochmaligen Tod durch den Strang verurteilt. Dabei wurden die Leichen zuerst ausgepeitscht, dann durch die Straßen geschleift und schließlich aufgehängt. Der Staat beschlagnahmte zudem oft das Vermögen der Verstorbenen, was die Angehörigen neben der öffentlichen Schande noch zusätzlich hart traf. Solcherlei restriktive Sanktionen blieben selbst im Zeitalter der Reformation noch weitgehend bestehen. Wohl deshalb, weil man allgemein annahm, dass der Suizid den Versuchungen des Teufels zuzuschreiben war, dem es deshalb zu widerstehen gilt. Und so wurden die sterblichen Hüllen erst nach verschiedenen verabscheuungswürdigen Inszenierungen »gerichtet«, danach verbrannt, ins Wasser geworfen oder in ungeweihter Erde verscharrt. Im Volksmund sprach man im Mittelalter sowie in der frühen Neuzeit von einem Eselsbegräbnis. Gemeint war damit ein schimpfliches, das sich auf ein Bibelwort im Alten Testament bezog und eigentlich dem verfluchten

Judenkönig Jojakim galt. Zurück ging der Spruch auf den Propheten Jeremia, der da sagte:

> »Ein Eselsbegräbnis wird er bekommen./Man schleift ihn weg und wirft ihn hin,/ draußen vor den Toren Jerusalems.« *Jer 22,19*

Was damals geschah, hat Klaus Kamphausen in seinem Buch »Exit – Ende gut alles gut – Das Lebensende als letzte Herausforderung« sehr treffend mit den Worten zusammengefasst:

> »Kirche, Staat und Gesellschaft ließen jahrhundertelang rohen Sadismus walten, wenn es um die Verurteilung und Behandlung eines Menschen ging, der sich selbst tötete oder dies versucht hatte. Das Gedankengut, aus dem dieses abartige Verhalten erwuchs, war eine Mischung aus vorgegebener Moral von rigider, kirchlicher wie weltlicher Obrigkeit auf der einen Seite und aus Furcht und Unwissenheit des einfachen Volkes auf der anderen Seite.«

Ein Umdenken in der Bewertung des Suizids fand erst infolge der Aufklärung, am Übergang zur Neuzeit, statt. Zum Beispiel durch Voltaire, unter dessen Einfluss sich das preußische Recht dahingehend änderte, dass im Jahr 1796 die Selbsttötung nicht mehr unter Strafe gestellt wurde. Nach der Aufhebung des Suizidverbots durch den preußischen Staat und das Deutsche Reich als seiner Nachfolgeorganisation fand die Debatte um den Suizid nicht mehr so sehr auf der rechtlichen Ebene statt, sondern vielmehr auf der wissenschaftlichen. Vor dem Hintergrund der aufstrebenden Medizin setzte sich schließlich zunehmend die Einsicht durch, dass zwischen dem Suizid und psychischen Erkrankungen eine Verbindung besteht. So konnten ab dieser Zeit suizidale Patienten in medizinische Anstalten eingewiesen werden. Der Suizid wurde weitgehend als ein medizinisches Problem betrachtet, das geheilt und auch verhindert werden kann.

Der medizinisch-psychologische Ansatz in der Erforschung des Suizids erkämpfte sich langsam aber sicher seine Vormachtstellung gegenüber der Theologie. Es war ein heilsamer Prozess, der schließlich auch in der christlichen Theologie zu einem schrittweisen Sinneswandel führte. Diese Neubeurteilung der Selbsttötung wurde in erster

Linie durch die medizinisch-psychologische, aber auch durch die soziologische Erforschung der komplexen Motive eines Suizids ausgelöst. Und so hat sich die theologische Reflexion zum Thema in den vergangenen Jahrzehnten entscheidend gewandelt. Heute steht nicht mehr die moralische Verurteilung der Selbsttötung im Vordergrund, sondern die Prävention des Suizids sowie die seelsorgliche Begleitung der Angehörigen. Die Frage, ob Suizidenten auf ewig verdammt sind, überlässt die christliche Theologie dabei nur einem, nämlich Gott allein.

Nachdem Judentum und Christentum nun ausgiebig zum Sachverhalt der Selbsttötung beleuchtet wurden, soll abschließend auch die jüngste der drei monotheistischen Weltreligionen, der Islam, betrachtet und sein Verhältnis zum Suizid geklärt werden. Eigentlich wollte das Christentum der letztgültige Offenbarungsglaube sein, doch dann kam im 7. Jahrhundert der Islam mit demselben Anspruch. Offenbarungsreligion bedeutet dabei, dass im Zentrum die Botschaft einer Heiligen Schrift steht, die von Gelehrten ausgelegt wird. Im Christentum ist es das Evangelium, das als frohe Botschaft verstanden wird, und im Islam ist es der Koran. Der Islam geht zurück auf Mohammed (um 570–632 n. Chr.), einen Kaufmann aus der Stadt Mekka. Im Alter von ungefähr 40 Jahren, so erzählte er, habe er eine Engelserscheinung gehabt und dieser Engel habe ihm gesagt, er sei ein Prophet, ein Bote Gottes. Er solle deshalb den Menschen die Botschaft Gottes verkünden. Zu dieser Zeit wurden in Mekka noch verschiedene Göttinnen und Götter verehrt, doch kannten viele Menschen auch den jüdischen und den christlichen Glauben. Mohammed wollte, dass die Menschen ihr selbstsüchtiges Leben aufgeben. Und er wollte sie davon abbringen, an Götzen, Hausgötter und Geister zu glauben. Alle Gläubigen sollten nur noch zu einem Gott beten – zu »Allah«.

Was Mohammed verkündete, schrieben seine Anhänger gewissenhaft auf. So entstand daraus der Koran, die wichtigste Schrift der Muslime, quasi ein Gesetzbuch des Gesellschafts- und Alltagslebens. Der Koran legt fest, wie Menschen ihr Zusammenleben gestalten sollen. Ferner regelt er, was Recht und was Unrecht ist. Das geht bis zu Vorschriften zur Ernährung und zum richtigen Waschen. Viele Muslime glauben, dass der Koran herabgesandt wurde, um Fehler in den Überlieferungen der Juden und Christen zu korrigieren. So sollte laut islamischer Version Abraham nicht Isaak, sondern Ismail opfern. Den hat aber Abraham nach der jüdischen Tradition verstoßen und in die Wüste geschickt. Auch glauben viele Muslime, dass es zwar eine Kreuzigung gab, dort aber möglicherweise nicht Jesus, sondern jemand anderes hingerichtet wurde. Im Koran liest man, dass Gott Jesus zu sich erhoben hat. Er wurde aber nach islamischer Auffassung weder gekreuzigt noch auf andere Weise getötet (Sure 4, Vers 157). Muslime erkennen deshalb sowohl Adam und Eva als auch Abraham und Mose als ihre Ahnen und als Botschafter Gottes an. Und Jesus gilt im Islam als ein hoch angesehener Prophet. Aber im Gegensatz zum Christentum wird er dort nicht als Sohn Gottes erkannt. Deshalb glauben Muslime daran, dass Allah immer wieder Propheten wie Abraham, Mose und Jesus geschickt hat, um den Menschen den rechten Glauben zu verkünden. In dieser Reihenfolge ist Mohammed für sie der letzte und wichtigste dieser Boten Gottes. Das Wort Islam bedeutet nebenbei bemerkt »Hingabe an Gott« und Muslim beziehungsweise Muslima bedeutet übersetzt: »die sich Gott unterwerfen«. Zu den »Fünf Säulen« beziehungsweise »Fünf Pflichten« des Islam« gehören:

- die Bekenntnisformel zu Allah und Mohammed
- das fünfmalige tägliche Gebet
- die Pflicht zur Almosengabe
- das Fasten im Monat Ramadan
- die Wallfahrt nach Mekka

Diesen Glauben geben die Eltern in der Regel an ihre Kinder weiter. Ein Glaube, der heute schätzungsweise 1,5 Milliarden Anhänger zählt. Muslim beziehungsweise Muslima kann jeder beziehungsweise jede werden. Dazu müssen sie nur vor Zeugen sagen: »Es gibt keinen Gott außer Allah und Mohammed ist sein Prophet.« Das ist alles, mehr braucht es nicht. Das Gebet im Islam ist nicht nur eine Säule des Glaubens und damit eine Pflicht, sondern eine Verbindung zwischen den Gläubigen und Gott. Es erfolgt in fünf verschiedenen Zeitintervallen pro Tag. Gläubige Muslime beten deshalb fünfmal täglich, egal wo sie gerade sind. Ob bei der Arbeit, zu Hause oder in einem Versammlungsraum ihrer Gemeinde, der Moschee. In islamischen Ländern erinnert der Gebetsrufer, Muezzin genannt, vom Minarett aus, einem Turm der Moschee, an die

Zeiten für das Gebet. Das Gebet am Freitag ist dabei besonders wichtig, denn dieser Tag ist der Höhepunkt der Woche, so wie der Sonntag es für die Christenheit ist. Am Freitag hält nämlich der Imam, der Vorbeter oder der geistliche Führer der Gemeinde, eine Predigt in der Moschee. Bei der Predigt handelt es sich um ein ausgewähltes Thema. Die Pflichterfüllung spielt für Muslime eine zentrale Rolle. Nicht nur, weil der Koran es ihnen abverlangt, sondern weil diese im islamischen Verständnis direkt zum Paradies führt. Wie das Judentum ist auch der Islam nämlich eine Gesetzesreligion. Und damit eine Religion, in der sich der göttliche Wille durch einen Gebots- und Verbotskanon vermittelt. Die Lehre des Islam verspricht deshalb jedem, der den Gesetzen Allahs folgt, ein glückliches und friedliches Leben; denn Gott wird, nach dem Glauben der Muslime, über jeden Menschen nach dem Tod Gericht halten. Wer nach seinen Geboten gelebt hat, darf auf das Paradies hoffen. Wer aber seine Gebote missachtet hat, der wird zusammen mit den Ungläubigen und Heuchlern in der Hölle versinken. Das Gleiche gilt auch für Menschen, die sich das Leben nehmen, denn die Selbsttötung ist im Islam streng verboten. Nur Gott allein gibt Leben, und nur er allein darf es nehmen. Aus diesem Grund ist für viele Muslime ein Suizid kein Ausweg, mag die Situation auch noch so aussichtslos sein. Mit einer solchen Tat wirft ein Mensch nicht nur sein eigenes wertvollstes Leben weg, sondern auch das Geschenk Gottes. Viele Muslime fürchten daher, dass Allah ihnen einen so großen Vertrauensbruch nicht verzeihen würde.

Anders hingegen wird im Islam der Märtyrertod beurteilt. Gemeint ist damit der Tod eines Menschen, der um seines Nächsten willen, seiner Religion oder seines ethischen Prinzips stirbt. Ein solcher Mensch gilt als Märtyrer, weil er in Wahrheit für viel mehr als nur für sich selbst gekämpft hat. Märtyrer sind im Islam nur diejenigen, die für Gott oder für das Wohl der Menschheit gestorben sind. Ob Selbstmordattentäter, die im Kampf gegen die sogenannten »Ungläubigen« gefallen sind, dazugehören, ist dagegen strittig. Insofern gehört diese Frage immer noch zu den großen innermuslimischen Streitigkeiten, die bis heute geführt werden. Und das, obwohl das Töten im Koran auf jede Weise strengstens verboten ist und aus keinem einzigen Grund erlaubt wird, genauso wenig wie die Selbsttötung.

Ist es aus spiritueller Sicht erlaubt, sich zu töten?

Spiritualität und Religiosität sind zwei völlig verschiedene Dinge. Alle religiösen Menschen sind zwar spirituell, aber nicht alle spirituellen Menschen gleichzeitig religiös. Wo liegt der Unterschied? Schauen wir uns zunächst einmal den Begriff Religiosität an. Religiosität gehört umgangssprachlich zum allgemein verwendeten Begriff aus dem Kontext von Religion und Theologie. Ausgedrückt wird zuallererst eine Verbundenheit der Welt und der Menschen in und mit Gott. Ob mit diesem Gott eine christliche, jüdische, islamische oder eine völlig andere Vorstellung verknüpft ist, bleibt vorerst offen. Religiosität bezeichnet dabei die Fähigkeit zu religiöser Selbst- und Weltdeutung in einem theologisch vorgegebenen Kontext. Der Begriff religiös meint, dass ein Mensch in seinem Denken und Handeln geprägt ist vom Glauben an eine göttliche Macht. Dieses Denken und Handeln im religiösen Sinne betrifft dann eine Religion. Es gehört sozusagen zu einer Religion.

Was aber ist eine Religion? Der Begriff leitet sich vom lateinischen Wort *religio* ab, was so viel bedeutet wie Gottesverehrung, Gottesfurcht oder auch Heiligkeit. Menschen, die einer Religion angehören, glauben daran, dass es eine höhere Macht gibt, nach der sie sich und ihr Leben ausrichten können und müssen. Es sind Menschen, die an Gott oder an etwas Göttliches glauben. Dieser Gott oder das Göttliche unterscheiden sich dabei ganz wesentlich von der Welt der Menschen, also unserer Dimension. Der Glaube hilft den Menschen, die Welt, in der sie leben, besser zu verstehen. Und er bietet ihnen eine klare Orientierung für ihr Leben. Er gibt den Gläubigen sozusagen Halt, insbesondere in schwierigen Zeiten und spendet ihnen Trost. Ihr religiöses Erleben drücken Menschen im Gottesdienst, im Gebet, durch Meditation, Gesang, Tanz oder durch andere Zeremonien aus. Muslime beten zum Beispiel fünfmal am Tag in Richtung ihrer heiligen Stätte Mekka. Buddhisten wiederum meditieren. Und Christen feiern den

Gottesdienst beziehungsweise das letzte Abendmahl. Es gibt Tausende verschiedener Religionen und jede hat ihre ganz eigenen festgelegten Regeln, Gebote und Verhaltensweisen, nach denen sich die Menschen zu richten haben. Ein zentraler Bestandteil religiöser Lehren ist das Leben selbst und der mit diesem in Verbindung stehende Tod. Viele Religionen betrachten dabei das menschliche Leben auf der Erde als einen Reifungs- beziehungsweise Bewährungsprozess.

Auf die Frage, was denn mit dem Menschen nach seinem Tod geschieht, geben Religionen jedoch unterschiedliche Antworten. Diesen Sachverhalt haben wir schon im vorangehenden Kapitel beleuchtet. Deshalb brauchen wir hier auch nicht weiter darauf einzugehen. Wichtig ist in diesem Zusammenhang nur zu verstehen, dass der Mensch Angst vor dem Tod hat. Angst, weil er nicht weiß, was dann genau mit ihm geschieht. Diese Angst vor dem Tod kann der Mensch aber überwinden, und zwar mit einem Gegenmittel. Dieses Gegenmittel heißt schlicht und ergreifend Vertrauen. Immer wenn Menschen in schwierige Situationen geraten, hilft ihnen dieses Vertrauen weiter. Es ist ein Vertrauen auf Gott, dass sie auf seine Gegenwart und Begleitung hoffen dürfen. Damit verbunden ist das Gefühl, getragen zu werden und deshalb schon alles gut gehen wird. Gott sieht und hört alles, er weiß alles, er liebt mich. Wie Gott auch immer entscheidet, für mich wird es in seiner Gnade immer das Beste sein, weil er für mich immer das Beste will. Deshalb beantworte ich diese Liebe mit Gegenliebe, Gehorsam und Ergebenheit. Genau das bedeutet, religiös zu sein, gebunden zu sein, an Gott. Aus dieser vertrauensvollen Rückbindung an Gott, aus dieser »religio« heraus, kann ich leben, so der religiöse Mensch in seiner Argumentation.

Doch so argumentiert auch der spirituelle Mensch. Wo also ist der Unterschied? Der Unterschied resultiert aus der Form der Bindung, der Art und Weise, wie sich diese gestaltet, denn Religion zeichnet sich nicht nur durch den Glauben an Gott oder das Göttliche aus. Religion bedeutet auch, eine definierte Glaubensauffassung zu haben. Das wiederum zieht eine definierte ethische Haltung nach sich. Religion weist eine Organisation und Struktur auf. Sie ist an eine Institution gebunden und auf ein Kollektiv hin ausgerichtet. Ein Kollektiv, das eine organisierte religionsbezogene Praxis vollzieht. Das wiederum zieht eine religiöse Identifikation nach sich. All das macht den großen

Unterschied zur Spiritualität aus. Doch was genau ist Spiritualität? Was meint dieses Wort? Im Buch Kohelet sagt der ernüchterte König Salomon, der dort als Prediger über Gott und den Menschen spricht:

> »Er hat alles schön gemacht zu seiner Zeit, auch hat er die Ewigkeit in ihr Herz gelegt; nur dass der Mensch nicht ergründen kann das Werk, das Gott tut, weder Anfang noch Ende.« *Koh 3,11*

Wenn Gott also dem Menschen die Ewigkeit in das Herz gelegt hat, so ist es nicht verwunderlich, dass der Mensch eines Tages eben zu dieser Ewigkeit Fragen stellt. Gemeint sind damit existenzielle Fragen zum Leben und zum Tod. Fragen, die die Menschen schon immer bewegen, wie:

- Wer bin ich?
- Was bin ich?
- Wo komme ich her?
- Wo gehe ich hin?
- Weshalb bin ich hier?
- Was ist der Sinn meines Lebens?
- Wer oder was hat mich erschaffen?
- Gibt es Gott?

Es sind diese existentiellen Fragen, mit denen Spiritualität beginnt. Mit denen ein Weg beginnt, ein geistiger Weg. Von daher leitet sich das Wort Spiritualität ab. Vom Lateinischen *spiritus*, das Geist bedeutet. Spiritualität ist ein geistiger Weg, eine geistige Suche nach dem Sinn und dem Platz in dieser Welt. Es ist die Suche nach Gott, nach unserer geistigen Heimat. Es ist dieses Heimweh nach Gott, das uns suchen lässt. Und Gott selbst ist es, der Gott in uns, der in uns diese Sehnsucht entfacht. Mit der Suche nach ihm, unserem Schöpfer, bringen wir nicht nur unsere Sehnsucht zum Ausdruck, sondern auch unsere Liebe zu ihm. Denn wir suchen, was wir lieben, was wir unbedingt brauchen. Spiritualität ist somit gleichsam ein geistiges Leben, ein Leben im Geist und aus dem Geist heraus. Spiritualität ist etwas sehr Privates, etwas sehr Individuelles, gleichzeitig aber auch etwas Gemeinschaftliches. Sie hat vielfältige Orte und Formen. Sie lässt sich nicht in ein einheitliches Schema pressen. Und sie hat verschiedene Ausdrucksmöglichkeiten. Das können Gebete, die Feier einer Liturgie, verschiedene Formen der Meditation, der Askese und der Kontemplation sein, ebenso wie Exerzitien oder das Pilgern zu einem Sehnsuchtsort oder einer heiligen Stätte. Hier gibt es kein richtig oder falsch. Entscheidend ist nur, dass sich der spirituelle Mensch verbunden fühlt. Verbunden mit der Natur, den Menschen, dem Kosmos, ja der gesamten Schöpfung. Und verbunden fühlt mit Gott oder dem Göttlichen. Darauf kommt es an.

Das heißt, dass Spiritualität aus den tiefsten Gründen der Seele kommt und wächst. Sie ist ein fundamentales Bedürfnis des Menschseins. Und es bedeutet auch, dass Spiritualität alle Lebensbereiche umfasst. Und weil dem so ist, sind mit ihr auch bestimmte Werte verbunden. Es sind diese inneren Wertmaßstäbe, die das Verhalten eines spirituellen Menschen bestimmen. Das wiederum bedeutet, dass die Spiritualität einer klaren Ethik folgt. Oft verbunden mit dem Wort *Ethik* ist das Wort Moral. Doch was ist Ethik? Und was ist Moral? Was unterscheidet die beiden voneinander? Das Wort *Ethos* stammt aus dem griechischen Sprach- und Kulturraum und meint so etwas wie Gewohnheit, Lebensgewohnheit oder Brauchtum. Im engeren Sinne ist mit dem Wort *Ethos* das sittliche Verhalten eines Menschen oder einer Gruppe gemeint. Vom Wort *Ethos* leitet sich der Begriff Ethik ab. Seit Aristoteles ist die Ethik eine philosophische Disziplin, die sich wissenschaftlich mit der Moral beschäftigt. *Ethos* bezieht sich in erster Linie auf den Charakter, die Gewohnheiten oder auf eine Reihe von Einstellungen und Werten eines Menschen oder einer Gruppe von Menschen, während sich die Ethik auf eine Reihe von moralischen Grundsätzen bezieht. Das ist der Hauptunterschied zwischen diesen beiden Begriffen. Unter dem Wort Moral ist die Gesamtheit von sittlichen Normen und Werten zu verstehen, die das zwischenmenschliche Verhalten einer Gesellschaft reguliert. Die Ethik spürt demzufolge dem richtigen menschlichen Handeln nach. Dabei prüft, reflektiert und begründet sie Werthandlungen. Das ist wichtig, weil sich ein Mensch ohne Werte von seiner Menschlichkeit und Würde verabschiedet. Daneben bewertet die Ethik die Verhältnisse, unter denen Menschen leben und handeln. Und sie entwirft Lehren vom guten Leben und Handeln. Moral dagegen beschäftigt sich mit Regeln, Vorschriften, Normen, Haltungen und Verhaltensweisen. Sie setzt diese in Bezug des einzelnen Menschen zu seiner sozialen und gesellschaftlichen Um- und Mitwelt. Die Moral regelt somit die Interaktionen zwischen Personen, Institutionen und Gemeinschaften. Sie bestimmt das Verhältnis des Einzelnen zu all diesen, und das auf allen Ebenen. Das griechische Wort *Ethos* korrespondiert übrigens mit dem lateinischen Wort *Mos* beziehungsweise *Mores*, das für Sitte, Gewohnheit und Brauch steht und den Ursprung des deutschen Wortes Moral bildet.

Nun fragt man sich, wie denn diese drei, Spiritualität, Ethik und Moral zusammenhängen, wie sich ihre Beziehung untereinander verhält und gestaltet? Dazu ist zu sagen, dass sowohl die Ethik als auch die Moral Kinder ihrer Zeit sind. Das bedeutet, dass sie in raumzeitliche und historische Koordinaten eingebunden sind. Sie sind damit geprägt von innerzeitlichen und innerweltlichen Strukturen. Dabei steht gerade die Moral in untrennbarer Wechselwirkung mit dem historischen Wandel. Das erklärt auch, blickt man in die zeitgeschichtlichen Situationen hinein, die Widersprüchlichkeiten menschlicher Orientierungen und Entscheidungen sowie die kulturellen Begrenztheiten. Kein Wunder, ist doch das Menschengeschlecht mit seiner gebrechlichen Natur ethisch wie moralisch als defizitär anzusehen. Gerade diese menschlichen Begrenztheiten sind es aber, welche die wichtigsten ethischen Einsichten und moralischen Orientierungen zu einer lebensspendenden Quelle für das Menschsein werden lassen.

Auch die Spiritualität des Menschen ist in einen geschichtlichen Horizont eingebunden. Das heißt, eine geschichtslose Spiritualität gibt es nicht. Im Gegensatz zum Ethos, der Ethik und der Moral ist der spirituelle Imperativ sowie die Spiritualität selbst zeitlos. Ja, Spiritualität ist sozusagen der Anfang und Ausgangspunkt. Und zwar als feste Überzeugung des Menschen, dass es etwas Größeres gibt als ihn selbst, dass es mehr am Menschsein gibt als nur die sinnliche Erfahrung, und dass wir ein Teil von diesem größeren Ganzen sind, das kosmischer oder göttlicher Natur ist. Damit entsteht das integrale Ethos des Menschen aus seiner spirituellen Tiefe heraus. Das wahre Ethos entpuppt sich auf diese Weise als ein Kind der Spiritualität. Aus diesem spirituell sich begründenden Ethos entspringt gleichsam auch die Moral. Sie profitiert, wenn man so möchte, von der spirituellen Durchwirkung des Ethos. Als Letztes bleibt dann nur noch die wissenschaftliche Auseinandersetzung mit der Theorie der Moral, also die Ethik. Damit haben wir die Reihenfolge beziehungsweise die Hierarchie bestimmt, die da lautet, erst kommt die Spiritualität, dann das Ethos und die Moral und zum Schluss die Ethik.

Aber warum erzähle ich Ihnen das alles? Ganz einfach, weil wir wissen müssen, wonach wir zu suchen haben, um die Frage beantworten zu können, ob es aus spiritueller Sicht erlaubt ist, sich selbst zu töten. Ist es das Ethos? Oder die Moral? Oder doch eher die Ethik? Weder noch. Was wir suchen, ist die wissenschaftliche Auseinandersetzung mit der Moral, also die Ethik. Aber wir brauchen eine Ethik als Maßstab, die nicht an Raum und Zeit gebunden ist, eine, die sowohl kultur- als auch religionsübergreifend ist. Kurz gesagt: Wir brauchen als Maßstab die spirituelle Dimension der Ethik. Ohne diese spirituelle Ethik können wird die Frage nicht beantworten. Aber was soll das sein, die spirituelle Ethik? Und wie kommen wir an diese spirituelle Ethik heran? Ganz einfach, wir müssen wissen, was das Jenseits über den Suizid denkt. Wir müssen wissen, wie das Jenseits den Suizid als Akt bewertet. Dann wären wir im Bereich der spirituellen, der jenseitigen Ethik. Einer Ethik, die frei ist von menschlichen Einfärbungen. Das ist auch der Grund, warum wir mit der theologischen, der religiösen oder der säkularen Ethik hier nicht weiterkommen. Sie alle sind von Menschen gemacht und wurden aus unserer menschlichen und durch unser Lebensumfeld geprägten Sicht definiert. Auch wenn sie vielleicht tatsächlich einen wahren göttlichen Kern beinhalten. Ja, die Ethik, die wir suchen, muss sich empirisch begründen.

Genau hier sind wir an dem Punkt, wo wir sagen können, wie wir an diese Ethik herankommen, nämlich durch die empirische Wissenschaft. Sie ist eine wissenschaftliche Methodik, die durch Experimente, Messungen, Beobachtung und Befragung Aussagen über die Realität trifft. Die empirische Wissenschaft ist wichtig, weil eine rein naturwissenschaftliche Betrachtung der Realität doch recht begrenzt ist; denn die Naturwissenschaft erforscht nur einen Ausschnitt der erfahrbaren Wirklichkeit. Empirische Wissenschaft und Naturwissenschaft ergänzen sich somit. Mit der empirischen Wissenschaft haben wir folglich eine weitere Wissensquelle, aus der wir schöpfen können. Eine dieser empirischen Wissenschaften ist die Nahtod-Forschung. Sie ist ein interdisziplinäres Forschungsfeld der Medizin, der Psychologie, der Soziologie, der Philosophie und der Theologie. In diesem Forschungszweig werden schwerpunktmäßig die Phänomenologie und die Nachwirkungen von Nahtod-Erfahrungen untersucht. Und genau das müssen auch wir machen, wenn wir eine Antwort auf unsere Frage erhalten wollen. Wir müssen Menschen, die durch einen Suizid in Todesnähe kamen, befragen, was sie erlebt und erfahren haben. Wurden sie für ihre Tat im Jenseits verurteilt? Was haben sie zu hören bekommen? Exakt diesen Fragen werden wir nachgehen und sie auch beantworten. Zuerst müssen wir aber klären, was Nahtod-Erfahrungen überhaupt sind. Wir müssen klären, was Menschen in Todesnähe erleben, wie sich diese Phänomene wissenschaftlich erklären lassen und ob es sich hierbei um Trugbilder oder echte Jenseitserfahrungen handelt. Ferner müssen wir der Frage nachgehen, was für die Authentizität von Nahtod-Erfahrungen spricht. Erst dann können wir uns mit den Ergebnissen der vorliegenden Studie ausführlich beschäftigen und die eingangs aufgeworfene Fragestellung beantworten.

Was sind Nahtod-Erfahrungen?

Das menschliche Bewusstsein lässt sich mit den Begriffen Wahrnehmung, Empfindung oder Gewahrsein umschreiben, wobei Letzteres als »sich über etwas im Klaren zu sein« meint. Dieses Bewusstsein kann verschiedene Zustände einnehmen. Unter dem Begriff Bewusstseinszustand versteht man im Allgemeinen bewusstes Erleben, das sich durch Wahrnehmung, Selbstbewusstsein, Wachheit, Handlungsfähigkeit und Intentionalität auszeichnet. Man unterscheidet gewöhnliche Bewusstseinszustände wie Wachheit, Benommenheit, Somnolenz, Sopor und Koma. Daneben gibt es aber auch außergewöhnliche, die gelegentlich als veränderte oder erweiterte Bewusstseinszustände bezeichnet werden. Letztere gehören zu den menschlichen Grenzerfahrungen – Erfahrungen, bei denen sich die körperlichen und geistigen Grenzen desjenigen verschieben, der sie erlebt. Es gibt unterschiedliche Formen menschlicher Grenzerfahrungen. Um uns damit etwas vertraut zu machen, sollen sie hier in aller Kürze aufgezählt und skizziert werden.

Hypnose

Die Hypnose ist zwischen Wachzustand und Schlaf angesiedelt – ein schlafähnlicher Zustand also. Sie ist im Grunde eine Tiefenentspannung, die den Menschen einen Zugang zu ihren unbewussten Ressourcen finden lässt. Hypnose gründet sich dabei auf die Fähigkeit des Individuums, seine Aufmerksamkeit zu bündeln und nach innen zu fokussieren, um sie auf unbewusste Stärken und vergessene Fähigkeiten auszurichten. Das Besondere an der Hypnose ist, dass sie lebendige Vorstellungen ermöglicht, also vollwertige sinnliche Erfahrungen. Ideen und Lösungsmöglichkeiten, welche dann in diesem Bewusstseinszustand auftauchen, wirken einfach tiefer und nachhaltiger als nur ausgedachte und logisch konstruierte Ideen. Das liegt daran, dass die Empfänglichkeit für Suggestionen in diesem Zustand erhöht ist und das Unterbewusstsein relativ ungefiltert angesprochen werden kann. Dazu wird in der Regel eine mittlere Trance benötigt. Im Wesentlichen bezeichnen Hypnose und Trance deshalb denselben Bewusstseinszustand.

Trance

Die Trance ist ein schlafähnlicher Zustand, bei dem die Außenwahrnehmung erheblich reduziert ist. Man kann den Zustand mit der Übergangsphase zwischen Schlaf und Wachsein jeden Morgen und jeden Abend vergleichen. Wer in Trance ist, ist weder wach noch schläft er. Der Unterschied zwischen Trance- und Wachzustand ist, dass man in Trance empfänglicher ist für Suggestionen. In Trance reagiert man auf die Suggestionen eines Therapeuten auf vielfältige Weise, während jemand, der eingeschlafen ist, dies nicht tun würde. Auch wenn Trance und Hypnose im Prinzip denselben Bewusstseinszustand beschreiben, so wird doch der Begriff der Trance, im Gegensatz zum Begriff Hypnose, in sehr unterschiedlicher Weise verwendet. So spricht man beispielsweise von spiritueller Trance, Schmerz-Trance, Drogen-Trance, traumatischer Trance und natürlich auch von der Hypnose-Trance. Neben der Hypnose ist die Meditation fähig, den menschlichen Geist in den Zustand der Trance zu bringen. Und dieser Zustand zeichnet sich vor allem dadurch aus, dass in ihm die Arbeit mit dem Unterbewusstsein besonders effektiv beziehungsweise überhaupt erst möglich wird.

Rausch

Als Rausch bezeichnet man im weitesten Sinne einen Bewusstseinszustand, der mit einer veränderten Wahrnehmung einhergeht und entweder als angenehm oder unangenehm empfunden werden kann. Er ist ein ziemlich komplexes Geschehen und kann sich deshalb sehr verschiedenartig äußern beziehungsweise in Erscheinung treten. So kann der Rausch entweder Ausdruck eines besonders intensiven Erlebnisses sein und sich dabei bis zur Euphorie oder Ekstase steigern oder sich in Form von Angstgefühlen äußern. Ebenso kann er sich aber auch in einer Beeinträchtigung oder gar Verfälschung der Wahrnehmung äußern, sodass es sogar zu Halluzinationen kommen kann. Oder er äußert sich in einem tiefen Zustand der Entspannung beziehungsweise der herabgesetzten Reizempfindung, der sich im Extremfall bis zur Empfindungslosigkeit steigern kann.

Je nach Auslöser sind körpereigene von künstlich herbeigeführten Rauschzuständen zu unterscheiden. Die körpereigenen als reaktive Vorgänge werden durch die Ausschüttung körpereigener Hormone wie Dopamin, Serotonin, Noradrenalin sowie der Endorphine vermittelt. Beispiele für körpereigene Rauschzustände sind der Höhenrausch, der sich etwa beim Klettern oder Drachenfliegen einstellen kann. Oder der Geschwindigkeitsrausch beim schnellen Autofahren. Auch der Gefahrenrausch ist ein gutes Beispiel, der sich bei der Ausübung von Extremsportarten einstellen kann. Körpereigene Rauschzustände können darüber hinaus bei der Meditation auftreten. So können im meditativen Rauschzustand Körperempfindungen und Affekte nahezu ausgeblendet werden. Dabei kann sich das Gefühl der Loslösung von der eigenen Körperlichkeit einstellen, verbunden mit einem Gefühl des universellen Eins-Seins. Weiterhin gibt es den Genussrausch, der sich bei der intensiven Hingabe an ein sinnliches Erlebnis, etwa bei Musik, einstellen kann. Das Gegenteil davon, nämlich die Entsagung bestimmter Grundbedürfnisse wie Schlaf oder Essen, kann ebenfalls zu einem Rauscherlebnis führen. Man spricht in diesem Zusammenhang von asketischem Rausch. Leider gibt es auch einen sehr destruktiven körpereigenen Rauschzustand. Man nennt ihn Amok. Er kann sich einstellen, wenn ein Mensch sich völlig in die Enge getrieben oder sich seiner als elementar erlebter Sicherheiten beraubt fühlt. Das ist häufig in Kriegssituationen der Fall. Dann kann es sein, dass jemand bar jeder Selbstkontrolle in absoluter Gewaltbereitschaft handelt und somit für sich selbst und andere zur tödlichen Gefahr wird.

Bei den künstlich herbeigeführten Rauschzuständen wird der Rausch durch die äußere Zufuhr von Substanzen hervorgerufen, die auf die Informationsübermittlung der Nervenzellen im Gehirn einwirken und somit entweder dort den normalen Ablauf stören oder verändern können. Zu diesen Substanzen gehören beispielsweise Alkohol und Drogen. Man spricht hier deshalb auch gerne von substanzgebundenen Rauschzuständen. Drogen können zwar ähnliche Gefühle wie körpereigene Substanzen auslösen, wirken aber im Körper oft ganz anders, was dann psychische und physische Abhängigkeit, Horrortrips oder gar Psychosen zur Folge haben kann.

Euphorie

Als Euphorie bezeichnet man einen Gefühlszustand, der mit allgemeiner Freude und Glück verbunden ist. Man könnte in diesem Zusammenhang auch von einem Hochgefühl, einem Begeisterungs- oder Freudentaumel sprechen. Die Euphorie ist eine zeitweilige übersteigert heitere und zuversichtliche Gemütsstimmung. Sie ist ein Zustand optimistischer Begeisterung mit rauschhaft gesteigertem überschwänglichem Gefühl. Das Wort *Euphorie* leitet sich aus dem Griechischen ab und bedeutet so viel wie »das leichte Tragen«. Kein Wunder, denn in einer euphorischen Stimmungslage erscheint einem alles leichter und man sieht alles in einem positiveren Licht. So kennt ein jeder die Euphorie, die sich einstellt bei der ersten Verliebtheit oder nach einer gelungenen Prüfung. Gelegenheiten, euphorisch zu sein, gibt es viele. Zustände der Euphorie gehören daher zum festen Bestandteil des Lebens. Solange sie einen triftigen Grund hat, hat sie auch nichts Krankhaftes an sich.

Zustände der Euphorie können jedoch auch im Rahmen bestimmter Erkrankungen oder nach der Einnahme von Drogen oder Medikamenten auftreten. Dann allerdings entspricht die gesteigerte Gemütsstimmung nicht dem objektiven Zustand – die Euphorie ist unangemessen. So können insbesondere Menschen mit manischen Phasen eine Euphorie erleben, die in keinem Verhältnis zu ihrer aktuellen Lebenssituation steht. Eine unangemessene Euphorie kann sich aber auch im Alkoholrausch, bei bestimmten Medikamenten oder nach der Einnahme von Drogen wie Kokain, Heroin, Crystal Meth oder Amphetaminen einstellen. Möglich ist sie zudem im Rahmen einer Psychose, wie etwa der Schizophrenie oder bei Hirnerkrankungen, wie Demenz und Hirntumoren. An ihrer Entstehung sind unter anderem Endorphine, also opiatähnliche Substanzen beteiligt. Sie machen dem Menschen Stresssituationen erträglicher und wirken zudem schmerzstillend. Auf diese Weise kann sich auch bei einem Sportler nach längerem Joggen ein Zustand der Euphorie einstellen. Man nennt das Phänomen deshalb »Runner's High«. Aber auch Hormone wie Dopamin und Serotonin spielen bei der Entstehung der Euphorie durchaus eine wichtige Rolle.

Ekstase

Der Begriff leitet sich vom griechischen Wort *ekstasis* ab, was so viel bedeutet wie vor lauter Entzückung außer sich sein oder außer sich geraten. Ekstase ist eigentlich ein Begriff aus der Religionswissenschaft, aber wird auch in der Psychologie verwendet. Es handelt sich um einen Ausnahmezustand mit dramatischen Veränderungen im Bewusstsein, der aus den Quellen des Unbewussten erwächst. So wird das eigene Bewusstsein als erweitert oder erhöht erlebt, was dazu führt, dass Betroffene den Eindruck gewinnen, sie seien außer sich beziehungsweise nicht bei sich. Betroffene haben den Eindruck, aus dem Bereich des gewöhnlichen Wahrnehmungsvermögens herausgetreten zu sein und einen mit andersartigen Wahrnehmungsmöglichkeiten betreten zu haben. Dies erscheint ihnen derart real, dass sie ihn selbst rückblickend noch für realer als die Alltagswelt halten. Die eigenen Empfindungen werden somit über die Alltagsrealität gestellt.

Die Ekstase darf deshalb als eine Zustandsveränderung des Bewusstseins aufgefasst werden, die gleichermaßen zu höchster Hingabe und höchstem Aufnahmevermögen führt. In manchen Fällen kann daher das Gefühl des Außer-Sich-Seins oder Außer-Sich-Geratens so weit gehen, dass damit buchstäblich das örtliche Heraustreten der Seele aus dem Körper gemeint sein kann. Herbeigeführt werden kann der Zustand entweder durch eine Beeinträchtigung oder auch Ausschaltung normaler Funktionen des Organismus, also beispielsweise durch Askese, Isolation, Fasten und Meditation, oder aber durch das Gegenteil, mit einer Steigerung von äußeren Reizen unter Zuhilfenahme von Musik, Tanz, Gesang, Lichteffekten und Trommeln. Ekstatische Zustände können aber auch durch den Genuss berauschender Getränke oder durch die Einnahme natürlicher wie auch synthetischer Rauschmittel, beispielsweise Ecstasy und MDMA, herbeigeführt werden. Das ist der Weg, der heute am häufigsten beschritten wird. Es wird auf eine künstliche Art und Weise versucht, mittels Musik und Rauschmittelkonsum, den Zustand der Ekstase zu erreichen. Religiöse Motive oder meditative Praktiken sind dagegen völlig in den Hintergrund getreten.

Neben der bewusst geplanten Herbeiführung ekstatischer Zustände kann ein solcher aber auch völlig überraschend eintreten. Wer diese bewusst herbeiführt, strebt damit das Erreichen eines Höhepunktes an, den er als das Ziel des Erlebnisses ansieht. Es verwundert daher nicht, dass manche Beschreibungen ekstatischer Zustände auch eine deutlich hervortretende erotische Komponente mit entsprechendem Wortschatz enthalten. Man kann diese Gruppe daher auch als Erlebnisekstatiker bezeichnen. Von dieser Gruppe muss wiederum die der religiösen abgegrenzt werden.

Bei den religiösen Ekstatikern muss die Ekstase als ein außerordentlicher religiöser Erfahrungszustand verstanden werden. Dabei interpretieren und bewerten religiöse Ekstatiker ihre Erlebnisse im Kontext ihres jeweiligen religiösen Weltbildes. Es muss deshalb an dieser Stelle betont werden, dass nicht nur das Christentum eine große Anzahl von Ekstatikern aufzuweisen hat, sondern auch fast jede andere Religion und Glaubensgemeinschaft. Dabei haben viele dieser Persönlichkeiten neben einer Gefolgschaft auch Nachahmer gefunden und durch ihr zeitweiliges Wirken sogar Massenekstasen ausgelöst. Wir dürfen deshalb zu Recht sagen, dass die Ekstasen der vielen »Unbedeutenden« verrauscht sind, ohne zu wirken und ohne etwas befruchtend Neues oder Großes zu erzeugen. Aber die Ekstasen der Großen, der Heiligen, wirken dagegen durch Jahrzehnte und Jahrhunderte hindurch. Nicht umsonst ist daher das Phänomen der religiösen Ekstase untrennbar mit den Lebensbeschreibungen von Heiligen und Märtyrern verbunden.

Die hohe Erregung ekstatisch veränderter Bewusstseinszustände bedingt aber nicht nur angenehme körperliche Sensationen. Auch unangenehme Begleiterscheinungen können sich einstellen, beispielsweise Erregungszustände mit starkem Herzklopfen, das Gefühl von Hitze in der Brust sowie Trockenheit in Mund und Kehle. Wichtig und interessant zu wissen ist auch, dass neben diesen ekstatischen Erregungszuständen, die sich bis zur Raserei steigern können, ebenso Zustände völliger Versunkenheit mit Reglosigkeit des Körpers, manchmal bis zur Erstarrung, überliefert wurden.

Mystische Erfahrungen

Eine einhellige Meinung, was mystische Erfahrungen sind, gibt es nicht. Ganz allgemein versteht man Mystik im Sinne einer besonders tiefen Spiritualität. Man könnte auch sagen, dass es eine Intensivform eines wie auch immer gearteten Glaubens ist. Ebenso wäre es durchaus denkbar, sich auf den kleinsten gemeinsamen Nenner zu einigen und alles, was in irgendeiner Weise das alltägliche Menschsein transzendiert, Mystik zu nennen. Schon allein diese wenigen einleitenden Worte machen deutlich, dass man sich davor hüten sollte, zwischen einer »echten« und einer »unechten« Mystik unterscheiden zu wollen.

Aber worum geht es in der Mystik eigentlich? Bei der Beantwortung dieser Frage ist die Definition der mittelalterlichen Schultheologie recht hilfreich, denn diese definiert Mystik als *cognitio Dei experimentalis*, also als Erkenntnis Gottes aus der Erfahrung. Diese gründet sich auf einer authentischen Begegnung mit Gott, die sich auf unterschiedliche Weise ausdrücken kann. So beispielsweise durch innere Erkenntnis, Träume, Visionen oder durch das, was man im Allgemeinen als Wunder bezeichnet, also etwas, das nach menschlichem Ermessen eigentlich gar nicht möglich ist. Das bedeutet, dass die Mystik immer eine zutiefst individuelle Gotteserfahrung ist. Oder anders gesprochen: Mystik ist die Erfahrung einer unmittelbaren Anwesenheit des verborgenen Gottes, die den ganzen Menschen ergreift. Es handelt sich bei der Mystik folglich um ein eigenständiges Gotteswissen im Unterschied zu der Erkenntnis von Gott, die durch Lehre, Bücher, Unterweisung und Tradition vermittelt wird. Deshalb weiß der Mystiker, im Gegensatz zum rein intellektuellen Fürwahrhalten der Schultheologie, dass es Gott wirklich gibt. Für ihn stellt sich daher erst gar nicht die Frage nach der Existenz Gottes, denn er weiß aus seiner persönlichen Erfahrung mit ihm, dass Gott da ist. In den Augen der Mystik führt daher nicht die begriffliche, sondern die intuitive Erkenntnis zu Gott. Die Wahrheit wird dabei auf einem eher übernatürlichen Weg in Form der Offenbarung gesucht und nicht allein durch die reine Vernunft gewonnen. Mystik ist somit als übersinnliche Erfahrung ekstatischer Art zu verstehen, die auf das Einwirken göttlicher Kräfte zurückgeführt wird.

Die außerordentliche psychische Energie, die bei der mystischen Erfahrung frei wird, wird nach den übereinstimmenden Zeugnissen der

Mystiker durch eine unmittelbare göttliche Berührung im Innersten der Seele hervorgerufen, welche dann auf den Leib übergreift. Häufig berichten Mystiker in diesem Zusammenhang von einer Art Glückseligkeit, oder sie berichten von ekstatischer Erstarrung. Dies kann natürlich auf dem Weg psychosomatischer Zusammenhänge vor sich gehen. Zweifelsohne sind von daher Fragen der Psychosomatik, der Parapsychologie und der Pastoralmedizin darin verwoben, aber mit den genannten Phänomenen bewegt man sich trotzdem schon an der Peripherie der Wirklichkeit, wobei die mystische Erfahrung für sich allein genommen übernatürlich ist. Mystiker sagen deshalb auch, dass ihre Erfahrungen über ihr eigenes Denken hinausreichen und direkt von Gott kommen. Sie erleben daher immer eine besondere Nähe zu Gott.

Zur mystischen Praxis gehören insbesondere Grenzzustände wie Verzückungen, Visionen und Ekstasen. Ziel ist stets die *unio mystica* als Höhepunkt, die mystische Vereinigung der menschlichen Seele mit dem Grund und der Ursache alles Seienden, also mit Gott. Es geht immer um die Überwindung aller bestehenden Barrieren zwischen dem Einzelnen und dem Absoluten. Deshalb darf sie auch als die Lehre von der Erfahrung des Eins-Werdens in Gott aufgefasst werden. Indizien für diese persönliche Kontaktaufnahme mit dem einen Gott waren die mystischen Gaben, auch Charismen genannt, wie zum Beispiel Ekstasen, Visionen, Auditionen, die Gabe der Prophetie sowie die Stigmatisation. Die psycho-physischen Ausnahmezustände, die letzten Endes zur »unio mystica« führen sollen, werden dabei bewusst durch körperliche Askese, Kontemplation oder Meditation herbeigeführt. Gerade eine stark asketisch geprägte Spiritualität neigt in der Mystik nicht selten zu Erfahrungen der unmittelbaren Nähe des Göttlichen oder der Begegnung mit Gott. Allerdings sind die bewusst provozierten mystischen Erlebnisse aufgrund der verschiedenen personalen Wesensarten und auch Erwartungshorizonte sehr unterschiedlicher Art, sodass sie sich einer wissenschaftlichen Systematisierung weitestgehend entziehen.

Visionen

Als Vision im religiösen Sinne versteht man ein subjektives, bildhaftes Erleben von etwas sinnlich nicht Wahrnehmbarem, das dem

Erlebenden aber als real erscheint und von ihm auf eine jenseitige Macht zurückgeführt wird. Mitunter erhält der Visionär auch Eindrücke, die von anderen Sinnesorganen zu stammen scheinen. So können beispielsweise zusätzlich oft Höreindrücke auftreten, meist als gesprochene Worte, die als Auditionen bezeichnet werden. Visionen können aber auch genauso gut das gesamte Spektrum körperlicher Empfindungen, also alle Sinne, miteinbeziehen. Bei den Visionen nimmt die Seele mit dem absoluten Sein Kontakt auf. Und dieser Kontakt wird dann unmittelbar in ein Bild umgesetzt. Das bedeutet, dass Visionen auf der Grenzlinie zwischen bekannten und unbekannten Welten entstehen, zwischen offener Gegenwart und naher Zukunft. Sie können demzufolge Gegenwärtiges, Vergangenes oder Zukünftiges betreffen. Der Gegenstand der Visionen kann etwas Bildhaftes oder etwas Reales sein, etwas physisch Gegenwärtiges ebenso wie Transzendentes im weitesten Sinne. Visionen bringen somit aus inneren Welten Eindrücke einer höheren Wirklichkeit ans Licht. Sie müssen daher als Ausdruck eines tiefen inneren Erlebens verstanden werden.

Visionen sind traumartig veränderte Bewusstseinszustände, wobei die Bilder und Stimmen dieses Erlebnisses eine derartige Intensität aufweisen können, dass sie den Horizont unserer sonstigen lebensweltlichen Erfahrungen regelrecht sprengen. Die Grenzen zwischen Traum, Wahn und Wirklichkeit können dann sehr leicht verschwimmen. Es kann infolgedessen oft schwierig werden, die beschriebenen Visionen von den Träumen zu unterscheiden. Und manchmal gehen sie auch ineinander über. Deshalb muss ausdrücklich betont werden, dass visionäre Erfahrungen durchaus in verschiedenen Bewusstseinsbereichen angesiedelt sein können. So kann beispielsweise eine Person eine Vision im Wachzustand empfangen, die sich so sehr in das Bewusstsein einprägt, dass dieses Erlebnis ein Leben lang erinnerlich bleibt. Andere Personen hingegen haben nächtliche Visionen, also während sie schlafen. Diese dringen in den Zwischenbereich des Unterbewusstseins ein und steigen als Erinnerung empor, sodass sie den Betreffenden über Jahre hinweg begleiten können und nicht mehr loslassen. Visionen können daher als Eingebungen geistiger Wesenheiten in das Bewusstsein eines Menschen interpretiert werden. Aus diesem Grunde können sie auch Ausdruck einer tiefen mystischen Erfahrung sein. Im religiösen Bereich ist eine Vision immer eine Möglichkeit Gottes, sich Menschen mitzuteilen. Sie ist dann als eine Mitteilung zu verstehen, die der Betreffende als Bild oder Erscheinung sieht, so, als wäre er an dem jeweiligen Ort und bei vollem Bewusstsein. Erfahrene Mystiker betonen dabei immer wieder, dass Visionen, wenn sie von Gott kommen, ihr Ziel und ihren wahren Sinn gerade dann erreichen, wenn sie nicht angestrebt werden.

Emotionale Verschränkung

Der Begriff »Verschränkung« beschreibt eine Verzahnung. Diese betrifft entweder zwei oder mehrere Beteiligte. Stellen Sie sich die Verschränkung in der Tat in Form zweier Zahnräder vor, bei denen die Zähne ineinandergreifen, sodass sie auf diese Art miteinander verbunden sind. Bewegen wir ein Zahnrad, dreht sich logischerweise auch das andere gleich mit. Nun stellen Sie sich bitte einmal vor, dass wir diese Zahnräder auseinanderziehen, sodass sich ihre Zähne nicht mehr berühren, und stellen Sie sich bitte weiter vor, dass es in der Luft etliche kleine unsichtbare Zahnräder gibt, die wiederum auf dieselbe Weise miteinander verbunden sind wie unsere ursprünglichen beiden Zahnräder. Die Zähne unserer beiden Zahnräder greifen nun in die Zähne der kleinen unsichtbaren Zahnräder. Auch wenn beide nicht mehr direkt miteinander kontaktieren, sind sie doch wieder miteinander verbunden. Wenn wir also an dem einen Zahnrad drehen, so dreht sich auch das andere, quasi wie von Geisterhand gelenkt, mit. Auf diese Weise spielt es dann auch keine Rolle, ob wir die beiden Zahnräder einen Meter, einen Kilometer oder Lichtjahre voneinander entfernen. Denn beide bleiben über die Myriaden von kleinen unsichtbaren Zahnrädern trotzdem miteinander in Verbindung. Wenn Sie das verstanden haben, haben Sie das Prinzip der Verschränkung verstanden. Die kleinen unsichtbaren Zahnräder sind dabei nur eine Denkhilfe und nicht wirklich existent, zumindest nicht in dieser Form.

Was aber hat das Ganze mit der Realität zu tun, in der wir uns täglich bewegen? Nun, es gibt da ein rätselhaftes Phänomen, das uns immer wieder begegnet und das wir emotionale Verschränkung nennen. Hierzu ein praktisches Beispiel. Eine Familie fährt in den Urlaub. Der jüngste Spross bleibt jedoch zu Hause. Einige Tage später, die Familie ist zu diesem Zeitpunkt bereits am mehrere 100 Kilometer entfernten Urlaubsort eingetroffen, geht der daheim gebliebene Teenager seinem Hobby nach. Er liebt das sogenannte S-Bahn-Surfen, bei dem man sich an der Außenwand eines fahrenden S-Bahn-Zugs festklammert. Was etliche Male gut gegangen ist, endet aber an diesem bestimmten Tag in einer Katastrophe. Der Jugendliche verunglückt, erleidet eine Querschnittslähmung und bleibt zeitlebens schwerst pflegebedürftig. Das Erstaunliche an diesem Fall ist aber, dass die Mutter in der Sekunde des Unfallgeschehens wie erstarrt stehen bleibt und der Familie sagt: »Wir müssen zurück, denn es ist etwas Schreckliches passiert.« Man fragt sich, wie das möglich ist. Wie ist es möglich, dass eine Person, die mehrere 100 Kilometer vom Geschehen entfernt ist, exakt zu dem Zeitpunkt, so haben es die Recherchen im Nachhinein ergeben, das Unfallgeschehen des Kindes emotional spürt? Natürlich kann man das Ganze als Zufall abtun. Aber dieses Beispiel ist kein Einzelfall. Immer wieder begegnen uns in der Realität derartige Fälle, was eindeutig gegen die Erklärung »Zufall« spricht.

Lebensgefahr-Erfahrung (Fear-Death-Experience)

Bei der Lebensgefahr-Erfahrung, im angelsächsischen Sprachraum als Fear-Death-Experience bezeichnet, handelt es sich nach Ansicht mancher Autoren um eine Variante oder Spielart der klassischen Nahtod-Erfahrung, was jedoch keineswegs wissenschaftlich gesichert ist. Man versteht darunter menschliche Erfahrungen, die in lebensgefährlichen Situationen auftreten. Die Betroffenen können, müssen dabei jedoch nicht zwangsläufig verletzt werden. Das heißt, die körperliche Versehrtheit oder Unversehrtheit sind keine Voraussetzungen, sondern einzig und allein die Erkenntnis des Betroffenen, dass er in Lebensgefahr schwebt. Das ist der biologische Auslöser. Entscheidend ist auch nicht, ob jemand wirklich in einer lebensbedrohlichen Situation steckt, sondern, dass er das subjektive und authentisch erlebte Gefühl einer Bedrohung empfindet. Damit stellt sich für die Person eine glaubhafte Erwartung des eigenen Todes ein, die der entsprechenden Situation durchaus angemessen erscheint. Es ist daher die individuelle Todesfurcht, die als Auslöser dient und nicht medizinische Umstände, wie bei einer klassischen Nahtod-Erfahrung. Manchmal wird in der Literatur auch der Ausdruck Todesangst-Erfahrung oder Todesfurcht-Erfahrung verwendet. Allerdings sind diese Begriffe eine äußerst unglückliche Wahl, weil die Betroffenen zwar damit rechnen zu versterben, aber oft berichten, keinerlei Angst in der Situation empfunden zu haben. Es sollte deshalb auf diese Begriffe besser verzichtet werden, weil sie im Grunde irreführend sind. Um eine bessere Vorstellung für Lebensgefahr-Erfahrungen zu bekommen, seien hier einige Beispiele aufgeführt, die aus einem Internet-Forum zum Thema »Unfall und Totalschaden« entnommen wurden:

> »Mein Sohn erzählte auch, dass beim Unfall sein ganzes bisheriges Leben wie ein Film vor seinen Augen abgelaufen wäre und er das Gefühl hatte zu schweben.«
> *Mary*

> »Mein Vater, der immer sagte, er glaube nur an Dinge, die er sehen oder anfassen könne, hat einmal so eine »Fear-Death-Erfahrung« gehabt. Passiert ist das alles während einer Fahrt auf der Autobahn, als ein anderes Fahrzeug bei einem Überholvorgang den Wagen meines Vaters vorne/seitlich rammte. Durch den Aufprall begann sich der Wagen meines Vaters zu drehen und krachte dann in die Leitplanke, hinter der es ziemlich weit »abwärts« ging. Es war eine bergige Strecke im Allgäu. Mein Vater beschrieb die Situation in Kurzform folgendermaßen: Als der Wagen sich zu drehen begann, lief mein ganzes Leben wie ein Film vor meinen Augen ab. Alles geschah in Zeitlupe und obwohl ich wusste, dass ich gleich den Hang hinunterstürzen würde, hatte ich keine Angst.«
> *Anonym*

> »Ich war in einer hellen Mondnacht und eisigen minus 10 Grad, aber bei klarem trockenen Wetter auf der BAB-A29 unterwegs und mir lief ein 40-Kilo-Hund vor das Auto. Das Auto, damals ein Audi A4 der ersten Generation, drehte sich daraufhin drei Mal über 25 Meter an der Leitplanke entlang, und als er wieder in Fahrtrichtung stand, steuerte ich ihn auf den Standstreifen, stellte den Trümmerhaufen ab und alarmierte die Polizei per Handy … Ich hatte via Kopfkino den Lebensfilm gesehen. In rasender

Geschwindigkeit spulte sich mein ganzes Leben ab, Kindheitserlebnisse, Ärger, Freude, Freunde, Beruf, Menschen, Dinge, die ich noch erleben sollte, die Geburt meiner Tochter, so ziemlich alles, was einen in den aufgelaufenen 35 Jahren damals so beschäftigt hat, lief wie ein Kurzfilm in rasender Geschwindigkeit ab … Hätte ich diese Erinnerungen bewusst aneinanderreihen wollen, hätte ich wohl eine Woche Meditation oder Trance gebraucht, hier dauerte es eventuell nur 5–10 Sekunden (ich weiß nicht genau, wie lange diese drei Umdrehungen des Autos gedauert haben) … Ich war körperlich völlig unversehrt, das Auto war ein Totalschaden, vorne und hinten einen Meter kürzer und alle Scheiben sind zerborsten gewesen … Der beschriebene Lebensfilm erschreckte mich … nicht … Es war aber für mich ein seltsames Gefühl unterbewusst (ohne eigene Steuerung), so viel Informationen und Datenfluss in kürzester Zeit zu durchlaufen, und ich stellte mir die Frage, warum ich gerade dies alles vorgespielt bekam.«
Andy

Gerade die letzte Lebensgefahr-Erfahrung zeigt ganz deutlich, wie vielfältig die Situationen sein können, in denen eine derartige Erfahrung auftreten kann. Aber so zahlreich die Situationen auch sein mögen, es ist immer wieder ein und derselbe Auslöser. Lebensgefahr-Erfahrungen können aber auch eng mit Nahtod-Erfahrungen verwoben sein. Wie eng, verdeutlicht das folgende Beispiel:

»Ich stürzte von einem Baum ab, und meine Erfahrung hatte ich während der Fallphase des Sturzes. Mein letzter bewusster Gedanke war, ich würde nun sterben. Es war so, als würden Raum und Zeit eins werden. Sofort wurde es sehr hell, und dann hatte ich eine Lebensrückschau. Ich konnte mein ganzes Leben noch einmal vor mir sehen, ich konnte mein Leben selbst bewerten. Es war irgendwie mehrdimensional. Ich konnte alles fühlen. Ich konnte die Auswirkungen meiner gesagten Worte wahrnehmen. Heute sage ich, es hörte nicht bei dieser Inkarnation auf. Ich durchlebte irgendwie viele vorhergehende Inkarnationen, vor allem solche, bei denen ich die gleiche Todesangst verspürt habe, aber nicht nur. Ich durchlebte die ganze Evolutionsgeschichte der Menschheit, zurück bis zum

Ursprung des Seins. Was viele als Tunnelerlebnis beschreiben, war für mich eher wie ein Flug durchs Weltall, mit vielen schönen Sternen und Galaxien. Danach wurde es ganz, ganz hell. Ich konnte die einzelnen Bestandteile des Lichtes sehen. Heute bin ich mir absolut sicher, ich war bei Gott. Ich verspürte die absoluteste Liebe, die man sich nur vorstellen kann, ein Gefühl des Friedens, der Geborgenheit, des Endlich-zu-Hause-Seins usw. Es gibt eigentlich keine menschlichen Wörter dafür, so intensiv war dieser Zustand. Begegnung mit einem Lichtwesen; heute sage ich, es war meine verstorbene Schwiegermutter. Sie hat mich gerettet. Sie sagte zu mir, dass meine Zeit noch nicht gekommen wäre und ich zurückmüsste. Dann kam der Aufprall auf den Boden.«
Karlheinz Mühlbacher-Trink, NTE-Report April 2015, Seite 8

Eingangs habe ich bereits erwähnt, dass die Lebensgefahr-Erfahrung eine Variante der klassischen Nahtod-Erfahrung sein soll. Eine weitere Spielart sollen die Sterbebettvisionen sein, was wissenschaftlich aber noch nicht gesichert ist. Deshalb erscheinen in der Literatur gelegentlich drei verschiedene Grenzerfahrungen, die aber unter dem Begriff Nahtod-Erfahrung zusammengefasst werden. Während für die beiden anderen Erfahrungstypen ein biologischer Auslöser nicht nachzuweisen ist, wird die Lebensgefahr-Erfahrung hingegen ganz klar durch die Erkenntnis des Betroffenen ausgelöst, dass er nunmehr in Lebensgefahr schwebt.

Allen drei Grenzerfahrungen gemeinsam ist aber, dass sie im Zusammenhang mit Lebensgefahr unterschiedlicher Art auftreten. Was sie unterscheidet, ist die Form der Lebensgefahr und die Häufigkeit der einzelnen Nahtod-Erfahrungselemente. So weicht die Lebensgefahr-Erfahrung vor allem in zwei Punkten von der klassischen Nahtod-Erfahrung ab. Sie findet statt, während man wach und handlungsfähig ist, während sich die klassische Nahtod-Erfahrung in einer Phase der Bewusstlosigkeit vollzieht. Das heißt, die Lebensgefahr-Erfahrung beginnt normalerweise zu einem Zeitpunkt, wo man noch gesund und völlig unverletzt ist. Während des Erlebens kann man verletzt werden oder unverletzt und gesund bleiben. Man verspürt nichts, erlebt alles Weitere in Zeitlupe und kann rational darüber urteilen. Dabei ist es den Betroffenen während ihrer Lebensgefahr-Erfahrung auch möglich, Emotionen, Gedanken und Erinnerungen zu entwickeln, die so komplex sind, dass es anschließend Stunden dauern würde, diese inhaltlich zu Papier zu bringen. Dagegen findet die klassische Nahtod-Erfahrung statt, während der Körper eine lebensbedrohliche gesundheitliche Krise durchmacht. Das führt dazu, dass die Häufigkeit der Erfahrungselemente bei beiden voneinander abweicht. So treten bei den Lebensgefahr-Erlebnissen deutlich weniger Licht- und Tunnelerfahrungen, Begegnungen mit feinstofflichen Wesen und Präkognitionen auf als bei den klassischen Nahtod-Erfahrungen. Dagegen sind Veränderungen von Zeit und Raum, besonders verbunden mit dem Gefühl, dass alles in Zeitlupe abläuft, bei den Lebensgefahr-Erfahrungen deutlich häufiger als in den Nahtod-Erfahrungen. Manch einer spricht daher in diesem Zusammenhang auch gerne vom »Zeitlupenphänomen«, obwohl er eigentlich eine Lebensgefahr-Erfahrung meint.

Nahtod-Erfahrungen (Near-Death-Experience)

Für den Begriff Nahtod-Erfahrung (NTE) gibt es in der Literatur zahlreiche Synonyme. Todesnähe-Erlebnis, Todesnähe-Vision oder Sterbe-Erlebnis. Aus der Vielzahl der Synonyme wird schon ersichtlich, dass eine einheitliche Definition des Begriffes nicht existiert. Ebenso gibt es auch keine einheitliche und umfassende Klassifizierung der Umstände und Elemente von Nahtod-Erfahrungen. Man muss den Begriff also umschreiben. Bei Nahtod-Erfahrungen handelt es sich um einen weiten Bereich individueller Erlebnisse und Wahrnehmungen mit oft charakteristischen und wiederkehrenden Mustern, die Menschen an der Schwelle des Todes erleben. Oder anders ausgedrückt, wenn sich Menschen in realer Todesnähe befinden, sei es durch Ertrinken, starke Blutungen oder einen Herzstillstand, können eine Reihe von Phänomenen auftreten, die man in ihrer Summe als Nahtod-Erfahrung bezeichnet.

Zu diesen Phänomenen oder zu ihren Kernelementen gehört beispielsweise, dass die Menschen ihren Körper verlassen, sich selbst und ihre Angehörigen am Sterbebett sehen oder das Geschehen am Unfallort beobachten, während sich die Notärzte um ihre Wiederbelebung bemühen. Oder aber sie halten sich in jenseitigen Welten auf, um dort fremdartige Umgebungen, Lichtwesen oder sphärische Musik wahrzunehmen beziehungsweise bereits verstorbenen Angehörigen zu begegnen. Diese umfassende Wahrnehmung ist nur deshalb möglich, weil sich bei einer Nahtod-Erfahrung das Bewusstsein dergestalt erweitert, dass nun auch Dinge der geistigen Welt wahrgenommen werden können. Die Nahtod-Erfahrenen befinden sich also in einem erweiterten Bewusstseinszustand. Sie erleben, wie sich ihr Bewusstsein in das allgegenwärtige Überbewusstsein erweitert. Dies ist allerdings nur bei tiefen Nahtod-Erfahrungen, die mehrere Kernelemente auf sich vereinigen können, der Fall. Bei nicht so tiefen Nahtod-Erfahrungen, die ein oder zwei Kernelemente umfassen, kann hingegen das Bewusstsein durchaus auf der Stufe des Wachbewusstseins verharren. Ebenso kann es vorkommen, dass während einer Nahtod-Erfahrung nur ein oder wenige Kernelemente erlebt werden und trotzdem eine Erweiterung des Bewusstseins hin zum Überbewusstsein erfahren wird. Ob ein Überbewusstsein tatsächlich von den Betroffenen während einer Nahtod-Erfahrung erlebt wird, ist also von Fall zu Fall sehr verschieden und kann weder anhand der Anzahl durchlebter Kernelemente vorhergesagt noch anderweitig aufgrund eines bestimmten Schemas prognostiziert werden.

Das alles entscheidende Kriterium bei den Nahtod-Erfahrungen ist, dass sie in der Übergangsphase vom Leben zum Tod auftreten. Wird dieses Kriterium der Todesnähe erfüllt, sprechen wir von einer klassischen Nahtod-Erfahrung. Allerdings, und das sei auch gleich erwähnt, können nahtodähnliche Wahrnehmungen durchaus unabhängig vom Kriterium der Lebensgefahr und Todesnähe auftreten. Während also die meisten der klassischen Nahtod-Erfahrungen im Rahmen von lebensgefährlichen medizinischen Situationen auftreten, erleben einige Menschen vereinzelte Elemente oder auch ganze Sequenzen außerhalb von derartigen Situationen. So können diese Phänomene beispielsweise bei der Meditation, bei Unterkühlung und Austrocknung, bei Übermüdung oder einfach beim Spaziergang in der Natur auftreten. In diesem Fall sprechen wir dann nicht von einer klassischen Nahtod-Erfahrung, sondern von einer nahtodesähnlichen Erfahrung.

Der Begriff der Nahtod-Erfahrung wurde 1969 von der amerikanisch-schweizerischen Psychiaterin und Pionierin der Sterbeforschung, Elisabeth Kübler-Ross, geprägt, die sich den größten Teil ihres Lebens der emotionalen Betreuung von Todkranken widmete. Das Phänomen an sich ist aber alles andere als neu, denn in der Geschichte, in der Literatur oder in spirituellen Schriften finden sich schon seit Jahrtausenden entsprechende Berichte, die ähnliche Erlebnisse beschreiben. Heute wissen wir durch die aktuelle Sterbeforschung, die ihren Ausgang Mitte der 1970er-Jahre nahm, mehr denn je über Nahtod-Erfahrungen und was mit Menschen geschieht, wenn sie sterben. Trotzdem ist das Phänomen in der Wissenschaft heftig umstritten. So sind Nahtod-Erfahrungen für die einen nichts weiter als Halluzinationen, ein Streich des sterbenden Gehirns. Für die anderen sind sie hingegen ein Blick ins Jenseits und somit ein klarer Hinweis für ein Leben nach dem Tod.

Empathische Nahtod-Erfahrungen

Sie werden in der Literatur auch geteilte oder gemeinsame Nahtod-Erfahrungen genannt. Gelegentlich findet sich ebenso der Begriff »empathisches Todesnähe-Erlebnis«. Man könnte auch von einer miterlebten Todeserfahrung eines geliebten Menschen oder aber von einer empathischen Todeserfahrung sprechen. Das Wort empathisch ist dabei von besonderer Bedeutung, weil eine derartige Erfahrung in der Tat auf Einfühlungsvermögen beruht. Ausgelöst wird sie durch besonders starke Emotionen, die man gegenüber einem im Sterben liegenden Menschen empfindet. Denn durch diese wird man gleichsam in die Erfahrung des Sterbenden, der nunmehr dem Tode nahe ist, mit einbezogen. Man wird gewissermaßen aufgenommen und darf seinen Prozess des Scheidens hautnah miterleben und aus nächster Nähe erfahren. Die empathisch miterlebende Person ist dabei in der Regel vollkommen gesund, sowohl in physischer als auch in psychischer Hinsicht. Das heißt, dass das empathische Nahtod-Erlebnis nicht aufgrund eigener körperlicher oder psychischer Schwierigkeiten ausgelöst wird.

Interessant ist in diesem Zusammenhang, dass die empathische Nahtod-Erfahrung sich trotzdem in keinerlei Hinsicht von einer echten unterscheidet. Qualitativ gesehen sind somit beide absolut identisch. Das ist das Erstaunliche daran; denn obwohl die betreffende Person nicht im Sterben liegt, der Körper unversehrt ist und das Gehirn arbeitet, machen die Empathiker solcherlei Erfahrungen. Man könnte sie gewissermaßen Mitsterbende nennen; denn auch sie haben zeitgleich außerkörperliche Erfahrungen, erleben den Übergang durch den Tunnel mit und stehen gemeinsam Seite an Seite mit ihren Lieben im Licht. Die Mitsterbenden begleiten sozusagen ihre Angehörigen auf ihrem Weg in die geistige Welt. Dabei erleben sie die klassischen Elemente einer typischen Nahtod-Erfahrung selbst mit. Nur kehren sie im Unterschied zu ihren Liebsten, nachdem sie von ihnen Abschied genommen haben, wieder in ihren Körper und somit in die diesseitige Sphäre zurück. Was bleibt, ist die Erinnerung an ein unbegreifliches Ereignis, das von nun an im Gedächtnis eingebrannt bleibt. Um einen lebendigen Eindruck von empathischen Nahtod-Erfahrungen zu bekommen, seien hier zwei Fallberichte derartiger Erlebnisse angeführt:

»Meine Tante litt an Knochenkrebs und wusste, dass sie bald sterben wird. Wir verabschiedeten uns und wussten, dass wir uns erst in der anderen Welt wiedersehen werden. Am Tag ihres Todes war ich zu Hause in Osnabrück. Meine Mutter rief mich mittags an und sagte, dass es meiner Tante nicht so gut gehe. Ich ahnte es bereits, da ich den ganzen Tag aufgewühlt und traurig war. Abends gegen 18.15 Uhr ging ich wie automatisiert in die Küche und befand mich in einer Art meditativem Zustand. Im Geiste war ich plötzlich bei meiner Tante im Zimmer. Meine Oma, die schon früher verstorben war, war bei ihr. Sie wiegte meine Tante sanft in ihren Armen und wollte sie abholen. Ich sah auch meinen noch lebenden Onkel an ihrem Sterbebett sitzen, der viel weinte und traurig war. Meine Tante schlief dann friedlich ein. Die Szene verblasste, und ich kam in der Küche wieder zu mir. Es war 18.30 Uhr. Eine Stunde später rief meine Mutter an, um mir mitzuteilen, dass meine Tante vor einer Stunde friedlich im Beisein meines Onkels eingeschlafen sei«.
Zitiert nach: Bernard Jakoby, Homepage, sterbeforschung.de

»Anne und ich hatten eine Beziehung, und dann starb sie plötzlich an den Folgen eines schweren Verkehrsunfalls. Ihr Sohn, der gerade sieben Jahre alt geworden war, erlitt eine dramatische Kopfverletzung. Sein Gehirn quoll fast aus seinem Schädel, der aussah wie eine kaputte Wassermelone … Ungefähr 60 Angehörige hatten sich um sein Krankenhausbett versammelt … In dem Moment, als er starb, als sein EEG zu einer geraden Linie wurde, sah ich seine Mutter, die kam, um ihn abzuholen. Dabei muss man sich ganz klar vor Augen halten, dass sie schon fünf Tage zuvor gestorben war. Und dann kam es zu dieser unglaublich schönen Wiederbegegnung. Irgendwann reichte sie mir die Hand und bezog mich in ihre Umarmung mit ein. Es war unbeschreiblich und ekstatisch. Und ein Teil von mir verließ meinen Körper und begleitete sie zum Licht. Ich weiß, dass das sehr seltsam klingt. Aber in diesem Moment, in dem ich Anne und ihren Sohn auf ihrem Weg zum Licht begleitete, war ich vollkommen bei Bewusstsein und zugleich war ich auch ganz bewusst in dem Raum, in dem die ganze Familie entsetzlich traurig darüber war, dass ihr kleiner Neffe und Enkelsohn gerade gestorben war. Ich begleitete die beiden. Gemeinsam gingen wir auf das Licht zu, doch irgendwann wusste ich, dass ich zurückkehren musste. Ich fiel einfach in meinen Körper zurück. Es war eine überwältigende Erfahrung, ich glühte förmlich vor Glück und bemerkte plötzlich, dass ich mit einem strahlenden Lächeln in diesem Raum zwischen all diesen Menschen stand, die gerade ein geliebtes Kind verloren hatten. Um zwischen all den trauernden und weinenden Menschen nicht pietätlos zu wirken, bedeckte ich hastig mein Gesicht mit den Händen. Ich habe über diese Erfahrung geschwiegen. Damals schien es mir völlig unangebracht, darüber zu reden, und es war mir auch nicht möglich, weil mir für das, was passiert war, die Worte fehlten. Bis zu diesem Augenblick dachte ich immer, ich wüsste, wie es in der Welt zugeht. Aber mein Weltbild hat sich mit einem Mal radikal gewandelt«.

Zitiert nach: Pim van Lommel, Endloses Bewusstsein

Perimortale Erfahrungen

Bei den perimortalen Erfahrungen handelt es sich um Erlebnisse von Personen, die um den Todeszeitpunkt eines nahestehenden Menschen gemacht werden. Dies kann auch über große Distanzen hinweg geschehen. Die Erfahrungen beziehen sich dabei auf einen Zeitpunkt, wo ein Mensch vom Tod des Nahestehenden eigentlich noch nichts wissen konnte. Interessanterweise betreffen die Informationen nicht nur den Tod der Person, sondern können auch Hinweise über die Art und Weise beinhalten, wie derjenige ums Leben gekommen ist. Auch diese Inhalte und Details hätten dem Empfänger der Botschaft zum besagten Zeitpunkt eigentlich nicht bekannt sein dürfen. Jedenfalls nicht auf natürlichem Wege. Um es einmal ganz anschaulich zu machen, so eine Erfahrung kann beispielsweise darin bestehen, dass der Verstorbene einer Person um den Zeitpunkt seines Todes erscheint, um entweder wortlos oder mittels einer Geste Abschied zu nehmen. Oder aber der Verstorbene erscheint einer Person, um mit einem gezielten Dank für die gemeinsamen Lebenserfahrungen Lebewohl zu sagen. Derartige Ereignisse können sich entweder am helllichten Tag, während der Nachtstunden oder aber im Traum ereignen. Die Traumqualität kann dabei die Realität eines Klartraumes erreichen. Derartige Erlebnisse können sich aber auch unter Zeugen ereignen, sodass hinterher mehrere Personen solcherlei Erscheinungen unabhängig voneinander bestätigen können. Wie auch immer sich die einzelnen Umstände im Detail darstellen mögen, bei der empfangenden Person jedenfalls stellt sich ein inneres Wissen darüber ein, dass der Tod des anderen Menschen tatsächlich stattgefunden hat. Und interessanterweise stellt sich häufig im Nachhinein wirklich heraus, dass sich die erlebte Erfahrung tatsächlich um den Todeszeitpunkt der betreffenden Person abgespielt hat. Hier nun ein konkretes Beispiel für eine perimortale Erfahrung. Es ist die Erfahrung einer Frau namens Melinda, die mit einem Jungen, der später katholischer Priester wurde, aufgewachsen ist. In ihren Schilderungen sagte sie:

> »Tom und ich sind zusammen aufgewachsen. Wir waren Nachbarskinder, aber ich hatte ihn nicht mehr gesehen, seit er Priester geworden ist. Ich hatte den Kontakt zu ihm und seiner Familie durch meinen Umzug nach Texas völlig verloren. Eines Nachts, über zehn Jahre später, wachte ich aus tiefem Schlaf auf. Da stand Tom in Marineuniform am Fußende meines Bettes. Dass er Uniform trug, verwunderte mich, denn ich nahm doch an, er sei katholischer Priester. Er sagte: Lebe wohl, Melinda. Ich gehe jetzt fort. Und er verschwand. Mein Mann wachte auf, und ich erzählte ihm, was geschehen war. Aber er meinte, dass sei nur ein Traum gewesen. Drei Tage später schrieb mir meine Mutter, dass Tom bei Kampfhandlungen gefallen sei. Er war Marinekaplan gewesen.«
> *Zitiert nach: B. und J. Guggenheim, 1997*

Terminale Geistesklarheit

Der Begriff der terminalen Geistesklarheit beschreibt ein Phänomen bei Menschen mit schweren Erkrankungen des Gehirns, die zuvor etliche Jahre bis Jahrzehnte in geistiger Umnachtung verbrachten und kurz vor ihrem Tode urplötzlich ihre geistigen Fähigkeiten wiedererlangen, um bald darauf zu versterben. Das heißt, der Betroffene wird aus schwerster Gehirnerkrankung ohne ersichtlichen Grund wieder vollkommen geistesgegenwärtig, beginnt seine Umgebung korrekt wahrzunehmen, klar zu sprechen und verstirbt dann wenig später.

Hinter den Gehirnerkrankungen können die verschiedensten Krankheitsbilder wie Demenz, Schlaganfall, Geisteskrankheiten, geistige Behinderung sowie Gehirnhautentzündung, Gehirnabszess und Gehirntumor stehen. Das Verblüffende an der terminalen Geistesklarheit ist, dass es sich ausschließlich um Fälle handelt, bei denen eine Gesundung zuvor als ausgeschlossen erachtet wurde, und bei denen die Obduktion im Nachhinein belegen konnte, dass das Gehirn derart stark geschädigt war, dass die kurz vor dem Tode wiedererlangten Geistesleistungen völlig unerklärlich bleiben. So beispielsweise bei einem sterbenden Patienten, dessen Gehirn von Tumoren bereits zerstört war. Medizinisch betrachtet ist die terminale Geistesklarheit daher ein Mysterium. Aber nicht nur die lang verlorenen geistigen Fähigkeiten können kurz vor dem Tode unerwartet wiederkehren, sondern auch die körperliche Leistungsfähigkeit.

In der Medizingeschichte kennt man das Phänomen seit Menschengedenken. So wussten frühere bedeutende Ärzte wie zum Beispiel Hippokrates, Galen und Avicenna bereits, dass Symptome der geistigen Verwirrung kurz vor dem Tod manchmal deutlich abnehmen können, was als Moment der Loslösung der unsterblichen Seele von den Fesseln des materiellen Körpers gedeutet wurde. Heute wird die terminale Geistesklarheit zwar regelmäßig beobachtet, in der öffentlichen Wahrnehmung hört man jedoch kaum etwas davon. Und das, obwohl das Phänomen gar nicht so selten ist. Um einen besseren Eindruck von der terminalen Geistesklarheit zu bekommen, macht es Sinn, in einige Berichte von Augenzeugen hineinzulesen. Der erste Bericht stammt von Johann Georg Ritter von Zimmermann (1728–1795). Im Jahre 1794 notiert der königliche Leibarzt in Hannover:

»Ich habe eine Person gekannt, deren letzte Krankheit ein Wahnwitz gewesen, die aber einige Stunden vor ihrem Tode vollkommen vernünftig, ihr Herz mit einem solchen Feuer, mit einer so sehr entzückenden Beredsamkeit im Gebete zu Gott erhob, dass vor der Größe ihrer Gedanken und der Stärke ihres Ausdrucks der Erdball wie ein Sandkorn zu verschwinden schien. Am Ende dieser Rede neigte sie ihr Haupt und starb.«
Aus dem Buch: Von der Erfahrung in der Arzneikunst

Und im Jahre 1808 beschrieb der Arzt und Philosoph Gotthilf Heinrich Schubert (1780–1860) den Fall einer seit 20 Jahren wahnsinnigen Frau, die vor ihrem Tod wieder geistige Klarheit erlangte. Dabei hob er auch hervor, dass die Frau eine ungewöhnliche Veredelung und Erweiterung ihrer geistigen Natur an den Tag legte. Er berichtete dabei:

»Sie sprach in dieser Zeit Dinge mit einer Klarheit und inneren Helle aus, welche der Mensch in seinem jetzigen Zustande nur selten oberflächlich erkennen lernt. Ihre Geschichte erregte Aufsehen. Gelehrte und Ungelehrte, Gebildete und minder Gebildete drängten sich an jenem merkwürdigen Krankenbett, und alle mussten eingestehen, dass, wenn die Kranke während der ganzen Zeit ihres Wahnsinnes den Umgang und die Belehrung der gelehrtesten und erleuchtetsten Männer ihrer Zeit gefunden hätte, ihr Geist doch nicht gebildeter, ihre Erkenntnisse doch nicht umfangreicher und höher hätten sein können, als jetzt, wo sie aus einer so langen, tiefen Gefangenschaft aller Kräfte zu erwachen schien.«
Aus dem Buch: Michael Nahm, Wenn die Dunkelheit ein Ende findet, Amerang

Bemerkenswert ist, dass sich die Betroffenen in der Zeit der geistigen Klarheit oftmals für ihr Fehlverhalten beim Pflegepersonal oder ihren Verwandten entschuldigen, wobei manche dabei beteuern, dass ihnen die Geisteskrankheit gegen ihren Willen von Mächten aufgezwungen wurde, die nicht ihrem Einfluss unterstanden. Einen solchen Fall schildert zum Beispiel der dänische Vikar Hans Martensen-Larsen (1867–1929):

> »Die Frau eines Bauern war seit acht Jahren schwer gemütskrank. Gewöhnlich starrte sie stumpf vor sich hin. Wenn sie etwas sagte, so waren es nur hässliche Schimpfworte. Wenn sie Besuch von dem Pfarrer oder einem Arzt bekam, setzte sie alles daran, diesen Herren auf die Schuhe zu spucken, wobei sie mit einer bemerkenswerten Virtuosität zielte und traf. Eines Tages fing sie plötzlich an, vernünftig mit ihrer Pflegerin zu sprechen. Sie entschuldigte sich dafür, dass sie sich in den letzten Jahren so übel benommen hatte, versicherte aber auch, dass sie nicht anders gekonnt hätte: Sie sei gezwungen gewesen, so zu handeln. Gebrochen und reuevoll sorgte sie sich darum, ob ihr wohl vor Gott vergeben werden würde. Am Abend erhielt sie das erwünschte Abendmahl, am nächsten Morgen verstarb sie in Frieden«.
> *Zitiert nach: Scientific and Medical Network, Deutsche Gruppe*

Die terminale Geistesklarheit kann auch spirituelle Komponenten enthalten, was allerdings nicht die Regel ist. Dazu hier ein Bericht aus neuerer Zeit:

> «Eine alte Frau hatte fast zehn Jahre in ständigem Dahindämmern gelebt. Sie verwechselte die Tageszeiten, kannte Menschen ihrer Familie nicht mehr, sprach kaum, aß kaum noch. Ein Sturz mit Oberschenkelhalsbruch, daran anschließend ein kurzes Krankenlager, führte zum Ende. Am Abend des fünften Tages setzte die Kranke sich kerzengerade im Bett auf (normalerweise bei diesem Bruch nicht möglich), und sie, die zehn Jahre geschwiegen oder nur unverständliche Laute von sich gegeben hatte, betete mit lauter Stimme Wort für Wort das Vaterunser. Dann legte sie sich zurück, faltetet die Hände und schlief hinüber.«
> *Zitiert nach: Wenn die Dunkelheit ein Ende findet, Amerang*

In manchen Fällen sind sich die Betroffenen des bevorstehenden Todes vollkommen bewusst. Es kann sein, dass sie um den Beistand eines Geistlichen bitten oder sich von ihren Verwandten verabschieden wollen. Hervorzuheben ist auch der Umstand, dass die Sterbenden beseligende Visionen mit Jenseitserlebnissen haben können, die mit dem Wiedersehen bereits verstorbener Verwandter oder Freunde, dem

Hören einer sphärisch wirkenden Musik oder dem Sehen wunderschöner Landschaften verbunden sein können. Es ist daher unübersehbar, dass die Erfahrungen, die während einer terminalen Geistesklarheit gemacht werden, hohe Ähnlichkeiten mit Erlebnissen aufweisen, wie sie während einer klassischen Nahtod-Erfahrung auftreten. Darüber hinaus scheint die terminale Geistesklarheit auch einen eindeutigen Bezug zu den sogenannten Sterbebettvisionen zu haben, zumindest dann, wenn sie mit einer entsprechenden spirituellen Komponente einhergeht. Dann kann es sogar sein, dass die terminale Geistesklarheit nahtlos in eine Sterbebettvision übergeht. Beide sind daher als eindeutige Anzeichen dafür zu werten, dass der unmittelbare Tod des Betroffenen nunmehr bevorsteht.

Sterbebettvisionen

Sterbebettvisionen sind Visionen von Menschen, die im Sterben liegen. Sie ereignen sich in allen Kulturen. Bekannt ist dieses Phänomen schon seit Langem. So führten bereits die ersten medizinischen Enzyklopädien solche Visionen als ein klares Zeichen dafür an, dass der Tod unmittelbar bevorsteht. Die Betroffenen selbst erleben ihre Visionen, kurz bevor sie das Bewusstsein verlieren. Weil derartige Visionen auf dem Totenbett erlebt werden, findet sich in der Literatur auch gelegentlich der Begriff »Totenbettvisionen«. Wie bereits angedeutet, kann die terminale Geistesklarheit in eine Sterbebettvision übergehen und es können hierbei Elemente auftauchen und durchlebt werden, wie sie auch bei einer klassischen Nahtod-Erfahrung vorkommen. Der Unterschied zwischen der terminalen Geistesklarheit sowie den Sterbebettvisionen auf der einen Seite und den Nahtod-Erfahrungen auf der anderen Seite liegt aber darin, dass die Betroffenen bei der klassischen Nahtod-Erfahrung von den Gestalten, denen sie dort begegnen, oft in das irdische Leben zurückgeschickt werden. Dagegen erscheinen die Gestalten bei der terminalen Geistesklarheit und bei den Sterbebettvisionen eigens dazu, um die Sterbenden in eine andere Welt abzuholen. Hier gibt es also in der Regel keinen Weg mehr zurück. Natürlich klingt das Ganze erst einmal halluzinationsverdächtig. Schließlich könnte es möglich sein, dass es sich hierbei um Halluzinationen von Sterbenden handelt, die ihre Erklärung durch Fieber, verabreichte Schmerzmittel oder die nachlassende Bewusstseinsleistung finden könnten. Es verwundert daher nicht, dass die Sterbebettvisionen seitens der Psychologie und der Schulmedizin lange Zeit exakt in diese Schublade gesteckt wurden. Wahrscheinlich aus diesem Grunde ist das Phänomen auch fast unbekannt. Es wird einfach als Fehlleistung des Gehirnes weginterpretiert. Selbst in der Allgemeinbevölkerung hält sich das Interesse an den Sterbebettvisionen in engen Grenzen, gerade weil es so halluzinationsverdächtig ist.

Doch wissenschaftliche Studien widersprechen der Halluzinations-Hypothese. Denn die Qualität der Visionen, ihre offenbare Klarheit und Bedeutungsschwere, gepaart mit wichtigen Assoziationen durch und für die Sterbenden, widersprechen den eher zufällig wirkenden Halluzinationen von Patienten infolge etwa der Medikation. Schon frühere Studien zeigten, dass Patienten mit Sterbebettvisionen während dieser Wahrnehmungen für gewöhnlich eher ruhig und gefasst sind und damit nicht dem typischen Verhalten bei durch Medikamente oder Fieber ausgelösten Halluzinationen entsprechen, die meist mit Furcht und Verstörung einhergehen. Ferner konnten die Studien belegen, dass sich die von Sterbenden erlebten Visionen weder medizinisch noch psychologisch oder gar kulturell erklären lassen. Es wurde bereits an anderer Stelle darauf hingewiesen, dass sowohl die Lebensgefahr-Erfahrungen wie auch die Sterbebettvisionen Varianten der klassischen Nahtod-Erfahrung sein sollen und man damit eigentlich drei miteinander verwandte Erfahrungstypen vor sich hat. Ebenso wurden bereits die Unterschiede zwischen einer Lebensgefahr-Erfahrung und einer klassischen Nahtod-Erfahrung herausgearbeitet.

Nun ist es an der Zeit, die Gemeinsamkeiten sowie die Unterschiede zwischen einer klassischen Nahtod-Erfahrung und den Sterbebettvisionen herauszuarbeiten. Am besten beginnen wir mit den Gemeinsamkeiten. Beiden Phänomenen ist gemein, dass sich das Bewusstsein derart erweitert, dass nunmehr auch Dinge der geistigen Welt übersinnlich wahrgenommen werden können. Innerhalb beider Erfahrungen erleben die Betroffenen also, wie sich ihr Bewusstsein in das Überbewusstsein ausdehnt. Während bei einer klassischen Nahtod-Erfahrung ein akutes medizinisches Problem diesen Umstand auslöst, ist es bei den Sterbebettvisionen die unmittelbare Nähe zum Tod. Sterbebettvisionen sind daher ein untrügliches Zeichen dafür, dass der Tod unmittelbar bevorsteht. Und damit hat man auch gleichzeitig einen wesentlichen Unterschied herausgearbeitet. Während die klassische Nahtod-Erfahrung aufgrund eines akuten medizinischen Ereignisses blitzschnell auftritt, ist es bei den Sterbebettvisionen ein schrittweise ablaufender Prozess, hinter dem entweder eine fortschreitende Erkrankung oder das hohe Lebensalter steckt, sodass der Betroffene allmählich aus dem Leben scheidet. Der Nahtod-Erfahrene findet sich urplötzlich in einer anderen Dimension wieder, während der Patient mit Sterbebettvisionen allmählich mit der anderen Dimension Kontakt aufnimmt und diese nach und nach betritt. Ja mehr noch, er bewegt sich manchmal zwischen diesen beiden Welten hin und her. Manch ein Sterbender weiß aus diesem Grunde nicht immer mit Sicherheit, ob er noch lebt oder bereits verstorben ist. Weiterhin gemeinsam sind Nahtod-Erfahrungen und Sterbebettvisionen, dass der Betreffende Kontakt zu bereits verstorbenen Verwandten, guten Freunden, Lichtwesen oder zu religiösen Gestalten bekommt. Auch das Erblicken jenseitiger Welten ist beiden gemeinsam. Während aber die Nahtod-Erfahrenen ihren sterblichen Körper verlassen, machen die Sterbenden keine außerkörperlichen Erfahrungen. Sie verlassen also ihren Körper nicht. Und noch ein Unterschied lässt sich aufgrund des Körpers zwischen diesen beiden Erfahrungen herausarbeiten. Er betrifft vielmehr die Verfassung des Körpers. Die Sterbenden sind bei Bewusstsein und haben Vitalzeichen. Das heißt, sie atmen, haben einen Puls und auch einen messbaren Blutdruck. Sie können sich somit mit ihrer Umwelt austauschen und Anwesenden ihre Visionen mitteilen. Dagegen sind die Nahtod-Erfahrenen aufgrund des akuten medizinischen Ereignisses nicht mehr bei Bewusstsein. Sie liegen manchmal im Koma oder sind sogar klinisch tot. Letzteres bedeutet, dass sowohl die Atmung wie auch das Herz-Kreislaufsystem ausgefallen sind. Damit sind die Lebensvorgänge erloschen. Dieser Zustand ist aber potenziell reversibel. Das heißt, er ist prinzipiell umkehrbar. Das setzt allerdings die Einleitung einer Reanimation innerhalb der ersten Minuten voraus.

Abschließend sei noch ein weiteres Kriterium genannt. Dieses zeigt wie kein anderes, wie sehr Nahtod-Erfahrungen und Sterbebettvisionen zusammengehören und wie sehr sie sich doch voneinander unterscheiden. Die Rede ist von den Gestalten, denen die Betroffenen in ihren jeweiligen Erfahrungen in der anderen Dimension begegnen.

Beide Erfahrungstypen sehen solche Gestalten, aber, während die Betroffenen bei einer klassischen Nahtod-Erfahrung von ihnen oft in das irdische Leben zurückgeschickt werden, erscheinen sie den Sterbenden eigens dazu, um sie in die andere Welt abzuholen. Näher kann man also nicht mehr beieinanderliegen, aber gleichzeitig auch nicht weiter voneinander entfernt sein. Da jetzt so viel über Sterbebettvisionen gesprochen wurde, wollen wir uns jetzt einigen Fallbeispielen zuzuwenden, um ein besseres Gefühl für diese Art von Grenzerfahrung zu erhalten. Ich beginne mit einem Fall, der uns von der bekannten Psychiaterin Elisabeth Kübler-Ross überliefert wurde. Es ist die Geschichte eines Jungen, dessen Mutter bei einem Autounfall ums Leben kam. Ein weiterer Insasse des Wagens namens Peter wurde jedoch mit starken Verbrennungen in ein anderes Krankenhaus gebracht und verstarb dort wenige Zeit später. Der Junge, der von all den Geschehnissen nichts wissen konnte, sagte, als er kurz aus dem Koma erwachte: »Ja, jetzt ist alles gut. Mami und Peter warten schon auf mich.« Dann glitt er mit einem zufriedenen und leisen Lächeln zurück in das Koma und starb kurz darauf. Das zweite Beispiel stammt aus der zahlreichen Fallsammlung von Dr. Karlis Osis und Prof. Erlendur Haraldsson. Es ist ein klassischer Fall, der wie folgt wiedergegeben wurde:

> »Eine siebzigjährige Patientin hatte ihren verstorbenen Ehemann schon mehrere Male gesehen, als sie schließlich ihren eigenen Tod ankündigte. Sie sagte, dass ihr Mann am Fenster erschienen sei und ihr bedeutet hätte, aus dem Haus herauszukommen. Der Grund für seine Besuche war, dass sie sich ihm anschließen sollte. Zu diesem Zeitpunkt waren ihre Tochter und ihre Verwandten bei ihr. Sie holte ihre Sterbekleidung aus dem Schrank, legte sich für ein Nickerchen hin und verschied eine Stunde später. Sie schien ruhig in ihren Tod ergeben und wollte auch wirklich sterben. Sie hatte nie von ihrem bevorstehenden Ende gesprochen, ehe sie die Erscheinung ihres Mannes gehabt hatte. Ihr Arzt war dermaßen über ihren plötzlichen Tod, für den es keine ausreichende medizinische Erklärung gab, überrascht, dass er überprüfte, ob sie sich nicht selbst vergiftet hatte. Dies bestätigte sich jedoch nicht.«

Im Laufe der weiteren Forschungen stieß man immer wieder auf solche Berichte. So erzählte eine Krankenschwester über einen 60-jährigen Geschäftsmann, der an einer tödlichen Infektion litt, dass sich sein Schmerz in Heiterkeit wandelte, als für ihn die Erscheinung kam. Sie berichtete:

> »Es war ein Erlebnis, wie wenn er jemandem begegnete, den er sehr liebte. Er lächelte, richtete sich auf und streckte die Hände aus. Sein Gesichtsausdruck war voller Freude. Ich fragte ihn, was er sah. Er sagte, seine Frau stünde gerade dort und warte auf ihn. Es sah so aus, als ob dort ein Fluss wäre und sie auf der anderen Seite stehen und auf ihn warten würde. Er wurde sehr ruhig und friedlich – eine Heiterkeit religiöser Art. Er hatte auch keine Furcht mehr und starb einen sehr friedvollen Tod.«
> *Zitiert nach: www.der-familienstammbaum.de*

Abschließend sei noch ein weiterer Fallbericht erwähnt, der einem deutlich vor Augen führt, wie eng Sterbebettvisionen und Nahtod-Erfahrungen miteinander verwoben sein können. Es ist ein etwas längerer Bericht, der aus dem Forschungsinstitut für außergewöhnliche Erfahrungen in Paris (INREES) stammt und von Colette Prochasson überliefert wurde. Die Sterbebegleiterin aus dem französischen Mâcon schildert dabei das Erlebte mit ihren eigenen Worten folgendermaßen:

> »Im August 2004 hütete Herr J. P. schon mehrere Wochen lang das Bett. Er war knapp 60, und seine Erkrankung war bereits so weit fortgeschritten, dass er sich im Endstadium befand. An diesem Tag saßen seine verzweifelte Tochter und ich einander gegenüber an seinem Krankenbett. Seine geschlossenen Augen, sein zusammengekniffener Mund und sein unregelmäßiger Atem deuteten darauf hin, dass für Herrn J. P. die letzte Stunde gekommen war. Plötzlich bewegten sich seine Lippen, es schien, als würde er sprechen. Er öffnete die Augen und streckte lächelnd zuerst einen Arm aus, dann beide, so als wollte er jemanden umarmen. Seine Tochter und ich sahen uns an. Zum Glück glaubt diese Frau, die ich schon seit Längerem kenne, dass der Tod das Tor zu einer neuen Welt öffnet. Sie würde also nicht behaupten, dass sich ihr Vater

einfach im Delirium befand und halluzinierte, als er plötzlich mit lauter Stimme fragte: »Mama, was tust du denn hier?« Immer wieder sagte er ungläubig und zugleich glücklich: »Mama«. Dann rief er plötzlich: »Oma!« (Es ist wohl nicht nötig, zu erwähnen, dass diese beiden Frauen schon vor mehreren Jahren gestorben waren). Seine Lippen bewegten sich lautlos in einem Gespräch, dem wir nicht folgen konnten, aber das doch sehr real zu sein schien! Seine Tochter beobachtete das Ganze still und mit einem zaghaften Lächeln auf ihrem in Tränen aufgelösten Gesicht. Ich sagte ebenfalls nichts und erwiderte ihren Blick nur mit Mitgefühl. Damals überlebte dieser Mann. Erst zu Weihnachten erklärte er seiner Tochter, dass er im August fast gestorben wäre und dass seine Mutter und seine Großmutter gekommen waren, um ihn abzuholen. Er aber wollte damals nicht »gehen«, weil der Kummer seiner Tochter so groß gewesen war. Er wusste jedoch, dass die beiden eines Tages wiederkommen würden und er dann mit ihnen gehen würde. Ausgerechnet er, der sein ganzes Leben lang behauptet hatte, dass nach dem Tod alles zu Ende sein würde, glaubte nun plötzlich an ein Leben nach dem Tod. Von nun an fürchtete er sich nicht mehr vor dem Tod und bat seine Tochter, ihn mit seinen verstorbenen Verwandten gehen zu lassen, wenn seine Zeit gekommen sein würde. Im darauffolgenden Sommer war es dann schließlich so weit.«

Nachtod-Erfahrungen

In der Literatur spricht man von Nachtod-Kontakten, postmortalen Erfahrungen, Jenseitskontakten oder von einem Verstorbenen-Kontakt. Was auf den ersten Blick wie Spuk und Aberglaube klingt, entpuppt sich auf den zweiten Blick als gar nicht so seltenes Phänomen. Denn in zahlreichen Studien konnte belegt werden, dass 10 bis 40% der Bevölkerung Nachtod-Kontakte erlebt haben. Diese Zahl ist wesentlich höher als bei den Nahtod-Erfahrungen. Denn hier sind es etwa 4 bis 5% der Bevölkerung. Bei den Nachtod-Erfahrungen müsste man deshalb aufgrund der Studienergebnisse eigentlich eher von einem gewöhnlichen Phänomen sprechen, umso mehr, als dass die Zahl von Nachtod-Erfahrungen in der Gruppe der Witwer und Witwen noch höher liegt als in der Durchschnittsbevölkerung. Nachtod-Erfahrungen sind aber nicht nur ein häufiges, sondern auch ein altes Phänomen. Denn solche Kontakte zu Verstorbenen hat es auf der ganzen Welt in jeder Kultur und zu jeder Zeit gegeben. Und sie ereignen sich auch heute mitten unter uns. Wir haben es hier also nicht mit einem Relikt aus vergangenen Zeiten zu tun, wo die Menschen noch unaufgeklärt waren.

Doch wie sehen diese Kontakte zu Verstorbenen konkret aus? Was lässt sich darüber berichten? Im Grunde können wir zwei Arten von Nachtod-Erfahrungen unterscheiden. Bei der ersten Gruppe handelt es sich um Kontakte, die von den Hinterbliebenen selbst herbeigeführt werden, meist unter Zuhilfenahme bestimmter Rituale und Hilfsmittel. Klassischerweise wird dabei in den sogenannten Séancen, also einer spiritistischen Sitzung mit mehreren Personen, ein Medium genutzt, das die Gruppe anleitet. Dabei handelt es sich um eine Person, die von sich behauptet, Botschaften von Verstorbenen empfangen zu können. Bei der zweiten Gruppe handelt es sich um spontane und direkte Kontakte, die, im Gegensatz zur ersten Gruppe, offensichtlich von den Verstorbenen selbst ausgehen. Diese versuchen dabei, vor allem in den ersten Monaten nach ihrem Tod, mit den Hinterbliebenen Kontakt aufzunehmen. So lässt sich besonders in den ersten 24 Stunden nach dem Ableben, mit einer Verdichtung um die ersten sieben Tage nach dem Todesfall, eine Häufung feststellen. Aber auch noch viele Jahre nach dem Tod, ja sogar nach Jahrzehnten, kann es zu plötzlichen und unerwarteten Kontakten kommen. Weil diese von den Hinterbliebenen weder forciert noch erzwungen werden können, folglich ausschließlich durch die Initiative der Verstorbenen zustande kommen, stellt sich die Frage, worin der Sinn dieser Kontakte besteht beziehungsweise warum die Verstorbenen den Kontakt zu ihren Angehörigen suchen? Diese Frage lässt sich anhand der vorliegenden zahlreichen Erfahrungen und Berichte eindeutig beantworten. Es geht den Verstorbenen ganz offensichtlich darum entweder zu sehen, wie es ihren Angehörigen geht, oder aber um ihnen klarzumachen, dass sie nicht im ursprünglichen Sinne tot sind, sondern leben und weiter existieren. Das ist das Erstaunliche daran, so unterschiedlich die Empfänger der Botschaften auch sein mögen, die Botschaften selbst sind immer gleich und hören sich wie folgt an:

»Sei nicht traurig«
»Mach dir um mich keine Sorgen«
»Mir geht es gut«
»Ich werde immer an deiner Seite sein«
»Lebe dein Leben«

Das ist der Grund, warum diese Momente so viel Trost spenden und weshalb sie mit einem so tiefen Gefühl der Freude und des Friedens einhergehen. Wahrgenommen werden die Kontakte von den Empfängern der Botschaften entweder als äußere oder innere Stimme, oder aber der Empfänger der Botschaft weiß einfach, empfindet oder erahnt für sich, dass die Erscheinung für ihn diesen Inhalt hat. Natürlich ist man im ersten Moment dazu geneigt zu meinen, dass die Nachtod-Kontakte nichts weiter seien als Illusionen oder Trugbilder von Trauernden und verzweifelten Menschen, die nach Trost suchen.

Aber die Forschung spricht hier eindeutig eine andere Sprache und konnte nachweisen, dass die Nachtod-Kontakte in den meisten Fällen zu einer Zeit auftreten, wenn die Hinterbliebenen innerlich völlig ruhig und gelassen sind, ihrer Alltagsbeschäftigung nachgehen und überhaupt nicht an den Verstorbenen denken. Und diese Erkenntnis widerspricht eindeutig den Hypothesen von der Selbsttäuschung und den Wunschvorstellungen. Sie erklärt auch, warum die Nachtod-Kontakte mit so starken positiven Gefühlen einhergehen und warum sich die erlebte Erfahrung auf das Leben der Betroffenen zumeist positiv auswirkt.

Die Forschung auf dem Gebiet der Nachtod-Erfahrungen hat aber noch weitere wichtige Erkenntnisse zutage gefördert. So konnte gezeigt werden, dass grundsätzlich Menschen jeden Alters eine solche Erfahrung machen können. Besonders hervorzuheben ist dabei allerdings, dass Kinder proportional zu Erwachsenen anscheinend mehr Nachtod-Erfahrungen erleben. Sie werden jedoch von ihrer Umgebung oft nicht ernst genommen. Die Forschung auf diesem Gebiet konnte ebenso gut belegen, dass weder die Nationalität noch die Rasse, das Bildungsniveau, der soziale Status oder das Geschlecht der Empfänger die Ausgestaltung oder die Wahrscheinlichkeit des Auftretens einer Nachtod-Erfahrung in irgendeiner Form beeinflussen. Auch gibt es kein typisches Persönlichkeitsprofil eines Empfängers, das seitens der Wissenschaft definiert werden kann. Und es konnte verdeutlicht werden, dass die Erfahrung in keinerlei Zusammenhang mit der persönlichen religiösen Einstellung steht. Denn Gläubige, genauso wie Agnostiker und Atheisten, machen Nachtod-Erfahrungen im selben Maße, ohne Unterschied. Das einzige gemeinsame Merkmal aller Empfänger ist und bleibt nur die Trauer um den Verstorbenen. Ferner konnte nachgewiesen werden, dass Nachtod-Erfahrungen nicht nur von nahen Angehörigen oder Freunden erlebt werden. So kann es durchaus vorkommen, dass eine Begegnung mit einem Verstorbenen von mehreren Menschen gleichzeitig erlebt wird, sodass verschiedene Personen die Erscheinung bezeugen können. Und es konnte aus den Beschreibungen der Zeugen nachgewiesen werden, dass die Erfahrungen als solche einen hohen Realitätsgehalt aufweisen und von daher häufig sehr einschneidend sind.

Apropos Studien – die bekannteste Studie zu dem Thema Nachtod-Erfahrungen führten Bill und Judy Guggenheim in den USA und Kanada durch. Veröffentlicht wurde die sogenannte Guggenheim-Studie in Buchform erstmalig unter dem Titel »Trost aus dem Jenseits – Unerwartete Begegnungen mit Verstorbenen« im Jahre 1995. Bill und Judy Guggenheim konnten dank ihrer Studie zwölf verschiedene Typen von Nachtod-Kontakten herausarbeiten. Die einzelnen kategorisierten Formen dieser Erfahrungen sehen dabei wie folgt aus:

1. Nachtod-Erfahrungen mit Gegenwartsempfinden
2. Nachtod-Erfahrungen mit Gehörwahrnehmungen
3. Nachtod-Erfahrungen mit Tastwahrnehmungen
4. Nachtod-Erfahrungen mit Geruchswahrnehmungen
5. Visuelle Nachtod-Erfahrungen
6. Visionäre Nachtod-Erfahrungen
7. Nachtod-Erfahrungen im Halbschlaf
8. Nachtod-Erfahrungen im Schlaf und Traum
9. Außerkörperliche Nachtod-Erfahrungen
10. Telefonische Nachtod-Erfahrungen
11. Nachtod-Erfahrungen mit physikalischen Phänomenen
12. Symbolische Nachtod-Erfahrungen

Um Missverständnisse gleich an dieser Stelle aus dem Weg zu räumen, sei darauf hingewiesen, dass Nachtod-Erfahrungen selbstverständlich nicht in dieser, nennen wir es einmal Reinform, vorkommen müssen. Denn Nachtod-Kontakte sind von sehr unterschiedlicher Art und Intensität und sie können in allen nur erdenklichen Kombinationsmöglichkeiten auftreten. Hier gibt es keine festen Schemata und Definitionen. Im Folgenden ein Bericht, der das Wissen über dieses Phänomen weiter vertieft. Er stammt aus Deutschland. Eine Frau namens Kartin beschreibt darin einen beeindruckenden Nachtod-Kontakt, direkt nach dem Hirntod ihrer Mutter. Die Schilderungen sind ein gutes Beispiel dafür, wie vielschichtig und facettenreich sich Nachtod-Kontakte gestalten können. Hier ihr Bericht:

»Meine Mutter war nach einem Herzinfarkt verstorben, von Notärzten reanimiert und anschließend in ein künstliches Koma versetzt worden, aus dem sie nicht wieder richtig aufwachte, sondern im Wachkoma hängen blieb. Die Ärzte sagten, das Gehirn habe, bedingt durch den Sauerstoffmangel in der Zeit bis zur Reanimation, einen dauerhaften Schaden erlitten, von dem sich meine Mutter erfahrungsgemäß nicht mehr erholen würde. Wenige Tage später erhielt ich auf der Arbeit einen Anruf vom Krankenhaus. Bei meiner Mutter war der Hirntod eingetreten, ich möchte so schnell wie möglich kommen, da sie nun unmittelbar sterben würde. Ich raste wie eine Verrückte mit dem Auto von meiner Arbeitsstätte über die Autobahn Richtung Krankenhaus. Ich wollte von meiner Mutter in Ruhe und in Würde Abschied nehmen, da unsere Beziehung in den letzten Jahren nicht immer unproblematisch gewesen war. Und ich wollte mich noch einmal bedanken für alles, was sie mir für mein Leben mitgegeben hatte. Ich wollte dabei sein, wenn sie endgültig starb. Sie sollte dabei nicht allein sein. Darum raste ich von Panik getrieben, mit tränenüberströmtem Gesicht über die Autobahn. Ich musste es einfach schaffen … Aber von einem Moment auf den anderen hatte ich das Gefühl, dass meine Mutter neben mir auf dem Beifahrersitz saß. Ich konnte ihre Präsenz fast körperlich spüren und ihren vertrauten Geruch wahrnehmen. Es gab keinen Zweifel, sie schien dort zu sitzen und redete beruhigend auf mich ein. Sie sagte »Du brauchst nicht zu rasen. Ich habe Zeit, und ich warte auf dich, ich warte auf euch. Fahr bitte langsamer.« In dem Moment überkam mich eine große

innere Ruhe. Ich erreichte das Krankenhaus als Erste, und nach und nach trafen auch die anderen Geschwister ein. Als mein Bruder, zu dem sie jahrelang kein gutes Verhältnis gehabt hatte, das Zimmer betrat, stieg der Puls meiner Mutter rasant an und Tränen liefen über ihre Wangen. Dieser Umstand wäre laut den Ärzten nicht mehr möglich gewesen. Meine Mutter verstarb in der folgenden Nacht. Allerdings kam es an den Tagen und Wochen nach der Beerdigung bei allen Geschwistern zu auffälligen Unregelmäßigkeiten. Bei allen gab es Probleme mit den Elektroleitungen und elektrischen Geräten. So berichteten alle von flackernden Lampen, von Geräten, die sich ausstellen und von klingelnden Festnetztelefonen, an denen dann aber keiner war. Ich bin überzeugt, dass meine Mutter uns allen auf diese Weise mit den Nachtod-Kontakten zeigen wollte, dass sie nicht im klassischen Sinne tot ist, sondern dass es ihr gut geht.«
Zitiert nach: leben-nach-dem-tod.eu

Fasst man das Gesagte zusammen, kann das Phänomen als solches nach den vorliegenden zahlreichen Berichten und Studien nicht mehr bestritten werden. Was bleibt, ist lediglich die Frage nach der Deutung. Oder anders ausgedrückt, es bleibt am Ende die Frage nach der Authentizität. Handelt es sich bei dem Phänomen der Nachtod-Kontakte tatsächlich um reale Begegnungen mit Verstorbenen, oder haben wir es hier nicht doch mit Trauer-Halluzinationen oder mit pathologischen Halluzinationen zu tun? Die Forschung vermag diese Frage noch nicht eindeutig zu beantworten. Folglich muss jeder Einzelne für sich zu einer Deutung des Phänomens kommen.

Für die Betroffenen selbst stellt sich dagegen die Authentizitätsfrage in keiner Weise, denn sie haben keinen Zweifel an der Wirklichkeit dieses Erlebnisses. Sie sind fest davon überzeugt, dass es sich dabei um echte Begegnungen, also um wirkliche Kontakte mit ihren Verstorbenen handelt. Denn die emotionale Kraft dieser Erfahrungen ist so stark, so einschneidend, dass die Empfänger in der Regel nicht an der Wirklichkeit des Erlebnisses zweifeln. Für sie ist ein Nachtod-Kontakt meistens eine beglückende und bewegende Erfahrung. Eine, die von vielen als ein spirituelles Phänomen empfunden wird. Eine Art subjektiver Beweis dafür, dass der geliebte Mensch nicht ein für allemal ausgelöscht wurde, sondern in einer anderen Dimension, die uns für gewöhnlich nicht zugänglich ist, weiter existiert. Nur ein kleiner Prozentsatz von Betroffenen ist aufgrund des Erlebnisses verängstigt oder verschreckt. Dies kann damit zusammenhängen, dass die erlebte Erfahrung entweder einfach nicht in das persönliche Glaubenssystem passt, oder weil vielleicht dadurch Kindheitserfahrungen und Ängste wachgerüttelt werden, die eng mit Spuk, Geistern und unheimlichen Schreckensbildern in Verbindung stehen. Die Regel ist das aber nicht.

Denn im Allgemeinen wirkt sich ein Nachtod-Kontakt sehr positiv auf die Empfänger aus. Die Betroffenen wissen nun, dass der Kontakt zum geliebten Menschen nicht völlig oder für immer abgebrochen ist. Sie wissen, dass die Liebe den Tod überwindet. Und sie wissen, dass der geliebte Verstorbene über sie aus einer anderen Dimension heraus wacht. Denn bei aller Unterschiedlichkeit in den Formen von Nachtod-Kontakten, ihre Botschaft ist immer ein und dieselbe. Nämlich, dass es den Verstorbenen gut geht und die Hinterbliebenen sich deshalb weder Sorgen machen noch trauern sollen. Es ist eine Botschaft, die entweder direkt verbal übermittelt wird oder aber der Betroffene versteht die Bedeutung des Kontaktes ganz intuitiv. Und gerade deshalb, weil der Betroffene um die Bedeutung der Botschaft weiß, sie erahnt oder empfindet, geht sie auch meist einher mit einem kraftvollen positiven Gefühl, das begleitet wird von tiefem Frieden und starker Freude. Trauer und Schmerz lassen in der Folge weitgehend nach und Erleichterung stellt sich ein. Die wahrgenommene Erfahrung wird daher als Geschenk verstanden. Das alles erweckt oder verstärkt den Glauben daran, dass das Bewusstsein den biologischen Tod des Körpers überlebt. Es wird zu einer unwiderlegbaren Überzeugung. Als Folge aus dieser Erfahrung schwindet oder vergeht dann auch die Angst vor dem eigenen Tod, und eine neue Perspektive für das Leben eröffnet sich. Viele Empfänger ändern folglich aus der Erfahrung dieses Erlebnisses heraus ihr Glaubenssystem. Niemand geht daraus unverändert hervor, obwohl die Nachwirkungen natürlich sehr individuell und von unterschiedlicher Intensität sein können. Doch leider wagen sich diejenigen, die dies erlebt haben, kaum, ihre erlebten Nachtod-Erfahrungen zu thematisieren, weil das Thema in unserer Gesellschaft nach wie vor tabuisiert wird. Sie haben verständlicherweise Angst davor, sich in der

Öffentlichkeit lächerlich zu machen, ganz so, wie auch Menschen mit einer Nahtod-Erfahrung.

Nebenbei bemerkt, wenn man Nachtod-Erfahrungen mit Nahtod-Erfahrungen vergleicht und sie miteinander in Bezug setzt, lassen sich erstaunliche Parallelen zwischen beiden herausarbeiten. So haben beispielsweise beide gemeinsam, dass es Begegnungen mit bereits Verstorbenen gibt. Und desgleichen werden diese Verstorbenen in beiden als gesund, glücklich und verjüngt beschrieben. Aber nicht nur das, in beiden Phänomenen werden die Verstorbenen zugleich wie aus Licht bestehend oder von einer Licht-Aura umgeben wahrgenommen. Und noch eines ist besonders bemerkenswert. Es wurde schon in ähnlicher Form bei den empathischen Nahtod-Erfahrungen bereits angesprochen, wo miterlebende Personen gewissermaßen in die Erfahrung des Sterbenden aufgenommen beziehungsweise miteinbezogen wurden und dabei den Prozess des Scheidens aus nächster Nähe erfahren durften. Die empathische Person erlebt zeitgleich eine außerkörperliche Erfahrung, den Übergang durch den Tunnel und das gemeinsame Stehen im Licht. Was den Tunnel anbelangt, so liegen auch bei Nachtod-Erfahrungen Berichte vor, wonach die Hinterbliebenen den Übergang durch den Tunnel ebenfalls miterlebt haben. Sollte das alles nur ein bloßer Zufall sein? Wohl kaum, denn die außergewöhnlichen Bewusstseinszustände wie empathische Nahtod-Erlebnisse, Nachtod-Begegnungen und die terminale Geistesklarheit gleichen sich in ihrer Essenz. Und sie gleichen sich darin, dass sie sich in transzendenten Regionen und somit außerhalb der irdischen Sinne vollziehen.

Wir dürfen deshalb bei diesen außergewöhnlichen Bewusstseinszuständen im wahrsten Sinne des Wortes von Transzendenzerfahrungen oder auch menschlichen Grenzerfahrungen sprechen. Somit können wir nun auch, nach diesem kleinen Ausflug in den Bereich der erweiterten Bewusstseinszustände, endlich die Frage beantworten, was denn Nahtod-Erfahrungen dem Grunde nach sind. Es sind in der Tat außergewöhnliche Bewusstseinszustände, die sich beim Menschen in Todesnähe einstellen. Als Grenz- und Transzendenzerfahrung sind sie Teil der menschlichen Erfahrungswelt und bilden zusammen mit den gewöhnlichen sowie den übrigen hier besprochenen erweiterten Bewusstseinszuständen die Klaviatur ab, auf denen der menschliche Geist spielen kann. Und weil Nahtod-Erfahrungen ein breites Spektrum tiefgreifender persönlicher Erfahrungen beinhalten, die bis hin zu den eigentlichen Transzendenzerfahrungen reichen können, sind sie geradezu das Paradebeispiel einer menschlichen Grenzerfahrung.

Was erleben Menschen in Todesnähe?

Wer sich mit den Erlebnissen in Todesnähe beschäftigt, wird unweigerlich auf verschiedene Merkmale stoßen, die sich wie ein roter Faden durch alle Nahtod-Erfahrungen ziehen. So verschieden diese im Einzelnen auch sein mögen, gibt es doch typische Kennzeichen, die wie Wegmarken aufleuchten. Zu diesen Kennzeichen gehören bestimmte Strukturelemente, die sich wie folgt charakterisieren lassen.

1. Außerkörper-Erfahrung

Am Beginn eines Nahtod-Erlebnisses steht sehr oft eine außerkörperliche Erfahrung. Das heißt, der Sterbende spürt, wie sich sein Geist vom Körper trennt, diesen verlässt und anschließend die Umgebung außerhalb des materiellen Körpers wahrnehmen kann. Derartige Geschehnisse kommen in der Literatur mit einer Häufigkeit von 24 bis 90% vor. In den meisten Fällen berichten Betroffene, dass sich ihr Geist in Höhe der Zimmerdecke befunden habe und dort, von einer Ecke des Raumes aus, die Begebenheiten klar beobachten konnte. Berichtet wird übereinstimmend, dass zu diesem Zeitpunkt überraschenderweise das Atmen nicht notwendig war und sich dieser Umstand angenehmer und natürlicher anfühlte, als stetig ein- und ausatmen zu müssen. Übereinstimmend wird ferner berichtet, dass in diesem Moment der Loslösung die Wahrnehmung mit allen Sinnen erfolgt und die Sinne weit besser und empfindsamer als üblicherweise funktionieren. Ein gutes Beispiel ist der Erfahrungsbericht von Paul S. aus Kanada, der im Dezember 1995 eine Nahtod-Erfahrung im Rahmen einer Lungenembolie erlebt hat.

»Plötzlich wurde ich von sehr scharfen Schmerzen in der Brust überfallen. Sie waren entsetzlich. Mein Körper wurde klatschnass vor Schweiß und laut den anderen, die dabei waren, begann ich eine bläuliche Farbe um meine Lippen zu bekommen und um die Bereiche meiner Fingernägel … Gerade als ich ins Wohnzimmer

> gelangte, brach ich auf dem Boden zusammen … Meine nächste Erkenntnis war die Allerseltsamste. Ganz durch diesen Prozess hindurch merkte ich, dass ich außerhalb von dem war, was ich als die Grenzen meines physischen Körpers betrachte. Meine Sicht … war … etwa 12 Fuß weg (ca. 3,5 Meter), in einem Winkel von 45 Grad von dort, wo mein Körper auf dem Boden lag. Ich konnte meine Frau, ihre Schwester, und die Schwägerin ihrer Schwester klar sehen … Es war eine luzide Empfindung … eine 360-Grad-Rundumsicht.«
> *Zitiert nach: »Near Death Experience Research Foundation«*

Verblüffend ist nicht nur, dass die Sinne während einer Außerkörper-Erfahrung viel besser funktionieren als gewohnt, sondern dass die Sinnesorgane, die wegen einer Erkrankung entweder in Mitleidenschaft gezogen wurden oder komplett ausgefallen sind, sei es aufgrund einer Schwerhörigkeit oder Blindheit, plötzlich wieder einwandfrei ihren Dienst tun. So können Schwerhörige oder Taube im Zustand der Ausleibigkeit problemlos hören und Blinde erneut sehen. Entsprechende Berichte von Nahtod-Erfahrenen verdeutlichen das immer wieder. So schrieb zum Beispiel ein Nahtod-Erfahrener, der an Taubheit litt, im Jahr 2000 auf den Seiten der »Near Death Experience Research Foundation« seine Erfahrung anonym mit den Worten nieder:

> »Im Oktober 1978 fühlte ich mich irgendwie benommen. Mein Herz hörte auf zu schlagen und plötzlich fühlte ich mich sehr schnell durch die völlige Schwärze zum Eingang eines tosenden Tunnels hingezogen … Ein leises, stetiges Dröhnen erfüllte den engen Gang … Als ein fast völlig tauber Mensch war es für mich sehr schön, dieses Geräusch zu hören, denn es brachte mir Trost, wie die Stimme einer Mutter für ihr Kind.«

Und zwei weitere Nahtod-Erfahrene, die ihre Erlebnisse ebenfalls auf den Seiten der »Near Death Experience Research Foundation« niederschrieben, erzählten unabhängig voneinander:

> »Nachdem ich meinen Körper verließ, wurde ich spirituell bewusst und wach für meine Umgebung. Ich hatte jetzt keine Schmerzen

> … Mir wurde bewusst, dass meine Sicht besser war als sie je zuvor gewesen ist, und ich konnte Details und Farben sehen, die ich nie zuvor sah … Mein Hören war besser, als es je in meinem Körper hier auf der Erde gewesen war. Ich war immer schwerhörig, aber das Hören im Geist war viel melodischer, klar und laut.«
> *Odell H.*

> »All das bekam ich auf dramatische und unerwartete Weise mit, als ich im Juli 1970 in Venice Beach vor Los Angeles war und ein Motorradunfall zu meiner Nahtod-Erfahrung führte … Ich wurde im Alter von 17 Jahren, als ich meinen ersten Regierungsjob bekam, ohne Sehhilfe für blind erklärt. Dennoch konnte ich in meinem spirituellen Körper perfekt sehen.«
> *Beverly B.*

Perfekt sehen können während einer Außerkörper-Erfahrung selbst blind Geborene, die noch nicht einmal die anatomischen Voraussetzungen für den Sehvorgang mitbringen. Vicki Noratuk ist eine von jenen Nahtod-Erfahrenen, denen solch ein Erlebnis widerfahren ist. Als Neugeborenes kam sie in den Brutkasten und wurde mit Sauerstoff beatmet. Das rettete zwar ihr Leben, schädigte aber ihre Netzhaut und führte zur Blindheit. 1973 wurde die damals 22-jährige in einen schweren Autounfall verwickelt. Als Folge zog sie sich neben einer Schädelbasisfraktur noch weitere Frakturen an den Nacken- und Rückenwirbeln zu. Als ihre Nahtod-Erfahrung während eines vierminütigen Herz-Kreislauf-Stillstandes einsetzte, konnte sie während der Phase der Ausleibigkeit Lichter und Straßen erkennen. Sie sah verschiedene Gebäude und das Dach des Krankenhauses, in dem sie lag. In einem Interview mit der amerikanischen Radiomoderatorin Rollye James sagte sie:

> »Ich war in meinem Leben nicht fähig, irgendetwas zu sehen. Kein Licht, keine Schatten, keine Farben, nichts dergleichen … Als ich meinen Körper verließ, hatte ich eine Art Energiekörper aus Licht. Dieser andere Körper hatte eine Form, hatte einen Kopf, Arme und Beine. Ich hatte ein Bewusstsein, Erinnerungen und das alles … Im Krankenhaus sah ich von der Decke zu, was da unten geschah. Es war schrecklich. Ich meine, zu sehen war schrecklich. Ich wusste

> gar nicht, was mit mir passiert war und was das zu bedeuten hatte. Als ich mich fasste, sah ich meinen Körper, meine Haare und meinen Ehering. Ich sah die Steine, die in ihm gefasst waren. Das war für mich absolut sonderbar. Ich ging durch die Zimmerdecke durch das Dach, ohne irgendwo anzustoßen. Ich fühlte mich frei und schwebte in der Luft. Da waren Vögel, Bäume und ziemlich viele Menschen. Und ich sah Lichter. Das ist merkwürdig, denn ich konnte mir nie wirklich vorstellen, was Licht ist.«

Auch Bradley Burroughs wurde blind geboren. Er wuchs in einem Blindenheim in Boston, USA, auf. Im Februar 1968, im Alter von acht Jahren, erkrankte er an einer schweren Lungenentzündung mit hohem Fieber. Es kam zu einem Atem- und Kreislaufstillstand, sodass Bradley wiederbelebt werden musste. Zu dem Zeitpunkt, als der Atem aussetzte, bemerkte Bradley, wie sich sein Wesen langsam vom Bett erhob und zur Decke schwebte. Er sah seinen scheinbar leblosen Körper auf dem Bett liegen und wie sein blinder Mitbewohner den Raum verließ, um Hilfe herbeizuholen. Ein Umstand, den sein Zimmergenosse später bestätigte. So wie Bradley von sich aus bezeugte, dass ihn die Erfahrung und das Gefühl, plötzlich sehen zu können, total verwirrte. Im Weiteren berichtete Bradley, dass er durch die Decke des Gebäudes nach außen gelangte, wo er auf das Dach blickte. Er sah, dass es draußen dunkel und der Himmel bewölkt war. Einen Tag zuvor hatte es in Boston einen Schneesturm gegeben. Den Schnee, die verschneiten Bänke sowie die vom Schnee geräumten Straßen konnte Bradley genau beschreiben. Wörtlich sagte er:

> »Ich hatte nie zuvor eine Vorstellung vom Sehen gehabt. Doch in dem Moment, als ich über dem Dach des Heimes schwebte, wusste ich, dass es geschneit hatte, ohne den Schnee berühren zu müssen. Ich sah eine Straßenbahn und konnte sogar das Schild der Endhaltestelle erkennen. Im Schnee konnte man auch den Verlauf der Schienen erkennen. Es irritierte mich, dass ich all das wusste, ohne den Schnee berühren zu müssen. Ich konnte alles visuell erfassen. Ich sah den Schnee, und ich sah die Straßenbahn auf den Schienen. Dieser Anblick hat sich in mein Gedächtnis eingebrannt.«

Nachdem diese Szene endete, fand sich Bradley in einem Tunnel wieder. Als er aus ihm heraustrat, sah er ein riesiges Feld mit großen Bäumen, die gewaltige Blätter trugen. Die ganze Umgebung wurde von einem allumfassenden Licht erhellt. Trotzdem waren dort keine Schatten erkennbar. Bradley stand auf einem Pfad, der von einer hohen Wiese umgeben war. Die Wiese beschreibend, sagte Bradley:

> »Sie war so üppig gewachsen. Und ihre Farbe. Es war das grünste Grün, das man sich je vorstellen kann.«

Es sind gerade die Aussagen von geburtsblinden Personen, die den Wahrheitsgehalt außerkörperlicher Erfahrungen in besonderer Weise unterstreichen. Die nachprüfbar dokumentieren, dass der Geist den Körper im Angesicht des Todes verlässt und zunächst am Ort des Geschehens verweilt, um in Ruhe zu schauen, was dort vor sich geht. Der Geist des Nahtod-Erfahrenen tut dies schwerelos schwebend und schmerzfrei, ohne dabei von Angst oder Panik ergriffen zu werden. Im Gegenteil, Betroffene berichten sogar von positiven und angenehmen Gefühlen während dieser Zeit und das in bis zu 60% der Fälle. So wie Monika P., die im Alkoholrausch eine Nahtod-Erfahrung erlebte, als sie zudem wahllos Medikamente schluckte.

> »Ich kann mich an überhaupt nichts erinnern, doch plötzlich sah ich mich von einer Ecke im Behandlungsraum aus und konnte mit vollem Bewusstsein hinunter auf meinen eigenen Körper sehen, der in diesem Raum in einer Badewanne saß und Ärzte, Krankenpfleger und Krankenschwester mir den Magen auspumpten und nach mir riefen und mir auf die Wange schlugen. Ich sah mich von oben im Raum und fand das irgendwie lustig. Denn ich spürte ja nichts und habe mich unglaublich wohl gefühlt, dort, wo ich war.«
> *Zitiert nach: »Near Death Experience Research Foundation«*

Selbst bei der Erkenntnis, tot zu sein beziehungsweise von anderen für tot erklärt zu werden, was bei etwa 50% der Nahtod-Erfahrungen vorkommt, oder beim Anblick des eigenen Körpers, der zu sterben droht, ändert sich die Gefühlslage nicht. Christine Stein, die im Alter von 19 Jahren einen schweren Autounfall erlitt und während der Notoperation einen Herzstillstand hatte, weiß hierüber sehr genau zu berichten. Insgesamt 23 Minuten stand ihr Herz still, bis es den Ärzten gelang, es wieder in Gang zu setzen. Angesprochen auf ihre Nahtod-Erfahrung, erzählte sie:

> »Mein Körper liegt auf dem OP-Tisch, der Brustkorb ist geöffnet. Ich schwebe unter der Decke und sehe auf mich herunter. Die Chirurgen sagen: Schneller, wir verlieren sie! Ich empfinde nichts.«

Es ist aber nicht nur ein Geist, ein Bewusstsein, was da über dem leblosen Körper schwebt, sondern es ist vielmehr ein Geistkörper. Die Nahtod-Erfahrene Phoebe O. drückte es so aus:

> »Ich konnte mich selbst unter dem Wasser sehen und erinnere mich, dass ich keinerlei Bindung zum Körper hatte. Ich schwebte höher und höher über die Szene und konnte einen großen Teil der Stadt unter mir sehen. Ich hatte immer noch eine menschliche Form, während ich hochschwebte, es war wie ein Geistkörper.«
> *Zitiert nach: »Near Death Experience Research Foundation«*

Dieser Geistkörper entspricht, rein äußerlich betrachtet, dem materiellen Körper, verfügt aber über Eigenschaften, die ihn deutlich von diesem unterscheiden. So ist der Geistkörper für andere Menschen nicht sichtbar, nur für den Sterbenden selbst. Ferner ist der Geistkörper nicht der Schwerkraft unterworfen. Auch bilden materielle Barrieren für ihn kein Hindernis. Der Sterbende kann folglich ungehindert geschlossene Türen, Mauern oder Zimmerdecken durchqueren und durch Menschen hindurchgehen. Andreas Berglesow, der im Januar 1995 im Rahmen eines Verkehrsunfalls tödlich verletzt wurde, schilderte diesbezüglich sein Nahtod-Erlebnis mit den Worten:

> »Als mein Herz aufgehört hat zu schlagen, habe ich gespürt, dass ich mich von meinem Körper entfernt habe und anfing, mich nach oben zu bewegen. Ich habe mich durch die Decke hindurchbewegt, die Decke stellte kein reales Hindernis für mich dar. Ebenfalls das Dach des Krankenhauses stellte kein Hindernis dar.«
> *Zitiert nach: www. grenzwissenschaftler.com*

Ein anderer Nahtod-Erfahrener stellte während der Notfallsituation fest:

> »Die Ärzte und Schwestern trommelten auf meinen Körper, um die Infusionen zu unterstützen und mich zurückzuholen, während ich beständig versuchte, ihnen zu sagen: Lasst mich in Ruhe. Ich möchte weiter nichts als meine Ruhe. Hört doch endlich auf, auf mir herumzutrommeln! Aber sie hörten mich nicht. Deswegen versuchte ich, ihre Hände wegzuschieben, damit sie meinen Körper nicht länger bearbeiten, aber nichts geschah. Ich konnte nichts machen. Anscheinend, ich begreife gar nicht richtig, was denn eigentlich passiert war, aber ich konnte einfach ihre Hände nicht wegdrücken. Zwar sah es schon so aus, als ob ich sie berührte, und ich gab mir alle Mühe, sie wegzuschieben, doch selbst wenn ich mit aller Kraft dagegen drückte, blieben ihre Hände da, wo sie waren. Ich weiß nicht, ob meine Hände durch die ihren hindurch oder um sie herumgingen oder was eigentlich los war. So sehr ich auch versuchte, sie zu bewegen, schien doch auf ihre Hände überhaupt kein Druck zu wirken.«
> *Zitiert nach: Moody »Leben nach dem Tod«*

Besonders eindrücklich ist, dass der Geistkörper unzerstörbar zu sein scheint, selbst wenn der materielle Körper schwere Verletzungen oder gar Amputationen davonträgt. Der amerikanische Herzspezialist Dr. Michael Sabom aus Atlanta berichtete in diesem Zusammenhang von einem Vietnamsoldaten namens Johnny Tommy Clack, der am 29. Mai 1969 bei einem Feuergefecht südwestlich von Nau Ba Dien, in der Nähe des Dorfes Ap Duc, bei einer Explosion schwer verwundet wurde. Es war eine Explosion, die den Captain der 25. Infanteriedivision regelrecht zerstückelte. Er erlitt massive innere Verletzungen und verlor dabei beide Beine sowie den rechten Arm. Sein rechtes Auge hing auf der Wange. Der Sanitäter konnte weder Puls noch andere Lebenszeichen erkennen, und so wurde Clack in eine Reihe verstorbener Soldaten gelegt.

Angesprochen auf seine Nahtod-Erfahrung sagte Clack zu Dr. Sabom:

> »Als ich auf dem Schlachtfeld lag, verließ ich plötzlich meinen Körper und sah, dass ich auf der Erde lag und mir drei Glieder fehlten. Ich wusste, dass ich es war. Ich erkannte mich. Ich kann Ihnen nicht sagen, welche Gestalt ich hatte. Ich konnte bei mir unten keine Lebenszeichen feststellen, außerhalb meines Körpers war jedoch Leben in mir. Mir fehlten keine Glieder. Ich hatte eine Gestalt, ich kann sie Ihnen aber nicht beschreiben«.

Interessant ist auch die Art und Weise, mit der sich der Geistkörper fortbewegt. Es sind nämlich die Gedanken, die ihn steuern. An welchen Ort sich der Betroffene auch immer hindenkt, dort erscheint er unmittelbar und sogleich. Mit Gedankengeschwindigkeit, könnte man sagen. Sabine Uhlig, eine Nahtod-Erfahrene, die eine solche Reise während ihrer Reanimation erlebte, schilderte es mit ihren Worten so:

> »Ich schwebte an die Decke, sah zu, wie die Ärzte hektisch versuchten, meinen Körper zu reanimieren. Doch ich fühlte mich wohl und lachte darüber. Während der OP konnte ich ins Nebenzimmer schweben und sehen, wie die Schwestern meine neugeborene Tochter badeten. Dann dachte ich an meinen damals neunjährigen Sohn, der mit seinem Chor auf Sylt war. Ich befand mich unmittelbar in seiner Gegenwart und sah, wie er zu Mittag aß. Ich spürte irgendwie, dass er mich noch brauchte.«
> *Zitiert nach: »Mit den Engeln über die Schwelle zum Jenseits«*

Und noch eine Eigenschaft zeichnet den Geistkörper aus. Das Denken, das im Geistkörper viel rascher und klarer abläuft, als man es vom Alltag her kennt. Der Verstand ist in solchen Augenblicken deutlich aufnahmefähiger. Er kann eine Vielzahl von Eindrücken problemlos und unmittelbar verarbeiten, ohne groß darüber nachsinnen zu müssen. Außerdem werden sehr viel mehr Details im Raum wahrgenommen, als man es mit seinem normalen Wachbewusstsein je könnte. Deshalb spricht man bei dieser Art des Bewusstseins auch gerne von Überbewusstsein. Durch das Überbewusstsein können Situationen erlebt werden, die für gewöhnlich außerhalb der Reichweite unseres Körpers liegen. Das kann eine Ameise sein, die gerade am Fußboden langkrabbelt und die man unmöglich aus der Position des bewusstlosen Körpers hätte sehen können. Oder ein Staubkorn, das man irgendwo im Raum wahrnimmt, aber für gewöhnlich nie hätte sehen können, weil das Auflösungsvermögen des menschlichen Auges hierzu einfach nicht ausreicht. Ebenso kann es vorkommen, dass plötzlich Strukturen sichtbar werden, die sich normalerweise gänzlich dem menschlichen Auge entziehen. So berichten Nahtod-Erfahrene, wenn auch sehr selten, von einer silberfarbenen Struktur, ähnlich einer Nabelschnur, die den Geistkörper mit dem physischen Körper verbindet. Ruth, die in ihrem Leben schon drei Erlebnisse in Todesnähe hatte, schrieb im Oktober 2004 bezüglich ihrer letzten Erfahrung:

> »Die war bei Weitem die tiefste Nahtod-Erfahrung, da ich die Silberschnur sehen konnte, die mich mit meinem Körper verband. Diese Erfahrung dauerte über 20 Minuten, nach meiner besten Erinnerung.«
> *Zitiert nach: »Near Death Experience Research Foundation«*

Zerreißt die Silberschnur, die den Geistkörper mit dem physischen Körper verbunden hält, gibt es kein Zurück mehr ins irdische Dasein. Dann nämlich geht die Seele in die geistige Welt über, und das Leben weicht aus dem Körper. Darüber sind sich Nahtod-Erfahrene, die die Silberschnur gesehen haben, einig. Ihre Erfahrungen, und das ist das Erstaunliche, werden von der Bibel an dieser Stelle bestätigt. Im Buch Kohelet, in dem König Salomo als Prediger zu Wort kommt, äußert er in kurzen Worten den entscheidenden Satz:

> »Ja, denke an deinen Schöpfer, ehe das Leben zu Ende geht, bevor die silberne Schnur zerreißt und der Leib zur Erde zurückkehrt, aus der er genommen wurde und der Lebensgeist wieder zu Gott geht, der ihn gegeben hat.« *Kohelet 12, 6–8*

Nach dem Zerreißen löst sich die Silberschnur allmählich auf. Dieser Prozess dauert für gewöhnlich einen Tag. Er kann aber durchaus auch einige Tage in Anspruch nehmen. Während der Auflösungszeit kann für Außenstehende der Eindruck entstehen, dass im Körper des Verstorbenen noch Leben sei. Dieser Eindruck verflüchtigt sich aber, sobald sich die Silberschnur vollkommen aufgelöst hat. Denn dann sieht man deutlich, dass man nur noch eine leere Hülle vor sich hat. Folgt man den Berichten Nahtod-Erfahrener, stellt man unweigerlich fest, dass die Silberschnur keinen fest definierten Ansatzpunkt hat. Sie kann an der Fontanelle des Schädels ansetzen oder an der Stirn. Weitere Ansatzpunkte sind das Hinterhaupt, die Brust, das Sonnengeflecht sowie die Milz- und Magengegend. Rein prinzipiell kann die Silberschnur aber an jeder Körperstelle ansetzen. Dies zu wissen, ist wichtig, denn die Ansatzstelle der Silberschnur markiert denjenigen Bereich, an dem der Geistkörper den physischen Körper verlässt, aus ihm sozusagen heraustritt und seine Erkundungen und Erfahrungen in der Umgebung macht. Damit erklärt sich, weshalb beim Vergleich von Nahtod-Erfahrungen die Austrittsstellen am Körper zum Teil unterschiedlich angegeben werden. Übrigens sind die Ausdrücke Erkundungen und Erfahrungen außerhalb des Körpers im Zusammenhang mit einer Außerkörper-Erfahrung wörtlich zu nehmen, denn das zeichnet eine Außerkörper-Erfahrung aus und grenzt sie von anderen, ähnlichen Phänomenen, ab. Dass nämlich die Erfahrungen außerhalb des eigenen Körpers nachprüfbar sind und nach entsprechenden Recherchen als wahr, als real erlebt, von Außenstehenden bestätigt werden können. Zwei solcher Begebenheiten aus dem klinischen Alltag seien hier exemplarisch angeführt. Das erste Beispiel stammt von Andrea von Wilmowsky, die in der ehemaligen DDR als Fachkrankenschwester für Anästhesie und Intensivtherapie tätig war. In ihrem Buch »Der Segelfalter«, in dem es um Liebe, den Tod und Nahtod-Erlebnisse geht, schildert sie sehr eindrücklich einen Fall, den sie selbst erlebt hat:

> »In der Mitte der Achtzigerjahre kam eine Patientin unter Reanimationsbedingungen auf unsere Intensivstation. Es war eine chaotische Reanimation – man trat und behinderte sich gegenseitig, es waren viel zu viele Menschen da. Eine Infusionsflasche aus Glas ging zu Bruch. Die Patientin wurde etwa eine Stunde lang reanimiert. Ich war damals jung und hatte ganz lange Haare, die auf meinem Rücken von einer Sperrholzhaarspange in Form einer Rose zusammengehalten wurden. Die Spange wurde von meinem Mann eigenhändig als Unikat für mich gemacht. Während dieses

Chaos hat mir jemand meine Spange aus dem Zopf gezogen, sie ist heruntergefallen und jemand ist draufgetreten. Ich habe das gar nicht gemerkt, sah sie nur später kaputt auf dem Boden liegen. Wie Sie sich denken können, war ich sehr traurig. Die Reanimation jedenfalls war erfolgreich, die Patientin aber tief bewusstlos. Ich beendete meinen Dienst, ging drei Wochen in den Urlaub und glaubte nicht, die Frau lebend wiederzusehen. Nach drei Wochen kam ich wieder und fand sie immer noch auf meiner Station vor. Das höchst Unwahrscheinliche war passiert: Die Patientin hatte nicht nur überlebt, sie war sogar wieder zu Bewusstsein gekommen. Es ging ihr natürlich noch nicht gut, aber wir haben uns trotzdem häufig unterhalten. Übrigens sind die Unterhaltungen in dieser Welt zwischen Leben und Tod inmitten von Maschinen besonders intensiv, alles Unwichtige bleibt weg. Es spielt nur eine Rolle, was für ein Mensch man ist. Nicht, was man hat oder darstellt. In einer unserer Unterhaltungen fragte sie mich mit einem leisen Lächeln, wo meine schöne Spange sei. Ich fand die Frage merkwürdig, wusste aber erst nicht, warum und antwortete ihr, dass die leider kaputt sei. Irgendwie ließ mich die Frage nicht los, irgendwas stimmte nicht damit. Mein Unterbewusstsein arbeitete fleißig weiter und am dritten Tag wusste ich es plötzlich. Mir fiel es ein, als ich mit dem Motorrad nach Hause fuhr – worauf ich sofort eine Notbremsung hinlegte und nicht mehr weiterfahren konnte: Plötzlich wusste ich, was komisch an der Frage war: Sie konnte diese Spange nie gesehen haben! Sie war erst klinisch tot gewesen und kam später gar nicht zu Bewusstsein, bis ich die Reste der Spange weggeräumt hatte! Am nächsten Tag habe ich sie dann gefragt, wieso sie sich an meine Haarspange erinnerte. Und dann erzählte sie mir von ihrer außerkörperlichen Erfahrung. Sie erklärte mir ihre Perspektive. Von einer Zimmerecke in Deckenhöhe sah sie uns alle von hinten und konnte mir sogar beschreiben, wer meine Spange herausgerissen und sie zertreten hatte! Sie sah sich von oben daliegen und wusste, dass sie das war. Allerdings war es für sie nicht wichtig, denn ihr ging es gut. Sie konnte sich an die heruntergefallene Infusionsflasche erinnern, sogar an das Etikett. Es war Natriumbikarbonat. Ich war völlig perplex. Dieses Erlebnis hat mich damals zutiefst beeindruckt und mein Weltbild ins Schwanken gebracht.«

Das zweite Beispiel stammt von dem international bekannten niederländischen Kardiologen und NTE-Forscher Dr. Pim van Lommel, der in seinem Buch »Endloses Bewusstsein« die Schilderungen eines Pflegers zitierte. Der Pfleger war auf einer kardiologischen Station tätig und hatte einst eine merkwürdige Begegnung mit einem Patienten. Er erzählte Dr. van Lommel:

> »Während der Nachtschicht liefert der Rettungswagen einen 44 Jahre alten, bereits bläulich-violett verfärbten, komatösen Mann auf der kardiologischen Station ein. Passanten hatten ihn etwa eine Stunde zuvor in einem Park gefunden und bisher lediglich mit Herzmassage begonnen. Nach seiner Ankunft im Krankenhaus wird er mit Beutel und Maske beatmet, erhält Herzmassage und wird defibrilliert. Als ich die Beatmung übernehme und den Patienten intubieren will, fällt mir auf, dass er noch ein künstliches Gebiss trägt. Vor der Intubation entferne ich den oberen Teil der Prothese und lege sie auf den Instrumentenwagen. In der Zwischenzeit setzen wir die Maßnahmen zur erweiterten Reanimation fort. Nach etwa anderthalb Stunden hat der Patient zwar wieder einen ausreichend stabilen Herzrhythmus und Blutdruck, er wird aber noch beatmet, ist noch intubiert und noch immer komatös. In diesem Zustand wird er zur weiteren Beatmung auf die Intensivstation gebracht. Erst eine Woche später, bei der Medikamentenausgabe, begegne ich dem Patienten, der gerade wieder auf die Kardiologie verlegt wurde, wieder. Als er mich sieht, sagt er: »Oh, dieser Pfleger weiß, wo mein Gebiss liegt.« Ich bin ganz überrascht, doch er erklärt mir: »Ja, Sie waren doch dabei, als ich ins Krankenhaus kam, und haben mir das Gebiss aus dem Mund genommen und es auf einen Wagen gelegt, auf dem alle möglichen Flaschen standen. Er hatte so eine ausziehbare Schublade und in die haben Sie meine Zähne gelegt.« Das erstaunte mich vor allem deshalb, weil sich dies meiner Erinnerung nach alles zu einer Zeit abgespielt hatte, als der Patient in tiefem Koma lag und gerade reanimiert wurde. Weitere Nachfragen ergaben, dass er damals selbst sehen konnte, wie er im Bett lag und von oben auf die Pflegekräfte und Ärzte herabsah, die ihn mit aller Kraft zu reanimieren versuchten. Er konnte auch den kleinen Raum, in dem er wiederbe-

> lebt wurde, und das Aussehen der Anwesenden korrekt und genau beschreiben. Damals, als er die Szene beobachtete, hatte er große Angst davor, dass wir ihn nicht weiter reanimieren würden und er sterben müsste. Wir hatten uns tatsächlich große Sorgen um ihn gemacht, da er schon in sehr schlechter Verfassung ins Krankenhaus eingeliefert worden war. Er schilderte mir, wie er uns verzweifelt und erfolglos zu signalisieren versuchte, dass er noch lebe und wir ihn weiter reanimieren sollten. Er war tief bewegt von dem, was er damals erlebt hatte, und sagte, dass er sich heute nicht mehr vor dem Tod fürchte.«

Die außerkörperliche Erfahrung zeichnet sich vor allem dadurch aus, dass der Geistkörper den physischen Körper verlässt und überprüfbar richtige Beobachtungen macht, die nicht über die körperlichen Sinne vermittelt wurden. Etwas anderes ist es, wenn jemand nur die Empfindung hat, seinen Körper zu verlassen und diesen beobachtet zu haben, ohne dass jedoch seine Angaben verifiziert werden können. Dann haben wir es nämlich nicht mit einer Außerkörper-Erfahrung zu tun, sondern mit einem außerkörperlichen Erlebnis. Solche Erlebnisse können unterschiedlich erzeugt werden. Entweder durch eine elektrische Stimulation des *Gyrus angularis* (Windung in der Großhirnrinde) bei Epilepsiepatienten, durch einen intensiven Einfluss von Drogen wie LSD, Ketamin, Psilocybin, Salvinorin A und Meskalin oder aber, im einfachsten Falle, durch einen geeigneten Versuchsaufbau mittels einer Videobrille und zwei Kameras. Dazu braucht man nur die Kameras hinter einer Versuchsperson zu platzieren und das jeweils rechte und linke Kamerabild über eine Videobrille auf das rechte und linke Auge zu projizieren. Die Versuchsperson erblickt sich dann von hinten, und es dauert nur wenige Sekunden, bis das Gehirn die Illusion erzeugt, dass man hinter seinem Körper steht. Solche Experimente gehen sehr in die Richtung einer autoskopischen Halluzination. Es sind Spiegelhalluzinationen, bei denen man sich so sieht, als würde man sich selbst gegenüberstehen. Wie bei einem Spiegelbild eben. Die Person weiß aber zu diesem Zeitpunkt, dass sich sein Bewusstsein sicher im physischen Körper befindet. Derartige Spiegelhalluzinationen kommen bei Angstreaktionen, Psychosen, Migräne, Schlaganfällen, bei der Epilepsie sowie bei Depressionen vor und müssen von Außerkörper-Erfahrungen und außerkörperlichen Erlebnissen differentialdiagnostisch abgegrenzt werden. Ebenso, wie sie von heautoskopischen Halluzinationen, eine Variante der Spiegelhalluzination, abgegrenzt werden müssen. Der Unterschied besteht darin, dass die Person nicht sicher angeben kann, ob sich ihr Bewusstsein im physischen Körper oder aber im Spiegelkörper befindet. Epilepsien und Hirntumore sind hier die häufigsten Ursachen derartiger Halluzinationen. Und dann gibt es noch die Begriffe Autoskopie und autoskopisches Erlebnis, die Sammelbegriffe für alle genannten Phänomene darstellen, sodass man bei deren Verwendung nie genau weiß, von welchem Ereignis wirklich die Rede ist.

Ein weiteres Phänomen, das nur im Zusammenhang mit einer Außerkörper-Erfahrung vorkommt, ist die Ausdehnung des Bewusstseins. Zunächst ist das Bewusstsein derart erweitert, dass der Sterbende die Gedanken der anwesenden Personen in seinem Geist hören kann. Er kann genau nachvollziehen und verstehen, was andere Menschen in ihrem Geist denken, welche Gedanken sie bewegen und was sie fühlen. Der Architekt Stefan von Jankovich, der am 16. September 1964 im Rahmen eines schweren Verkehrsunfalls eine Nahtod-Erfahrung hatte, schildert dieses Phänomen sehr eindrücklich. In seinem Buch »Ich war klinisch tot – Der Tod – mein schönstes Erlebnis« schreibt er dazu:

> »Mein Todeserlebnis begann sehr wahrscheinlich im Moment des Stillstands meines Herzens, d. h. nach dem völligen Zusammenbruch des Kreislaufs … Bei Beginn des klinisch toten Zustands, als erste Phase des Todes, als ein zweiter, feinerer Körper und der höhere Teil meines Wesens vom schwer verletzten und vergänglichen grobstofflichen Körper getrennt wurden, ging bei mir ein Vorhang auf wie beim Theater. Eine Vorstellung begann, in der ich das irdische Leben und die jenseitige Weiterexistenz erlebte … Zu Beginn dieses klinisch toten Zustandes, d. h. beim Austritt oder im »out-of-body«-Zustand erfuhr ich eine zunehmend größere Erweiterung des ICH-Bewusstseins … Es war sehr merkwürdig, dass ich mich schwebend fühlte. Ja, ich schwebte wirklich. Ich befand mich über der Unfallstelle und sah dort meinen schwer verletzten, leblosen Körper liegen, genau in derselben Lage, wie ich

das später von den Ärzten und aus den Polizeiberichten erfuhr. Ich sah die ganze Szene gleichzeitig von mehreren Seiten – deutlich, transparent. Ich sah auch unseren Wagen und die Leute, die rings um die Unfallstelle standen, sogar die Kolonne, die sich hinter den herumstehenden Menschen aufgestaut hatte. Die Leute scharten sich um mich herum. Ich beobachtete einen kleinen, festen, ca. 55-jährigen Mann, der versuchte, mich wieder ins Leben zurückzurufen. Ich konnte genau hören, was die Leute untereinander sprachen, d. h. eigentlich »hörte« ich es nicht, ich war ja oben, und mein lebloser Körper lag unten auf dem Boden. Doch ich konnte wahrnehmen, was die Menschen sagten und sogar, was sie dachten – wahrscheinlich durch eine Art von Gedankenübertragung … Sehr merkwürdig war, dass ich nicht nur die laut gesprochenen Worte, sondern auch die Gedanken der an der Unfallstelle anwesenden Menschen wahrnehmen konnte. Beispielsweise war eine Tessiner Frau mit einer etwa siebenjährigen Tochter sehr erschrocken, als sie plötzlich meine Leiche sah. Die kleine Tochter wollte sofort weglaufen, aber die Frau hielt sie mit der linken Hand einige Minuten fest und betete in Gedanken ein »Vaterunser«, ein »Heilige Maria« und bat danach noch um Vergebung der Sünden dieses verunglückten Mannes. Ich war vom selbstlosen Gebet dieser Frau tief beeindruckt und freute mich darüber.«

Aber das ist bei Weitem noch nicht alles. Denn im Verlauf einer Nahtod-Erfahrung dehnt sich das Bewusstsein derart aus, dass plötzlich auch die Dinge der geistigen Welt sichtbar werden. Das heißt, Diesseitiges und Jenseitiges, sie beginnen ineinander überzugehen, und das zweite Kernelement der Nahtod-Erfahrung, das Tunnelerlebnis, rückt in den Vordergrund.

2. Tunnelerlebnis

Das Tunnelerlebnis ist wohl das bekannteste Kernelement einer Nahtod-Erfahrung. Man denke nur an Hieronymus Bosch und sein Bild mit dem Aufstieg der Seligen, welches genau diesen Aspekt in den Fokus rückt. Dabei kommt das Tunnelerlebnis in 23 bis 47% aller Nahtod-Erfahrungen vor. Meist beginnt es mit einer Dunkelheit oder schwarzen

Leere, in der sich die Betroffenen wiederfinden. Bei den wenigsten, nur etwa in 15% der Fälle, ruft dies jedoch Gefühle der Angst hervor. Während des Sterbens oder beim Eintritt in die Dunkelheit kann ein unangenehmes Geräusch auftreten, welches von den Nahtod-Erfahrenen als Rauschen, Brummen oder Surren beschrieben wird. Ein Nahtod-Erfahrener sagte, es höre sich an wie: »brrrrrnnnnng- brrrrrnnnnng-brrrrrnnnnng« und habe sich rhythmisch wiederholt. Ein anderer meinte, er habe einen Ton wie »Zhoooooommmmmmmmmmmmmmmm mmmmmmmmmm« gehört, der kräftig und mächtig war. Und ein Dritter äußerte, er habe das Gefühl gehabt, sich in einem Staubsaugerbeutel zu befinden. Es können sich während der Phase der Dunkelheit aber genauso gut angenehme Klänge einstellen, beispielsweise Glockentöne oder sphärische Klänge. Wie dem auch sei, das Geräuschphänomen ist jedenfalls nicht häufig. Es kommt etwa bei 20 bis 30% vor. Wenn der Blick des Nahtod-Erfahrenen die Dunkelheit nach etwas Erkennbarem durchstreift, kann es passieren, dass irgendwo plötzlich ein kleiner Lichtfleck für ihn wahrnehmbar wird. Ein Sog setzt ein, der manchmal als recht stark empfunden wird. Nahtod-Erfahrene berichten dann sogar von einem Windhauch an den Wangen, den sie verspürt haben. Andere wiederum berichten von einem eher sanften Schweben. In beiden Fällen, so die übereinstimmenden Berichte, geht der Sog oder die Anziehung eindeutig von dem Lichtpunkt aus. Die Kombination von Dunkelheit, an dessen Ende ein helles Licht zu sehen ist und Sog beziehungsweise Anziehung, erweckt bei den Betroffenen sehr schnell den Eindruck, dass sie sich wohl in einer Art Röhre, Tunnel, einem Schacht oder Ähnlichem befinden müssen. Pamela Reynolds, die ihre Nahtod-Erfahrung 1991 während einer Hirnoperation erlebte, beschrieb ihr Tunnelerlebnis recht anschaulich.

> »Da war plötzlich ein Sog, der mich erfasste. Ich folgte ihm freiwillig. Es war so, als ob ich in einem Aufzug mit großer Geschwindigkeit nach oben getragen wurde. Aber das Gefühl war nicht körperlich. Es ist so schwer zu erklären. Ich fühlte mich wie in einem Tunnel, aber es war kein richtiger Tunnel … Am Ausgang des Tunnels war dieser kleine Lichtpunkt, der immer größer und größer wurde. Das Licht war unglaublich hell, wie das Zentrum einer elektrischen Glühbirne.«

Und Daniela Hanke, die im Alter von 33 Jahren einen Atemstillstand nach einer Lungenoperation erlitt, der sie urplötzlich in eine andere Dimension des Bewusstseins katapultierte, äußerte:

> »Wie viele andere Betroffene einer NTE hatte auch ich das Gefühl, durch einen Tunnel zu schweben und von einem hellen Licht angezogen zu werden. Es war ein unbeschreiblich leichtes, befreiendes Gefühl. Meinen schmerzenden Körper ließ ich zurück, nahm diesen unter mir liegend wahr. Ich schwebte in ein Reich, vollkommen losgelöst von Raum und Zeit.«

Der Tunnel, von dem die Nahtod-Erfahrenen sprechen, markiert den Übergang von der Dunkelheit ins Licht. Er ist das Bindeglied zwischen dem Diesseits und dem Jenseits. Wer ihn passiert, gelangt ins Licht und damit auf eine andere Ebene des Seins. Deutlich wird dies an der veränderten Wortwahl der Betroffenen. Sie äußern ein verändertes Zeitempfinden. Die Zeit sei stark gerafft gewesen. Sie habe aufgehört zu existieren, so die übereinstimmenden Aussagen. Alles geschah auf einmal – gleichzeitig, augenblicklich und ewig. Es würden einfach die passenden Worte fehlen, die diesen Zustand oder das Empfinden angemessen beschreiben könnten, sagen Betroffene immer wieder. Schwer zu beschreiben sei auch der Tunnel selbst. Seine Wände hätten eine Art Spiraleffekt, eine ringartige Struktur, ähnlich den Windungen in einem Muschelgehäuse. Auch habe er viele unbeschreibliche Farben, die wie Lichter in der Dunkelheit aufblitzen. Die Schwierigkeit bei der Beschreibung liegt oft darin, dass dieser Tunnel keinen Gegenstand aus unserer dreidimensionalen Welt darstellt. Ein Umstand, welcher in der Beschreibung von Giselle L. deutlich zur Geltung kommt. 2011 beschrieb die Nahtod-Erfahrene ihre Erlebnisse und Eindrücke, die sie im Rahmen einer Alkoholvergiftung hatte, auf den Seiten der »Near Death Experience Research Foundation« mit den Worten:

> »Dieser Tunnel war erstaunlich. Es war das schönste Ding, das ich jemals gesehen hatte. Es war lebendig. Es war Energie … Ein lebendiger Rahmen, geometrisch perfekte Linien, synchronisiert, sich bewegende Linien, die sich ineinander drehten. So wunderschön!«

In der Regel führt der Tunnel die Nahtod-Erfahrenen direkt zum Licht beziehungsweise in das Licht hinein. Dass Betroffene im Tunnel stecken bleiben, so wie in einem Fahrstuhl, passiert äußerst selten. Die Angaben schwanken hier zwischen 1 bis 2%. Wenn es aber geschieht, gehen mit dem Erlebnis doch furchteinflößende Gefühle einher. Beklemmung macht sich breit, verbunden mit der Frage, wann und wie es jetzt weitergehen wird und ob man hier jemals wieder herauskommt. Die Gedanken und Gefühle, welche die Menschen dabei begleiten, ähneln denen von Menschen, die im Lift stecken bleiben. Doch im Gegensatz zum Fahrstuhl ist es kein technischer Defekt, der das Steckenbleiben bewirkt, sondern die Furcht vor dem Licht oder dessen Ablehnung. Es ist also eher ein spiritueller Defekt. Und so bleibt ein jeder in der Dunkelheit gefangen, bis er sich für das Licht am Ende des Tunnels öffnet. Sobald er das tut, ist der Weg frei, und es geht geradewegs nach oben. Aber nicht vertikal, wie man vielleicht meinen könnte, sondern eher horizontal, in einem leichten Aufwärtswinkel von etwa 30 Grad. Heraus aus der Dunkelheit und zielgerichtet in das Licht hinein, in dem die Angst keinen Platz mehr hat.

3. Das strahlende Licht

Der Übergang in das geheimnisvolle, strahlende Licht des Jenseits ist für die erlebende Person gleichsam der Eintritt in eine andere, eine lichterfüllte Welt. Das Licht, das in 7 bis 77% bei Erlebnissen in Todesnähe vorkommt, begegnet dem Nahtod-Erfahrenen als Präsenz, als eine Anwesenheit von etwas. Auch wenn es gleißend weiß, mit ungeheurer Strahlkraft wahrgenommen wird, blendet es die Augen nicht und wirft keinerlei Schatten. Nahtod-Erfahrene bemerken sofort, dieses Licht ist kein irdisches Licht, nicht vergleichbar mit dem, was wir hier auf Erden als Licht bezeichnen. Sie nennen es nur so, weil kein besserer oder treffenderer Begriff dafür in unserer Sprache zur Verfügung steht. Dieses Licht ist absolut unirdisch, nicht von dieser Welt. Man kann es fühlen und berühren, denn es ist lebendig. Und es strahlt eine Kraft aus. Betroffene spüren es als bedingungslose Liebe, die ihnen entgegengebracht wird. Eine Liebe, wie sie kein Mensch auf Erden jemals erlebt hat. Das Licht strahlt Wärme aus, Frieden und

Ruhe. Es spendet Trost. Seine Gegenwart löst Gefühle der Harmonie und Geborgenheit aus. Nichts fehlt mehr. Alle Bedürfnisse, die ein Mensch nur haben kann, sind befriedet in seiner Gegenwart. Es ist das Gefühl von absoluter Glückseligkeit. Eine Ekstase, wie sie alle Drogen dieser Welt zusammen nicht auszulösen vermögen. Verständlich daher, dass kein Mensch, der jemals dieses Hochgefühl erleben durfte, den Zustand höchster Seligkeit jemals wieder aufgeben möchte. Zumal sich in dieser Situation noch eine weitere Erkenntnis mischt, nämlich die, dass der Erlebende selbst einen Teil dieses Lichts darstellt. Dass er hier im Licht zu Hause ist. Endlich wieder dort angekommen ist, wo er einst seinen Ursprung genommen hat. Wie beeindruckend die Begegnungen mit dem jenseitigen Licht wirklich sind, lässt sich für Außenstehende nur schwer ermessen. Es ist deshalb notwendig, Nahtod-Erfahrenen genau zuzuhören, sie zu Wort kommen zu lassen. Und genau das soll jetzt geschehen. Die folgenden Zitate sind der »Near Death Experience Research Foundation« entnommen. Sie geben uns einen Eindruck dessen wieder, welch unvergleichliche Erfahrung diesen Menschen zuteilwurde:

»Ich ging durch einen Tunnel und in das hellste Licht, das man sich vorstellen kann, aber es blendete nicht. Es war so beruhigend und erfüllt mit Liebe. Es war tausendmal besser als die Liebe, die man auf Erden erlebt. Alles war weiß, als ich durchs Licht ging.«
Alberta L.

»Nachdem ich den Ausgang überquerte, war ich vollständig umgeben vom Licht. Ich versuchte zurückzuschauen, ob der Tunnel noch da wäre, aber ich konnte ihn nicht sehen. Überall wo ich hinsehen konnte, war nur dieses Licht, welches von einer Art war, wie ich es nie in dieser Welt sah – es war ein so reines Weiß, das hier unmöglich wäre. Ich habe keine Worte, um es zu beschreiben.«
Jose M.

»Das Licht durchdrang mich vollständig, und ich hatte nie vorher eine Liebe wie diese gefühlt. Jede Zelle in meinem Körper war voller Liebe dieses Lichts, und ich begann gleichzeitig zu lachen und zu weinen. Ich weinte vor Freude. Ich wusste, dass ich in Got-

tes Licht eingegangen war und lachte über mich selbst, dass ich je daran gezweifelt hatte.«
Leonard S.

»Und das Licht war bei mir. Es war in diesem Vorhang von Dunst ungefähr auf Kopfhöhe, und es war keine Art von Licht, das blendet. Es strahlte eine warme Energie aus … eine Art Liebe, die ich nie erlebt hatte … Eine vollständige, allumfassende, bedingungslose Liebe … Ich habe versucht, diesem Grad Liebe ein Maß zu geben, aber es ist einfach nicht möglich.«
Scott H.

»Ganz am Ende des Tunnels war ein Licht … Das Licht strahlte so viel Wärme, Liebe und Heiterkeit aus. Es war sogar lebendig … Ich ging also direkt in das Licht hinein. Drinnen hatte ich das Gefühl, wieder zu Hause zu sein. Alles war weiß und voller Liebe. Hier war ich sicher.«
Lorraine J.

»Ich fand mich zu einem helleren Bereich im Licht hingezogen. Ich konnte mir nicht helfen, es schien das Natürlichste zu sein, was man tat, und es fühlte sich bekannt an. Ein Empfinden von Willkommen, und willkommen zu Hause, gleichzeitig mit einem unglaublichen Gefühl von Liebe überwältigte mich. Ich fühlte mich so glücklich, so wohl und geliebt.«
David B.

»Ich … drehte … mich … wieder um und sah ein Licht, das heller als eine Million Sonnen war, was meiner Sicht aber nicht schadete. Es strahlte die umfassendste bedingungslose Liebe aus, die ich je erlebte. Das Licht fühlte sich empfindungsfähig an, es hatte Präsenz, Gott, und das Gefühl von Liebe, das es ausstrahlte, war ähnlich wie dasjenige des Vaters in der Bibel, welcher den verlorenen Sohn zu Hause willkommen heißt. Das Licht strahlte eine Empfindung von großer Freude und Glückseligkeit aus, als würde es in Ekstase tanzen und wirbeln, jetzt, wo ich endlich nach Hause kam. Gott hatte auf mich gewartet und war hocherfreut, mich

> zu sehen. Es fühlte sich an, als ob das gesamte Universum mit übersprudelndem Entzücken, leichtherzigem Lachen, und großer Freude seine Arme öffnen würde, um mich zu Hause willkommen zu heißen.«
> *Pamela K.*

Doch das strahlende mystische Licht ist nicht die einzige Entität der geistigen Welt, die den Nahtod-Erfahrenen am Übergang vom Leben zum Tod begegnet. Das Bewusstsein des Sterbenden kann an diesem Punkt schon eine derart starke Erweiterung erfahren haben, dass von ihm nunmehr auch bereits Verstorbene, bekannte wie unbekannte Menschen oder andere geistige Wesen wahrgenommen werden können.

4. Begegnung mit Verstorbenen

Zu jedem Zeitpunkt einer Nahtod-Erfahrung, ob während der Phase der Ausleibigkeit, in der Dunkelheit des Tunnels, im Licht des Jenseits, oder nachdem andere Ereignisse bereits stattgefunden haben, können Menschen in der Nähe des Todes der Geistseele bereits verstorbener Menschen begegnen. Das geschieht in 3 bis 50% der Sterbe-Erlebnisse. Dabei handelt es sich in gut 95% der Fälle um bereits verstorbene Verwandte und in nur 5% der Fälle um verstorbene Bekannte und Freunde. Sie alle wirken gesund und vital, wie in der Blüte ihres Lebens. Selbst wenn sie noch zu Lebzeiten alt und gebrechlich waren oder von einer Krankheit wie Krebs schwer gezeichnet, wirken sie dort kerngesund, quicklebendig und vollkommen unversehrt. Sie wirken somit, und das ist das Erstaunliche, wesentlich gesünder und jünger als zu dem Zeitpunkt ihres irdischen Todes. Nahtod-Erfahrene schätzen übereinstimmend, dass sich das Alter der ihnen erschienenen Verwandten, Freunde und Bekannten, so zwischen dem 25. und 35. Lebensjahr bewegte. Ein sehr anschauliches Beispiel diesbezüglich stammt von der Amerikanerin Pamela Reynolds, deren Nahtod-Erfahrung hier schon angeklungen ist. In der schriftlichen Schilderung ihrer Erfahrung sowie in den zahlreichen Interviews, die sie den verschiedensten Sendern wie NBC und BBC gab, hob sie immer wieder hervor, wenn sie auf den Höhepunkt ihrer Nahtod-Erfahrung angesprochen wurde:

> »Als ich mich dem Licht näherte, hörte ich ganz deutlich, wie meine Großmutter mich rief. Sie hatte eine sehr eigenartige Stimme. Aber ich hörte sie nicht mit den Ohren. Meine Wahrnehmung war viel klarer als mein Gehör. Ich bewegte mich immer weiter auf das Licht zu. Das Licht war unglaublich hell, als befände man sich im Inneren einer Lampe. Im Licht konnte ich immer deutlicher verschiedene Menschen erkennen. Sie waren alle in Licht gehüllt. Sie bestanden aus Licht und strahlten auch Licht aus. Ich sah viele Menschen, die ich kannte und sehr viele, die ich nicht kannte. Aber ich wusste, dass ich auf die eine oder andere Weise mit ihnen verwandt war. Ich war beeindruckt von der Tatsache, dass diese Menschen fabelhaft aussahen. Meine Großmutter sah nicht so aus, wie ich sie aus ihrem höheren Alter in Erinnerung hatte. Sie war einfach wunderschön. Jeder von ihnen sah jung, stark und gesund aus. Im Nachhinein weiß ich, dass jeder perfekt in das Bild passte, das ich von ihm auf dem Höhepunkt seines Lebens hatte.«

Selbst geburtsblinde Menschen erleben solcherlei Begegnungen. Vicki Noratuk beispielsweise, deren Zeugnis bei der Außerkörper-Erfahrung schon zur Sprache kam, berichtete, angesprochen auf ihr Sterbe-Erlebnis und der Begegnung mit bereits Verstorbenen:

> »In dieser anderen Welt sah ich einige Bekannte, die mich willkommen hießen. Insgesamt waren es fünf. Debby und Diane waren früher meine Schulfreundinnen, aber sie waren schon vor langer Zeit gestorben, in einem Alter von elf und sechs Jahren. Als sie noch lebten, waren sie beide minderbegabt und blind. Hier aber sahen sie strahlend, schön, gesund und vital aus. Sie waren offenbar keine Kinder mehr, sondern standen in der Blüte ihres Lebens. Außerdem sah ich zwei der Betreuer meiner Kindheit wieder, ein Ehepaar, Herr und Frau Zilk hießen sie, auch sie waren beide verstorben. Schließlich war da noch meine Oma, bei der ich eigentlich aufgewachsen war. Sie war zwei Jahre vor diesem Unfall von uns gegangen.«

Nicht immer sind den Nahtod-Erfahrenen ihre verstorbenen Verwandten noch aus Lebzeiten bekannt. Manche von ihnen erinnern sich nur aus Gesprächen oder aus Fotoalben der Familie. Trotzdem werden auch diese Verstorbenen während eines Sterbe-Erlebnisses sehr schnell und eindeutig von den Betroffenen erkannt. Christine Stein zum Beispiel erging es so. In einem Interview mit dem Thieme Verlag, das am 23.9.2013 geführt wurde, berichtete die Nahtod-Erfahrene, auf das Jenseits hin angesprochen:

> »Wissenschaftler sprechen da gerne vom Jenseits. Aber für mich ist das so ein kalter Begriff, dass ich lieber das Wort Himmel verwende. Dort war ich barfuß und hatte ein bodenlanges hellblaues Kleid an. Meine Großeltern kamen auf mich zu, winkten mir und haben meinen Namen gerufen. Dabei habe ich zum ersten Mal meine Großeltern mütterlicherseits kennengelernt, da beide schon sehr früh gestorben sind. Ich habe sie sofort erkannt, weil sie im Himmel so aussahen, wie auf den letzten Bildern, die auf der Erde von ihnen gemacht wurden.«

Richtig erstaunlich wird es aber erst, wenn Nahtod-Erfahrene aus der Todesnähe zurückkehren und von Begegnungen mit Verstorbenen erzählen, die sie zu Lebzeiten überhaupt nicht kannten. Von deren Existenz sie noch nicht einmal wussten. Neben der Begegnung mit verstorbenen Bekannten, Freunden und Angehörigen gehören aber auch Kontakte zu anderen geistigen Wesen. Genau genommen handelt es sich um ein Zusammentreffen mit mystischen Wesen oder Lichtwesen, wie Nahtod-Erfahrene es auszudrücken pflegen.

5. Begegnung mit Lichtwesen

Diese Lichtwesen sehen 32 bis 72% während einer Nahtod-Erfahrung. Sie werden optisch als Lichtgestalten wahrgenommen, als Wesen, die von Licht durchdrungen sind. Nur ihre Umrisse sind genau zu erkennen. Sie wirken wie aus Zellophan gemacht. Ihre Gesichter lassen sich aber nicht erkennen, zu strahlend ist das Licht, das von ihnen ausgeht. Interessant an den Berichten ist vor allem, dass Betroffene im Kontakt, im Umgang und in der Kommunikation mit diesen Lichtwesen offenbar dieselben Erfahrungen machen. So beschreiben Nahtod-Erfahrene die Lichtwesen manchmal als leuchtende Wesen mit langen, strahlend weißen Gewändern. Sie funkeln wie Edelsteine, als würden sie aus etlichen Brillanten bestehen. So anmutend ist ihre Schönheit. Ein Nahtod-Erfahrener, der die Wohlgestalt der Lichtwesen sehr anschaulich zum Ausdruck bringen konnte, war Dannion Brinkley. Er wurde am 17.9.1975 von einem Blitz getroffen und war daraufhin für einige Minuten klinisch tot. In seinem Buch »Geborgen im Licht« schildert er die Zeit zwischen Leben und Tod, so, wie er sie erfahren hat. Einschließlich jener Eindrücke, die er beim Anblick eines Lichtwesens hatte und die er mit den Sätzen umschrieb:

> »Ich blickte nach rechts und sah, wie eine silberne Gestalt wie eine Silhouette aus einem Nebel auftauchte … Das Lichtwesen stand unmittelbar vor mir. Es trug keine bestimmten Züge. Während ich in seine Essenz blickte, sah ich Farbprismen, wie wenn es aus tausend winzigen Diamanten bestünde, von denen jeder einzelne das Licht des Regenbogens aussandte.«

Auch Howard Storm, ein Kunst- und Literatur-Professor, der 1985 während einer Studienreise in Paris einen Magendurchbruch erlitt und im Zuge dieser lebensbedrohlichen Situation eine Nahtod-Erfahrung durchlebte, erinnerte sich in seinem Buch »Mein Abstieg in den Tod« an die Lichtwesen, die ihn umgaben und schrieb dazu:

> »Die Strahlung, die von diesen Lichtwesen ausging, bestand aus ganz außergewöhnlichen Farben von einer Intensität und Ausstrahlung, die alles übertraf, was ich je erlebt hatte. Sie waren zusammengesetzt aus Farbnuancen, die ich noch nie zuvor gesehen hatte. Es war, als ob ich in die tiefe, irisierende Brillanz eines Diamanten schauen würde. Uns stehen einfach keine Worte zur Verfügung, die auch nur annähernd diese Schönheit wiedergeben könnten.«

Manch ein Nahtod-Erfahrener hebt bei seinen Schilderungen unmissverständlich hervor, dass er sich an dieser Schönheit gar nicht sattsehen konnte. Es sei eine reine Ekstase der Sinne gewesen. Von daher ist es nicht verwunderlich, dass diese Lichtwesen oft als Engel bezeichnet werden. Das liegt zum Teil auch daran, dass sie meist mit Flügeln wahrgenommen werden. Die Bezeichnung Engel geht aber mehrheitlich nicht von den Nahtod-Erfahrenen selbst aus, sondern von denen, die keine Nahtod-Erfahrung hatten. Nahtod-Erfahrene äußern lediglich Verständnis dafür, dass Nicht-Nahtod-Erfahrene diese Wesen als Engel bezeichnen. Sie selbst sprechen lieber von Lichtwesen, denn das kommt ihren Erfahrungen wesentlich näher. Trotzdem ist die Bezeichnung Engel nicht verkehrt, denn diese Wesen sehen nach unserem Verständnis nicht nur aus wie Engel, sie verhalten sich auch wie Boten Gottes. So berichten Nahtod-Erfahrene übereinstimmend, dass sie die Lichtwesen immer als besonders angenehm und zuvorkommend wahrgenommen hätten. Sie seien ungewöhnlich freundlich und immer hilfreich gewesen, hätten den Nahtod-Erfahrenen stets Halt und Orientierung geboten. Unermüdlich hätten sie die Betroffenen während ihrer Begegnung auf die Wichtigkeit von Liebe und Wissen aufmerksam gemacht. Weil Liebe und Wissen nämlich die einzigen beiden Dinge seien, die man nach dem Tod ins Jenseits mitnehmen könne. Deshalb sollten die Menschen auf Erden möglichst viel davon ansammeln.

Gemeinsam ist den Erinnerungen Nahtod-Erfahrener ferner, dass die gesamte Kommunikation zwischen ihnen und den Lichtwesen ohne Worte erfolgte. So, wie es auch bezüglich der Kommunikation zwischen Nahtod-Erfahrenen und ihren verstorbenen Angehörigen, Freunden und Bekannten übereinstimmend berichtet wird. Das heißt, die Unterhaltung fand statt, ohne dass auch nur ein einziges Wort gesprochen wurde. Vielmehr erfolgte der gesamte Informationsaustausch allein über die Gedanken, sprich im Geiste beziehungsweise telepathisch. Das wiederum hatte zur Folge, dass jeder der Beteiligten gleich und unvermittelt die Gefühle und Gedanken aller anderen erkannte. Nichts konnte somit verheimlicht werden. Alle Gedanken lagen offen, keiner blieb verborgen. Für Nahtod-Erfahrene kann eine derartige Kommunikation, die sie überhaupt nicht gewohnt sind, am Anfang recht kompromittierend sein. So wie für Howard Storm, dessen Nahtod-Erfahrung gerade kurz Erwähnung fand. Rückblickend auf die vergangenen Geschehnisse, schildert er in seinem Buch sehr konkret und fassbar jene peinliche Situation, die er mit der Kommunikation im Geiste erfahren durfte. Und zwar nahezu humoristisch, mit der Bemerkung:

> »Alles, was ich dachte, wurde ihnen unmittelbar offenbar. Ich wusste nicht, ob ich fähig war, meine Gedanken zu kontrollieren. Währenddessen konnte ich ihre individuellen Stimmen wahrnehmen, als sie mich in geistiger Form ansprachen. Ich dachte: Was passiert, wenn ich etwas denke, von dem ich nicht will, dass ihr es mitkriegt? Und kaum hatte ich diesen Gedanken in mir formuliert, als auch schon das Reizwort »Busen« in mir aufkam. Darauf brachen alle in Gelächter aus und teilten mir mit, dass sie alles wüssten, was ich je gedacht habe, und dass ich sie nicht mehr überraschen könne. Darüber war ich gleichzeitig peinlich berührt und erleichtert.«

Und Howard Storm erwähnte noch:

> »Ich konnte ihre Stimmen deutlich und unterscheidbar wahrnehmen. Jedes dieser Lichtwesen hatte eine unterschiedliche Persönlichkeit und alle teilten ihre Gedanken direkt auf geistigem Wege mit und nicht in akustischer wahrnehmbarer Form. Was mich überraschte, ist, dass wir in normaler Umgangssprache kommunizierten. Meine Gedanken wurden direkt an sie übertragen, und auf diese Art und Weise führten wir unsere Gespräche.«

Nicht immer werden die Lichtwesen in der Phase zwischen Leben und Tod visuell wahrgenommen. Manchmal werden sie auch nur »gespürt«. Das heißt, als Präsenz wahrgenommen. Nahtod-Erfahrene können dann genau angeben, wo und an welcher Seite sie die Präsenz gefühlt haben und dass sich die Lichtwesen sehr friedlich oder positiv anfühlten. Wann es aber im Verlauf einer Nahtod-Erfahrung zu einer Begegnung mit den Lichtwesen kommt, ist sehr unterschiedlich, denn grundsätzlich kann es in jeder Phase dazu kommen. Dies kann schon im Tunnel geschehen oder aber erst im Licht des Jenseits. Gelegentlich kommt es aber auch erst am Ende einer Nahtod-Erfahrung zu einem entsprechenden Zusammentreffen. Sehr unterschiedlich kann auch die spezielle Erscheinungsform der Lichtwesen ausfallen. Nicht immer erscheinen sie nämlich den Betroffenen in strahlend weißen Gewändern. Auch von der Größe her gibt es sehr unterschiedliche Angaben. Sie reichen von »sehr groß« bis »winzig klein«. Warum die Lichtwesen so unterschiedlich in

Erscheinung treten, ist nicht bekannt. Wahrscheinlich ist aber, dass sie ihre Erscheinungsform, je nach individueller Situation, willkürlich verändern beziehungsweise anpassen können. Dass diese Vermutung nicht völlig aus der Luft gegriffen ist, legt die Nahtod-Erfahrung von Howard Storm nahe. Denn zu ihm sagten die Lichtwesen:

> »Wenn dir das lieber ist, können wir vor dir auch in menschlicher Form erscheinen, aber auch in jeder anderen Form, die dich beruhigt, sodass du dich im Umgang mit uns wohl fühlst.«

Und zu einem sechsjährigen Knaben, dem sie sich während seiner Nahtod-Erfahrung in menschlicher Gestalt mit großen Gewändern offenbarten, sprachen sie:

> »Wir nehmen die Gestalt an, die du verstehst.«

In der Beschreibung eines Lichtwesens jedoch sind sich die Nahtod-Erfahrenen einig. Es handelt sich dabei um ein höheres Lichtwesen. Eines, das offenbar mehr Macht und Autorität besitzt als alle anderen.

6. Begegnung mit dem höheren Lichtwesen

Für gut ein Drittel aller Betroffenen offenbart sich das strahlende Licht des Jenseits nicht nur als eine Art Präsenz von etwas, sondern darüber hinaus als ein lebendiges persönliches Wesen, das mit dem Sterbenden über die Gedanken direkt Kontakt aufnimmt. Anna L., die im März 2011 eine Nahtod-Erfahrung infolge einer allergischen Reaktion auf ein Medikament erlebte, schilderte diese Gegebenheit recht einprägsam, als sie über ihre Begegnung mit dem Licht sagte:

> »Das Licht konnte man mit gar nichts vergleichen, was ich jemals gesehen hatte. Es war riesig und ich würde auch sagen unendlich … Es schien sein eigenes Leben zu haben, sein eigenes Bewusstsein und seine eigene Bewegung. Und es schien sich mir bewusst zu sein und kommunizierte mit mir telepathisch.«
> *Zitiert nach: »Near Death Experience Research Foundation«*

Eine weitere Erkenntnis Nahtod-Erfahrener zeigt, dass dieses Licht eine Gestalt annehmen kann. So ist es möglich, dass entweder eine Gestalt im Licht schon auf den Sterbenden wartet, bereits eine Gestalt vor dem Licht steht, das Licht sich bei Annäherung als Gestalt herausstellt oder aber das Licht selbst die Form einer Gestalt und damit eines höheren Lichtwesens annimmt. Beispielaussagen Nahtod-Erfahrener, die allesamt von der »Near Death Experience Research Foundation« entnommen wurden, verdeutlichen diesen Umstand. In den einzelnen Berichten heißt es dazu:

> »Gegen Ende des Weges sah man ein enormes zentrales Licht und es war, als würde ein höheres Wesen mich befragen, und mich fragen, was ich dort tun würde.«
> *Jorge R.*

> »Ich erinnere mich, dass ich in dem schönsten weißen Licht war. Es war allumfassend und warm. Im weißen Licht bei mir war ein heiliges Wesen.«
> *Jane C.*

> »Während das Licht näher zu mir kam, konnte ich den Schatten einer Person sehen, die im Zentrum des Lichts stand. Ich konnte die Form des Kopfes, der Schultern, Arme und Beine dieser Person bestimmen.«
> *Darren T.*

> »Dann war ich in einem dunklen Tunnel und raste nach oben auf ein Licht zu. Als ich dem Licht sehr nahe kam, nahm ich ein Wesen im Licht wahr, das mich begrüßte, als wäre ich schon lange Zeit erwartet worden.«
> *Leslie M.*

> »Die Erscheinung eines Mannes tauchte unten rechts von dem gewaltigen Licht auf.«
> *Tom S.*

»Ich sah ein Licht, so hell, und glaubte, es sei die heiße Augustsonne über mir … Ich sah eine Gestalt vor der Sonne.«
Victoria H.

»Am anderen Ende war ein unwahrscheinlich helles, warmes weißes Licht, das nicht blendete. Da stand ein Wesen mit einem wunderschönen Gesicht, alles sonst an ihm war helles Licht. Es hatte aber keine Flügel.«
Renate

»Am Ende des Tunnels kam ich näher zum Licht. Es wurde heller. Ich sah eine Gestalt aus strahlendem Licht vor mir. Ich konnte nur die Umrisse der Person sehen, wie durch einen Nebel oder Dunst.«
Camilla F.

»Dann blitzte ich durch einen schwarzen Raumtunnel mit Überschallgeschwindigkeit. Ein kleines Licht war an dessen Ende. Das Licht wurde heller und heller, größer und größer, bis ich vor einer weißen, brillant leuchtenden Figur stand.«
Evelyn V.

»Das helle Licht, das sich inzwischen in eine weiß gekleidete Gestalt verwandelt hatte, kam herbei. Alle wurden still, als sie zu mir trat. Das Gesicht war strahlend, lächelnd und ruhig. Ich konnte sogar ihre Wärme verspüren.«
Evelyn

Wer oder was ist dieses höhere Lichtwesen? Um welche Gestalt handelt es sich hier? Diese Frage stellen sich natürlich auch Nahtod-Erfahrene. Und zwar schon während der konkreten Begegnung. Dass es sich hierbei tatsächlich um ein höheres Wesen handeln muss, beweist allein schon der Umstand, dass viele Nahtod-Erfahrene dieses höhere Lichtwesen mit Gott in Verbindung bringen. Es ist für sie eine direkte Gotteserfahrung. Nahtod-Erfahrene äußern dann in Gesprächen Sätze wie: »Ich denke, das Licht war wahrscheinlich Gott« oder »Das Licht muss Gott sein.« Manche sagen auch: »Ich erkannte das Licht als Gott.« Die Bezeichnung Gott oder göttlich scheint in diesem Zusammenhang durchaus angebracht, denn das höhere Lichtwesen weiß alles über denjenigen, der vor ihm steht. Nichts ist vor ihm verborgen, weder intime Gedanken noch andere Geheimnisse.

Es ist, wie das biblische Wort sagt:

> »Denn es ist nichts verborgen, was nicht offenbart werden wird, auch ist nichts geheim, was nicht bekannt wird und ans Licht kommt.«
> *Lukas 8, 17*

Nahtod-Erfahrene wie Lisa M. berichten von diesen Erlebnissen. Im Alter von fünf Jahren wäre sie im Sommer 1974 bei einem Badeurlaub am Schwarzen Meer fast ertrunken. Eine Welle hatte sie erfasst und ihrer Mutter buchstäblich aus dem Arm gerissen. Unter Wasser, als ihr Überlebenskampf zu Ende war, spürte sie, wie eine unerklärliche Macht sie ergriff und sie zu einem strahlenden Licht hinführte. Was dann geschah, beschreibt sie so:

> »Als ich das Licht erreichte, fand ich mich in einer Welt des Lichtes wieder. Alles an diesem Ort bestand aus Licht und alles strahlte Licht aus … Inmitten des Lichtes stand ein männliches Wesen … Die Gestalt aus Licht, die vor mir stand, war ein Wesen, das mich besser als jeder andere in der Schöpfung kannte. Das Wesen aus Licht wusste alles über mich. Es kannte alle meine Gedanken, die ich je gedacht habe, alles, was ich je gesagt und getan hatte.«
> *Zitiert nach: »Near Death Experience Research Foundation«*

In dieser Situation, so schreibt es Lisa M. weiter, gibt es weder eine Möglichkeit noch einen Grund, etwas vor dem höheren Lichtwesen zu verstecken. Keine Möglichkeit, weil ja die Gedanken von Geist zu Geist direkt weitergegeben werden und keinen Grund, weil ein großes Gefühl der Zusammengehörigkeit besteht. Ein Gefühl von Einheit, in der wiederum das Gefühl von Liebe herrscht. Da sich das Wesen der Liebe in der Kommunikation offenbart und Liebe auch ein Medium der Kommunikation ist, verwundert es nicht weiter, dass sich zwischen dem höheren Lichtwesen und dem Sterbenden ein reger Gedankenaustausch entwickelt. Die Übertragung der Gedanken hat dabei den großen Vorteil, dass sich in die Verständigung weder Missverständnisse noch Kommunikationsprobleme einschleichen können. Beiden wird sozusagen vorgebeugt. Auch ist es nicht verwunderlich, dass der Informationsaustausch erst einmal durch ein vorsichtiges Abtasten in Form von Frage und Antwort erfolgt. Gerade für den Sterbenden tun sich in einer solchen Situation viele Fragen auf. Die am häufigsten gestellten Fragen an das höhere Lichtwesen lauten:

Bin ich tot?
Wo bin ich?
Wie heißt dieser Ort?
Was ist mit meinem Körper?
Soll ich zurück in meinen Körper gehen?
Darf ich hierbleiben?
Wer bist du?
Wie ist dein Name?

Fragen, auf die das höhere Lichtwesen bereitwillig Antworten gibt:

Bist du Gott?
Antwort: Ich bin das Licht der Liebe und der Wahrheit.
Eine Antwort, die sehr stark an die biblische Aussage Jesu in Johannes 8, 12 erinnert:
»Ich bin das Licht der Welt. Wer mir nachfolgt, wird nicht in der Finsternis wandeln, sondern wird das Licht des Lebens haben.«

Aber nicht nur die Nahtod-Erfahrenen haben Fragen. Auch das höhere Lichtwesen stellt welche. Allerdings mit einer Ausrichtung, die vorrangig die ethische Dimension im Fokus hat und auf die moralische Bilanz im Leben des Todgeweihten blickt. Dementsprechend gehen die Fragen in eine sehr spezielle Richtung. Sie lauten unter anderem:

- Was hast du aus deinem Leben gemacht?
- Was hast du mit dem gemacht, was du hattest?
- Was hast du mit den Talenten gemacht, die dir gegeben wurden?

- Was hast du vollbracht?
- Bist du sicher, in deinem Leben alles getan zu haben?
- Was hast du mit der kostbaren Zeit, die dir zugeteilt worden war, gemacht?
- Wie gut hast du dein Leben gelebt?
- Was hast du in deinem Leben getan, das du mir jetzt vorweisen kannst?
- Was hast du Vorzeigbares aus deinem Leben gemacht?
- Was hast du zum Wohl und Fortschritt der Menschheit gemacht?
- Was hast du getan, um anderen zu helfen?
- Wie hast du anderen geholfen?
- Auf welche Art hast du von dir selbst gegeben?
- Hast du in deinem Leben geliebt?
- Wie hast du geliebt?
- Hast du andere so geliebt, wie ich dich liebe, ganz und bedingungslos?
- Wie hast du das Göttliche Licht in dir geachtet?
- Liebst du mich?
- Was hast du in diesem Leben gelernt?
- Wie viel hast du gelernt?

Aus diesen Fragen wird deutlich, dass für das höhere Lichtwesen insbesondere die Lebensführung des Sterbenden von großem Interesse ist. Ferner kristallisiert sich heraus, welch hohen Stellenwert die Liebe besitzt und welche Bedeutung die Aneignung von Wissen in Form von Weisheit und Erkenntnis hat. Das höhere Lichtwesen stellt aber nicht nur Fragen, sondern trifft auch Aussagen. Es sind Aussagen, die keinen Zweifel daran lassen, dass der Mensch ein geistiges Wesen ist, das einst erschaffen wurde und für die Ewigkeit bestimmt ist. Ganz konkret hört sich das so an:

- Du wirst alles hinter dir lassen, deine Lieben, die schwer verdiente Auszeichnung, Geld, ja sogar deine Kleidung. Mit leeren Händen wirst du zu mir kommen.
- Ich habe dir viel gegeben, deshalb verlange ich viel von dir.
- Ich liebe dich vollkommen, so, wie du bist, und weil du bist.

- Ich habe dich erschaffen, es ist mein Wunsch für dich, dass du hier bei mir bist.
- Ich habe am Anfang deinen Geist erschaffen und ersehnte dich zurück, dass du hier bei mir bist.
- Ich weiß alles über dich, dass du so bist wie du bist, weil ich selbst dich erdacht und gemacht habe, damit du exakt genauso zu sein hast, wie du jetzt bist. Was und wie immer du bist, du bist nach wie vor mein Geschöpf, mein Kind, das ich so sehr liebe.

Auch in den Aussagen des höheren Lichtwesens spiegelt sich die zentrale Bedeutung der Liebe wider, verbunden mit der Gewissheit für den Sterbenden, dass er bedingungslos geliebt wird. Er selbst soll ebenfalls lernen, bedingungslos zu lieben. Das wird besonders in den Fragen und Aussagen des höheren Lichtwesens deutlich. Parallel dazu fokussiert das höhere Lichtwesen mit den Fragen und Aussagen, die Aufforderungen und Untersagungen beinhalten, das menschliche Leben mit kurzen und prägnanten Worten auf eine interpersonal ethische Dimension. Eine Dimension, die einem tief zu denken gibt. Verbunden mit der Frage, wie sehr habe ich in meinem Leben geliebt? Und wie sehr habe ich gehasst? Was habe ich getan? Oder, was habe ich unterlassen? An welcher Stelle habe ich gefehlt, wo es mir durchaus möglich gewesen wäre zu helfen? Warum habe ich so gehandelt? Alles Fragen, die auch an den Sterbenden in der Gegenwart des höheren Lichtwesens nicht vorübergehen. Im Gegenteil, selbst wenn sie zu Lebzeiten all dieses mentale Ungemach mit noch so großer Mühe verdrängt haben, wird ihnen nun durch das höhere Lichtwesen ihr bisher gelebtes Leben deutlich vor Augen geführt. Ein Element, das in der modernen Sterbeforschung als Lebensrückblick oder Lebensrückschau bezeichnet wird und in 5 bis 33% aller Nahtod-Erfahrungen vorkommt.

7. Der Lebensrückblick

Es ist das geistige Auge des Menschen, welches das eigene Leben erblickt und vor dem es sich nicht verschließen kann. Der Rückblick auf das zu Ende gehende irdische Dasein erfolgt dabei entweder komplett oder nur in Ausschnitten. Drei Formen lassen sich grundlegend voneinander abgrenzen. So kann der Lebensrückblick in Form von gezeigten Bildern erfolgen. Das Ganze erinnert dann etwas an eine Diashow, wo einzelne Bilder an die Leinwand projiziert werden. Es kann aber auch sein, dass nur kurze Filmsequenzen vom Leben aufblitzen oder der Lebensrückblick als ganzer Film abgespielt wird. Und es kann sein, dass sich vor dem Sterbenden sein Leben in Form einer panoramaartigen Darstellung entfaltet, ganzheitlich, vollkommen plastisch und holistisch zugleich. Wie und was Nahtod-Erfahrene hierzu berichten, hört sich dann so an:

> »Wir begannen, mein Leben vor dem Ertrinken zu überblicken. Es war sehr ähnlich wie eine jener alten Diaprojektionen, wo eine Szene erschien, und wir dann darüber diskutierten, und dann erschien eine andere Szene und wir diskutierten über jene.«
> *Oscar O.*

> «Mir wurden in lebendigen Farben bestimmte Situationen gezeigt, wie in einem Film aus meinem Leben. Beides, das Gute und das Schlechte.«
> *Glenda H.*

> »Ich spürte tatsächlich, dass ich sterben würde. In dieser kurzen Zwischenzeit erlebte ich dieses Lebens-Panorama-Rückschau-Phänomen, eine horizontale Serie von fernseh- oder filmähnlichen Bildern von Ereignissen, die ich in meinem Leben erlebt hatte.«
> *Walter W.*
> *Zitiert nach: »Near Death Experience Research Foundation«*

Die Bilder oder der Film sind absolut detailgenau und laufen in rasender Geschwindigkeit ab. Entweder in Farbe oder in Schwarz-Weiß. Auch zeitlich betrachtet scheint es keine feste Richtung zu geben. Entweder laufen die Bilder, die Sequenzen oder der Film von der Vergangenheit in die Gegenwart hinein oder umgekehrt. Möglich ist auch, dass Vergangenheit, Gegenwart und sogar die Zukunft gleichzeitig vor dem geistigen Auge ablaufen. Eben als vollkommen holistisches Lebenspanorama. Die Betroffenen sind dabei keineswegs nur teilnahmslose Betrachter ihrer selbst. Vielmehr erleben sie, oder besser gesagt durchleben sie, ihr ganzes Leben oder bestimmte Teile davon erneut. Allerdings mit einem besonderen Zusatz, nämlich dem Wechsel der Perspektive. Das heißt, sie erleben die dargebotene Szenerie nicht nur so, wie sie es in der Vergangenheit mit ihrem Bewusstsein damals erlebt haben, sondern sie schlüpfen auch in die Perspektive des neutralen Beobachters. So, wie ein Zuschauer einer Schachpartie.

Aber das ist noch nicht alles. Das Erstaunliche ist, dass sie darüber hinaus so etwas wie ein transpersonales Bewusstsein entwickeln. Das bedeutet, dass sie tatsächlich die Gelegenheit erhalten, Anteil am Bewusstsein anderer, an dem Geschehen Beteiligter, zu nehmen. Damit können sie spüren und fühlen, was andere in dem Moment gespürt und gefühlt haben. Und sie können erkennen, wie sich ihre Gedanken, Worte und Werke auf andere ausgewirkt haben. Ja mehr noch, welche Konsequenzen sie für den anderen Menschen und sein Leben mit sich brachten. Ein junger Mann namens Neev, der ein Sterbe-Erlebnis nach einer schweren Verletzung hatte und von Kenneth Ring und Evelyn Elsaesser-Valarino für ihr Buch »Was wir aus Nahtod-Erfahrungen für das Leben gewinnen« interviewt wurde, brachte diesen zentralen Aspekt einer Nahtod-Erfahrung direkt auf den Punkt:

> »Es war, als würde ich mein Leben von Anfang bis Ende in einer auf Schnellvorlauf gestellten Filmschneidemaschine sehen. Es begann mit meiner Zeugung … dann folgten die Kindheit, Jugendzeit und so weiter bis zu meiner Nahtod-Erfahrung, die ich noch einmal erlebte. Ich sah mein Leben, lebte es noch einmal. Alles, was ich je gefühlt hatte, fühlte ich noch einmal – jeden Schnitt, jeden Schmerz, jedes Gefühl und alles, was zu dem jeweiligen Abschnitt meines Lebens dazugehörte. Gleichzeitig sah ich die Auswirkungen meines Lebens auf meine Mitmenschen … Ich fühlte alles, was sie fühlten, und dadurch begriff ich die Folgen meines gesamten Tuns, des guten wie des schlechten.«

Das mit dem Fühlen, was andere empfinden, ist dabei im wahrsten Sinne des Wortes zu verstehen. Will heißen, dass während einer Nahtod-Erfahrung, die einen Lebensrückblick beinhaltet, es also durchaus vorkommen kann, dass man die eigenen Gedanken, Worte und Taten auch am eigenen »Leibe« zu spüren bekommt. Laurelynn Glass

Martin, eine Frau, die wegen massiver innerer Blutungen eine Nahtod-Erfahrung erlebte und ebenfalls von Kenneth Ring und Evelyn Elsaesser-Valarino für ihr zuvor erwähntes Buch befragt wurde, bekam während ihrer Lebensrückschau eine Szene gezeigt, in der sie im Alter von fünf Jahren ein kleines Mädchen so sehr hänselte, bis es zu weinen anfing. Dazu sagte sie ihren Interviewpartnern:

> »Jetzt spürte ich ganz deutlich, was dieses Mädchen gefühlt hatte. Seine Frustration, seine Tränen und sein Gefühl des Alleinseins waren jetzt meine Gefühle.«

Noch viel dramatischer fiel der Lebensrückblick bei Tom Sawyer aus, dessen Geschichte desgleichen im besagten Buch von Ring und Valarino Erwähnung findet. Als junger Erwachsener hatte Tom mit seinem schicken Sportwagen beinahe einen anderen Mann angefahren. Doch anstatt sich um den Menschen zu sorgen, galt seine Sorge nur seinem geliebten Auto, das bei der Aktion fast beschädigt worden wäre. In der sich anschließenden hitzigen Auseinandersetzung verlor Tom die Beherrschung und schlug auf den Mann ein. So lange, bis dieser ohnmächtig zusammenbrach. Während seiner Nahtod-Erfahrung wurde Tom mit dieser Situation erneut konfrontiert. Doch diesmal war er »in der Haut« des Mannes, auf den er einst so unbarmherzig einschlug. Wie sich das anfühlte, schilderte Tom in seinem Interview so:

> »Ich sah auch, wie Tom Sawyers Faust direkt in mein Gesicht schlug. Und ich fühlte die Empörung, die Wut, die Peinlichkeit, die Frustration, den körperlichen Schmerz. Ich spürte, wie sich meine Zähne durch die Unterlippe bohrten – mit anderen Worten, ich sah durch die Augen dieses Mannes. Ich war im Körper dieses Mannes. Ich erlebte alles, was sich an diesem Tag zwischen Tom Sawyer und diesem Mann abspielte.«

Kann es eine größere Gerechtigkeit geben als diese? Wenn ein Mensch all das, was er im Leben ausgeteilt hat, am eigenen Leibe direkt zu spüren bekommt? Gibt es ein besseres Lerninstrument als dieses? Gerade für jene, die nicht hören wollen? Eine deutsche Redewendung besagt schließlich nicht umsonst: Wer nicht hören will, muss fühlen. Ein früher häufig in der Erziehung vorgebrachter Spruch, dem anschließend eine körperliche Züchtigung folgte. Genau das ist das Besondere am Lebensrückblick. Dieses pädagogische Moment. Denn weil alles ungefiltert und in voller Konsequenz erneut durchlebt wird, gibt es keine Möglichkeit der Selbsttäuschung mehr. Es gibt kein Weglaufen vor der eigenen Verantwortung, kein Leugnen, kein Ausweichen. Das Einzige, was jetzt noch existiert, ist ungetrübtes Verstehen. Und genau darauf kommt es dem höheren Lichtwesen während der Lebensrückschau an. Es geht nicht um Bestrafung oder Verurteilung, sondern darum zu verstehen, was man falsch gemacht hat und warum. Das bietet eine einzigartige Möglichkeit, versäumte Lektionen im Leben nachzuholen. Ein wichtiger, wenn auch sehr schmerzhafter Prozess, wie sich den folgenden Äußerungen von Nahtod-Erfahrenen entnehmen lässt, die allesamt aus dem Buch »Was wir aus Nahtod-Erfahrungen für das Leben gewinnen« von Kenneth Ring und Evelyn Elsaesser-Valarino stammen:

> »All diese Ereignisse meines Lebens zu sehen und noch einmal zu erleben, veränderte für mich alles. Es war eine Gelegenheit, all die Liebe, die ich geteilt hatte, zu spüren und, wichtiger noch, auch all die Schmerzen, die ich verursacht hatte. Ich konnte gleichzeitig nicht nur meine eigenen Gefühle und Gedanken noch einmal erleben, sondern auch die aller Menschen, mit denen ich je zu tun gehabt hatte. Mich durch ihre Augen zu sehen, war eine demütigende Erfahrung.«

> »Plötzlich … spulte sich mein ganzes Leben vor mir ab … Wie mein Leben bis dahin auf das Leben anderer Menschen eingewirkt hatte … Und ich schnitt dabei maßlos schlecht ab … Wenn du siehst, wie viel Liebe du hättest geben können, das ist einfach verheerend.«

> »Ich … erlebte alles noch einmal … und ich erlebte die Wirkung jedes Gedankens, jedes Wortes und jeden Tuns auf alles und jeden, mit dem ich je zu tun gehabt hatte … Kein Detail war ausgelassen … Wenn es so etwas wie die Hölle gibt, dann war das die Hölle.«

Warum die Lebensrückschau während einer Nahtod-Erfahrung durchaus zur »Hölle« werden kann, hat Howard Storm eindrücklich in seinem Buch dargelegt. Er hat bewegende Worte dafür gefunden. Worte, die einen berühren und die Empathie wecken, wenn man dort liest:

> »Der Lebensrückblick war ihre Dokumentation meines Lebens, nicht meine Erinnerung. Wir beobachteten und erlebten also Episoden vom Blickwinkel einer dritten Person aus. Die Szenen … zeigten Auswirkungen meiner Einstellungen und Verhaltensweisen auf das Leben anderer Menschen … Als die Engel mir unmissverständlich vor Augen führten, wie destruktiv diese Karrierebesessenheit für das Wohlergehen meiner Lieben war, wollte ich meinen Lebensrückblick am liebsten abbrechen. Aber sie bestanden darauf, dass ich unbedingt die Wahrheit meines Lebens erleben müsse, um daraus zu lernen. Ich bat sie inständig aufzuhören, weil ich mich so sehr schämte für all die Chancen, die ich nicht genutzt hatte, um ein liebendes Leben zu führen. Auch für den Kummer, den ich damit Gott, Jesus und all den himmlischen Wesen durch mein Versagen bereitet hatte, schämte ich mich.«

So schlimm sich ein Lebensrückblick manchmal auch anfühlen mag, werden die Betroffenen doch in ihrem emotionalen Ungemach nicht allein oder gar im Stich gelassen. Weder vom höheren Lichtwesen noch von den anderen Lichtwesen, die eine solche Rückschau hin und wieder auch ohne die Anwesenheit des höheren Lichtwesens begleiten. Und so lassen sich bei Howard Storm neben den tristen Aussagen ebenso die folgenden ermunternden Passagen nachlesen:

> »Der einzige Grund, warum ich die Fortsetzung dieses Lebensrückblicks überhaupt aushalten konnte, war ihrer aller Liebe zu mir. Ganz gleich, was auch immer wir beobachteten, wie ich mich im Leben verhielt, immer vermittelten sie mir ihre Liebe, selbst in den Momenten, in denen sie ihre Missbilligung für meine Taten und Verhalten zum Ausdruck brachten.«

Aber nicht nur Liebe und Verständnis wird den Sterbenden entgegengebracht. Sie erhalten auch entsprechende Hinweise darüber, wie sie sich in den konkreten Lebenssituationen hätten besser verhalten können. Indem ihnen nämlich alternative Handlungskonzepte vor Augen geführt werden. Der schwedische Arzt Göran Grip, der im Alter von fünf Jahren eine Nahtod-Erfahrung erlebte, drückte die Art der Anleitung durch das höhere Lichtwesen so aus:

> »Im Alter von fünf Jahren hat man noch keine Gelegenheit gehabt, schlimme Dinge zu tun, aber ich hatte einen zweijährigen Bruder, auf den ich sehr eifersüchtig war, und oft war ich böse mit ihm … Und durch die Liebe und das Verständnis des Lichtwesens fand ich den Mut, zu erkennen und mit offenen Augen und ohne Verteidigung zu sehen, was ihm an meinem Verhalten wehgetan hatte. Und das Lichtwesen bot mir für die meisten Episoden, die wir durchliefen, eine alternative Handlungsweise an; nicht, was ich hätte tun sollen, denn das wäre ja moralisierend gewesen, sondern was ich hätte tun können – eine offene Einladung, die mir vollkommen die Freiheit ließ, seine Vorschläge zu akzeptieren oder abzulehnen.«

Neben der Toleranz oder Missbilligung von Taten und Verhaltensweisen kann es in den Lebensrückschauen auch vorkommen, dass Betroffene regelrecht gerügt, getadelt und zurechtgewiesen werden. Zwei gute Beispiele hierfür sind Bruce und Howard Pittman. Bruce, der ein sehr ausschweifendes Leben führte, mit Partys, Alkohol und Drogen, hatte im Oktober 1978 eine Nahtod-Erfahrung, die im Zuge einer Herzattacke auftrat. Während dieser hatte er eine Gotteserfahrung und konnte erleben, wie Gott zu seinem Lebenswandel stand. Seine Schilderungen zu diesem Erlebnis waren wie folgt:

> »Ich weiß nicht wie ich es gewusst habe, aber ich verstand, dass ich eine Herzattacke hatte, im Sterben lag, und meinen Körper zurückließ. Auf einmal bewegte ich mich mit extremer Geschwindigkeit durch einen Tunnel … Bevor ich mich noch darauf einstellen konnte, fand ich mich selbst in einem sehr geschmückten, lichterfüllten Raum mit einem Thron, der sehr hoch oben war … Ich wollte mich verzweifelt vor der Präsenz Gottes verbergen, aber da war kein Platz, wo man hingehen konnte, um weg von dieser

> Präsenz zu kommen. Mir wurde eine Rückschau meines ganzen Lebens gezeigt, mit Freuden, Schwierigkeiten, Sorgen und allem dazwischen … Ich hatte kein Problem mit dem Verstehen. Gott war nicht erfreut, von meinem Leben mit Alkohol und Drogen.«
> *Zitiert nach: »Near Death Experience Research Foundation«*

Einen völlig anderen Lebenswandel hatte dagegen Howard Pittman. 35 Jahre lang diente er Gott als Baptistenpfarrer, bevor er am 3. August 1979 während einer Operation auf dem Operationstisch starb. Von Engeln begleitet, wurde er in den dritten Himmel vor Gottes Thron gebracht. Dort konnte er erleben, mit welchen Augen Gott auf sein Leben sah und wie er es beurteilte. Seine lesenswerten Lehren daraus fasste er in einem Buch zusammen. Es trägt den Titel »Placebo«. Einen kurzen Ausschnitt aus dem Buch veröffentlichte auch die »Near Death Experience Research Foundation« auf ihren Seiten. Zu lesen sind da die nachstehenden Passagen:

> »Plötzlich kamen wir zu einem sehr schönen Ort … Ich erinnere mich, dass es der schönste Ort war, den ich je sah … Während ich vor den Toren stand, strahlte das Gefühl von Freude, Glück, und Zufriedenheit vom Himmel heraus. Ich konnte die Wärme spüren, die es bewirkte, und als ich dort stand, um meinen Fall vorzutragen, konnte ich die Ehrfurcht gebietende Macht Gottes fühlen. Kühn kam ich vor den Thron und begann, Gott daran zu erinnern, welch großartiges Leben von Liebe, Verehrung und Opfer ich für ihn gelebt hatte. Ich erzählte ihm von all den Werken, die ich tat, erinnerte ihn daran, dass ich ihn angenommen hatte, als ich noch ziemlich jung war, und dass ich ihm mit meinem ganzen Leben während all dieser vielen Jahre gedient hatte. Ich erinnerte ihn daran, dass ich jetzt in Schwierigkeiten war und dass nur er, Gott, mir helfen könne, eine Verlängerung meines physischen Lebens zu erhalten. Gott war total still, während ich sprach. Als ich meine Bitte vorgetragen hatte, hörte ich die wirkliche, hörbare Stimme Gottes, als er mir antwortete. Der Klang dieser Stimme kam über die Tore auf mich herab, noch ehe die Worte mich trafen. Der Klang seines Ärgers schlug mir ins Gesicht, als Gott weiterfuhr, mir zu sagen, welche Art von Leben ich wirklich gelebt hatte. Gott erzählte mir, was er

wirklich von mir und sogar von anderen dachte, die es genauso gemacht hatten wie ich. Gott betonte, dass mein Glaube tot war, dass meine Werke nicht annehmbar waren, und ich umsonst gearbeitet hatte. Gott sagte mir, dass es eine Scheußlichkeit für mich war, ein solches Leben zu leben und es dann noch wagte, es als ein Leben von Verehrung auszugeben. Ich konnte nicht glauben, dass Gott auf diese Weise mit mir sprach. Ich hatte ihm jahrelang gedient. Ich dachte, ich hätte ein Leben gelebt, das ihm gefallen würde. Während Gott meine Untaten aufzählte, war ich sicher, er hätte mich mit jemand anderem verwechselt. Ich hatte keine Kraft mehr in mir, um mich zu bewegen, noch weniger, um zu protestieren … Keineswegs konnte Gott über mich sprechen. Ich konnte einfach nicht glauben, dass das, was Gott sagte, sich auf mich bezog. All jene Jahre, dachte ich, ich täte diese Werke für Gott. Nun erzählte Gott mir, dass ich das, was ich tat, für mich selbst getan hatte. Sogar als ich über die rettende Gnade von Jesus Christus predigte und bezeugte, tat ich das nur für mich, damit mein Gewissen beruhigt würde. Im Wesentlichen galten meine erste Liebe und meine ersten Werke nur mir selbst. Nachdem meine Bedürfnisse und Wünsche befriedigt waren, und um mein Gewissen zu beruhigen, ging ich daran, Gottes Werk zu verrichten. Dies machte meine Prioritäten nutzlos und nicht annehmbar. Tatsächlich wurde ich mein eigener falscher Gott. Erst jetzt, als ich hier vor ihm stand und gescholten wurde, wurden mir jene zwei Teile der Schriften kristallklar in ihrer wahren Bedeutung. Was Gott mir über meine wahren Motive sagte, machte mir zum ersten Mal klar, wie tot meine Werke waren. Weil Gott seinen Ärger über mich ausschüttete, konnte ich weder stehen noch sprechen. Keine Kraft war in mir verblieben, da ich nichts mehr war als ein nasser Lappen, der sich dort in Agonie wandt. Es muss erwähnt werden, dass Gott zu keiner Zeit, während er mich schalt, sagte, dass ich nicht gerettet sei. Noch sagte Gott, dass mein Name nicht im Buch des Lebens vom Lamm stand. Gott erwähnte überhaupt nie meine Rettung, sondern sprach nur über die Werke, die durch mein Leben ausgeführt wurden.«

Es zeigt sich, dass die Lebensrückschau weit mehr ist als nur ein Feuer der Selbstprüfung, mehr ist als nur ein Ablegen von Rechenschaft sich selbst gegenüber. Lebensrückschau kann nämlich auch heißen, sich gegenüber dem Schöpfer verantworten zu müssen. Ein Vorgang, der unweigerlich zu einer moralischen Bilanz führt. Einem sittlichen Kassensturz, der wiederum eine Beurteilung nach sich ziehen kann, wie auch immer diese ausfällt. Es ist also durchaus möglich, sich während einer Lebensrückschau den Zorn Gottes zuzuziehen. Wenn das geschieht, wird man zurechtgewiesen, gescholten und getadelt. Nur eines wird man nicht: gerichtet. Das bleibt dem jüngsten Tag, dem jüngsten Gericht, vorbehalten. Ein Ereignis, das nicht mit der Lebensrückschau verwechselt werden darf. Auch wenn die Lebensrückschau ungünstig ausfällt, besteht also immer noch Hoffnung. Die Person hat eine reelle Chance, vorausgesetzt, dass sie sich bessert und den Weg zu Gott beschreitet. Wie ein solches »Beschreiten« konkret aussehen soll, kann anhand von vielen einzelnen Lebensrückblicken gut rekonstruiert und in drei einfache Regeln gefasst werden, die sich allesamt in der Bibel finden lassen und da lauten:

> 1. Regel
> Alles, was du willst, dass dir die Menschen tun, das tu auch du ihnen. *Matthäus 7,12*
>
> 2. Regel
> Was du nicht willst, dass man dir tu, das füg auch keinem andern zu. *Tobit 4,16*
>
> 3. Regel
> Was du säst, das wirst du ernten. *Galater 6,7*
>
> Alle diese Regeln lassen sich auch in einer einzigen goldenen Regel zusammenfassen:
>
> Liebe deinen Nächsten wie dich selbst. *Galater 5,14*

Diese goldene Regel gilt uneingeschränkt. Sie ist nicht nur auf Verwandte, Freunde und Glaubensbrüder anzuwenden, sondern gilt allen Menschen. Selbst den Feinden, die auch Gottes Geschöpfe sind. Was Gott will, ist, dass wir einander lieben und einander Gutes tun. Dabei zählen nicht die großen kühnen Taten. Nein, die kleinen Dinge sind es, auf die es ankommt. Es sind die liebevollen Handlungen, die aus eigenem Antrieb erfolgen. Beispielsweise nicht gleich zu hupen und zu schreien, wenn der Wagen vor einem nicht sofort bei Grün losfährt. Oder aber einen Kranken einfach einmal spontan zu besuchen. Möglicherweise auch einem Kind helfen, das hingefallen ist und in seiner Hilflosigkeit weint. Oder einem einsamen Menschen etwas Gesellschaft leisten. Diese Handlungen zählen vor Gott; denn sie offenbaren den tiefsten Kern der Persönlichkeit und zeigen, was für ein Mensch man wirklich ist. Die Geschichte von Mohammad Z., der 1977 im Alter von 26 Jahren eine Nahtod-Erfahrung bei einem Autofrontalzusammenstoß erlebte, kann helfen, diesen Sachverhalt näher zu beleuchten. Auf den Seiten der »Near Death Experience Research Foundation« dokumentierte er ein charakteristisches Musterbild dafür, was er während seines Lebensrückblicks vom höheren Lichtwesen gezeigt bekam. Mohammad schrieb dazu die nachfolgenden Zeilen:

> »Ein Beispiel meiner Lebensrückschau zeigte mich, als ich ein kleines Kind war. Wir reisten mit einem Auto und blieben irgendwo entlang des Weges stehen. Dort war ein Fluss, nicht weit entfernt von der Straße, und ich wurde gebeten, etwas Wasser in einem Kübel vom Fluss zu holen. Ich ging und füllte den Kübel an, aber auf dem Rückweg verspürte ich, dass der Kübel viel zu schwer für mich war. Ich entschied mich deshalb etwas Wasser auszuleeren, um den Kübel leichter zu machen. Aber anstatt dass ich das Wasser gleich dort ausleerte, bemerkte ich einen Baum, der alleine auf trockenem Land stand. Ich nahm die Mühe auf mich, von meinem Weg abzuweichen, um zu diesem Baum zu gelangen und leerte etwas von dem Wasser auf die Stammbasis. Ich wartete sogar einige Sekunden dort, um sicher zu gehen, dass das Wasser in die Erde einsickerte und aufgenommen wurde. In meiner Lebensrückschau erhielt ich solch einen Applaus und Freude für diesen einfachen Akt, dass es unglaublich war. Es war, als ob alle Geister in diesem Universum mit Freude erfüllt waren, wegen dieser einfachen Tat. Sie sagten mir, wie stolz sie auf mich seien. Dieser einfache Akt schien das Beste zu sein, was ich je in meinem Leben getan hatte. Das schien mir seltsam, weil ich nicht dachte,

> dass dieser kleine Akt eine so große Sache wäre. Schließlich hatte ich viel Wichtigeres und Größeres getan. Egal, mir wurde gezeigt, dass das, was ich getan hatte, extrem wertvoll war, weil ich es aus reinem Herzen tat, ohne Erwartung, etwas dafür zu bekommen.«

Ähnliches hat auch Justin U. erlebt, der 2004 einen Autounfall erlitt und dabei wie Mohammad eine Nahtod-Erfahrung mit Lebensrückschau erlebte. Sehr detailliert beschrieb er auf den Seiten der »Near Death Experience Research Foundation«, was ihm widerfahren war und welcher Aspekt seines Lebens hervorgehoben wurde, als er im Licht stand. Seine Schilderungen dazu klingen so:

> »Viele Ereignisse meines Lebens habe ich wieder erlebt, aber nicht so, wie ich sie erinnere, sondern so, wie sie die Tiere, Menschen und meine Umwelt erfahren haben. Als hätte ich es mir selbst angetan. Wenn ich jemanden glücklich oder traurig gemacht hatte, habe ich dies wie sie gefühlt. Es war offensichtlich, dass jeder einzelne Gedanke, jedes Wort und jede Tat Einfluss auf das gesamte Universum hat. Tatsächlich auf uns und auch auf die Bäume, die Pflanzen und Tiere. Ich bin schon lange Vegetarier, seit meinem 18. Lebensjahr, und dies wurde wertgeschätzt und war eine gute Entscheidung in meinem Leben. In spiritueller Hinsicht schien dies als ein Beweis für den Respekt vor allem Leben, und es schien ein Ausgleich zu sein für schlechte und niederträchtige Dinge, die ich in meinem Leben getan hatte.«

In der Lebensrückschau geht es den Erinnerungen Nahtod-Erfahrener zufolge in erster Linie um den Aspekt der praktizierten Nächstenliebe im Alltag. Dabei werden nicht unbedingt die persönlich wichtigsten Ereignisse oder Beziehungen im Leben eines Menschen hervorgehoben, vielmehr sind es die vielen kleinen Interaktionen. Wie sich der einzelne Mensch gegenüber Pflanzen, Tieren und vor allem anderen Menschen verhalten hat. Ja, die Beziehungen zwischen den Menschen sind es, die in der Lebensrückschau vornehmlich Beachtung finden. Wie jemand in den Situationen des täglichen Lebens anderen Menschen begegnet ist, wie er zu ihnen stand, welche Haltung er ihnen gegenüber eingenommen hat. Durch die Lebensrückschau erhalten

Nahtod-Erfahrene damit die einzigartige Gelegenheit, ihr Leben mit den Augen Gottes zu betrachten und zu erfahren, wie sie abschneiden, wenn sie Gottes Maßstab an ihr Leben legen. Einen Maßstab, der als Richtschnur ausschließlich Liebe, Freude, Frieden, Geduld, Freundlichkeit, Güte, Treue, Nachsicht und Selbstbeherrschung kennt und dabei alles Irdische wie Geld, Macht, Ruhm, Ehre, Einfluss, Reichtum, Ansehen, Aussehen, Geltung und Titel komplett außer Acht lässt. Was am Ende steht, ist eine ernüchternde Bilanz. Nichts, was von Menschen Hand geformt wurde, keine menschliche Errungenschaft, hat vor Gott Bestand. Die mahnende Botschaft aus den Lebensrückblicken an uns lautet von daher:

> »Mensch, achte auf deine Gedanken, Worte und Werke und richte sie an der Liebe aus, denn dein Leben folgt dem Gesetz von Saat und Ernte.«

Mit diesen geistigen Einblicken aus der Lebensrückschau erwächst bei den Nahtod-Erfahrenen ein höheres Bewusstsein und damit verbunden eine höhere Einsicht, auch in die kosmischen Zusammenhänge. Die Nahtod-Erfahrenen erkennen das höhere Lichtwesen als den Inbegriff allen Wissens. Sie scheuen sich deshalb nicht, dieses Allwissen zu den verschiedensten Themenkomplexen zu befragen. Das Erstaunliche ist nur, dass die Fragen und die übermittelten Antworten gleichzeitig geschehen. Kaum ist eine Frage formuliert, erhält der Nahtod-Erfahrene schon die Antwort. Es ist, als würde im Geist eine Frage erscheinen und das Verstehen kommt wie von allein, bevor die Frage überhaupt zu Ende gedacht wurde. So werden die kompliziertesten Zusammenhänge plötzlich klar und verständlich. Alles wird in diesem Zustand verstanden, und alles erhält auf einmal einen tieferen Sinn.

Nicht selten fragen sich die Nahtod-Erfahrenen deshalb, warum sie nicht schon früher und von selbst darauf gekommen sind, wo doch alles so einfach und nachvollziehbar ist. Alles Wissen des Universums, so das einhellige Gefühl Nahtod-Erfahrener, ist ihnen zugänglich. Keine Frage bleibt unbeantwortet. Und so gelangen sie an einen Punkt, an dem es keine Fragen mehr gibt, nur noch Verstehen. Es entsteht das Gefühl von Allwissenheit. Betty J. Eadie ist eine von jenen, die dieses Gefühl erlebt und beschrieben hat. 1973, im Alter von 31 Jahren, musste sich die siebenfache Mutter einer Operation unterziehen. Es kam zu einer unkontrollierten Blutung und in diesem Rahmen zum klinischen Tod der Patientin. In ihrem Buch »Umgeben vom Licht«, das 1992 erschien, schilderte sie alles, was sie an der Schwelle des Todes erlebte. Darunter auch jene Erfahrung der Allwissenheit, als sie im Licht Christi stand. Unter der Überschrift »In den Armen des Lichts« schrieb sie dazu:

> »Ich sah ein winziges Licht in der Ferne. Die schwarze Masse, die mich umgab, nahm langsam die Form eines Tunnels an, durch den ich nun noch schneller reiste – hin zum Licht ... Beim Näherkommen erkannte ich die Gestalt eines Mannes in dem Licht und sah, dass es rings um ihn strahlte ... ich fühlte eine wahre Explosion der Liebe ... Es war die bedingungsloseste Liebe, die ich je empfunden habe ... Ich fragte nicht, wer Er sei. Ich wusste, dass Er mein Erlöser und Freund und Gott war. Er war Jesus Christus ... Auf einmal tauchten wieder Fragen in mir auf. Ich wollte wissen, warum ich so gestorben war ... Da erfüllte sein Licht meinen Geist, und meine Fragen wurden beantwortet, noch bevor ich sie richtig gestellt hatte ... In dem Maße, wie mein Vertrauen zunahm und ich das Licht in mich einströmen ließ, kamen meine Fragen schneller, als ich es jemals für möglich gehalten hätte, und die Antworten wurden ebenso schnell gegeben. Die Antworten waren absolut und vollkommen ... Ich verstand, dass Er der Sohn Gottes und gleichzeitig auch ein Gott war, und Er hatte sich vor der Erschaffung der Welt dazu entschlossen, unser Erlöser zu sein. Ich verstand, oder besser ich erinnerte mich, dass Er der Erschaffer der Welt war. Seine Aufgabe war es, auf die Welt zu kommen und Liebe zu lehren ... Doch ich wollte alles wissen, von Anfang bis Ende ... Und sobald ich eine Sache verstanden hatte, kamen neue Fragen und Antworten in mir hoch, die eine auf der anderen aufbauend und sich gegenseitig bedingend, als ob alle Wahrheit im Innersten verbunden sei. Nie war das Wort ›allwissend‹ so bedeutungsvoll für mich gewesen. Wissen durchdrang mich, ja in gewisser Weise wurde ich selbst das Wissen, und ich war fasziniert von meiner Fähigkeit, die Geheimnisse des Universums einfach dadurch zu verstehen, dass ich über sie nachdachte.«

In 5 bis 45% der Fälle taucht dieses Gefühl der Allwissenheit in Nahtod-Erfahrungen auf. Aber bedauerlicherweise können Nahtod-Erfahrene auf dieses Allwissen nicht mehr vollständig zurückgreifen, wenn sie in die Welt der Sterblichkeit zurückkehren. Nur ganz wenige Aspekte davon bleiben ihnen erinnerlich. Darunter die Gewissheit, dass:

- Gott existiert
- es einen Plan gibt
- nichts ohne Grund geschieht
- alles einen Sinn hat
- alles mit allem verbunden ist
- jede Regung sich auf alles auswirkt

Etwa 3 bis 9% der Betroffenen bekommen über den Lebensrückblick hinaus noch eine Lebensvorausschau. Sie erhalten damit entweder Einblicke in die eigene oder aber in die globale Zukunft. Dabei werden ihnen verschiedene Möglichkeiten aufgezeigt, wie sich die Zukunft entwickeln könnte. Die Zukunft, oder das Schicksal eines Menschen, sind somit keine festen oder starren Größen, die unabänderlich auf einen zukommen. Vielmehr sind sie Ausdruck unseres freien Willens und dadurch eben nicht vorherbestimmt. Nur der grobe Rahmen ist gesetzt. Das Drehbuch, wenn man so möchte. Aber innerhalb des Drehbuches gibt es jede Menge Entfaltungsmöglichkeiten für den Einzelnen. Wege sozusagen, die er innerhalb seiner Rolle beschreiten kann. Die Rolle selbst ist jedem Menschen auf den Leib geschrieben, entsprechend seinen Talenten und Fähigkeiten. So erhält jeder Mensch die Rolle, die er am besten ausfüllen kann und die optimal für seine geistige Entfaltung ist. Es ist so ähnlich wie Aristoteles es ausdrückte:

> »Wo die Talente mit den Bedürfnissen der Welt zusammentreffen, da liegt die Berufung.«

Auch Betty J. Eadie durfte während ihrer Nahtod-Erfahrung einen Blick in die Zukunft werfen. Und zwar in die Zukunft ihrer Kinder. Dazu schrieb sie in ihrem Buch:

> »Wie ich so jeden Einzelnen betrachtete, lief in meinem Geist eine Art Vorschau ab, so dass ich einen Blick in die Zukunft jedes einzelnen Kindes tun konnte. Ich erfuhr, dass jedes meiner Kinder auf der Erde war, um seine eigenen Erfahrungen zu sammeln, und wenn ich sie immer als ›meine‹ Kinder betrachtet hatte, so war ich einem Irrtum erlegen. Wie ich selbst, waren auch sie Individuen und mit einer Intelligenz ausgestattet, die sich vor ihrem Leben auf der Erde entwickelt hatte. Jedes von ihnen hatte seinen eigenen freien Willen, um sein Leben nach seinen Wünschen zu gestalten. Ich wusste, dass man ihnen diesen freien Willen nicht vorenthalten durfte. Sie waren lediglich meiner Obhut anvertraut worden. Ich wusste, dass meine Kinder ihren eigenen Lebensplan hatten – wenn ich mich auch jetzt nicht mehr an dessen Einzelheiten erinnern kann – und dass auch sie nach Vollendung dieses Planes ihren Aufenthalt auf der Erde beenden würden. Ich sah einige der Herausforderungen und Schwierigkeiten, die ihnen bevorstanden, doch ich wusste, dass sie diese für ihr Wachstum benötigten. Es gab keinen Anlass zu Sorge oder Furcht. Am Ende würde für jedes meiner Kinder alles gut sein, und ich wusste, dass wir schon nach kurzer Zeit alle wieder beisammen sein würden … Mein Mann und meine geliebten Kinder, diese Familie, die ich mir so lange ersehnt hatte, würden es schon schaffen. … Ich war dankbar für diese Einsicht und fühlte, dass sie mir zuteilwurde, um mir den Übergang durch den Tod zu erleichtern.«

Nahtod-Erfahrene verfügen mit dem kosmischen Wissen und dem Zukunftswissen über eine absolute Sicherheit, dass es einen göttlichen Plan gibt und jede Existenz, alles Leben auf der Erde, einem tiefen Sinn folgt. So hat auch jeder Mensch seine ganz spezifische Lebensaufgabe. Sie besteht darin, mit den von Gott verliehenen Talenten sein Reich der Liebe auf Erden zu erweitern. Mit Liebe und Wissen, die beide zentrale Schlüssel für die eigene Seelenreifung sind.

8. Nichtirdische Welten

Am Ende des Lebensrückblicks und der Vorschau kann es vorkommen, dass das höhere Lichtwesen an den Nahtod-Erfahrenen Botschaften in Form von Aufforderungen richtet. Diese lauten:

- Die Zeit ist sehr kurz. Nutze die Zeit aus!
- Lerne mich kennen!
- Verliere nicht den Glauben an mich!

Entweder entzieht sich dann das höhere Lichtwesen den Blicken der Nahtod-Erfahrenen oder aber es geleitet sie noch durch verschiedene himmlische Regionen. Auch ist es möglich, dass anstatt des höheren Lichtwesens andere Lichtwesen, verstorbene Familienangehörige oder Freunde diese Aufgabe übernehmen. Dabei erblicken die Betroffenen lichtdurchflutete Landschaften mit Bergen, Tälern, Wasserfällen, Flüssen, Seen und Bächen. Eine Erfahrung, die in 7 bis 66% aller Nahtod-Erfahrungen vorkommt, je nach Studie. Es sind reizvolle und friedliche Gegenden von überragender Schönheit, die sich dem Nahtod-Erfahrenen auftun. Gärten mit herrlichen Bäumen, bunten Blumen und üppig grünen Weiden. Die Landschaften sind den irdischen recht ähnlich, mit Pflanzen und Tieren, die es auch hier gibt. Aber auch solchen, die nicht auf der Erde zu finden sind. Beobachtet wird, dass starke Tiere, wie Löwen, zahm sind und schwächeren Tieren, wie einem Lamm, nichts tun. Neben Pflanzen und Tieren werden desgleichen Menschen betrachtet, die tanzen, musizieren und überaus glücklich sind. Ihre Kleidung wird als schlicht und schön beschrieben. Erwähnt wird immer wieder, dass die Farben viel brillanter sind. Sie erscheinen kristallklar und leuchtend. Und die Blumen, es gibt unzählige davon. Eine schöner als die andere, mit einer nie zuvor erlebten Pracht und Vielfalt. Und ihr Duft, angenehm und frisch, einfach unvergleichlich. Nicht einmal das beste Parfum auf der Erde könnte da mithalten. Man kann sich gar nicht sattsehen oder sattriechen, so die übereinstimmenden Aussagen. Man wird ergriffen von Hingabe und Ehrfurcht, weil alles so perfekt und vollkommen ist. Ja, Vollkommenheit, das ist der Begriff, den Nahtod-Erfahrene am häufigsten verwenden, wenn sie versuchen, die Welt des Lichts zu beschreiben, die sie erblickt haben. Gemeinsam ist den Erinnerungen, dass die Landschaften als himmlisch oder paradiesisch beschrieben werden. So wie die Musik dort, die überirdisch, sphärisch sei. Einfach nicht zu vergleichen mit dem, was wir von hier kennen. Betty J. Eadie hat in ihrem Buch hierzu eine sehr anschauliche Beschreibung verwendet. Eine, die ihr Jesus Christus gegeben hat, um ihr den Unterschied zwischen dem Jenseits und unserer Welt zu verdeutlichen. Dazu erinnerte sie sich:

> »Alles und jedes wurde zuerst spirituell und erst dann physisch erschaffen – Sonnensysteme, Sonnen, Monde, Sterne, Planeten, das Leben auf den Planeten, Berge, Flüsse, Seen und so weiter. Ich sah diesen Prozess, und um mein Verständnis zu vertiefen, erklärte mir der Erlöser, dass die spirituelle Schöpfung mit einem Foto vergleichbar sei; die spirituelle Schöpfung sei wie ein scharfer Hochglanzabzug und die Erde das dazugehörige dunkle Negativ. Diese, unsere Erde ist nur ein Schatten der Schönheit und der Herrlichkeit der spirituellen Schöpfung, doch sie ist genau das, was wir für unser Wachstum benötigen.«

Neben den Schilderungen himmlischer Landschaften tauchen in den Berichten Nahtod-Erfahrener hin und wieder auch Erinnerungen an Lichtstädte auf. Manche sagen, dass sie nur eine einzige gigantische Stadt gesehen hätten, während andere mehrere Städte beschreiben. Übereinstimmend wird hingegen berichtet, dass es sich um prächtige Bauten handelt, mit riesigen Gebäuden, Türmen und Domen, die aussehen, als wären sie allesamt aus Glas oder feinstem Kristall gefertigt. Auch wird übereinstimmend ausgesagt, dass das Licht dort nie ausgeht. Und das, obwohl an jenem Ort eine enorme Helligkeit herrscht. Aber dieses Leuchten kommt nicht von einer externen Lichtquelle, wie einer Sonne oder ähnlichem, sondern alle Bauwerke strahlen aus sich heraus, mit einem goldenen Funkeln. So wie die Bauwerke, sind auch die Fenster hell erleuchtet. Innerhalb der Stadt, die dicht bebaut ist, erblicken die Nahtod-Erfahrenen Lichtwesen und Menschen. Es herrscht dort ein reges Treiben, ähnlich wie in einem Einkaufszentrum. Die Lichtstadt beherbergt auch Wohnungen, die von verstorbenen Menschen bewohnt werden. Es sind jene Wohnungen, von denen Jesus sprach, als er zu seinen Jüngern sagte:

> »Glaubt an Gott und glaubt an mich. Im Haus meines Vaters gibt es viele Wohnungen. Wenn es nicht so wäre, hätte ich euch dann gesagt: Ich gehe, um einen Platz für euch vorzubereiten? Wenn ich gegangen bin und einen Platz für euch vorbereitet habe, komme

ich wieder und werde euch zu mir holen, damit auch ihr dort seid, wo ich bin.« *Johannes 14,1–2*

Dort, wo die Wohnungen aneinanderstoßen, bilden sie mit Gassen, Plätzen und Straßen eine Stadt. So wie auf Erden, nur viel schöner und prachtvoller. Die Straßen funkeln wie Diamanten und sehen aus, als wären sie aus durchscheinendem Gold. Oder die Stadtmauer, die aus reinsten Edelsteinen erbaut ist. Nicht zu vergessen die riesigen Tore aus Perlen, welche die Eingänge zur Stadt markieren. Das Ganze erinnert sehr an das himmlische Jerusalem, so wie es der Apostel Johannes in seiner Apokalypse beschrieben hat. Doch Nahtod-Erfahrene beschreiben noch etwas, das Johannes nicht erwähnt hat. Die Rede ist von einem speziellen Bau, der auf einem eingefriedeten gigantischen Platz steht. Es ist die Halle des Wissens. Eine zentrale Bibliothek, die das komplette Wissen beherbergt. Nahtod-Erfahrene sprechen in diesem Zusammenhang auch oft vom Ort des Lernens, der Belehrung, der Weisungen und der Einweihung. Die Architektur dieser Bibliothek erinnert an eine gotische Kathedrale, die scheinbar endlos in den Himmel ragt. Das Gebäude besteht aus reinem Kristall und fasst Millionen von Büchern. Eines unter ihnen ist ein sehr spezielles Werk. Es ist das »Buch des Lebens«.

Ein gewaltiger Katalog, der aufgeschlagen etwa ein bis zwei Meter an Höhe misst. Er enthält die Vergangenheit, die Gegenwart und die Zukunft eines Menschen, praktisch sein ganzes Leben. Jeder Mensch findet dort seine persönliche Seite. Vorausgesetzt, dass er zu den Erlösten gehört. Zu jenen Menschen, die ein gottgefälliges Leben geführt haben und denen Gott deshalb das ewige Leben schenkt. Alles ist in diesem Buch verzeichnet, angefangen vom Geburtsdatum bis zum Tag des Todes. Aber nicht alles ist für den Nahtod-Erfahrenen auch lesbar. So sind Informationen, die er noch nicht lesen darf, entsprechend grau hinterlegt. Für einige Nahtod-Erfahrene endet die Reise durch die jenseitigen Sphären, wenn das Buch des Lebens geschlossen wird. Andere wiederum bekommen noch weitere Dinge zu sehen. Aber auch sie stoßen irgendwann einmal auf eine Barriere, eine Art Grenze, die sie nicht überwinden können.

9. Die Grenzbarriere und Rückkehr

8 bis 31% der Nahtod-Erfahrenen erzählen davon, in der jenseitigen Sphäre auf eine Grenze gestoßen zu sein. Dabei waren es völlig unterschiedliche Dinge, die sich ihnen in den Weg stellten und die sie nicht überschreiten oder überwinden konnten. So berichten einige von einem Nebel oder einer Mauer, andere von einem Fluss. Wiederum andere von einer Brücke, einer Tür, einem Tor oder einer Pforte. Manchmal kommen die Betroffenen aber auch einfach nicht weiter. Sie scheitern sozusagen, wie an einer unsichtbaren Wand. Wer den Film »Die Wand« gesehen oder den gleichnamigen Roman der Schriftstellerin Marlen Haushofer (1920–1970) gelesen hat, weiß, was mit einem solchen Erlebnis gemeint ist und wie es sich anfühlen mag. Nahtod-Erfahrene wissen instinktiv, oder aber es wird ihnen vermittelt, dass hinter der Barriere, hinter der Grenze, der Teil des Jenseits beginnt, von dem aus es kein Zurück mehr ins irdische Leben gibt. Aber das wollen die meisten von ihnen auch gar nicht mehr. Im Gegenteil, sie wollen sogar unter allen Umständen in der Gegenwart Gottes bleiben. Doch dann wird ihnen entweder durch Gott, durch Jesus Christus, durch ein Lichtwesen oder durch verstorbene Angehörige gesagt, dass das nicht möglich ist. Dass sie zurückkehren müssen, weil sie ihre Lebensaufgabe noch nicht vollendet hätten. Manchmal sogar, dass sie mit ihrer Lebensaufgabe noch nicht einmal begonnen haben. Dann heißt es:

> »Du musst zurückkehren. Ich habe dir eine Aufgabe gegeben, die noch nicht beendet ist.«

Oder aber:

> »Es ist noch nicht deine Zeit, gehe zurück.«

Für die Mehrheit der Nahtod-Erfahrenen eine nahezu vernichtende Äußerung. Ein unerträglicher emotionaler Schmerz. Widerspruch setzt ein oder ein Bitten und Betteln, bleiben zu dürfen. Doch es hilft alles nichts, sie haben keine Wahl. Sie müssen zurück, gegen ihren Willen. Einer kleinen Gruppe Nahtod-Erfahrener wird dagegen die

Wahl gelassen zu bleiben oder wieder in den Körper zurückzukehren. Ihnen wird gesagt:

> »Es ist deine Wahl. Du kannst mit mir kommen oder zurückkehren.«

Nur wenige Nahtod-Erfahrene bitten darum, in das irdische Leben zurückkehren zu dürfen. Eigentlich möchten auch sie lieber bleiben, aber ihre Verantwortung gegenüber den Kindern oder Angehörigen, um die sich sonst niemand kümmern würde, lässt sie diese Bitte äußern. Eine Bitte, die von Gott erhört wird. Weil die Betreffenden nicht für sich etwas erbeten haben, sondern zum Wohle anderer.

Wenn die Entscheidung zur Rückkehr gefallen ist, ob freiwillig oder unfreiwillig, wird das Ende der Nahtod-Erfahrung eingeleitet. Ohne Verzögerung geht es dann entweder wieder zurück in den Tunnel und von dort aus, mit einem kräftigen Ruck, wieder in den Körper. Auf demselben Wege also, nur jetzt eben umgekehrt. Oder aber der Nahtod-Erfahrene öffnet seine Augen und befindet sich unmittelbar wieder im realen Leben. Etwa 58% der Betroffenen erleben auf diese Art und Weise ihre Rückkehr in den Körper. Bei den anderen verläuft dieser Prozess unvermittelt, ohne dass eine Person oder ein Wesen etwas sagt. Es ist ein schmerzlicher Prozess, und zwar im doppelten Sinne. Erstens, weil der eigene Körper schwer krank oder stark in Mitleidenschaft gezogen ist, sodass unmittelbar nach dem Wiedereintritt der mit Schmerzen behaftete physische Körper sofort ins Bewusstsein tritt. Und zweitens, weil das Herausfallen aus dem Göttlich-Paradiesischen für die Nahtod-Erfahrenen eine herbe Enttäuschung darstellt. Zu schön war das Erlebnis von Glück und Frieden sowie der Leichtigkeit des Lebens in der jenseitigen Welt. Und das merkt man den Betroffenen auch deutlich an, wenn sie nach einer erfolgreichen Reanimation plötzlich enttäuscht, widerwillig, entrüstet oder gar nicht reagieren.

Es ist für viele Nahtod-Erfahrene ein im wahrsten Sinne des Wortes traumatisches Erlebnis, das nicht selten psychotherapeutisch aufgearbeitet werden muss. Und zwar aus mehreren Gründen. Erstens, weil es für gut 95% der Betroffenen außer Frage steht, dass das, was sie erlebt haben, tatsächlich stattgefunden hat. Es sozusagen absolut real war.

Für manche von ihnen sogar realer als real. Zweitens, weil etwa 84 bis 92% der Nahtod-Erfahrenen eine erhöhte intuitive Sensibilität entwickeln und dadurch plötzlich die Gefühle anderer Menschen wahrnehmen können oder Krankheiten spüren, die in ihnen schlummern. Warum sie diese Informationen erhalten, wissen die Betroffenen selbst nicht. Sie haben aber das Gefühl, dass sie mit derartigen Informationen aus einer anderen Dimension regelrecht überflutet werden. Die Sterbeforschung spricht deshalb in diesem Zusammenhang vom Auftreten paranormaler Phänomene. Zu diesen gehören auch sogenannte elektrische Phänomene, die vor allem in jenen Momenten auftreten, wo starke Emotionen mit im Spiel sind. Dann kann es sein, dass im Umfeld des Nahtod-Erfahrenen Glühlampen ausgehen, Radios und Fernsehgeräte den Kanal wechseln, Computer ausfallen, automatische Türen und Fahrstühle nicht mehr funktionieren oder im Supermarkt die Kasse plötzlich streikt. Grund dafür ist, dass vom Nahtod-Erfahrenen, besser gesagt von deren Körpern, ein störendes elektromagnetisches Feld ausgeht, das auf elektrische Geräte einen irritierenden Einfluss ausübt. Etwa 71%, so die vorläufigen Ergebnisse einer gemeinsamen Studie der amerikanischen Psychologen Cheryl Fracasso und Harris Friedman aus dem Jahr 2012, weisen derartige elektromagnetische Nachwirkungen auf.

Ein weiteres paranormales Phänomen, das sich im Zuge einer Nahtod-Erfahrung einstellen kann, wenn auch sehr selten, ist eine komplette Genesung von einer unheilbaren Erkrankung. Es gibt nicht viele Beispiele dafür, aber drei sollen hier genannt sein. Annabel Wilson Beam litt seit frühester Kindheit unter einer chronischen intestinalen Pseudoobstruktion (CIPO) sowie an einer antralen Motilitätsstörung, das heißt, sie litt an einem regungslosen Darm, der zu chronischen Magen-Darm-Beschwerden bis hin zum Darmverschluss führte. Im Dezember 2011 spielte die damals Neunjährige auf einem Baum und fiel zehn Meter in die Tiefe, direkt auf den Kopf. Sie erlebte eine Nahtod-Erfahrung, zu der eine Christus-Begegnung gehörte. Als das Mädchen aus dem Koma erwachte, waren ihre Beschwerden verschwunden. Die Krankheit ebenfalls. Für die Medizin ein absolutes Rätsel, denn noch nie wurde jemand von einer chronischen intestinalen Pseudoobstruktion mit antraler Motilitätsstörung geheilt. Das zweite Beispiel einer außergewöhnlichen Heilung stammt von der britischen

Nahtod-Forscherin Dr. Penny Sartori. Das Geschehen ereignete sich im Rahmen einer prospektiven Studie und wurde 2006 als Case Report im Journal of Near-Death Studies veröffentlicht.

Tom Kennard, ein 60-jähriger Patient aus dem Kaukasus, kam aufgrund einer Darmkrebserkrankung in das Morriston Hospital von South Wales. Er sollte ursprünglich operiert werden, doch sein Leiden nahm einen komplizierten Verlauf. Erst kam es zu einer Blutvergiftung mit Multiorganversagen, dann zu einem Kreislaufkollaps aufgrund einer Herzrhythmusstörung. Der Patient verlor daraufhin für drei Stunden sein Bewusstsein und musste intensivmedizinisch behandelt werden. Während die Ärzte um sein Leben kämpften, machte Tom Kennard eine Erfahrung, die sein Leben verändern sollte. Er begegnete seiner Schwiegermutter und seinem Vater, die beide bereits verstorben waren. Und er sah einen Mann von Stand, wie er es ausdrückte, mit langen schwarzen Haaren, der wunderschöne Augen hatte. Alle unterhielten sich miteinander, im Geiste, bis der Mann von Stand zu ihm sagte, er könne hier nicht bleiben, er sei noch nicht so weit. Diese Worte markierten für Tom Kennard das Ende seiner Erfahrung und leiteten die Rückreise in seinen Körper ein. Dort angekommen, machte er eine erstaunliche Entdeckung, als er wieder zu Bewusstsein kam. Tom Kennard litt seit seiner Geburt an einer infantilen Zerebralparese. Einer Lähmung, die durch einen Defekt im Gehirn bedingt ist. Diese manifestierte sich bei ihm durch eine Halbseitenlähmung sowie in Form einer Krallenhand rechts. 60 Jahre war er so durchs Leben gegangen, doch kurz nach seiner Nahtod-Erfahrung konnte der Patient die »verdorrte« Hand wieder öffnen und schließen. Und auch sein Gangbild verbesserte sich deutlich. Unerklärlich für die Ärzte, waren doch die zuständigen Nervenzellen im Gehirn schon vor 60 Jahren unwiederbringlich zugrunde gegangen und auch die Muskeln, Sehnen und Bänder hatten sich im Zuge der Kontraktur dauerhaft verkürzt. Eine Bewegung der Extremität war schon aufgrund dessen physiologisch völlig unmöglich. Eine rationale Erklärung dafür fanden die Ärzte nicht, die Wissenschaft auch nicht. Genauso wenig, wie für das dritte Beispiel in dieser Reihe.

Es handelt sich dabei um Krebserkrankungen, die nach einer Nahtod-Erfahrung plötzlich auf unerklärliche Weise verschwinden. Unter anderem machte Anita Moorjani eine solche Erfahrung. Sie erkrankte im Jahr 2002 an einer Form von Blutkrebs, die in der Medizin Hodgkin-Lymphom genannt wird. Der Tumor erreichte das Stadium IV, was einen diffusen und ausgedehnten Organbefall beschreibt. Am Ende ihrer Krebserkrankung gaben ihr die Ärzte nur noch 36 Stunden. Doch Anita Moorjani erfuhr Heilung im göttlichen Licht ihrer Nahtod-Erfahrung, die sie erleben durfte. Innerhalb von nur fünf Tagen waren 70% des ursprünglichen Tumorgewebes verschwunden. Und nach weiteren fünf Wochen konnte sie schließlich vollständig genesen aus dem Krankenhaus entlassen werden. Ein Verlauf, der medizinisch nicht erklärbar ist. Auch nicht mit dem Phänomen der Spontanremission, das meist einen viel längeren Zeitraum in Anspruch nimmt.

Aber unabhängig davon, der Erkrankungsfall von Anita Moorjani ist noch aus einer ganz anderen Perspektive für uns interessant. Er zeigt uns nämlich, wenn man ihr Buch »Heilung im Licht – Wie ich durch eine Nahtod-Erfahrung den Krebs besiegte und neu geboren wurde«, genau liest, dass Krebs als Zivilisationskrankheit seine Wurzeln in einigen Fällen möglicherweise auch im psychosomatischen Bereich hat. Und dort lässt er sich eben nicht einfach so auf chemischem Wege heilen. Das ist der dritte Grund, weshalb Nahtod-Erfahrene psychotherapeutische Hilfe benötigen. Wenn Betroffene nämlich vor ihrem Erlebnis in Todesnähe an Problemen litten, die nicht nur auf der rein körperlichen Ebene angesiedelt waren, werden derartige Probleme nach einer Nahtod-Erfahrung nicht gerade weniger. Ein weiterer Grund ist, dass Menschen durch ihre Nahtod-Erfahrung mitsamt dem Erlebten emotional nicht nur kurzzeitig tief ergriffen werden, sondern es in der Regel auch ein Leben lang bleiben. Eine Nahtod-Erfahrung wirkt nämlich wie ein emotionales Erdbeben, das in seinem späteren Verlauf durch immer wiederkehrende Nachbeben auffällt. Nachbeben, die sich mit zunehmendem Alter sogar verstärken können.

Und der fünfte und letzte Grund, weshalb Nahtod-Erfahrene oft psychotherapeutische Unterstützung benötigen, ist, weil sich die an ihr Erlebnis anschließenden Verhaltensänderungen nicht selten mitunter durch Autoaggressionen auszeichnen. Es sind Autoaggressionen, die in sehr wenigen Fällen sogar bis zu einem Suizid reichen können. Zu groß sind einfach die Enttäuschung und das Bedauern darüber, wieder im Diesseits zu sein, hier leben zu müssen, und übergroß der Wunsch danach, wieder ins Licht einzugehen, um endlich wieder »zu Hause«

sein zu dürfen. In einer Welt, die als eng, schmutzig, hart und abstoßend empfunden wird, wollen sie eigentlich nicht weiterleben. Es ist daher nachvollziehbar, dass eine gewisse Sterbesehnsucht die Nahtod-Erfahrenen ein Leben lang begleitet. Ein Heimweh nach Drüben, das wie ein Sog empfunden wird. Er ist der Preis dafür, wenn man die Herrlichkeit des Jenseits vorzeitig gekostet hat. Nahtod-Erfahrene sind somit Grenzgänger, Wanderer zwischen zwei Welten. Zwischen der einen, in der sie leben dürfen, aber nicht sein möchten, und einer, wo sie gerne sein möchten, aber nicht leben dürfen. Es ist zum Verzweifeln.

Trotz dieser Umstände bleibt die Erfahrung in Todesnähe als solche aber ein positives Ereignis, eines mit einem außerordentlich beglückenden Kern, von dem der Betroffene ein Leben lang positiv zehren kann. Eine Nahtod-Erfahrung berührt schließlich alles und wird von nichts übertroffen. Und sie bleibt ein Leben lang im Gedächtnis eingebrannt, sodass sich die Menschen selbst nach Jahrzehnten noch an jedes Detail erinnern können. So als wäre alles erst gestern passiert. Ein Verleugnen oder Verdrängen ist kaum möglich, weil sich das Erlebte immer wieder ins Bewusstsein drängt. Deshalb haben nur wenige das Gefühl, dass die Erinnerung an ihre Nahtod-Erfahrung mit den Jahren verblasst. Kaum 5% der Betroffenen äußern das. Die anderen indes müssen das Erlebte aktiv verarbeiten, um es in ihr Leben zu integrieren und um weiterexistieren zu können. Schließlich stellt eine Nahtod-Erfahrung so ziemlich alles auf den Kopf. Alles, woran man je geglaubt hat. Stefanie Will drückte dieses Gefühl zwar knapp, dafür aber sehr präzise aus:

»Alles auf null und noch einmal von vorne.«

Genau das ist es. Als hätte jemand die Reset-Taste gedrückt. Nichts ist mehr so, wie es einmal war. Verwirrung und Traurigkeit bestimmen von jetzt an das Leben, gepaart mit Einsamkeit und Heimweh, das sich bis zu einer Depression auswachsen kann. Kein Fundament, auf dem man sicher stehen kann, kein Boden unter den Füßen. Nur noch der freie Fall in die Fragen des Lebens:

Wer bin ich?
Was bin ich?

Woher komme ich?
Wohin gehe ich?
Warum bin ich hier?
Was ist der Sinn des Lebens?
Welche Bedeutung hat der Tod?

Die Auseinandersetzung mit diesen Fragen kann Jahre dauern, zumal Betroffene lange Zeit schweigen oder erhebliche Schwierigkeiten haben, das Erlebte überhaupt in Worte zu fassen. Aber sie bringt für den Nahtod-Erfahrenen reiche Frucht. Frucht in Form von Erkenntnis. Über Jahre hinweg vertiefen sich diese Erkenntnisse, bis der Betreffende endlich wieder auf Grund stößt. Erst dann findet er inneren Frieden. Wenn er all diejenigen Dinge verstanden hat, die für unsere physischen Augen nicht sichtbar sind. Ein solches Verstehen kann durchaus einen Zeitraum von vier bis acht, manchmal auch von acht bis zehn Jahren und mehr in Anspruch nehmen. Aber jeder Weg, und sei er auch noch so weit, beginnt immer mit einem ersten Schritt. Und mit ihm setzt zugleich der innere Heilungsprozess ein. Der Weg muss aber vollständig gegangen werden, denn nur so transformiert die Nahtod-Erfahrung das gesamte Sein. Das gesamte Wesen, das in der erfahrenen göttlichen Liebe nun wandeln darf. So lange, bis am Ende des Wandlungsprozesses die Fähigkeit erworben wird, die Sehnsucht nach dem göttlichen Licht in pure Lebenskraft umzuwandeln.

Dabei steht außer Frage, dass eine solche geistige Fortentwicklung nahezu zwangsläufig Veränderungen der eigenen Verhaltensweisen mit sich bringt. Was es dabei braucht, um die notwendigen Änderungen in den eigenen Denkmustern und Verhaltensweisen vornehmen zu können, erhalten die Betroffenen direkt aus ihrer Nahtod-Erfahrung selbst. Denn während eines derartigen Erlebnisses werden Betroffene mit ihren ureigenen Unzulänglichkeiten in der Art konfrontiert, dass sie die Konsequenzen ihrer Denkmuster und Verhaltensweisen am eigenen Leibe zu spüren bekommen. So vermittelt die Nahtod-Erfahrung genau das, was gelernt werden muss. Sie rückt sozusagen alles in die richtige Perspektive. Ein besseres Lerninstrument gibt es gar nicht. Das erkennt man vor allem an den Früchten, die ein solches Erlebnis hervorbringt. Früchte, die man in der Sterbeforschung Transformation nennt. Gemeint ist damit eine tiefgreifende Veränderung des Bewusstseins und der Persönlichkeit. So verlieren nach einer Nahtod-Erfahrung Ehrgeiz, Wettbewerb und Leistung an Bedeutung. Reichtum, Geld, Besitz und Status stehen nicht mehr an vorderster Front. Sie rücken in den Hintergrund. An ihre Stelle geraten stattdessen Liebe, Frieden und Angstfreiheit. Gerade Liebe und Achtsamkeit sind für Nahtod-Erfahrene besonders zentrale Themen. Das zeigt sich vor allem in einem liebevollen und mitfühlenden Umgang mit der Natur, den Tieren und den Mitmenschen. Das Leben allgemein, es erhält seine Wertschätzung und Achtung zurück. Es sind die bleibenden Werte, für die sich die Nahtod-Erfahrenen in besonderem Maße interessieren und einsetzen. Ihnen widmen sie ihre kostbare Zeit und Energie. Eine herausragende Rolle spielt in diesem Zusammenhang das Thema Gerechtigkeit. Eine Tugend, für die Nahtod-Erfahrene ein sehr feines Gespür entwickeln. Mit Ungerechtigkeiten dagegen wollen und können sie sich nicht mehr abfinden. Desgleichen entwickeln Nahtod-Erfahrene eine starke Sensibilität gegenüber allen Sinneseindrücken. Dadurch nehmen sie bestimmte Dinge aus der Umwelt viel intensiver wahr. Sie meiden deshalb oft den Lärm der Großstadt und die dort herrschende Hektik. Nur wenn es absolut notwendig ist oder nicht zu verhindern, sind sie bereit, wenn auch widerwillig, sich dem zu exponieren.

Auffallende Veränderungen im Denken und Handeln Nahtod-Erfahrener zeigen sich darüber hinaus noch in dem festen Glauben an ein Leben nach dem Tod. Wobei das Wort Glaube den Kern nicht ganz trifft. Vielmehr ist es eine absolute Überzeugung, die vertreten wird. Das bedingt eine starke Ausrichtung im Hinblick auf Themenkomplexe wie Spiritualität und Religiosität, verbunden mit einer Ergebung in den Willen Gottes. Für Nahtod-Erfahrene hat der Tod nichts Bedrohliches mehr, er hat seinen Stachel verloren. Sie wissen aus eigener Erfahrung, dass der Tod nicht existiert. Dass er nur das Absterben des physischen Körpers bedeutet und dadurch bedingt die Freisetzung der Geistseele erwirkt, der Tod somit nichts weiter ist als die Geburt in eine neue, endlose Dimension. Auf diese Weise wandeln sich Denken, Fühlen und Handeln im Leben der Nahtod-Erfahrenen Stück für Stück, wobei das Erlebte in Todesnähe ihre gesamte Biografie prägt. Am Ende steht ein kompletter Wertewandel, eine innere oder geistige Metamorphose, die auch vor dem Beruf nicht haltmacht. Es zeigen sich in dieser Hinsicht wirklich beeindruckende Lebensläufe mit einem kompletten Bruch der Vergangenheit in puncto Auftreten, Benehmen und Agieren. So werden aus ehemaligen Polizisten Lehrer, aus Kriminellen Berater für straffällig gewordene Kinder, aus Soldaten Helfer im Aufbau von Heimen für misshandelte Frauen und Kinder, aus Bankdirektoren Krankenpfleger, aus Schauspielern Sterbebegleiter, aus Kunstprofessoren Pfarrer und aus Geschäftsmännern Gründer von Hilfsorganisationen. Und warum? Weil ihr einstiger Beruf nicht mehr vereinbar ist mit den Werten, die sie während ihrer Nahtod-Erfahrung erkannt haben. Manchmal lässt sich sogar das ganze vorherige Leben nicht mehr mit den dort gelernten Werten vereinbaren. Ein Umstand, der häufig auch Auswirkungen auf die Partnerschaft hat. Studien in dieser Richtung haben gezeigt, dass 70 bis 80% der Beziehungen nach einer Nahtod-Erfahrung in die Brüche gehen. Nur wenn die Beziehung auf einem stabilen Fundament stand und vor der Nahtod-Erfahrung intakt war, hat sie gute Aussichten auf Bestand.

Des Weiteren haben Studien ergeben, dass Nahtod-Erfahrungen durch ihren eindrücklichen und prägenden Charakter häufig tiefgreifende Veränderung des Weltbildes und der Lebensziele mit sich bringen. Selbst diejenigen, die sich in der Kindheit ereigneten. Dabei kann eine kurze Erfahrung mit wenigen Strukturelementen eine genauso große Veränderung bewirken wie eine längere Nahtod-Erfahrung mit mehreren oder vielen Strukturelementen. Aus der Tiefe des Erlebnisses kann deshalb nicht automatisch auf ein Maximum an Veränderungen geschlossen werden. Auch lässt sich nicht vorhersagen, welche Änderungen eintreten werden. Was aber gesagt werden kann ist, dass das Lichterlebnis mit seiner absoluten und erfüllenden Liebe Gottes dasjenige Element einer Nahtod-Erfahrung darstellt, welches das größte transformatorische Potenzial besitzt. Ein Umstand, der nicht weiter verwundert. Schließlich erfuhren Nahtod-Erfahrene gerade innerhalb dieses Elementes euphorische Glücksgefühle sowie die Erkenntnis der Wahrheit und damit ihre ganz persönliche Erleuchtung. In ihrem Buch »Schnittstelle Tod: Aufbruch zu neuem Leben?« zitieren Prof. Walter van Laack und Evelyn Elsaesser-Valarino in diesem Zusammenhang eine Nahtod-Erfahrene, die diesen Prozess der Erleuchtung und Erneuerung durch das göttliche Licht mit den folgenden Worten so exakt beschreibt wie kaum jemand zuvor:

> »Im Tunnel erlebte ich eine totale Veränderung, als das Licht mich berührte. Bis zu diesem Zeitpunkt hatte ich einen außerordentlich langen und schwierigen Weg hinter mich gebracht. Ich fühlte mich emotional sehr erschöpft und wegen der schweren Zeiten, die ich hatte durchmachen müssen, von Unmut erfüllt. Als diese überwältigende, bedingungslose Liebe über mich kam und mich durchdrang, wurde jedes Atom meiner Seele im Licht dieser Liebe gebadet und verändert. Alle meine Blessuren und bösen Erinnerungen verschwanden augenblicklich. Nichts davon spielte mehr eine Rolle – nur noch diese Liebe, die ich empfing … Später bemerkte ich, wie sehr diese Begegnung mich verändert hatte, und da verstand ich die biblische Aussage ›wiedergeboren im Geiste‹, denn genau das war es, was von dieser Quelle ›ewigen Lichtes‹ ausgegangen war. Ich fühlte mich als vollkommen neuer Mensch.«

Neben diesen positiven Nahtod-Erfahrungen existieren auch nicht positiv erlebte. Es handelt sich dabei um Erfahrungen, die angstbesetzt sind und als bedrohlich, schrecklich oder gar höllisch erlebt werden. Ihr prozentualer Anteil für Erwachsene schwankt in der Literatur zwischen 6 und 20%. Bei Kindern wird er mit 3% angegeben. Wie hoch er allerdings wirklich ist, kann niemand so genau sagen. Schließlich wird über Nahtod-Erfahrungen nicht gern geredet und über negative schon erst recht nicht. Läuft man doch Gefahr, gleich doppelt stigmatisiert zu werden. Als verrückter und obendrein noch völlig verdorbener Mensch. Als Mensch, der der Sünde verfallen ist und der keine Tugend kennt. Die Scham und Furcht davor, so abgestempelt zu werden, sind es, die den Mantel des Schweigens über eine negative Nahtod-Erfahrung breiten. Dabei kann heute selbst die Wissenschaft keine verbindlichen Angaben darüber machen, von welchen Faktoren es letzten Endes wirklich abhängt, ob eine Nahtod-Erfahrung in eine positive oder negative Richtung läuft. Zu dünn ist an dieser Stelle noch das Datenmaterial. Was aber mittlerweile gesagt werden kann ist, dass es vier verschiedene Formen von negativen Nahtod-Erfahrungen zu geben scheint. Frau Dr. Barbara R. Rommer, eine amerikanische Internistin, die sich besonders mit den erschreckenden Nahtod-Erfahrungen und ihren Folgen auseinandergesetzt hat, beschreibt sie in ihrem Buch »Der verkleidete Segen« in aller Ausführlichkeit. Hier sollen sie nur kurz erwähnt werden, in leicht abgewandelter Form, um der besseren Lesbarkeit willen:

- **Typ 1 einer nicht positiv erlebten NTE/Missinterpretierte friedvolle NTE**

Im Grunde handelt es sich bei diesem Typus um eine positive Erfahrung, die aber dennoch von unangenehmen Gefühlen begleitet wird. Dies kann darin wurzeln, dass der Betroffene in der festen Überzeugung gelebt hat, dass nach dem Tod alles vorbei sei. Ein ewiger Schlaf, ein ewiges Nichts auf ihn warten würde. Und nun muss er plötzlich feststellen, dass er seinen Körper verlässt, Lichtwesen begegnet und andere Menschen ihn nicht mehr wahrnehmen können. So etwas kann dann schon einmal zu Furcht, emotionalem Schmerz und Verwirrung führen. Befragt man die Menschen aber explizit zu dem, was sie durchlebt haben, so bekommt man die Antwort, dass es eigentlich schön gewesen sei, nur eben sehr irritierend gewirkt habe.

- **Typ 2 einer nicht positiv erlebten NTE/Unendliche Dunkelheit und Leere**

Der zweite Typus einer negativen Nahtod-Erfahrung ist durch ein Erwachen in tiefster Dunkelheit und absoluter Schwärze gekennzeichnet. Ein komplettes Nichts, das beim Betroffenen das Gefühl auslöst, für alle Ewigkeit in der Finsternis gefangen zu sein. Manche Nahtod-Erfahrene beschreiben diese vollkommene Leere als kalte Eiswüste, in der Totenstille herrscht und in der so etwas wie Leben oder Existenz geradezu sinnlos, ja absurd erscheint, da sich diese unendliche Düsternis vor allem durch die Abwesenheit von jeglichem Leben und allem Licht auszeichnet. Was den Betroffenen an diesem nichtswürdigen Ort fühlbar bevorsteht, ist ein Dasein in totaler Isolation. Folglich wird die Seele ergriffen von einem schneidenden Schmerz, einer inneren Panik, die getragen und begleitet wird von der erdrückenden Stimmung schrecklicher Einsamkeit und auswegloser Verzweiflung.

- **Typ 3 einer nicht positiv erlebten NTE/Erschreckende NTE**

Bei diesem Typ ist es vor allem der Lebensrückblick, der für ein erschreckendes Erlebnis sorgt. Es sind Lebensrückblicke, in denen, wie bei positiven Nahtod-Erfahrungen auch, das eigene Versagen zum Tragen kommt. Aber anders als bei den positiv verlaufenden Nahtod-Erfahrungen beurteilt sich der Betroffene nicht mehr selbst, sondern er wird beurteilt. Schlimmer noch, er wird durch Gottes Gericht als Person bezüglich seines Verhaltens geradezu getadelt und abgelehnt. Und das ist das Erschreckende. Nicht nur, dass das eigene Versagen einem vor Augen geführt wird. Man wird auch noch von einem Gericht, einem Tribunal oder von Gott selbst gerichtet und verurteilt. Die Seele durchzieht ein kalter Schauer. Durch die Schwere der ausgelösten Schuldgefühle wird sie gedemütigt, ja geradewegs auf die Knie gezwungen. Aber es gibt für die Seele kein Entrinnen, keinen Ausweg, keine Möglichkeit, sich zu verstecken. Was sie hier durchleben muss, ist nicht nur angsteinflößend und grauenhaft, es ist der blanke Horror.

- **Typ 4 einer nicht positiv erlebten NTE/Höllische NTE**

Noch schlimmer als der Typ drei, ist der Typ vier einer negativen Nahtod-Erfahrung. Schlimmer deshalb, weil der Sterbende sich hier buchstäblich in der Hölle wiederfindet. Einer Hölle, die exakt so aussieht, wie sie uns das Mittelalter beschreibt. Hier trifft der Nahtod-Erfahrene, nachdem er kopfüber durch den Tunnel in die Tiefe gefallen ist und Feuergruben oder einen See aus Feuer und Schwefel erblickt hat, auf schattenhafte Wesen, zombieähnliche Kreaturen und Dämonen. Beschrieben wird ein übler Gestank, eine Mischung aus Schwefel, Verwesung und Erbrochenem. Zu hören ist ein millionenfaches Heulen und Wehklagen, ein Ächzen, Stöhnen und Zähneknirschen. Hitze und entsetzlicher Durst machen sich breit. Schreie nach Wasser sind allenthalben zu vernehmen. Auch von Angst einjagenden Tieren wird berichtet. Darunter Ratten, die einen anfressen oder große Spinnen und Skorpione, die gnadenlos zustechen. Ferner wird von Schlangen berichtet, die plötzlich aus dem Dunkel hervorschnellen und zubeißen. In den Berichten tauchen auch immer wieder Würmer auf, etwa 30 cm groß, die sich in das Fleisch der Höllenbewohner bohren und durch sämtliche Köröffnungen kriechen. Die Dämonen werden als sehr groß, kräftig und stämmig beschrieben. Sie haben verschiedene Ränge, je nach

> Größe, Form und Anzahl ihrer Hörner. Es sind primitive Wesen, die keine Gnade kennen. Man ist ihrer Rohheit permanent ausgesetzt, wird von ihnen beherrscht und dominiert und muss sich ständig ihren Anweisungen beugen. Und trotzdem ist man vor ihrer Willkür nie in Sicherheit, weiß nie, was als Nächstes kommt. Ob sie mit ihren scharfen Krallen einem die Haut vom Leibe ziehen oder mit glühenden Eisen voll Freude große Brandwunden setzen. Ebenso kann es sein, dass sie mit Stangen und Spießen wahllos zustechen oder einen in siedendes Öl werfen. Nichts bereitet ihnen mehr Vergnügen, als menschliche Seelen zu quälen. Je brutaler, desto besser. Das Szenario in der von Nahtod-Erfahrenen erlebten Hölle gleicht einem bestialischen Terror mit psychotischen Zügen, nur dass die Schreckensherrschaft der teuflischen Dämonen an diesem Ort der Verdammnis kein Ende kennt.

In ihrer Studie, bei der die Erfahrungen von mehr als 300 Personen erhoben wurden, hat Frau Dr. Rommer festgestellt, dass der Typ 2 und der Typ 4 einer negativen Nahtod-Erfahrung mit jeweils 28% beziehungsweise 42% das Geschehen dominieren. Weiterhin konnte aufgezeigt werden, dass eine anfänglich positive NTE im weiteren Verlauf ins Negative umschlagen kann, so wie es auch möglich ist, dass eine zu Beginn negative Nahtod-Erfahrung später durchaus positiv endet. Für 13% des Typs 4 beispielshalber begann die NTE zunächst friedvoll und endete höllisch. Andererseits begann bei 47% der untersuchten Fälle die NTE höllisch, endete aber positiv. In der Mehrzahl allerdings erst, nachdem die Nahtod-Erfahrenen in ihrer bedrängten Situation um göttlichen Beistand flehten. Für die Betroffenen ist dieser Umstand sehr bedeutsam. Für sie ist nämlich entscheidend, ob die NTE, die anfangs vielleicht erschreckend war, positiv endet, oder, ob sie bis zum Schluss furchteinflößend bleibt. Denn Letzteres kann potenziell zu einem psychischen Trauma sowie zu einer vermehrten Angst vor dem Tod führen, da sich Befürchtungen damit verknüpfen, mit dem Ableben wieder an diesem schrecklichen Ort zu landen.

Ein weiteres wichtiges Ergebnis der Untersuchung war, dass negative Nahtod-Erfahrungen, so wie die friedvollen auch, unabhängig von gesellschaftlichen und wirtschaftlichen Einflüssen oder Glaubensüberzeugungen auftreten. Sie sind nicht abhängig von Alter, Geschlecht,

Beruf, Bildungsniveau, sozialer Schicht und Herkunft. Alle Menschen, aus welchen Teilen der Welt sie auch immer stammen mögen, können damit grundsätzlich eine negative Nahtod-Erfahrung erleben. Niemand ist da ausgeschlossen. Frau Dr. Rommer hob auch hervor, dass das jenseitige Licht sowohl bei den positiven wie auch bei den negativen Nahtod-Erfahrungen eine zentrale Rolle spielt. Bei den positiven Nahtod-Erfahrungen ist es das Lichterlebnis, das zur Transformation der Persönlichkeit führt, und bei den negativen Nahtod-Erfahrungen ist es gerade das Fehlen des Lichts, das die Wandlung hervorruft. Aber beide Grundtypen von Nahtod-Erfahrungen, sowohl die positiven wie auch die negativen, und das betont die Sterbeforscherin ausdrücklich, führen, über kurz oder lang betrachtet, zum gleichen Ergebnis. Sie führen zu einer zutiefst lebensverändernden Wandlung im positiven Sinne. Nur ist die Nahtod-Erfahrung für die einen von Anfang an ein Segen, während sie für die anderen erst später zum Segen wird. Der Segen ist bei einer negativen Nahtod-Erfahrung sozusagen nicht gleich sichtbar. Er versteckt sich in diesen Fällen etwas. Er ist eben ein »verkleideter« Segen. Oder anders ausgedrückt, ein »verhüllter« Segen. Und das bleibt er auch, solange der Betroffene sich nicht ernsthaft mit seiner Nahtod-Erfahrung auseinandersetzt. Erst wenn das geschieht, wenn die Bedeutung verstanden wird, das »Was« und »Warum«, fällt die Verhüllung, und Heilung kann einsetzen.

In diesem Zusammenhang weist Frau Dr. Rommer darauf hin, dass ein negatives Nahtod-Erlebnis aus ihrer Erfahrung heraus einem Weckruf gleicht. Ähnlich einem spirituellen Gong, der den Betroffenen aus seiner geistigen Umnachtung wecken soll. Dieser seelische Paukenschlag fordert den Nahtod-Erfahrenen unmissverständlich dazu auf innezuhalten, sein bisheriges Leben zu betrachten und eine Bestandsaufnahme durchzuführen. Er soll zurückblicken und seine Gedanken, Worte und Werke überdenken. Alles, was er dazu braucht, um die notwendigen Änderungen diesbezüglich vornehmen zu können, hat der Erlebende während seiner Nahtod-Erfahrung entweder gesehen, gehört oder gar am eigenen Leibe zu spüren bekommen. Das muss ihm bewusst werden. Während einer Nahtod-Erfahrung sieht der Betreffende, was er sehen muss, hört, was er hören muss und spürt, was er fühlen muss. Die Geistseele erhält auf diese Weise während einer NTE den kompletten Werkzeugkasten. Sie muss ihn nur noch anwenden.

Wie lassen sich Nahtod-Erfahrungen wissenschaftlich erklären?

Schon immer wurden Menschen durch Krankheiten oder Unfälle aus dem Leben gerissen. Und schon immer machten sie dabei dieselben Erfahrungen. Bis zum Mittelalter waren Nahtod-Erfahrungen im Bewusstsein des Menschen verankert, doch durch Reformation, Humanismus und Aufklärung wurden sie aus dem Gedächtnis der Menschheit verdrängt. Warum? Weil sie nicht mehr in das Weltbild passten. Man hielt sie schlicht und ergreifend für Aberglaube und Spinnerei. Erst in den 1970er-Jahren wurden sie durch die Psychiatrieärzte Raymond Moody und Elisabeth Kübler-Ross wiederentdeckt. Damit begann das, was wir heute moderne Sterbeforschung nennen. Mittels retrospektiver und prospektiver Studien versucht diese, das Phänomen Nahtod-Erfahrungen zu analysieren und Stück für Stück zu entschlüsseln. Den Ausgangspunkt bildeten die retrospektiven Studien, die ihren Blick in die Vergangenheit richten. Das bedeutet, bei diesem Typus von Studie werden Menschen zu entsprechenden Erfahrungen befragt. Man schaltet einfach eine Anzeige in der Zeitung und schon melden sich eine ganze Menge Probanden. Das ist der Vorteil dieser Studien. Man bekommt sehr einfach und sehr schnell viele Testpersonen. Der Nachteil ist, dass das Ereignis meistens schon sehr lange zurückliegt. Die näheren Umstände sind dadurch oft nicht mehr fassbar und das medizinische Datenmaterial nicht mehr vorhanden. Trotzdem bekommt man durch retrospektive Studien eine ganze Menge heraus. So zum Beispiel die Situationen, unter denen Nahtod-Erfahrungen auftreten können, ihre einzelnen Elemente oder die Persönlichkeitsveränderungen, die sie nach sich ziehen.

Doch es gibt auch viele Detailfragen, die sich durch retrospektive Studien nicht klären lassen. Sind Nahtod-Erfahrungen Sinnestäuschungen? Werden sie durch Sauerstoffmangel im Gehirn oder durch Todesangst hervorgerufen? Sind es Nebenwirkungen von Medikamenten? Diese und weitere Fragen blieben somit bis zum Jahr 2000 bestehen, obwohl man damals schon annährend 40 retrospektive Studien in den Händen hielt, die an über 2000 Menschen durchgeführt wurden. Die Zeit war somit überreif für eine andere Form von Studie. Eine, die ihren Blick nicht mehr in die Vergangenheit richtet, sondern in die Zukunft. Im Februar 2001 veröffentlichte der britische Kardiologe Sam Parnia die weltweit erste prospektive Studie über Nahtod-Erfahrungen bei Patienten mit Herzstillstand. Dazu wurde am Southampton General Hospital über einen Zeitraum von einem Jahr ein Kollektiv von 63 Patienten zusammengetragen und befragt. Parnia konnte belegen, dass sieben von 63 Patienten, das sind 11,1%, Erinnerungen an die Zeit ihrer Bewusstlosigkeit hatten. Unter Verwendung der Greyson-Skala konnte vier der sieben Patienten eine Nahtod-Erfahrung zugeordnet werden. Das entsprach 6,3%. Durch diesen neuen Typus von Studie waren nun alle notwendigen persönlichen und medizinischen Daten vorhanden. Der wissenschaftliche Aussagewert der Untersuchung war damit wesentlich höher als bei den zuvor durchgeführten retrospektiven Studien. Allerdings war auch der Aufwand erheblich größer und die »Ausbeute« bedeutend niedriger. Dennoch, die Intensivmedizin, die ihren Siegeszug Ende der 1950er-Jahre angetreten hat und seitdem immer mehr Menschen aus den Fängen des Todes befreit, machte eine aussagekräftige Datenbasis prospektiver Studien grundsätzlich möglich.

Nur kurze Zeit später, im Dezember 2001, veröffentlichte der niederländische Kardiologe Pim van Lommel die zweite prospektive Studie. Sie war deutlich aufwendiger und schloss 344 Patienten mit einem vollständigen Herz-Kreislauf-Stillstand ein. Außerdem wurden in der niederländischen Studie die Patienten bis zu acht Jahre nachbetreut. Van Lommel wies nach, dass 41 Patienten, also immerhin 12%, ein Nahtod-Erlebnis hatten. Die Studie war von solch vorzüglicher Qualität, dass sie in der renommierten britischen Fachzeitschrift »The Lancet« erschien. Ein bedeutender Schritt für die Nahtod-Forschung; denn damit war das Thema nicht mehr nur ein »gefundenes Fressen« für die sogenannte Regenbogenpresse. Auch die seriöse medizinische Forschung hatte von nun an ein neues Thema auf der Tagesordnung, das sich nicht mehr länger ignorieren ließ und nach einer wissenschaftlichen Auseinandersetzung verlangte.

Und die blieb in den Folgejahren nicht aus. 2002 veröffentlichte Janet Schwaninger eine weitere prospektive Studie, in der am Barnes-Jewish Hospital Patienten mit einem Herzstillstand auf Nahtod-Erlebnisse untersucht wurden. Von 30 interviewten Überlebenden hatten sieben eine Nahtod-Erfahrung. Das entspricht einer Rate von 23%. Auch Bruce Greyson konnte eine prospektive Studie vorlegen. Sie erschien nur ein Jahr nach Schwaningers Veröffentlichung und umfasste 116 Patienten, die im Rahmen einer akuten kardialen Problematik einen Herz-Kreislauf-Stillstand erlitten hatten und erfolgreich reanimiert werden konnten. Von diesen 116 Patienten hatten elf, und damit 10%, eine Nahtod-Erfahrung. Eine weitere, wenn auch kleinere Studie, kam 2006 von der britischen Nahtod-Forscherin Penny Sartori. Sie untersuchte Intensivpatienten über einen Zeitraum von fünf Jahren. Besonderes Augenmerk legte sie dabei auf 39 Patienten, die einen akuten Herzstillstand überlebt hatten. Von diesen berichteten zwei von einer Außerkörper-Erfahrung, ohne dass weitere NTE-Elemente hinzutraten. Sieben Patienten berichteten dagegen von einer klassischen NTE. Und das waren gut 18%.

Im Herbst 2014 wurde dann die vorerst letzte große prospektive Studie zum Thema Nahtod-Erfahrungen veröffentlicht. Die AWARE I-Studie folgte dabei einem strengen Protokoll und war multinational angelegt. Untersucht wurden 2060 Patienten in 15 verschiedenen Krankenhäusern, die auf die Länder USA, Großbritannien und Österreich verteilt waren. Von den 2060 Patienten, die einen akuten Herz-Kreislauf-Stillstand erlitten hatten, konnten 330 erfolgreich wiederbelebt werden. Von diesen waren 140 zu einem Interview fähig. Zudem nahmen 101 Patienten von diesen 140 an einem zweiten Interview teil. Die Ergebnisse wurden von Sam Parnia in der medizinischen Fachzeitschrift »Resuscitation« veröffentlicht, die jeden Monat neue Forschungsergebnisse aus dem Themenbereich Herzstillstand und kardiopulmonale Reanimation präsentiert. Demnach hatten von den 101 Patienten, die der engeren Auswahlgruppe angehörten, sieben eine typische Nahtod-Erfahrung. Hochgerechnet sind das exakt 7%. 2019 wurden von Sam Parnia die vorläufigen Ergebnisse der AWARE II-Studie publiziert. In dieser wurden 465 Patienten mit einem Herzstillstand untersucht. Von diesen überlebten 44, das entspricht einer Quote von 9%. 21 von den 44 Patienten konnten interviewt werden. Davon berichteten vier von einer Nahtod-Erfahrung. Das sind hochgerechnet 19%.

Fasst man also alle prospektiven Studien in der Nahtod-Forschung zusammen, so wurden insgesamt 753 Patienten zu ihren Erfahrungen in Todesnähe befragt. Von diesen erlebten 6 bis 23% genau das, was wir allgemeinhin als eine Nahtod-Erfahrung bezeichnen. Wichtig zu betonen ist, dass alle für eine gewisse Zeit klinisch tot waren. Das heißt, dass bei ihnen der Blutkreislauf stillstand, die Atmung aussetzte, das Bewusstsein ausfiel und eine Pupillenreaktion auf Licht nicht mehr auslösbar war. Der klinische Tod ist ein relativer Tod. Relativ deshalb, weil man die Patienten bei dieser Art des Todes durch Wiederbelebungsmaßnahmen prinzipiell wieder in das Leben zurückholen kann. Maximal gelingt das in etwa bei 16 bis 18% der Fälle. Voraussetzung ist allerdings, dass schnell und professionell eingegriffen wird. Denn ansonsten sterben nach und nach wichtige Organsysteme wie Gehirn, Herz, Leber, Nieren, Lunge, Muskeln sowie Magen und Darm unwiederbringlich ab.

Allen voran ist das Gehirn gefährdet. Es verbraucht von allen Organen den meisten Sauerstoff und ist deshalb das schwächste Glied in der Kette. Wird es nicht ordentlich damit versorgt, sterben bereits nach drei bis vier Minuten die ersten Gehirnzellen ab. Nach vier bis sechs Minuten sind schon große Teile des Gehirns verloren und nach zehn Minuten ist es endgültig vorbei. Man sagt deshalb in der Notfallmedizin nicht umsonst, dass mit jeder Minute, die verstreicht, die Überlebenschance des Patienten um 10% sinkt. Wird ihm also nicht zügig und wirksam geholfen, geht der Tod von seiner ersten Phase, dem klinischen Tod, über in seine zweite Phase, den Hirntod, oder, wie man heute sagt, den Individualtod. Von dieser Phase gibt es kein Zurück mehr ins Leben. Zwar lebt der menschliche Körper noch zu 97%, aber der Patient wird nie wieder erwachen. Aus dem einfachen Grunde, weil seine Gehirnfunktionen in ihrer Gesamtheit unwiederbringlich und unumkehrbar ausgefallen sind. Zwar schlägt sein Herz noch, da es in seiner Funktion vom Gehirn unabhängig arbeitet. Aber nur, solange es ausreichend mit Sauerstoff versorgt wird. Ohne Sauerstoff hört es innerhalb kurzer Zeit auf zu schlagen und nach etwa 15 Minuten sterben auch die Herzmuskelzellen ab.

Mit dem endgültigen Versagen aller lebenserhaltenden Funktionsabläufe des menschlichen Körpers beginnt nun die dritte Phase des Todes, der biologische Tod. Durch die drei klassischen Merkmale Totenflecken, Leichenstarre und Fäulnis ist diese Phase in ihrer Ausprägung unverkennbar. Zuerst setzen die Totenflecken ein. Sie zeigen sich, sobald der Blutfluss im Körper zum Erliegen kommt und die roten Blutplättchen wie kleine Eisenmünzen zu Boden sinken. Dann entstehen nach etwa 20 bis 30 Minuten an den Stellen, auf denen der Leichnam liegt, blaurote Flecken. Wo aber das Körpergewicht direkt auf den Untergrund drückt, bleiben die Hautstellen hell. Frisch entstandene Totenflecken lassen sich noch wegdrücken. Nach etwa 24 Stunden geht das nicht mehr. Die Leichenstarre als weiteres Zeichen des biologischen Todes setzt etwas später ein als die Totenflecken. Sie beginnt nach etwa ein bis zwei Stunden an den Augenliedern. Nach zwei bis vier Stunden greift sie auf das Kiefergelenk und die Kaumuskeln über. Deshalb schließt man den Toten die Augen und bindet ihnen das Kinn, damit Augen und Mund nicht geöffnet bleiben. Vollständig ausgeprägt ist die Leichenstarre nach sechs bis acht Stunden. Nach zwei bis drei Tagen beginnt sie sich wieder zu lösen, aufgrund des Zerfalls von Muskelgewebe. Vollständig gelöst ist die Leichenstarre nach drei bis vier Tagen. Dann hat auch bereits die Fäulnis eingesetzt. Sie beginnt nach etwa zwei Tagen und wird durch eine Grünverfärbung am rechten Unterbauch sichtbar. Bis die letzte Körperzelle abgestorben ist, können bis zu 14 Tage nach dem Individualtod vergehen. Man nennt diese Phase intermediäres Leben. Danach sprechen wir vom Totaltod.

Wie man sieht, hat der Tod in der Medizin viele Namen. Für manch einen Laien stellt sich daher oft die Frage, wie viele Tode ein Mensch eigentlich sterben kann? Mehrere verschiedene, wäre die korrekte Antwort. Der Tod ist eben kein punktuelles Ereignis, sondern ein Prozess. Und es kommt darauf an, wie man die einzelnen Phasen dieses Prozesses definiert. Dann lässt sich auch sagen, ob ein Mensch jemals aus dem Reich des Todes ins Leben zurückgekehrt ist. Wenn wir den klinischen Tod als Beispiel nehmen, müssen wir sagen, ja, diese Menschen haben den Tod gekostet und sie sind wieder unter den Lebenden. Für Hirntote dagegen können wir diese Aussage eindeutig verneinen. Für die Nahtod-Forschung sind diese Sachverhalte von großer Relevanz. Zeigen sie doch, dass Nahtod-Erfahrungen während des klinischen Todes auftreten, noch bevor der Hirntod eingesetzt hat. Sie treten also auf, nachdem das Herz stehen geblieben ist und das Bewusstsein ausgesetzt hat. Doch wie kann man sich da so sicher sein?

Schließlich wurde in den prospektiven Studien, die in den Jahren von 2001 bis 2006 gelaufen sind, das Bewusstsein der Patienten während der Reanimation nicht untersucht. Und auch in der 2014 veröffentlichten AWARE-Studie fand keine Überprüfung des Bewusstseins statt. Noch unverständlicher sei es, so Kritiker, dass behauptet werde, dass die Nahtod-Erfahrungen während der Bewusstlosigkeit mit Herzstillstand bei Verlust der Gehirnfunktionen auftraten. Schließlich gäbe es weltweit keinen einzigen dokumentierten Fall, bei dem ein Nahtod-Erlebnis exakt zu dem Zeitpunkt stattgefunden hat, als das EEG eine Nulllinie anzeigte. Im Großen und Ganzen ist diese Kritik durchaus richtig, und doch stimmen die zuvor geäußerten Aussagen. Warum? Weil die Medizin eine Erfahrungswissenschaft ist. Und aus der täglichen klinischen Erfahrung wissen wir, dass ein Patient, dessen Herz stehen bleibt, nach ungefähr drei bis vier Sekunden eine Schwindelsymptomatik entwickeln kann. Nach sechs bis acht Sekunden ist es möglich, dass ihm schwarz vor Augen wird. Nach etwa 10 bis 15 Sekunden, je nach Trainingszustand, Alter und Konstitution, verliert er schließlich das Bewusstsein. Wenn man jetzt nicht notfallmedizinisch eingreift, setzt nach etwa 20 bis 30 Sekunden die Schnappatmung ein. Das heißt, der Patient schnappt wie ein Fisch auf dem Trockenen nach Luft. Da er durch diese Form der Atmung nicht genug Sauerstoff aufnehmen kann, wird das Hämoglobin in seinem Blut dunkelrot. Der Patient bekommt eine graublaue Hautfarbe. Er wird, wie man in der Klinik sagt, zyanotisch. Ist weiterhin keine Hilfe in Sicht, setzt nach etwa 30 bis 60 Sekunden die Atmung aus. Dann, ca. 60 Sekunden nach Herzstillstand, sind auch die Pupillen des Patienten weit. Sie werden nach 90 Sekunden lichtstarr. Unser Patient ist jetzt klinisch tot. Sein Gehirn ist zwar noch am Leben, aber es arbeitet nicht mehr. Es hat sozusagen seinen Dienst quittiert. Denn damit das Gehirn überhaupt arbeiten kann, muss ein elektrisches Potenzial vorhanden sein. Genau dieses verschwindet aber im Normalfall schon nach durchschnittlich 15 Sekunden. Wir wissen das aus Studien, die an Menschen sowie an Tieren durchgeführt wurden. Es kommt zwar im klinischen Alltag nicht gerade häufig vor, dass die zerebrale elektrische Aktivität ausgerechnet zum Zeitpunkt des Herzstillstandes dokumentiert werden kann, insbesondere beim Menschen nicht. Doch hin und wieder wurden diesbezüglich in der Vergangenheit einige Fälle publiziert.

Frau Dr. Raluca Pana und Kollegen vom McGill University Health Centre der kanadischen Stadt Montreal haben sich der Mühe unterzogen und diese Fälle eigens in einer Studie zusammengetragen. Dazu haben sie die Datenbanken von Medline und Embase nach sämtlichen Artikeln durchsucht, die das Zeitintervall vom Herz-Kreislauf-Stillstand bis zum Verlust der Gehirnaktivität angaben. Es fanden sich insgesamt sieben Studien am Menschen und zehn Tierstudien. Die Ergebnisse ihrer Analyse wurden im August 2016 im »Journal of Critical Care« veröffentlicht. Demnach variiert das Zeitintervall vom Herzstillstand bis zum Eintritt des Bewusstseinsverlustes zwischen vier und 21 Sekunden, wobei das EEG nach zehn bis 30 Sekunden eine Nulllinie zeigt. Das heißt, spätestens 30 Sekunden nach einem abrupten Kreislaufstillstand geht das elektrische Potenzial im Gehirn verloren. Neurophysiologisch sind diese Ergebnisse absolut nachvollziehbar. Schließlich verbraucht das menschliche Gehirn 3,5 ml Sauerstoff je 100 g Gehirnmasse und Minute. Bei einer durchschnittlichen Masse von 1400 g sind das etwa 50 ml Sauerstoff je Minute. Das Gehirn verfügt aber über keine signifikanten Sauerstoffreserven. Und seine Energiespeicher in Form von ATP und Glykogen reichen gerade einmal für ca. drei Minuten. Das Gehirn rutscht also sehr schnell in einen Sauerstoffmangel. Es ist demzufolge abhängig von einer regelmäßigen Blutzufuhr.

Kommt es zu einem Herzstillstand mit anschließender Unterbrechung des Blutflusses, muss das Gehirn deshalb energiesparend wirtschaften. Und das geht am besten, wenn es sehr rasch in einen Energiesparmodus wechselt. Genau das tut es auch, indem es nach durchschnittlich 15 Sekunden, spätestens aber nach 30 Sekunden, seine Funktion einstellt. Um jetzt noch weiter existieren zu können, muss es zwangsläufig seine Energiereserven aufbrauchen. Sind auch diese nach etwa drei Minuten aufgezehrt, drohen irreversible zelluläre Schäden. Da die Großhirnrinde und der Thalamus die empfindlichsten Strukturen sind, werden sie bei einem eintretenden Sauerstoffmangel am ehesten geschädigt. Das erklärt den schnell einsetzenden Bewusstseinsverlust. Soweit die zerebrale Ausgangssituation. Bedenkt man jetzt noch, dass bei einem akuten Herz-Kreislauf-Stillstand nicht sofort Hilfe verfügbar ist, sondern erst eine gewisse Zeit vergeht, sinken natürlich mit jeder Minute die Überlebenschancen. Dr. van Lommel hat diesbezüglich in seinem Buch »Endloses Bewusstsein« darauf hingewiesen, dass bei einem akuten Herzinfarkt selbst auf einer Intensivstation das Herz des Patienten für gewöhnlich 60 bis 120 Sekunden stillsteht. In der Herzabteilung eines Krankenhauses sind es sogar schon zwei bis fünf Minuten. Und außerhalb des Krankenhauses beträgt die Zeit des Herzstillstandes ganze fünf bis zehn Minuten. Wenn also das elektrische Potenzial im Gehirn schon nach spätestens 30 Sekunden verloren geht und sein Herz für mindestens 60 Sekunden stillsteht, bevor es wieder von außen angestoßen wird, die Patienten uns aber detailgetreu von ihrer Reanimation berichten können, dann müssen sich Nahtod-Erfahrungen logischerweise zu einem Zeitpunkt abspielen, wo die Gehirnfunktionen des Patienten vollkommen ausgefallen sind. Es bedarf folglich keiner EEG-Ableitung während einer Reanimation, um sicherzugehen, dass Nahtod-Erfahrungen zu einem Zeitpunkt in Erscheinung treten, an dem das Elektroenzephalogramm eine Nulllinie aufweist. Abgesehen davon, dass sich derartige Untersuchungen, die dem Patienten keinerlei Nutzen einbringen, in einer Notfallsituation ehedem aus ethischen Gründen verbieten.

Vom Grundsatz betrachtet ist es deshalb vollkommen richtig, was die Kritiker einwenden, und doch haben sie im klinischen Sinne unrecht. Abgesehen davon, selbst wenn wir einen Fall hätten, bei dem die Nahtod-Erfahrung wissenschaftlich exakt dokumentiert zu dem Zeitpunkt stattfand, als das EEG eine Nulllinie aufzeigte, was würden Kritiker dann einwenden? Sie würden sagen, dass das EEG ja nur die elektrische Aktivität an der Gehirnoberfläche abgreift. Tiefe basale Strukturen des Schläfenlappens, wie der Hippocampus, könnten dagegen selbst bei einem Nulllinien-EEG durchaus noch aktiv sein. Sie würden anmerken, dass das Gehirn bei einer Nahtod-Erfahrung manchmal vielleicht noch am Leben ist, aber so schwach, dass das EEG keine Aktionsströme mehr auffangen kann. Wir könnten demnach nicht sicher sein, dass die Nahtod-Erfahrung tatsächlich zu einem Zeitpunkt stattfand, als das Gehirn seine Funktion komplett eingestellt hat. Denn nur das würde sicher beweisen, dass der Geist unabhängig vom Gehirn existieren kann. Jetzt gibt es aber einen wissenschaftlich dokumentierten Fall in der AWARE I-Studie, bei dem das Bewusstsein eines Patienten mit Herzstillstand nachweislich bis zu drei Minuten lang anhielt. Diese Zeitspanne konnte rekonstruiert werden, weil der Patient die Pieptöne einer Maschine zweimal gehört hatte, die in einem Drei-Minuten-Intervall Geräusche von sich gab. Außerdem konnte er haargenau beschreiben, was sich im Raum zugetragen hatte. Der Patient selbst sagte den Forschern, dass er seinen Körper verlassen und seiner Wiederbelebung aus einer Ecke des Raums beigewohnt habe. Deshalb könne er die Bemühungen des Krankenhausteams im Detail beschreiben, ebenso wie die Geräusche der Maschine. Ein wirklich äußerst interessanter Fall. Zeigt er uns doch, dass es beim Menschen offensichtlich noch Bewusstsein gibt, selbst wenn das Herz für einige Minuten nicht mehr schlägt.

Kann also das Bewusstsein unabhängig vom Gehirn weiter existieren? Die Frage ist an dieser Stelle durchaus berechtigt. Schließlich wissen wir, dass die oberflächlich gelegenen Hirnregionen spätestens nach 30 Sekunden ihr elektrisches Potenzial verlieren. So wie uns bekannt ist, dass tiefere Hirnabschnitte, gemeint sind damit das Kleinhirn sowie das verlängerte Mark, bis zu etwa 90 Sekunden noch Restfunktionen aufweisen. Demnach hätte der genannte Patient gut eineinhalb Minuten lang nachweislich ein Bewusstsein gehabt, obwohl sein Gehirn komplett ausgeschaltet war. Kann das nicht als wissenschaftlich eindeutiger Beweis dafür herangezogen werden, dass der Geist nach dem physischen Tod und damit nach dem Verlust des Gehirns auch ohne eine materielle Basis fortbestehen kann? Die Antwort ist nein. Bei aller Begeisterung für Nahtod-Erfahrungen darf man nie seinen gesunden Menschenverstand ausschalten. Und man muss kritisch bleiben, auch sich selbst gegenüber. Das bedeutet, dass man anerkennen muss, dass wir zum gegenwärtigen Zeitpunkt die Funktion des Gehirns um den Zeitpunkt des Herzstillstandes herum und während des Sterbeprozesses wenig verstanden haben.

Abzulesen ist das vor allem an der Tatsache, dass uns aus der Wissenschaft immer wieder neue und verblüffende Erkenntnisse über das Gehirn und seine Reaktionen im Augenblick des Ablebens erreichen. So im Jahr 2009, als der Narkosearzt Dr. Lakhmir Chawla von der Universität George Washington mit seinen Kollegen bei sieben sterbenden Patienten Erstaunliches entdeckte. Das Forscherteam dokumentierte die Vitalwerte von sieben Schwerstkranken in dem Augenblick, als die lebenserhaltenden Maschinen endgültig abgestellt wurden. Sie beobachteten dabei, dass mit zunehmendem Blutdruckabfall auch die EEG-Aktivität in der frontalen Hirnrinde nachließ. Das entsprach einer immer tiefer werdenden Bewusstlosigkeit. Doch in dem Augenblick, wo der Blutdruck schon nicht mehr messbar war, stieg die hirnelektrische Aktivität der Patienten in einem Zeitfenster von 30 Sekunden bis maximal drei Minuten plötzlich stark an. Es war ein so starkes EEG-Signal, wie man es üblicherweise nur von Menschen mit einem wachen Bewusstsein kennt. Aber die Patienten von Dr. Lakhmir Chawla schliefen tief und fest und hatten klinisch keinen Blutdruck mehr. Zu ganz ähnlichen Ergebnissen gelangte das Forscherteam um Dr. Jimo Borjigin von der Universität Michigan im Jahr 2013, als es die Gehirne von neun sterbenden Ratten untersuchte. Die Hirnforscher hatten dazu eigens EEG-Elektroden unter die Schädeldecke der Ratten implantiert, sodass sie deren Hirnströme sehr genau messen konnten. Anfangs erfolgte die Registrierung der Hirnströme im Wachzustand. Anschließend wurden die Tiere für 30 Minuten in Vollnarkose gelegt. Dann kam der spannende Teil. Den Tieren wurde eine Kaliumchlorid-Lösung verabreicht, die augenblicklich die Herztätigkeit der Tiere unterbrach. Eigentlich gingen die Forscher jetzt davon aus, dass relativ schnell elektrische Stille in die Rattenhirne einkehren würde. Und so schien es zunächst auch. Unmittelbar nach dem Herzstillstand nahm die Aktivität der Hirnwellen deutlich ab. Doch nach zehn Sekunden stieg die Intensität einiger Gammawellen völlig unerwartet und zur großen Überraschung der Wissenschaftler sehr stark an. Diese extreme Dominanz von ausgeprägten Oszillationen im unteren Gammawellen-Bereich dauerte etwa 20 Sekunden. Erst dann ließen die Hirnströme langsam nach, bis sie schließlich gänzlich verschwanden. Das Experiment hatte damit gezeigt, dass alle Tiere in den ersten 30 Sekunden nach dem Herzstillstand auffällige synchrone Muster von Gamma-Hirnwellen aufwiesen, ganz so, als wären ihre Gehirne hellwach, aufmerksam und für bewusste Wahrnehmungen bereit. Das war das Erstaunliche.

Weitere überraschende Ergebnisse aus dem Jahr 2013 kamen von kanadischen Ärzten der University of Montreal. Sie beobachteten bei einem wiederbelebten Patienten, der aus medizinischen Gründen in ein künstliches Koma versetzt worden war, Hirnaktivitäten im Hippocampus. Einer Hirnregion, die für das Erinnerungs- und Lernvermögen verantwortlich ist. Das Besondere an dem Fall war, dass der

Patient im tiefen Koma lag und sein EEG zum Zeitpunkt der Registrierung eine Nulllinie zeigte. Es gibt also, so die Schlussfolgerung der Mediziner, ganz offensichtlich noch elektrische Oszillationen in tieferen Gehirnschichten, auch wenn keine kortikale Aktivität mehr nachweisbar ist. Um diese Vermutung zu erhärten, wurde das Experiment an Katzen wiederholt. Man versetzte die Tiere mittels eines Anästhetikums namens Isofluran in so tiefe Narkose, bis im EEG nur noch eine Nulllinie zu sehen war. Gleichzeitig wurde mittels spezieller Elektroden die Aktivität in den tieferen Hirnschichten der Tiere gemessen. Das Experiment zeigte, dass bei allen Katzen noch elektrische Schwingungen im Hippocampus nachweisbar waren, und das, obwohl im Großhirn kompletter Stillstand herrschte. Die Wissenschaftler warnten allerdings davor, die Ergebnisse des Experiments zu verallgemeinern. Schließlich wurde im Tierversuch das Koma künstlich erzeugt. Ob die Befunde bei einem »richtigen« Koma, bei dem die Hirnfunktionen aufgrund von Sauerstoffmangel oder Vergiftungen ausfallen, reproduzierbar wären, sei deshalb eher fraglich. Dennoch sorgten die Ergebnisse der Untersuchung in der Fachwelt für Aufsehen.

Ähnlich wie die Untersuchungsbefunde von kanadischen Intensivmedizinern, die im Jahr 2016 bei vier Patienten die Hirnfunktionen mittels EEG beobachteten, nachdem die intensivmedizinischen Maßnahmen eingestellt worden waren. Wie erwartet verstarben die Patienten in nur wenigen Minuten, nachdem die lebenserhaltenden Maschinen abgestellt wurden. Bei drei der vier ging der Verlust der kortikalen Aktivität dem klinischen Tod mit Herzstillstand und Abfall des arteriellen Blutdruckes sogar voraus. Aber bei einem Patienten hielt die Hirnaktivität in Form von Delta-Wellen an. Und das über zehn Minuten und 38 Sekunden, nachdem sein Herz aufgehört hatte zu schlagen und er für klinisch tot erklärt wurde. Ein völlig unerwarteter und unerklärlicher Befund. Aber gerade diese Unvorhersagbarkeit und Unerklärlichkeit ist es, die uns zur Wachsamkeit mahnt. Es mag ja sein, dass die meisten Studien darauf hindeuten, dass die EEG-Aktivität der Großhirnrinde innerhalb von 30 Sekunden nach einem abrupten Kreislaufstillstand zum Erliegen kommt. Trotzdem darf dabei nicht übersehen werden, dass die postmortalen Gehirnaktivitäten klinisch doch sehr unterschiedlich ausfallen können. Sie verlaufen nicht bei allen immer nach dem gleichen Schema. Wir müssen uns deshalb eingestehen, dass wir nicht wirklich wissen, was zum Zeitpunkt des klinischen Todes und danach im Gehirn passiert. Einfach aus dem Grunde, weil dieser Aspekt wissenschaftlich noch nicht systematisch untersucht wurde. Es sind daher zwingend weitere klinische Studien notwendig, um diesen Sachverhalt umfassend auszuleuchten. Solange diese nicht vorliegen, können wir unmöglich aus den bisherigen prospektiven Studien zu Nahtod-Erfahrungen darauf schließen, dass der menschliche Geist völlig unabhängig von jedweder materiellen Basis, sprich dem Gehirn, weiter fortbestehen kann. Das ist das eine. Das andere ist, dass man die bisherigen Ergebnisse von Hirnaktivitätsmessungen während des klinisches Todes, und jetzt denken wir einmal in die andere Richtung, aber auch nicht dazu verwenden kann, um Nahtod-Erfahrungen neurobiologisch nachvollziehbar zu erklären. In der Vergangenheit hat man immer wieder Versuche unternommen, um eine plausible Argumentation dafür zu finden, was es mit dem Phänomen der Nahtod-Erlebnisse auf sich hat und warum sie auftreten. Grundsätzlich lassen sich dabei zwei verschiedene Ansatzarten unterscheiden, nämlich religiöse und nicht religiöse Deutungsmodelle.

Die religiösen Ansätze gehen davon aus, dass es neben der diesseitigen Dimension eine jenseitige gibt, der man in der Nähe des Todes durchaus begegnen kann. Damit verbunden ist der Glaube an eine unsterbliche Seele, die unabhängig vom Gehirn und Körper nach dem Tod weiterlebt. Eine Sichtweise, die den nicht religiösen Ansätzen naturgemäß völlig fremd ist. Sie gehen eher davon aus, dass es sich bei den Nahtod-Erlebnissen um Träume, komplexe Träume oder Sinnestäuschungen wie Illusionen beziehungsweise Halluzinationen handeln könnte. Doch was die Nahtod-Erfahrenen außerhalb ihres Körpers sahen und hörten, stellte sich nach genauer Überprüfung als richtig heraus. Und auch die Seheindrücke von Blinden wie auch die Hörwahrnehmungen von Tauben konnten eindeutig bestätigt werden, sodass die Hypothese der Träume und Sinnestäuschungen nicht aufrechterhalten werden konnte.

Weitere psychologische Erklärungen sahen die Nahtod-Erfahrungen als eine krankhafte Selbstwahrnehmung im Sinne einer Depersonalisation beziehungsweise als eine dissoziative Erfahrung, weil sich Betroffene in der Nähe des Todes als von ihrem Körper, ihren Schmerzen und Ängsten abgelöst empfinden. Doch auch diese Erklärungsversuche wollten nicht so richtig greifen. Denn eine Depersonalisation oder Dissoziation geht nie mit einer Außerkörper-Erfahrung einher. Auch fehlen bei Nahtod-Erfahrungen die für die Depersonalisation so charakteristischen Angst- und Fremdheitsgefühle. Das heißt, Nahtod-Erfahrene weisen kein Gefühl der Entfremdung von sich selbst auf, sondern erleben sich vielmehr als völlig intaktes Ich. Mehr noch, das Gefühl für das eigene Ich und für den Körper bleibt danach weiterhin stark ausgeprägt oder steigert sich sogar. Erklärungsversuche dahingehend, Nahtod-Erfahrungen seien ein psychologischer Bewältigungsmechanismus angesichts des drohenden Todes, mussten deshalb wieder fallen gelassen werden. Dafür mussten andere herhalten, wie die These, dass Nahtod-Erfahrungen eine Art Sterbeprogramm im Gehirn darstellen. Aber diese These wirft mehr Fragen auf, als sie zu beantworten vermag. Wieso sollte die Natur dem Menschen im Sterben einen letzten Gnadenakt erweisen? Welchen evolutionären Sinn sollte das haben? Wozu ein Lebensrückblick, wenn doch in den nächsten Sekunden die menschliche Existenz sowieso für immer ausgelöscht wird? Und wie sollte sich ein neuronales Sterbeprogramm evolutionsbiologisch im Gehirn etablieren? Es gibt doch dafür gar keinen evolutionären Druck, der dieses bestimmte Reaktionsmuster erzeugen könnte. Selbst wenn man trotz aller Fragen davon ausgeht, dass das Gehirn ein Programm gespeichert hat, welches im klinischen Tod sofort abgerufen wird, bleiben immer noch zwei Fragen unbeantwortet. Wer hat dieses Programm geschrieben? Und zu welchem Zweck?

Die These wurde daher weiterentwickelt. Und zwar dahingehend, dass im Moment des Todes eine Reihe körpereigener Neurotransmitter und Neuropeptide freigesetzt werden. Es wäre der Stress im Todesprozess, der die Freisetzung dieser Substanzen auslöst und die wiederum das Sterbeprogramm im Gehirn aktivieren. Doch welche Botenstoffe das genau sein sollen, konnte bisher noch niemand benennen. Als aussichtsreichster Kandidat galt lange Zeit Dimethyltryptamin, abgekürzt DMT. Es handelt sich dabei um eine bewusstseinserweiternde Tryptamin-Verbindung mit halluzinogener Wirkung, die im menschlichen Körper als Stoffwechselprodukt entsteht. Die chemische Struktur von DMT hat eine große Ähnlichkeit mit dem Neurotransmitter Serotonin. Seine halluzinogene Wirkung entfaltet DMT daher insbesondere durch die Aktivierung von Serotonin-Rezeptoren. Es ist bekannt, dass die Indios des Amazonasbeckens im Rahmen religiöser Zeremonien DMT-haltige Pflanzenbestandteile zur Herstellung des Ayahuasca-Trankes verwenden. Dieser soll ihnen den Geist öffnen, um Visionen zu erhalten. Gewonnen wird Ayahuasca aus der Ayahuasca-Liane und den Blättern des Chacruna-Strauches. Bis zu drei Tagen werden die Blätter und Wurzeln abgekocht, bis ein brauner Sud entsteht. Die Ayahuasca-Liane wird auch Liane des Todes oder Liane der Ahnen genannt. Wer Ayahuasca trinkt, der soll nach den Vorstellungen der Ureinwohner in Visionen zu seinen Ahnen gelangen. Was lag also näher als die These, dass während des Sterbeprozesses vom Gehirn, genauer gesagt von der Zirbeldrüse, DMT freigesetzt wird, welches die Nahtod-Erfahrenen mit einem parallelen Universum verbindet. Auch würden sich dadurch möglicherweise die Begegnungen mit Verstorbenen erklären. Dr. Rick Strassman, Facharzt für Psychiatrie in den Vereinigten Staaten, zog diese Theorie vollkommen in ihren Bann. Er wollte es genau wissen. Deshalb führte er in den Jahren zwischen 1990 und 1995 an der Universität New Mexico von der DEA (U.S. Drug Enforcement Administration) genehmigte klinische Forschungen an 60 Freiwilligen durch, denen er DMT in aufsteigender Konzentration injizierte. Ihm war dabei absolut klar, dass höhere Dosierungen teils zum Erleben anderer Wirklichkeiten führen, die von den Betroffenen durchaus als real existent wahrgenommen werden. Die Frage war also, würde es ihm gelingen, durch die intravenöse Gabe von DMT Nahtod-Erfahrungen bei seinen Probanden auszulösen und damit das Geheimnis dieses seltsamen Phänomens ein für allemal zu lüften? Große Erwartungen knüpfte Strassman an seine Experimente. Erwartungen, die am Ende allesamt enttäuscht werden sollten. Ernüchtert schrieb der Wissenschaftler seine Erfahrungen in einem Buch nieder. Der Titel: »DMT – Das Molekül des Bewusstseins: Zur Biologie von Nahtod-Erfahrungen und mystischen Erlebnissen«. Der wichtigste Satz des Buches findet sich auf Seite 299, wo Strassman aller Hoffnungen beraubt resümiert:

> »Ausgehend von dem, was wir tatsächlich im Verlauf unserer Forschungen antrafen, halte ich meine ursprünglichen Erwartungen häufiger Nahtod-Erfahrungen bei unseren Freiwilligen heute für

> naiv … Viele unserer Rekruten … erkannten, dass sie nicht starben und auch keine Nahtod-Erfahrung machten.«

Doch damit war das Thema DMT und Nahtod-Erfahrung noch lange nicht erledigt. Am 16. August 2018 meldete nämlich das »Deutsche Ärzteblatt«, dass ein Halluzinogen gefunden sei, das Nahtod-Erfahrungen auslöst: DMT. Chris Timmerman und seinen Kollegen vom Imperial College London sei es mit einer placebokontrollierten Einfachblindstudie gelungen, durch die Verabreichung von DMT bei 13 Probanden Nahtod-Erfahrungen auszulösen. Die Ergebnisse seien am 15. August 2018 in der Fachzeitschrift »Frontiers in Psychology« erschienen und könnten dort im Detail nachgelesen werden. Und das Nachlesen dieser Studie lohnt sich. Denn wer es tut, wird feststellen, dass die sogenannten »Nahtod-Erfahrungen« mithilfe von zwei Fragebögen erfasst wurden, dem Ego-Dissolution Inventory und dem Mystical Experiences Questionnaire. Das ist deshalb besonders interessant, weil beide Fragebögen überhaupt nicht zur Erfassung von Nahtod-Erfahrungen entwickelt wurden. Der Ego-Dissolution Inventory mit seinen acht Fragen ist eigens dazu entworfen worden, um die Ich-Auflösung im Rahmen von psychedelischen Erfahrungen zu validieren. Und der Mystical Experiences Questionnaire mit seinen 30 Fragen, wurde, wie der Name schon sagt, speziell zur Verifizierung von mystischen Erfahrungen geschaffen. Grundsätzlich ist es zwar richtig, dass Ähnlichkeiten zwischen den Wirkungen psychedelischer Substanzen und mystischen Erfahrungen bestehen, so wie auch Ähnlichkeiten zwischen mystischen Erfahrungen und Nahtod-Erfahrungen. Aber deshalb gleich von den Wirkungen psychedelischer Substanzen auf Nahtod-Erfahrungen zu schließen, ist doch ziemlich gewagt. Noch dazu bei Probanden, die gar nicht in Todesnähe waren und deshalb schon per definitionem überhaupt keine Nahtod-Erfahrung haben konnten. Man muss Studien deshalb schon genau lesen und darf sich nicht in die Irre führen lassen. In der Wissenschaft wird viel geschrieben und publiziert. Leider ist nicht immer alles ganz richtig, was in den Umlauf gebracht wird. Geschuldet ist das dem enormen Publikationsdruck, der in der Wissenschaft herrscht, und dem vornehmlich junge Wissenschaftler ausgesetzt sind. So kommt es manchmal vor, dass Beiträge offiziell zurückgezogen werden müssen oder sich die Ergebnisse von Studien im Nachhinein als falsch erweisen.

Dazu ein Beispiel. 2010 meldeten slowenische Forscher in »Critical Care« (Online), der Ursache von Nahtod-Erfahrungen auf die Spur gekommen zu sein. Der Grund für das Phänomen sei auf einen Anstieg des Kohlendioxids im Blut zurückzuführen. Befragt wurden für die Studie 52 Patienten, die nach einem Herzstillstand erfolgreich reanimiert werden konnten. Von diesen erinnerten sich elf, eine Nahtod-Erfahrung erlebt zu haben. Quantifiziert wurde dies mit einem Score. Anschließend, so die Forscher, seien die Score-Werte mit den Laborparametern der Patienten in Beziehung gesetzt worden. Es zeigte sich, dass die Nahtod-Erfahrungen in erster Linie mit einem erhöhten Kohlendioxidgehalt im Blut korrelierten. Auch sei eine Korrelation mit einem Überschuss an Kalium im Blut festzustellen, allerdings etwas schwächer. Mit einem sinkenden Sauerstoffgehalt im Blut war die Korrelation hingegen nicht signifikant. Damit schien eine schon lange gehegte wissenschaftliche These endlich bestätigt zu sein, dass nämlich Nahtod-Erfahrungen entweder durch einen Sauerstoffmangel oder einen erhöhten Kohlendioxidgehalt im Blut hervorgerufen werden. Sie wären darum, so die Vermutung, als natürliche Reaktion auf biologische beziehungsweise chemische Prozesse eines absterbenden Gehirns zu verstehen – bedingt durch eine physiologische Alarmreaktion, die ihrerseits wiederum eine zerebrale Aktivitätssteigerung zur Folge hat. So lautete zumindest 1994 die These, als Mediziner der Berliner Universitätsklinik Rudolf Virchow 59 gesunde Probanden schnell und hastig atmen ließen und sie durch ein ruckartiges Pressen auf den Brustkorb in eine kurze Ohnmacht versetzten. Da die Patienten Stimmen hörten, Sonnenuntergänge sahen und ein Gefühl von tiefem Frieden verspürten, war für die Ärzte klar, dass das der Sauerstoffmangel sein muss, der diese »Nahtod-Erfahrungen« auslöst.

Doch all diese Vermutungen wurde von Sam Parnia 2001 mit der weltweit ersten prospektiven Studie widerlegt. Denn seine Patienten waren ausreichend mit Sauerstoff versorgt und hatten trotzdem klassische Nahtod-Erfahrungen erlebt. Nun also die These vom erhöhten Kohlendioxidgehalt im Blut. Doch auch die ließ sich nicht lange halten. Einfach aus dem Grunde, weil bei Erfahrungen, die durch einen Sauerstoffmangel oder einen erhöhten Kohlendioxidgehalt hervorgerufen werden, viele für eine Nahtod-Erfahrung typischen Elemente nicht auftreten. So gibt es beispielsweise keine Begegnung mit Lichtwesen und auch keinen Lebensrückblick. Ferner besitzen derartige Erfahrungen kein Transformationspotenzial. Sie führen also nicht wie echte Nahtod-Erfahrungen zu einer Änderung des Lebensstils. Trotzdem wurden beide Thesen nicht ganz fallen gelassen. Schließlich ist hirnphysiologisch bekannt, dass Unregelmäßigkeiten im Hippocampus, seien sie durch Sauerstoffmangel oder aufgrund eines Überschusses an Kohlendioxid bedingt, plötzlich einschießende Erinnerungen auslösen können. Unwillkürliche Erinnerungen, die auf Betroffene wie eine Rückschau auf das eigene Leben wirken. Aufgrund dieser Überlegungen wurden weitere Hirnstrukturen unter die Lupe genommen, um Aufschluss darüber zu erhalten, welche Areale an dem Zustandekommen des Phänomens Nahtod-Erfahrung noch beteiligt sein könnten. Da Sauerstoffmangel im Gehirn zu einer Störung in der Signalübertragung führt, lag es nahe, dass der Hinterhauptslappen, der die visuellen Eindrücke verarbeitet, möglicherweise durch sein nicht mehr richtiges Funktionieren die Lichtvisionen entstehen lässt. Und der Scheitel- und Schläfenlappen, die für das Selbsterleben des eigenen Körpers sowie für dessen Verortung im Raum verantwortlich sind, könnten bei einer gestörten Signalübertragung dem Betroffenen ein außerkörperliches Erleben vorgaukeln. Alles zwar nur Mutmaßungen, die aber neue Nahrung erhielten, als es dem Schweizer Hirnforscher Olaf Blanke und seinen Kollegen vom Genfer Uniklinikum im September 2002 gelang, bei einer Epilepsiepatientin durch Elektrostimulation ein außerkörperliches Erlebnis auszulösen. Die Patientin berichtete, dass sie sich plötzlich leicht und frei im Zimmer schwebend empfunden habe, als sie auf ihren Körper unten im Bett herabsah. Zugetragen habe sich das just in dem Moment, als bei der Elektrostimulation eine heikle Stelle am temporo-parietalen Übergang gereizt wurde. Es war der Knotenpunkt zwischen dem Schläfen- und Scheitellappen, den Mediziner *Gyrus angularis* nennen. Doch bei näherem Nachfragen zeigte sich, dass die Patientin nur einen Teil ihres Rumpfes und der Beine sah, und das auch noch verzerrt und unscharf. Die Beine, so ihr Eindruck, seien kürzer geworden und hätten sich auf ihr Gesicht zubewegt. Alles Schilderungen, die in den Berichten von Nahtod-Erfahrenen überhaupt nicht vorkommen. Eine elektrische Entladung am

Gyrus angularis kann daher kaum als neurophysiologisches Korrelat einer NTE herhalten. Zumal noch die wenigsten Patienten mit Nahtod-Erfahrungen an Epilepsie oder anderen neurologischen Erkrankungen leiden. Ebenso wenig, wie an psychiatrischen Erkrankungen. Daher schlugen auch Interpretationen, die Nahtod-Erfahrungen als Teile von Psychosen verstehen wollten, fehl. Davon abgesehen, dass bei Psychosen verworrene Gedanken und Bilder vorherrschen und sich ein vernünftiger Zusammenhang des Geschilderten nicht erkennen lässt. Außerdem sind psychotische Erlebnisse anhaltend, während Nahtod-Erfahrungen doch eher von kurzer Dauer sind. Und, Nahtod-Erlebnisse sind überwiegend mit Erfahrungen von Glück verbunden, Psychosen hingegen häufig mit Angsterfahrungen. Beides lässt sich demzufolge nicht zusammenbringen. Ein echtes Problem für die Wissenschaft. Wie man es drehte und wendete, für die außergewöhnlichen Bewusstseinsphänomene, die während einer Nahtod-Erfahrung auftreten, ließ sich einfach keine schlüssige Erklärung finden. Alles, was man hatte, waren nur Thesen über Thesen, die weitestgehend im Bereich des Spekulativen blieben.

Es war deshalb höchste Zeit, auf andere Überlegungen zurückzugreifen, die mehr pragmatischer Natur waren. So kam man auf den Gedanken, dass Nahtod-Erfahrungen womöglich auf den Gebrauch von Drogen oder Medikamenten zurückzuführen sind. Ärzte hatten schließlich in der Klinik beobachten können, dass der Arzneistoff Ketamin, der in der Anästhesie und der Schmerzbehandlung eingesetzt wird, lebhafte Träume und psychotische Erlebnisse auslösen kann, einschließlich schlimmster Albträume. Auch berichteten Patienten, dass sie das Gefühl hatten, ihren Körper zu verlassen. Ähnliche Erfahrungen wurden unter dem Wirkstoff Droperidol, der zur Vorbeugung und Behandlung von Übelkeit und Erbrechen nach Operationen eingesetzt wird, berichtet. Und bei Cyclohexanon, einer Chemikalie, die häufig bei der Produktion von Medizinprodukten aus Kunststoff eingesetzt wird. So wie man auch die klinische Erfahrung machte, dass Naloxon, ein Opiat-Gegengift, höllische Visionen auslösen kann. Und bei psychedelischen Drogen wie LSD, Psilocybin und Meskalin wusste man schon lange, dass deren Konsum komplexe Halluzinationen in Form von außerkörperlichen Erlebnissen, Landschaften und Begegnungen mit spirituellen Wesen auslösen kann. Erfahrungen also, die den

NTE-Elementen sehr ähnlich sind. Doch die Befragung von Drogenkonsumenten erbrachte, dass diese sehr genau zwischen Nahtod-Erfahrungen und durch Drogen ausgelösten Erlebnissen unterscheiden können. Außerdem konsumieren die wenigsten Nahtod-Erfahrenen Drogen. Und es zeigte sich, dass viele Nahtod-Erfahrungen zu einem Zeitpunkt stattfanden, als den Patienten noch gar keine Medikamente verabreicht worden waren. Drogen und Medikamente konnten dementsprechend nicht der Grund für eine Nahtod-Erfahrung sein. Deshalb fehlen auch bis heute belastbare Studien, die belegen könnten, dass biochemische Faktoren für Nahtod-Erfahrungen wirklich ausschlaggebend sind. Aber selbst wenn es derartige Studien gäbe, wären wir nicht viel weiter. Denn immer noch würde sich uns die Frage aufdrängen, ob die Drogen und Medikamente Ursache oder nur Auslöser von Nahtod-Erfahrungen sind. Anders gefragt, erzeugen die Drogen und Medikamente im Gehirn Nahtod-Erfahrungen? Dann wären sie die Ursache. Oder vermitteln sie nur derartige Erfahrungen durch entsprechende Hirnprozesse? Legen sie also bloß einen bestimmten Schalter im Gehirn um, der einem Menschen den Zugang zu übersinnlichen Erfahrungen eröffnet? Dann wären sie der Auslöser. Eine entscheidende Frage, die sich übrigens bei allen hier diskutierten Hypothesen gleichermaßen stellt. Genau die vermag aber die Wissenschaft mit den ihr zur Verfügung stehenden Mitteln nicht zu beantworten. Denn was sie einzig nachweisen kann, wenn überhaupt, ist, dass Hirnprozesse am Geschehen beteiligt sind. Diese Ausschläge auf dem Monitor oder dem Papier erklären aber noch lange nicht den Inhalt und das Wesen der Nahtod-Erfahrungen. Und trotzdem erfreuen sich nach wie vor gerade die neurobiologischen Erklärungsansätze größter Beliebtheit, die Erlebnisse in Todesnähe lediglich als das Produkt bestimmter Hirnprozesse ansehen. Auch wenn bisher noch nicht genau geklärt sei, was speziell im klinischen Tod diese Erscheinungen hervorrufe, so seien diese inneren Bilder doch am ehesten als Ausdruck einer Hirnfunktionsstörung zu werten. So die Ansicht der Neurobiologie.

Und auch ihre jüngste These, die aus den bereits zitierten vier aufsehenerregenden Studien der Jahre 2009 bis 2016 hervorging, stößt in dasselbe Horn. Es ist doch durchaus möglich, meinen manche Experten, dass die nachgewiesene elektrische Aktivität im Gehirn, die zu einem Zeitpunkt gemessen wurde, zu dem üblicherweise keine Hirnaktivität mehr vorhanden sein sollte, verantwortlich für das Aufkommen von Nahtod-Erlebnissen ist. Dass sich Hirnwellen im Gamma-Bereich haben finden lassen, mache überdies die große Klarheit und das komplette Orientierungsvermögen der Betroffenen während einer NTE nachvollziehbar. Und andererseits könnte der im klinischen Tod auftretende Sauerstoffmangel, der sich vor allem auf das Erinnerungsvermögen auswirken kann, erklären, weshalb die meisten, die wieder in das Leben zurückkehren, überhaupt keine Erinnerungen mehr an irgendwelche Erlebnisse haben. Nahtod-Erfahrungen hätten demnach eine rein physiologische Basis. Dazu braucht es keinen übernatürlichen Erklärungsversuch, sagen Neurobiologen. Aber ist das wirklich so? Können die kleinen elektrischen Spitzen am Rande des Hirntods tatsächlich das Phänomen Nahtod-Erfahrung in seiner ganzen Bandbreite nachvollziehbar und ohne Widersprüche erklären?

Natürlich nicht, und das aus mehreren Gründen. Zunächst einmal wäre es völlig absurd anzunehmen, Ratten könnten Nahtod-Erlebnisse oder Ähnliches haben. Kein Tier auf dieser Welt besitzt ein Transzendenzbewusstsein. Ohne ein solches ist aber eine Transzendenzerfahrung wie das Nahtod-Erlebnis nicht möglich. Die EEG-Aufzeichnungen bei Ratten mit dem Nachweis von Gammawellen helfen uns daher bei der Entschlüsselung von Nahtod-Erlebnissen überhaupt nicht weiter. Nicht viel anders sieht es mit den Registrierungen von Hirnaktivitäten beim Menschen aus. So machen einzelne Registrierungen im Hippocampus noch lange kein Wachbewusstsein. Und erst recht kein Überbewusstsein. Gleiches gilt für das Detektieren von Deltawellen. Sicherlich können Menschen auch im Tiefschlaf noch Träume haben. Aber die Erinnerungen daran werden nur dann in das Bewusstsein übertragen, wenn man sie direkt aus dieser Phase aufweckt. Wie aber soll das bei einem Patienten, der klinisch tot ist und sich in einem komatösen Zustand befindet, geschehen? Es dauert schließlich zwischen fünf Minuten bis 72 Stunden, im Schnitt etwa sechs Stunden, bis ein Patient nach erfolgreicher Reanimation wieder das Bewusstsein erlangt. Ein Umstand, auf den Dr. Pim van Lommel in seinem Buch »Endloses Bewusstsein« hingewiesen hat. Infolgedessen sind die Erinnerungen aus der Tiefschlafphase schon längst gelöscht, bevor ein Reanimierter wieder ansprechbar ist. Zur Diskussion bleiben also nur noch die Erkenntnisse der Arbeit von Dr. Lakhmir Chawla und seinen

Kollegen, die sie an den sieben sterbenden Patienten gewinnen konnten. Liest man jedoch die genannte Studie bis zum Ende, so wird unter der Überschrift »Einschränkungen« darauf hingewiesen, dass die Forscher bei der Fallserie kein vollständiges EEG vorliegen hatten, um den ganzen Umfang ihrer eigenen Beobachtungen zu verstehen. Zum anderen, und dies wiegt noch schwerer, war es den Wissenschaftlern nicht möglich auszuschließen, dass die gemessene elektrische Aktivität nicht auf Artefakten oder anderen Signalen beruht. Mit anderen Worten, wir haben etwas gemessen, wissen aber nicht, ob wir diese Signale wirklich dem Gehirn zuordnen dürfen. Die Autoren der Studie betonen daher selbst, dass ihre Vermutung, die gemessenen Signale könnten Ursache von Nahtod-Erfahrungen sein, völlig spekulativer Natur ist und jedweder substanzieller Grundlage entbehrt. Damit ist auch diese Studie zur Aufklärung des Phänomens von Nahtod-Erlebnissen weitestgehend unbrauchbar.

Und so zeigt sich wieder einmal mehr, wie schwierig und vertrackt die Erforschung von Nahtod-Erfahrungen ist. Aber abgesehen davon, Wissenschaft beginnt immer erst mit einem Gedanken. Machen wir deshalb einfach einmal ein wissenschaftliches Gedankenexperiment. Nehmen wir an, wir hätten tatsächlich die exakten medizinischen Daten von Tausenden Menschen, die während einer EEG-Registrierung verstarben. Und sie alle würden uns zeigen, dass etwa 10 bis 20% der Patienten – das entspricht der Häufigkeit von Nahtod-Erfahrungen bei klinisch Toten – dreißig Sekunden bis drei Minuten nach dem Herzstillstand Gamma-Signale aufweisen, die für höchstes Wachbewusstsein sprechen. Hätten wir dann wirklich den ultimativen Beweis in der Hand, um zu verstehen, weshalb Nahtod-Erfahrungen auftreten? Nein, leider nicht. Selbst wenn wir unser Gedankenexperiment noch weiterentwickeln würden und annähmen, dass die Patienten sich während des Sterbevorgangs in einem funktionellen Magnetresonanz-Tomographen befunden hätten, sodass wir in der Lage wären, aus dem Muster ihrer Hirnaktivitäten auf ihre Gedanken zu schließen, würde uns das kein bisschen weiterhelfen. Wir würden dann sehen und sagen, oh, jetzt denkt der Patient an einen Tunnel oder jetzt denkt er an den Himmel. Jetzt scheint er ein Licht zu sehen und dieses Aktivitätsmuster steht eindeutig für Gott. Aber wir würden immer noch nicht verstehen, warum jemand das in den letzten Momenten seines

Lebens tut. Wir würden auch weiterhin nicht verstehen, weshalb alle Menschen auf der Welt im Sterben an dasselbe denken. Und wir würden nicht verstehen, weshalb Kinder das ebenso tun. Ferner würden wir nicht begreifen, warum Menschen im Sterben Lichtwesen sehen und ihren verstorbenen Freunden und Verwandten begegnen. Weshalb sie eine Lebensrückschau erhalten und gegen ihren Willen zurückgeschickt werden. Und schon gar nicht könnten wir nachvollziehen, weshalb Nahtod-Erfahrene im Zustand des klinischen Todes genau beschreiben können, was im Raum oder außerhalb des Raumes, in einem anderen Stockwerk oder Gebäude, ja sogar in einem anderen Stadtteil geschehen ist. Wir würden intellektuell auch darüber hinaus nicht erfassen können, weshalb Taube und Blinde außerhalb ihres Körpers hören und sehen und wir würden mit unserem Verstand nicht abbilden können, warum Nahtod-Erfahrene während ihrer Erlebnisse von Krankheiten geheilt werden, die in der Medizin als unheilbar gelten. Aus diesem Grunde scheint es fast so, als würde sich das Phänomen der Nahtod-Erfahrungen jedweder wissenschaftlichen Erklärung entziehen, auch wenn wir alle möglichen hoch entwickelten Apparaturen einsetzen. Resultierend daraus ist es bis auf den heutigen Tag nicht gelungen, eine plausible und umfassende Erklärung für das Mysterium der Nahtod-Erfahrungen zu finden. Auch wenn es ein wenig paradox klingen mag, aber in über 40 Jahren der Nahtod-Erforschung haben wir bisher nur herausgefunden, was Nahtod-Erfahrungen nicht sind. Also keine Illusionen, keine Halluzinationen, keine Nebenwirkungen von Medikamenten und Drogen und so weiter. Aber was Nahtod-Erfahrungen vom Grundprinzip her sind und wie wir sie erklären sollen, das wissen wir trotz größter Anstrengungen auch weiterhin nicht.

Sind Nahtod-Erfahrungen Trugbilder oder Jenseitserfahrungen?

Menschen sind von einer archaischen Neugier getrieben. Und so möchten sie natürlich auch wissen, was mit ihnen nach ihrem Ableben geschieht. Sie wollen dabei nicht nur auf die Karte Hoffnung setzen, sondern eine möglichst umfassende Antwort auf diese Frage erhalten. Und genau an diesem Punkt kommen Nahtod-Erfahrungen ins Spiel. Denn Menschen, die eine solche erlebt haben, berichten darüber, wie es ist, wenn man mit einem Bein im Jenseits steht. Das ist es, was diese Berichte so attraktiv macht. Die Vorstellung, dadurch endlich einen Einblick ins Jenseits, in eine andere Form der Wirklichkeit zu bekommen. Das ist der wahre Grund, warum sich Menschen überhaupt mit diesem Grenzbereich beschäftigen. Aber ist das wirklich so? Liefern uns Nahtod-Erfahrungen tatsächlich Bilder aus dem Jenseits? Oder sind es nur Bilder, die in einem sterbenden Gehirn entstehen und keinerlei Realitätsgehalt besitzen? Im Grunde also nur Wahrnehmungsstörungen darstellen und damit für eine nicht wirkliche, imaginäre Erscheinung stehen, also nichts weiter als Einbildung oder Trugbilder sind.

Was aber sind Trugbilder? Was ist das Jenseits? Und was überhaupt ist Realität? Fangen wir vielleicht am besten mit den Trugbildern an. Es gibt verschiedene Arten. Beispielsweise die Pareidolien, die zu den Wahrnehmungsstörungen gehören. Bei der Pareidolie handelt es sich um eine Tendenz innerhalb des Wahrnehmungsprozesses, nämlich der, realen Objekten einen weiteren Informationsgehalt zuzuschreiben. So werden zum Beispiel in vorüberziehenden Wolken bestimmte Tiere oder andere vertraute Wesen und Gegenstände erkannt. Die Pareidolie spiegelt offensichtlich den angeborenen Hang des Menschen wider, verschiedenen Strukturen und Mustern eine sinnvolle Bedeutung verleihen zu wollen. Die Pareidolie kommt hauptsächlich bei Gesunden vor. Sie kann aber auch bei starker Übermüdung, psychischer Überlastung, Drogenmissbrauch, Panikstörungen und fieberhaften Erkrankungen auftreten. Im letztgenannten Falle sogar mit einem sich aufdrängenden Charakter.

Ein weiteres Trugbild ist die Illusion, eine Täuschung der Sinne, die hauptsächlich bei Gesunden vorkommt. Der Gegenstand einer Illusion ist ein realer Sinneseindruck, der jedoch fehlinterpretiert, sprich verkannt, wird. Die Verkennung kann sich auf reale Gegenstände, Geräusche, Personen oder Situationen beziehen. Sie kann auch stimmungsabhängig sein, vom Affekt getragen werden oder bei Müdigkeit und Rauschzuständen auftreten. Ein gutes Beispiel für eine typische Illusion ist die Fata Morgana, die unserem Verstand auf erhitzten Sommerstraßen Pfützen vorgaukelt, obwohl es sich nur um heiße Luft handelt. Genau das ist aber das Prinzip der Illusion. Heiße Luft, als realer Sinnesreiz, wird fälschlicherweise als Wasser verkannt. Ein anderes Beispiel wäre ein harmloser Gegenstand oder ein Schatten an der Wand, der als Fratze oder bedrohliche Gestalt verkannt wird. So eine illusionäre Verkennung kann bei vermehrter Aufmerksamkeit durchaus wieder verschwinden. Als weiteres Trugbild begegnen uns die sogenannten Pseudohalluzinationen. Im Gegensatz zur Illusion fehlt hier jedwede äußere Reizquelle. Es gibt folglich bei der Pseudohalluzination keinen realen Gegenstand. Trotzdem nimmt der Betroffene etwas wahr. Er ist sich jedoch der Tatsache bewusst, dass es sich um keine reale Wahrnehmung handelt. Genau das unterscheidet die Pseudohalluzinationen von einem weiteren Trugbild, den Halluzinationen. Auch die Halluzination entbehrt jedweder Reizquelle im Äußeren. Im Gegensatz zur Pseudohalluzination werden aber die Wahrnehmungserlebnisse als völlig real empfunden. Das bedeutet, der Trugcharakter wird bei ihnen nicht erkannt.

Der Mensch kann prinzipiell auf sämtlichen Sinnesgebieten halluzinieren. Deshalb müssen wir sorgfältig verschiedene Formen von Halluzinationen unterscheiden. So gibt es optische Halluzinationen. Es handelt sich um Trugwahrnehmungen im Bereich des Sehens. Das können Lichtblitze, Flecken, Funken, Schatten und Farben sein oder auch Gegenstände, Tiere und Menschen. Ja sogar komplett ausgestaltete Szenen, entweder statische oder bewegte, sind möglich. Optische Halluzinationen für sich allein deuten am ehesten auf eine organische Ursache hin. Sie können aber auch kombiniert mit akustischen Halluzinationen auftreten. Akustische Sinnestäuschungen sind dadurch gekennzeichnet, dass der Betroffene Dinge hört, ohne dass ein entsprechender akustischer Reiz vorliegt. Wenn das menschliche Stimmen sind, nennt man das Phänomen Phoneme. Diese Phoneme können entweder einen dialogischen, einen imperativen oder einen kommentierenden Charakter haben. Wenn sie keine menschlichen Stimmen beinhalten, spricht man von Akoasmen. Dann haben wir da noch die olfaktorischen und gustatorischen Halluzinationen. Das heißt, finden sich Trugwahrnehmungen im Bereich des Riechens und Schmeckens, spricht man von Geruchs- und Geschmackshalluzinationen. Derartige Wahrnehmungen ohne einen äußeren Reiz können für sich allein oder in Kombination mit anderen Halluzinationen bestehen. Insgesamt lassen sie sich aber seltener nachweisen. Wenn sie auftreten, dann zumeist in unangenehmer Form als Gestank oder übler Geschmack. Angenehme Wahrnehmungen sind dagegen viel seltener. Auch Körperhalluzinationen lassen sich eher selten finden. Bei ihnen müssen wir allerdings noch etwas weiter differenzieren, denn es gibt verschiedene Arten davon. Man unterscheidet im Allgemeinen zum einen Leibhalluzinationen, also Trugwahrnehmungen auf der Körperoberfläche, die als »von außen gemacht« empfunden werden. Wenn beispielsweise jemand das Gefühl hat, dass seine Rückenschmerzen von bestimmten Strahlen verursacht werden oder dass der Regen ihn wachsen lässt, dann haben wir es mit klassischen Leibhalluzinationen zu tun. Und man kennt die sogenannten taktilen Halluzinationen. Auch sie haben den Charakter des »von außen Gemachten«. Allerdings liegen diese Trugwahrnehmungen eher im Bereich des Fühlens auf der Körperoberfläche. Dabei können alle Modalitäten, angefangen von Berührungs- und Vibrationsempfindungen bis hin zu Temperatur- und Schmerzempfindungen, betroffen sein. Daneben gibt es noch die Zönästhesien. Im Gegensatz zu Leibhalluzinationen und taktilen Halluzinationen haben diese den Charakter des »von innen her Kommenden«. So kann jemand das Gefühl haben, dass kleine Tiere an seinen Därmen herumnagen oder Parasiten seinen Körper von innen her auffressen. Eine andere Form von Trugbildern können Ich-Störungen darstellen. Das sind Störungen, bei denen sich die Ichhaftigkeit des Erlebens verändert, sodass bestimmte Gedanken und Gefühle nicht mehr als eigen, sondern als fremd erlebt werden. Auch kann die Grenze zwischen dem Ich und der Umwelt durchlässiger werden, zunehmend verschwimmen und den Eindruck erwecken, dass die Umwelt nicht mehr wirklich sei.

Bei den Ich-Störungen muss man zwischen Entfremdungserlebnissen auf der einen Seite und Fremdbeeinflussungserlebnissen auf der anderen Seite unterscheiden. Zu den Entfremdungserlebnissen gehören die Depersonalisation und die Derealisation. Die Depersonalisation beschreibt ein unangenehmes Entfremdungserleben sich selbst gegenüber. »Meine Gefühle, meine Denkabläufe, mein Körper, das alles bin nicht mehr ich selbst.« Auch die Derealisation beschreibt ein unangenehmes Entfremdungserleben, nur eben auf die Umwelt bezogen. »Meine Umgebung erscheint mir fremdartig, unwirklich, künstlich und verändert.« Bei den Fremdbeeinflussungserlebnissen fühlt sich der Betroffene dagegen wie eine Marionette. Sein Denken, Fühlen und Handeln erscheint ihm so, als seien sie von außen gesteuert. Zu unterscheiden sind hier die Gedankenausbreitung, der Gedankenentzug, die Gedankeneingebung und die Willensbeeinflussung. Bei der Gedankenausbreitung ist der Betroffene überzeugt, dass seine Gedanken nicht mehr ihm ganz alleine gehören, sondern auch andere Personen daran teilhaben können. Es sei, als ob andere seine Gedanken lesen könnten. Der Gedankenausbreitung geht in der Regel das Gedankenlautwerden voraus, bei dem der Betroffene den Eindruck hat, dass er seine gerade gedachten Gedanken laut hören kann. Damit besteht ein fließender Übergang zu den akustischen Halluzinationen. Beim Gedankenentzug herrscht dagegen bei dem Betroffenen das Gefühl, dass ihm seine Gedanken und Gedankengänge weggenommen werden. Was bleibt, ist ein Fehlen von Gedanken, eine Leere im Kopf. Das genaue Gegenteil davon ist die Gedankeneingebung, denn hier hat der Betroffene das Gefühl, dass ihm Gedanken und Vorstellungen plötzlich in den Kopf einschießen. Allerdings werden diese als fremdartig, von außen gemacht und als sich aufdrängend erlebt. Sie stammen von anderen Personen, fremden Kreaturen oder höheren Mächten, die sie steuern, lenken und beeinflussen. Deshalb werden sie auch als nicht zur eigenen Person gehörend erlebt. Die Willensbeeinflussung ist wiederum das Empfinden eines Betroffenen, dass seine eigenen Antriebe, Bewegungen und Handlungen, ja sogar die eigenen Sprachäußerungen einer Fremdsteuerung unterliegen. Er hat das untrügliche Gefühl, dass andere seinen Willen lenken und ihm ein fremder Wille eingegeben wird.

Wie man unschwer an all diesen Beispielen erkennen kann, stellen Trugbilder ein sehr buntes und mannigfaltiges Phänomen dar. Man kann von daher auf vielerlei Art und Weise auf sie hereinfallen. Aber ganz allgemein gesprochen sind es auf einer Sinnestäuschung beruhende Erscheinungen. Oder anders gesagt, Bilder der Fantasie. Es sind Bilder, die etwas nicht Vorhandenes darstellen. Das heißt, dasjenige Element, das alle Trugbilder miteinander verbindet, ist die Täuschung. Und so stellt sich an dieser Stelle die Frage, haben sich Menschen mit einer Nahtod-Erfahrung nur getäuscht? Sind sie einem Trugbild aufgesessen? Dieser Frage soll anhand mehrerer Nahtod-Erlebnisse nachgegangen werden. Der erste Bericht stammt von Pamela Reynolds, die sich 1991 im Alter von 35 Jahren einer Gehirnoperation unterziehen musste. In einem Interview berichtete sie:

> »Ich hörte einen Ton, sehr mechanisch. Er erinnerte mich irgendwie an einen Zahnarztbohrer. Der Ton zog mich und schließlich schwebte ich oben aus meinem Kopf. Und in diesem Zustand hatte ich eine extrem klare Sicht. Ich nahm wahr, dass mein Arzt ein Instrument in der Hand hatte. Es sah aus wie eine elektrische Zahnbürste. Und da war ein Platz oben, der sah aus wie das Teil, wo die Schneide reinkommt. Aber als ich es sah, war da noch keine Schneide drin. Ich blickte nach unten und sah einen Kasten. Er erinnerte mich an den Werkzeugkasten meines Vaters, als ich noch ein Kind war. Er bewahrte die Einsätze für seine Ratsche darin auf.«
> *Zitiert nach: https://www.youtube.com/watch?v=QnzpsnBrkXs*

> »Dieser Kasten für das Zubehör der Knochensäge sieht wirklich so aus wie ein Werkzeugkasten.« Das sagte Dr. Michael Sabom, der Arzt, der diesen Fall 1998 veröffentlichte. Und er fügte noch hinzu: »Ich muss sagen, dass ich als Kardiologe nicht wusste, wie eine Knochensäge aussieht. Und als Pam sagte, das sieht aus wie eine elektrische Zahnbürste, da dachte ich, das ist lächerlich. Ich hatte nie von dieser Art Beschreibung gehört. Ich dachte eher an einen Sägen-ähnlichen Apparat. Aber das Gerät sieht überhaupt nicht aus wie eine Säge, sondern erinnert tatsächlich an eine elektrische Zahnbürste.«
> *Zitiert nach: https://www.youtube.com/watch?v=QnzpsnBrkXs*

Der zweite Bericht stammt von dem ungarisch-schweizerischen Architekten Stefan von Jankovich, der im Rahmen eines schweren Verkehrsunfalls eine Nahtod-Erfahrung erlebte und eine Szene daraus wie folgt schilderte:

> »Ja … ich schwebte wirklich. Ich befand mich über der Unfallstelle und sah dort meinen schwer verletzten, leblosen Körper liegen … Ich beobachtete einen kleinen festen, ca. 55-jährigen Mann, der versuchte, mich wieder ins Leben zurückzurufen … Der Mann kniete an meiner rechten Seite und gab mir eine Spritze in den linken Arm … Ich sah, wie der Arzt meinen Mund mit einem Holzklotz aufspreizte und Glasscherben daraus entfernte … Ferner beobachtete ich, wie der Arzt versuchte, mich auf künstliche Art zu beleben und wie er feststellte, dass auch meine Rippen gebrochen waren. Er bemerkte: »Ich kann keine Herzmassage machen.« Nach einigen Minuten stand er auf und sagte: »Es geht nicht, man kann nichts mehr machen, er ist tot.« … Ich sah plötzlich einen jüngeren, schlanken Mann in schwarzer Badehose und barfuß, mit einer kleinen Tasche in der Hand, auf meinen leblosen Körper zurennen … Dieser jüngere Mann hatte jetzt einen kurzen Wortwechsel mit dem Arzt über meinen Zustand. Er kniete sich daraufhin neben mich und stellte auch meinen Tod fest … Dann wandte er sich dem anderen Arzt zu: »Wenn Sie, Herr Kollege, nichts dagegen haben, dann … « Nun gab er mir eine Adrenalin-Spritze direkt ins Herz. Ich konnte das Gesicht dieses Mannes recht gut in mich aufnehmen. Einige Tage später kam ein Herr in mein Spitalzimmer in Bellinzona. Er trug einen normalen Straßenanzug. Ich erkannte das Gesicht aber sofort wieder und begrüßte ihn mühsam mit: »Guten Tag Herr Doktor, warum haben Sie mir diese teuflische Spritze gegeben?«
> *Zitiert nach: Stefan von Jankovich »Ich war klinisch tot – Der Tod – mein schönstes Erlebnis«*

Einen besonders interessanten Fall in diesem Zusammenhang schildert auch der Berliner Sterbeforscher Bernard Jakoby in seinem Buch »Wir sterben nie«. Der Autor zahlreicher Bücher schildert darin einen Kontakt mit einem Mann, der etwas Außergewöhnliches zu berichten hatte, und schreibt hierzu:

»Ein Mann erzählte mir am Telefon: ›Bei einer schweren Herzoperation schwebte ich plötzlich an der Decke des Operationssaals. Ich sah dabei zu, wie die Ärzte mich reanimierten. Dann erweiterte sich mein Bewusstsein, und ich befand mich außerhalb des Krankenhauses auf einer sehr belebten Straße. Ich beobachtete, wie ein Autofahrer auf einen anderen Wagen auffuhr. Dann setzte er plötzlich zurück und verschwand. Er beging Fahrerflucht. Ganz deutlich konnte ich das Nummernschild erkennen. Dann merkte ich, wie ich in meinen Körper zurückgezogen wurde. Ich sah dabei auch das kleine feinstoffliche Band, das mich mit meinem Körper verband. Als ich nach der Operation erwachte, erinnerte ich mich an den Unfall. Ich erzählte der Schwester, was ich beobachtet hatte. Sie schaute mich ungläubig an, informierte aber dennoch die Polizei. Es stellte sich heraus, dass ich tatsächlich das Nummernschild des flüchtigen Fahrers erkannt hatte!‹«
Zitiert nach: »Wir sterben nie: Was wir heute über das Jenseits wissen können«

Etwas Außergewöhnliches berichten konnte auch der US-amerikanische Neurochirurg Dr. Eben Alexander von der Harvard Medical School in Boston, als er im Jahr 2008 an einer bakteriellen Hirnhautentzündung erkrankte. E. coli Bakterien hätten den damals 54-Jährigen fast umgebracht, wenn nicht seine Kollegen rechtzeitig dazwischengegangen wären. Doch trotz schneller und adäquater Therapie konnte nicht verhindert werden, dass der Arzt für sieben Tage in ein tiefes Koma fiel. Zu schwer war die Infektion, die große Teile des Gehirns schädigte. Doch trotz der Schädigung machte das Bewusstsein des Mediziners eine weite Reise. Eine Reise, die eher einer Odyssee glich und ihn in eine Welt jenseits von Raum und Zeit führen sollte. Dabei wurde der Arzt von einem »Engelwesen« begleitet, das ihm gleichermaßen vertraut wie fremd war. Dass es sich bei diesem »Engelwesen« um seine verstorbene Schwester Betsy handelte, ahnte Dr. Eben Alexander nicht einmal im Entferntesten. Woher auch? Schließlich wurde er als Baby von seiner minderjährigen Mutter zur Adoption freigegeben. Zwar hatte sich der Neurochirurg stetig bemüht, über entsprechende Behörden Kontakt zu seinen leiblichen Eltern zu erhalten, doch die strengen amerikanischen Gesetze zum Schutz der Anonymität von Adoptivkindern sowie ihrer biologischen Eltern hatten dies stets mit Erfolg verhindert. Erst im Oktober 2007, nach langem Hin und Her, war es Dr. Eben Alexander endlich gelungen, seine wahren Eltern und weitere blutsverwandte Geschwister kennenzulernen. Aber Betsy war nicht dabei, denn sie verstarb bereits im Jahr 1998. Man sagte, sie habe Alkoholprobleme gehabt. Aber wenigstens ihr Bild bekam Dr. Eben Alexander später zu Gesicht, und zwar exakt vier Monate, nachdem er aus dem Krankenhaus entlassen wurde. Ein Bild, auf dem er nicht nur seine verstorbene Schwester Betsy zum ersten Mal sehen sollte, sondern zugleich auch seine Führerin in der jenseitigen Welt erkennen konnte. Für Dr. Eben Alexander war es ein bewegender Moment. Ein Moment, in dem sein Herz einerseits wehtat, sich aber andererseits gleichzeitig auch weitete. Ein Moment, in dem Diesseits und Jenseits zusammentrafen und den er in seinem Buch »Blick in die Ewigkeit« mit den Worten festhielt:

> »Ich schaute in das Gesicht meiner Schwester, meines Engels … Das Foto zu sehen, gab mir das Gefühl, ein kleiner Junge im Märchen zu sein, der in die andere Welt reist und dann wiederkommt und herausfindet, dass alles nur ein Traum war – bis er in eine Tasche schaut und dort eine Handvoll funkelnder Zaubererde aus den jenseitigen Bereichen findet.«

Auch für die Familie war es ein bewegender Moment. Denn nun wurde für alle sichtbar, wohin und wie weit das Bewusstsein des Arztes während des Überganges vom Leben zum Tod gereist war. Dr. Eben Alexander schrieb dazu:

> »In diesem Moment hat auch meine Familie erkannt, wie tiefgehend meine Nahtod-Erfahrung war.«
> *Zitiert nach: »Blick in die Ewigkeit: Die faszinierende Nahtod-Erfahrung eines Neurochirurgen«*

Der letzte Bericht zur Beantwortung unserer aufgeworfenen Fragestellung stammt von einem kleinen Jungen Namens Colton Burpo aus Nebraska. 2003 musste der damals Vierjährige wegen eines Blinddarmdurchbruchs notoperiert werden. Dabei kam er nur knapp mit dem Leben davon. Während seiner Nahtod-Erfahrung begegnete dem Jungen ein kleines Mädchen, das ihn drückte und nicht mehr loslassen wollte. Colton kannte das Mädchen nicht und er hatte zu diesem Zeitpunkt auch keine Ahnung davon, dass seine Mutter vor ihm eine Fehlgeburt hatte. Er lebte immer in der Gewissheit, nur eine Schwester zu haben. Doch das änderte sich im Grenzbereich zwischen Leben und Tod. Als Coltons Gesundheitszustand sich stabilisierte und das Gespräch zwischen ihm und seiner Mutter auf seine angeblich einzige Schwester Cassie fiel, sagte der Junge plötzlich:

> »Mami, ich habe zwei Schwestern … Das eine Baby ist in deinem Bauch gestorben.«

Eine Feststellung, die Sonja Burpo eiskalt erwischte. Nicht wissend, wie ihr gerade geschah, fragte sie deshalb ihren Sohn, sichtlich nach Fassung ringend, wer ihm denn erzählt habe, dass in ihrem Bauch ein Baby gestorben sei? Worauf Colton erwiderte:

> »Sie hatte noch keinen Namen. Ihr hattet ihr noch keinen gegeben.«

Eine Antwort, die bei der Mutter ein Wechselbad der Gefühle auslöste; denn sie wusste überhaupt nicht, dass es ein Mädchen war, das sie verloren hatte. Aber Colton beruhigte sie und fügte noch hinzu:

> »Es geht ihr gut. Gott hat sie adoptiert.«

Das gab Sonja Burpo den Rest und so fragte sie ihn, mittlerweile völlig verunsichert, ob er damit meine, dass Jesus Christus sie adoptiert hätte? Doch Colton gab ihr zu verstehen:

> »Nein, Mami. Sein Vater hat sie adoptiert.«
> *Zitiert nach: »Den Himmel gibt's echt: Die erstaunlichen Erlebnisse eines Jungen zwischen Leben und Tod«*

Fasst man also nun alle die hier vorgestellten Erinnerungen Nahtod-Erfahrener zusammen, erkennt man unschwer, dass jede einzelne einen absolut realen Hintergrund hatte. Keiner der Nahtod-Erfahrenen hat sich geirrt oder ist einer Täuschung aufgesessen. Was sie erlebten, war absolut real und kein Trugbild. Nahtod-Erfahrungen sind folglich keine Sinnestäuschungen. Sie sind keine Illusionen oder Halluzinationen und damit auch keine Streiche eines sterbenden Gehirns, sondern wahrhaftige Bilder aus einer anderen Realität, einer anderen Wirklichkeit. Aber wie können wir da so sicher sein? Ganz einfach, indem wir uns klarmachen, was Realität überhaupt ist. Nämlich alles, das kein Trugbild ist und nicht von den Wünschen oder Überzeugungen einer Person abhängig ist. In diesem Sinne ist Realität somit dasjenige, dem Bestimmtheit zugeschrieben werden kann. Etwas, dessen Existenz einem selbst von anderen bestätigt werden kann. Genau das sind Nahtod-Erfahrungen, denn ihre Existenz konnte eindeutig in den prospektiven Studien, und das unter wissenschaftlich exakt kontrollierten Bedingungen, bestätigt werden. Und das bedeutet, Nahtod-Erfahrungen existieren, sie sind absolut real. Die Realität sowie die Wahrnehmung während einer NTE konnten exakt beschrieben und definiert werden, und zwar auf der Basis von Fakten. So wissen wir heute, dass Menschen während einer Nahtod-Erfahrung weltweit das Gleiche erleben, wenn auch individuell unterschiedlich geprägt. Denn kein Leben gleicht dem anderen. Doch die Kernelemente gleichen sich. So wie es in jedem Leben die gleichen Stationen gibt. Der Besuch des Kindergartens, der Schule, das Erlernen eines Berufes etc. Und wir wissen, dass Kinder im Angesicht des Todes die gleichen Erfahrungen machen wie Erwachsene. Und das, obwohl sie weder religiös noch kulturell vorgeprägt sind.

Aber das sind bei Weitem nicht alle Fakten, die die NTE-Forschung in über 40 Jahren zutage gefördert hat. Wir wissen heute auch, dass taube Menschen während einer Nahtod-Erfahrung über ein intaktes Hörvermögen verfügen. So wie wir auch wissen, dass blinde Menschen während einer NTE wieder sehen können. Dieses Phänomen konnte selbst bei Geburtsblinden nachgewiesen werden. Ebenfalls wissen wir, dass Menschen in der Bewusstlosigkeit, während einer Nahtod-Erfahrung, bewusste Wahrnehmungen haben. Und dass Menschen, die aufgrund einer lebensbedrohlichen Situation wiederbelebt werden mussten, während einer NTE exakt den Hergang ihrer Reanimation wiedergeben konnten. All diese Ergebnisse bestätigen eindeutig die Realität von Nahtod-Erfahrungen, sie bestätigen ihre Wirklichkeit. Und das im wahrsten Sinne des Wortes, denn das Wort Wirklichkeit kommt vom Wort Wirken. Wirklichkeit ist sozusagen dasjenige, welches wirkt. Und Nahtod-Erfahrungen haben eine überwältigende Wirkung, und das sogar in verschiedenster Art.

So durchleben viele danach tiefgreifende Persönlichkeitsveränderungen. Veränderungen können darüber hinaus auch den Körper betreffen. So berichten Nahtod-Erfahrene nicht selten von Heilungen verschiedenster Art. Das können Suchterkrankungen, Erkrankungen des Muskel-Skelett-Systems, Organerkrankungen, Depressionen oder sonst welche Erkrankungen sein. In sehr seltenen Fällen können auch Heilungen von Krankheiten auftreten, die nach allen medizinischen Erfahrungen als unheilbar gelten. Besonders interessant ist zudem, dass Menschen im Zuge ihrer Nahtod-Erfahrungen recht oft mediale Fähigkeiten erwerben. Darunter versteht man eine Weiterentwicklung des sechsten Sinnes, oder anders ausgedrückt, der Intuition. Dabei können Menschen nach einer Nahtod-Erfahrung ein breites Spektrum an medialen Fähigkeiten, wie Hellsehen, Hellhören oder Hellwissen erlangen. All diese Befunde sind durch empirische Studien belegt, abgesichert und bestätigt worden. Sie bestätigen damit, dass Nahtod-Erfahrungen ein hohes Maß an Authentizität besitzen. Damit wurde auch nachgewiesen, dass die Wirklichkeit gleichermaßen etwas Höheres, Abstraktes, ja Transzendentes einschließen kann. Niemand, der sich mit den Erlebnissen in Todesnähe ernsthaft auseinandersetzt, würde heute deshalb bestreiten, dass Nahtod-Erfahrungen wirklich existieren, dass sie real sind. Das tun mittlerweile auch Kritiker nicht.

Strittig ist heute einzig die Frage, wie wir sie zu deuten und zu interpretieren haben. Wenn es also keine Trugbilder sind, was sind sie dann? Sind es tatsächlich Jenseitserfahrungen? Um diese Frage stimmig zu beantworten, muss man erst einmal wissen, was denn das Jenseits überhaupt ist oder sein soll. Hierzu muss man allerdings sagen, dass es über die Jahrtausende hinweg sehr unterschiedliche Vorstellungen vom Jenseits gab. Das liegt einfach daran, dass die Vorstellungen in hohem Maße von der jeweiligen Zeit, der Kultur und dem religiösen Hintergrund abhängen.

Hindus und Buddhisten glauben zum Beispiel an die Wiedergeburt. Ebenso glauben sie an die Befreiung der Seele von der Wiedergeburt, dass die Seele eingeht in das Nirvana. Nirvana bedeutet dabei »vollständiges Erlöschen« und stellt den Übergang in eine andere Daseinsweise dar. Es ist ein Zustand der Vollkommenheit, der völligen Ruhe, ohne Trauer, ohne Leid. Ein Zustand ohne Gut und Böse. In diesem Zustand ist die Seele befreit von allen Gedanken und Gefühlen. Hindus nennen diesen Zustand Moksha. Was aber das Nirvana oder Moksha wirklich ist, darüber gibt es weder im Hinduismus noch im Buddhismus klare einheitliche Vorstellungen. So sehen manche das Nirvana oder Moksha als das absolute Nichts, wo der Erlöste wie eine Flamme erlischt. Und andere wiederum sehen darin eine höchste Realität. Also keinen bestimmten Ort, sondern einen bestimmten Zustand.

Auch im Judentum gibt es ganz verschiedene Vorstellungen darüber, was mit dem Menschen nach seinem Tod passiert. So glauben manche Juden daran, dass die Seele des Verstorbenen rein und unbefleckt durch Geburt, Leben und Tod wieder direkt zu Gott zurückkehrt. Andere dagegen gehen davon aus, dass der Mensch mit Leib und Seele stirbt und so lange im Grab verweilt, bis Gott ihn eines Tages, wenn die messianische Zeit anbricht, zu sich ruft. Dann wird der Mensch, so die Vorstellung, wiederbelebt und leiblich auferstehen. Diese Auffassung von der leiblichen Auferstehung entwickelte sich allerdings im Judentum erst nach dem babylonischen Exil. Und so bejahten beispielsweise die Pharisäer zu Lebzeiten Jesu den Glauben an eine körperliche Auferstehung, während eine andere Gruppe von Juden, die Sadduzäer, eine solche Vorstellung strikt ablehnten. Neben diesen beiden Lehrmeinungen existiert im Judentum noch eine dritte, die besagt, dass die Seele des Verstorbenen nach dessen Tod bis zur messianischen Zeit weiterlebt und erst, wenn Gottes Gericht über die Welt hereinbricht, mit dem Körper neu vereinigt wird, um leibhaftig aufzuerstehen.

Ganz ähnliche Vorstellungen hat auch das Christentum, nur, dass die Seele bei der Auferstehung anstatt des irdischen, verweslichen Körpers einen himmlischen beziehungsweise vollkommenen, unsterblichen Körper erhält. Allerdings, was bei der Auferstehung genau geschieht, darüber gibt es auch im Christentum keine einheitliche Vorstellung. Und so glauben manche Christen an ein Weiterleben der Seele, die sich im Tod vom Körper trennt, während andere vom sogenannten »Ganztod« ausgehen. Das heißt, der ganze Mensch stirbt, und es ist der ganze Mensch, der am Jüngsten Tag von Gott auferweckt und neu geschaffen wird. Der Grund, weshalb im Christentum keine einheitliche Vorstellung bezüglich dessen, was bei der Auferstehung geschieht, existiert, liegt einfach darin begründet, dass es im frühen Christentum kaum konkrete Aussagen über ein Leben nach dem Tod gab. Die ersten Christen rechneten nämlich mit einer unmittelbar bevorstehenden Wiederkunft Christi. Deshalb machte sich zunächst auch niemand Gedanken darüber, was denn mit denen geschehen wird, die vorher sterben sollten. Erst als sich die Zeitenwende immer mehr verzögerte und in den Gemeinden schon einige Menschen verstorben waren, begann man, sich Gedanken darüber zu machen, ob und wie diese Christen denn nun am Gottesreich teilhaben könnten. Ganz anders verhält es sich dagegen mit den Vorstellungen über das Jenseits. Das Christentum glaubt nämlich an eine jenseitige Wirklichkeit in vollkommener Gemeinschaft mit Gott, Jesus Christus und allen Auferstandenen. Betont wird dabei das Jüngste Gericht. Nur wer an Jesus Christus als Sohn Gottes und Retter glaubt und sich taufen lässt, erfährt von Gott Gnade und Vergebung für seine Sünden. Im Blute Christi ist er damit reingewaschen, weil Jesus Christus die Sünden der Welt auf sich nahm, um alle Menschen, die an ihn glauben, zu erlösen. Für Christen ist das Jenseits damit zweigeteilt. Es gibt einen Himmel, auch Paradies genannt, in den die Gläubigen und Erlösten kommen. Und es gibt eine Hölle, einen Bereich der ewigen Pein, für alle bösen Menschen sowie für diejenigen, die Gottes geschenkte Gnade durch den Tod seines Sohnes am Kreuz nicht annehmen wollten. Sie haben sich damit nicht für die Gnade, sondern für die Gerechtigkeit entschieden.

Auch der Islam kennt Himmel und Hölle. Nach dem Tod folgt für die Muslime im Grab eine Art Verhör durch die Engel Munkar und Nakīr. Dabei müssen sie ihnen Auskunft über ihren Glauben erteilen. Die Zuweisung zum Paradies, Dschanna genannt, oder in die Hölle, im Islam als Dschahannam bezeichnet, erfolgt allerdings erst mit dem Jüngsten Gericht. Das Paradies ist in der Vorstellung des Islam ein Ort der Freuden, in dem sich üppige Gärten befinden und der durch klare Wasserbäche durchflossen wird. Dort sitzen die Erlösten auf edlen Teppichen, essen die erlesensten Speisen, wobei sie von schönen unberührten Wesen bedient werden. Jeder Wunsch wird ihnen von den

Augen abgelesen und erfüllt. Die Ungläubigen dagegen müssen in der Hölle schreckliche Qualen erleiden. Sie erhalten bittere Kräuter und Disteln als Nahrung, die aber den Hunger nicht stillen. Zu trinken bekommen sie trübes Wasser. Auch finden sie keine Ruhe, da Skorpione sie mit Stichen quälen, die lange danach noch spürbar sind. So ähnlich oder unterschiedlich die Vorstellungen vom Jenseits auch ausfallen, eines haben sie auf jeden Fall gemeinsam.

Das Jenseits wird, räumlich und zeitlich, als eine andere Wirklichkeit aufgefasst, als eine außerhalb unserer sichtbaren Welt. Das Jenseits wird assoziiert mit einer Grenzüberschreitung, über das Grab, über den Tod und das irdische Leben hinaus. Hin zu einem transzendenten Bereich, an dem sich sie Seelen verstorbener Menschen befinden. Das Jenseits befindet sich damit nicht mehr auf unserer, sondern auf jener Seite. Die Frage ist nun, erreichen Menschen, die eine Nahtod-Erfahrung erlebt haben, diese andere Seite? Erleben sie tatsächlich das Jenseits? Die Antwort auf diese Frage lautet ganz klar nein. Und Nahtod-Erfahrene berichten es ganz nebenbei von selbst, wenn sie von einer Barriere oder Grenze sprechen, auf die sie während ihrer Nahtod-Erfahrung gestoßen sind. Einen Widerstand, den sie nicht überwinden konnten und den wir in der Nahtod-Forschung ein Kernelement nennen. Hierzu ein gutes Beispiel aus der Nahtod-Erfahrung von Lilith W., die in Bezug auf diese Barriere bei ihrer Befragung sagte:

> »Die Begrenzung war das Wasser, das mir nie erlaubte, auf die andere Seite zu gelangen. Jedes Mal, wenn ich versuchte, darauf zuzugehen und es zu überqueren, wurde ich müde und alles wurde breiter.«
> *Zitiert nach: »Near Death Experience Research Foundation«*

Das Ganze erinnert sehr an Charon, den Fährmann der Unterwelt in der griechischen Mythologie. Seine Aufgabe bestand darin, die Seelen der Verstorbenen zu ihrem endgültigen Aufenthaltsort zu bringen. Das heißt, über den Unterweltfluss Acheron bis zur Pforte des Totenreiches. Und damit bis zum Ufer des Okeanos. Doch dieses Ufer erreichen Menschen mit einer Nahtod-Erfahrung nicht. Somit sind es auch keine Jenseitserfahrungen, denn diese würden voraussetzen, dass man das andere Ufer erreicht, um von dort berichten zu können. Wenn also

Nahtod-Erfahrungen weder Trugbilder noch Jenseitserfahrungen darstellen, was sind sie dann? Nun, es sind schlicht und einfach Grenzerfahrungen, die der Mensch auf dem Weg zwischen dem Leben und dem Tod vernehmen kann. Oder anders gesagt, es sind Erfahrungen an der Grenze zum Tod. Nahtod-Erfahrungen markieren sozusagen den Übergang vom Leben zum Tod. Man kann sie deshalb auch als Übergangserfahrungen bezeichnen. Sie liefern uns wahrhafte Bilder aus einer anderen Realität, aus einer Art Zwischenwelt. Von daher darf man Nahtod-Erfahrungen auch als Transiterfahrungen auffassen. Sie zeigen uns, dass es faktisch einen Übergang gibt. Sie zeigen uns aber nicht, was nach dem Übergang kommt. Nur so viel, dass danach tatsächlich etwas kommen könnte. Dass es eine berechtigte Hoffnung für ein Weiterleben nach dem Tod gibt. An diesem Punkt endet aber jedwede Wissenschaft. Und wo die Wissenschaft endet, da beginnt der Glaube. Wir können aber trotzdem noch ein Stück weit in der Wissenschaft verbleiben, denn, auch wenn Nahtod-Erfahrene das andere, sprich jenseitige Ufer, nicht erreichen, so erhalten sie doch zumindest Botschaften aus dem Reich der Toten. Und genau diese brauchen wir, wenn wir die Meinung des Jenseits zu der Frage wissen wollen, wie die Ewigkeit über das Thema der Selbsttötung denkt. Es ist damit höchste Zeit, sich der vorliegenden Studie zu widmen und zu schauen, zu welchen Ergebnissen diese gekommen ist. Schließlich geht es immer noch um die Frage, ob es aus Sicht der spirituellen Ethik erlaubt ist, sich selbst zu töten.

Welche Ergebnisse erbrachte die vorliegende Studie?

Für die vorliegende Studie wurden zwischen 2003 und 2021 international 123 Fälle von Selbsttötungen mit einer Nahtod-Erfahrung gesammelt, darunter 42 Männer und 79 Frauen, wobei zwei Nahtod-Erfahrene ihr Geschlecht nicht angeben wollten. Das Alter in der Gruppe der Studienteilnehmer lag zwischen elf und 71 Jahren. Der Median in der Stichprobe, also der Wert, der genau in der Mitte der Datenreihe liegt, betrug 18, der Modus, der Wert mit der größten Häufigkeit, lag bei 15. In allen Fällen lag eine lebensbedrohliche Situation vor, die entweder zu einer Reanimation oder zu einem notärztlichen Einsatz führte. Bei 75 Nahtod-Erfahrenen, das entspricht 61%, waren es in der Regel starke Affekte, wie zum Beispiel eine enttäuschte Liebe, die zum Suizid führten. In der grundlegenden Orientierung der Typologie korrespondiert dies mit dem expressiven Suizid. Einen kognitiven beziehungsweise einen rationalen Suizid begingen drei Nahtod-Erfahrene, was 2,4% entspricht. Das heißt, sie fühlten sich in einem psychischen, sozialen oder physischen Sterbeprozess und setzten einen subjektiven Standard für die eigene Lebensqualität. 45 Nahtod-Erfahrene, das sind insgesamt 36,6%, wollten hingegen keine Angaben darüber machen, aus welchen Gründen sie sich zum Suizid entschlossen haben. In Bezug auf die Suizidmittel ergab sich in der Gruppe der Studienteilnehmer folgendes Bild. 84 Nahtod-Erfahrene, und mit 68% die absolute Mehrheit, versuchten, sich durch Arzneimittel und Drogen das Leben zu nehmen. Sieben, und damit 5,7%, unternahmen den Versuch mit Schneidewerkzeugen. Sechs aus der Gruppe versuchten sich zu erhängen. Das entspricht 4,9%. Drei und damit 2,4% griffen zu Feuerwaffen. Die übrigen Fälle schlüsselten sich wie folgt auf:

2 Suizidversuche durch Ertrinken
2 Suizidversuche durch Sturz in die Tiefe
1 Suizidversuch durch flüssige Stoffe

1 Suizidversuch durch giftige Gase
1 Suizidversuch durch Überfahren
2 Suizidversuche durch sonstige Methoden
3 Suizidversuche durch Schneidewerkzeuge sowie Arzneimittel und Drogen
1 Suizidversuch Schneidewerkzeuge und Erhängen
1 Suizidversuch durch Arzneimittel und Drogen sowie flüssige Stoffe
1 Suizidversuch durch Arzneimittel und Drogen sowie sonstige Methoden

Acht Nahtod-Erfahrene dagegen, das entspricht einer Quote von 6,5%, wollten in Bezug auf die verwendeten Suizidmittel keine Angabe machen. Von diesen genannten mussten allein sieben reanimiert werden.

Alle Studienteilnehmer wurden, um Suggestionen zu vermeiden, ausschließlich schriftlich befragt, wobei es jeder Probandin und jedem Probanden freigestellt wurde, auf die Fragen zu antworten. Daneben wurde allen Studienteilnehmern die Möglichkeit eingeräumt, sich separat, frei und ungebunden, in schriftlicher Form am Ende der Befragung zu ihren Nahtod-Erlebnissen zu äußern. So wurde sichergestellt, dass wesentliche Aspekte der Erfahrung, ob subjektiver oder objektiver Art, die möglicherweise von dem Fragenkatalog nicht abgedeckt wurden, doch noch in die Studie mit einfließen konnten. Der Fragenkatalog selbst gliederte sich somit in vier Teile, einen allgemeinen Teil zur Person, einen allgemeinen Teil zur NTE, einen speziellen Teil zur NTE sowie einer Erfahrungsbeschreibung im Anhang. Der erste Teil beinhaltete Fragen zur Person und sah folgendermaßen aus:

Name:
Vorname:
Pseudonym:
Geburtsdatum:
Alter:
Geschlecht:
Nationalität:
Religion/Konfession:

Der zweite Teil umfasste allgemeine Fragen zur Nahtod-Erfahrung. Dabei wurden die nachstehenden Fragen gestellt:

- Hatten Sie schon einmal eine NTE?
- Wenn ja, wann und was haben Sie erlebt?
- Wenn ja, wie war die damalige NTE im Vergleich zu der NTE infolge des Suizidversuchs?
- Haben Sie bereits mit jemandem über Ihre NTE gesprochen?
- Wenn ja, mit wem?
- Haben Sie bereits professionelle Hilfe in Anspruch genommen?
- Wenn ja, bei wem, und was wurde bisher gemacht?
- Haben Sie vor Ihrer NTE jemals einen Suizidversuch unternommen?
- Wenn ja, wann und wie oft?
- Würden Sie nach Ihrer NTE noch einmal einen Suizidversuch unternehmen?
- Wenn ja, warum?
- Wenn nein, warum nicht?

Der dritte Teil des Fragenkatalogs war der umfangreichste und konzentrierte sich im Schwerpunkt auf die speziellen Inhalte der Nahtod-Erfahrung. Er umfasst die nachstehenden Fragen:

- Wann hatten Sie Ihre NTE im Zusammenhang mit dem Suizidversuch?
- Wie alt waren Sie zu diesem Zeitpunkt?
- Befanden Sie sich durch den Suizidversuch in einem lebensbedrohlichen Zustand?
- Auf welche Art haben Sie versucht, sich das Leben zu nehmen?
- Warum haben Sie versucht, sich das Leben zu nehmen?
- Hatten Sie während Ihrer NTE die Erkenntnis, tot zu sein?
- Hatten Sie während Ihrer NTE das Gefühl, sich von Ihrem Körper zu trennen?
- Wenn ja, wie sind Sie wieder in Ihren Körper zurückgekehrt?
- Hatten Sie während Ihrer NTE das Gefühl, mehr Bewusstsein zu haben oder wacher als üblich zu sein?

- Beschleunigte sich während Ihrer NTE Ihr Denkvermögen?
- Wurden während Ihrer NTE Ihre Sinne schärfer oder lebhafter?
- Haben Sie während Ihrer NTE Dinge bemerkt, die sich an einem anderen Ort zugetragen haben?
- Sahen Sie während Ihrer NTE einen Tunnel?
- Wenn ja, wie sah dieser Tunnel aus?
- Sahen Sie während Ihrer NTE ein strahlendes Licht?
- Wenn ja, welche Farbe hatte dieses Licht?
- Wenn ja, welche Gefühle löste dieses Licht in Ihnen aus?
- Sahen Sie während Ihrer NTE Verstorbene oder noch lebende Personen?
- Wenn ja, wen haben Sie gesehen?
- Begegneten Ihnen während Ihrer NTE irgendwelche Geister, Lichtwesen oder Engel?
- Wenn ja, wie sahen diese aus?
- Begegnete Ihnen während Ihrer NTE ein höherer Geist oder ein höheres Lichtwesen?
- Wenn ja, wie sah dieser höhere Geist beziehungsweise dieses höhere Lichtwesen aus?
- Begegneten Ihnen während Ihrer NTE irgendwelchen religiösen Personen (Jesus, Mose, Elia, Buddha, Mohammed, Krishna etc.)?
- Wenn ja, haben Sie nach diesen religiösen Personen gerufen oder gar geschrien?
- Wenn ja, haben Ihnen diese religiösen Personen in irgendeiner Art geholfen?
- Haben Sie während Ihrer NTE kommuniziert?
- Wenn ja, mit wem und auf welche Art und Weise?
- Hatten Sie während Ihrer NTE einen Rückblick auf Ihr Leben?
- Wenn ja, wie sah dieser Lebensrückblick im Einzelnen aus?
- Hatten Sie während Ihrer NTE das Gefühl, auf frühere Leben zurückblicken zu können?
- Hatten Sie während Ihrer NTE das Gefühl, einen nicht irdischen Ort beziehungsweise eine paradiesische Landschaft zu betreten?
- Wenn ja, wie sah dieser Ort oder diese Landschaft aus?

- Gibt es etwas, das Ihnen an diesem Ort oder dieser Landschaft besonders aufgefallen ist?
- Haben Sie während Ihrer NTE eine goldene Stadt oder goldene Städte gesehen?
- Wenn ja, wie sahen diese Städte genau aus?
- Wenn ja, konnten Sie diese Städte betreten?
- Wenn ja, wer war in diesen Städten, und was spielte sich dort ab?
- Ist Ihnen irgendetwas Besonderes an oder in diesen Städten aufgefallen?
- Haben Sie während Ihrer NTE eine Musik wahrgenommen?
- Wenn ja, wie würden Sie diese Musik beschreiben?
- Hatten Sie während Ihrer NTE plötzlich das Gefühl, alles zu verstehen?
- Wenn ja, was genau haben Sie verstanden?
- Hatten Sie während Ihrer NTE das Gefühl, mit allem in Verbindung zu stehen oder verbunden zu sein?
- Bekamen Sie während Ihrer NTE Szenen aus der Zukunft zu sehen?
- Wenn ja, was genau haben Sie gesehen?
- Bekamen Sie während Ihrer NTE Informationen darüber, wie man leben sollte?
- Hatten Sie während Ihrer NTE ein verändertes Zeitempfinden?
- Erreichten Sie während Ihrer NTE eine Grenze oder Barriere, die Sie nicht überwinden konnten?
- Wenn ja, sind Sie an dieser Grenze ins Leben zurückgeschickt worden?
- Wenn nein, konnten Sie sich aussuchen zu gehen oder zu bleiben?
- Wenn nein, haben Sie selbst darum gebeten, ins Leben zurückkehren zu dürfen?
- Wenn ja, warum haben Sie darum gebeten?
- Welche Gefühle begleiteten Sie während Ihrer NTE?
- Wie würden Sie selbst Ihre NTE bewerten, positiv, negativ oder neutral?
- War Ihre NTE durchgehend positiv, negativ oder neutral?
- Wie würden Sie den Realitätsgehalt Ihrer NTE einstufen?
- Wie gut ist Ihnen Ihre NTE in Erinnerung geblieben?

- Haben Sie nach Ihrer NTE irgendwelche Persönlichkeitsveränderungen an Ihnen feststellen können, und wenn ja, welche?
- Haben sich nach Ihrer NTE irgendwelche medialen (hellsichtigen) Fähigkeiten bei Ihnen eingestellt?
- Haben Sie nach Ihrer NTE eine Heilung erfahren?
- Wenn ja, von was wurden Sie geheilt?
- Haben sich nach Ihrer NTE Ihre religiösen Einstellungen geändert?
- Wenn ja, in welcher Form?
- Glauben Sie nach Ihrer NTE an ein Leben nach dem Tod?
- Haben Sie nach Ihrer NTE Angst vor dem Tod?
- Fällt es Ihnen schwer, Ihre NTE in Worte zu fassen?
- Hatten Sie vor Ihrer NTE im Rahmen des Suizids ein Wissen oder Informationen über Nahtod-Erfahrungen?

Am Ende wurde dieser Fragenkatalog gemeinsam mit dem vierten Teil, und damit verbunden mit der Bitte abgeschlossen, einen möglichst umfassenden Erfahrungsbericht in schriftlicher Form abzugeben, sofern dies auch gewünscht wird oder falls wesentliche Aspekte der Nahtod-Erfahrung nicht, oder nicht ausreichend, vom Fragenkatalog erfasst wurden. Damit konzentrierte sich die vorliegende Studie auf insgesamt 40 Merkmale, die typischerweise eine Nahtod-Erfahrung kennzeichnen. Diese 40 Merkmale ließen sich wiederum in neun Haupt- und 31 Nebenelemente aufschlüsseln, wobei jedem Hauptelement ein oder mehrere Nebenelemente zugeordnet werden können. Die Aufschlüsselung selbst sah im Einzelnen folgenermaßen aus:

1. Außerkörper-Erfahrung/Hauptelement

Dazu gehörende Nebenelemente:

- Erkenntnis, tot zu sein
- Ruhe, Schmerzlosigkeit und Frieden
- Schärfere Sinne
- Funktionstüchtigkeit körperlich defekter Sinne.
- Gesteigertes Bewusstsein
- Beobachtung des eigenen Körpers, der Wiederbelebung oder Operation
- Unmöglichkeit der Kontaktaufnahme mit anwesenden Personen

- Wahrnehmung der Gedanken anderer
- Willentliche Fortbewegung mit Gedankengeschwindigkeit

2. Tunnelerlebnis/Hauptelement

Dazu gehörende Nebenelemente:
- Dunkelheit oder schwarze Leere
- Geräusche

3. Lichterlebnis/Hauptelement

Dazu gehörende Nebenelemente:
- Erfahrung von Akzeptanz und bedingungsloser Liebe
- Telepathische Kommunikation

4. Begegnung mit Lichtwesen/Hauptelement

Dazu gehörende Nebenelemente:
- Telepathische Kommunikation

5. Begegnung mit Verstorbenen/Hauptelement

Dazu gehörende Nebenelemente:
- Telepathische Kommunikation
- Erlangung von Informationen auf nicht natürlichem Wege

6. Höheres Lichtwesen/Hauptelement

Dazu gehörende Nebenelemente:
- Telepathische Kommunikation
- Gotteserlebnis

7. Lebensrückschau/Hauptelement

Dazu gehörende Nebenelemente:
- Telepathische Kommunikation
- Erlangung von Informationen auf nicht natürlichem Wege
- Frühere Leben
- Blick in die Zukunft
- Einblick, wie man leben sollte
- Kosmisches Wissen
- Gefühl der Verbundenheit mit allem

8. Eintritt in eine jenseitige Welt/Hauptelement

Dazu gehörende Nebenelemente:

- Sphärische Klänge und Musik
- Paradiesische Landschaften
- Lichtstädte
- Verändertes Raum- und Zeitempfinden

9. Wahrnehmung einer Grenzbarriere/Hauptelement

Dazu gehörende Nebenelemente:

- Hinweis auf eine Lebensaufgabe
- Aufforderung zur Rückkehr
- Freiwillige Rückkehr
- Unbeschreiblichkeit des Erlebten
- Subjektive Wirklichkeitsgewissheit des Erlebten
- Bleibende emotionale Erschütterung
- Fortdauernde Erinnerung an das Ereignis
- Persönlichkeitsveränderungen
- Heilungen
- Auftreten paranormaler Phänomene

Als ein wesentliches Ergebnis der Studie zeigte sich, dass die Anzahl der erlebten Hauptelemente in der Stichprobe der Studienteilnehmer in hohem Maße variierte. So erlebten einige Nahtod-Erfahrene gar keine Hauptelemente, während andere, wenn auch sehr selten, alle aufgezählten Hauptelemente durchlebten. Im Detail ergab sich dabei folgendes Bild:

Kein Hauptelement erlebt:	2	Nahtod-Erfahrene	= 1,6%.
Ein Hauptelement erlebt:	24	Nahtod-Erfahrene	= 19,5%.
Zwei Hauptelemente erlebt:	20	Nahtod-Erfahrene	= 16,3%.
Drei Hauptelemente erlebt:	29	Nahtod-Erfahrene	= 23,6%.
Vier Hauptelemente erlebt:	21	Nahtod-Erfahrene	= 17,1%.
Fünf Hauptelemente erlebt:	11	Nahtod-Erfahrene	= 8,9%.
Sechs Hauptelemente erlebt:	10	Nahtod-Erfahrene	= 8,1%.
Sieben Hauptelemente erlebt:	4	Nahtod-Erfahrene	= 3,3%.
Acht Hauptelemente erlebt:	1	Nahtod-Erfahrener	= 0,8%.
Neun Hauptelemente erlebt:	1	Nahtod-Erfahrener	= 0,8%.

Die meisten Nahtod-Erfahrenen in der vorliegenden Studie durchlebten folglich ein bis vier Hauptelemente, wobei die größte Gruppe mit 23,6% drei erfahren durfte. Es mag an dieser Stelle etwas verwundern, dass es tatsächlich Nahtod-Erfahrungen gibt, bei denen Betroffene nicht ein einziges Hauptelement erleben. Deshalb ist es wichtig, hier die zwei Beispiele aus der Studie gesondert zu erläutern, bei denen das der Fall war. So berichtete ein Nahtod-Erfahrener, gehört zu haben, wie die Notärzte ihn für tot erklärt haben. Er verließ nicht seinen Körper und er ging auch nicht durch einen Tunnel, sondern befand sich an einem Ort der Dunkelheit und Schwärze. Oder wie er es nannte, an einem Ort des Kummers. Dort fühlte er sich von seinem Körper getrennt. Er verspürte mehr Wachheit, mehr Bewusstsein. Er bemerkte schärfere Sinne an sich und sein Denken lief beschleunigt ab. Er verlor jedwedes Zeitgefühl und dachte, dass er in Ewigkeit an diesem Ort bleiben müsse. Doch als die Notärzte ihn wiederbelebten, erwachte er in seinem Körper. Er wurde im Laufe der Zeit ein spiritueller Mensch. Seine Erfahrung in Todesnähe hat seine Persönlichkeit verändert. Heute hat er keine Angst mehr vor dem Tod und er glaubt an ein Leben danach.

Der zweite Fall betrifft eine Nahtod-Erfahrene. Auch sie erlebte kein Verlassen des Körpers. Und auch sie befand sich nicht in einem Tunnel. Genau wie im ersten Fall steckte sie in einer pechschwarzen Leere und fühlte sich von ihrem Körper getrennt. Aber im Gegensatz zum ersten Fall fühlte sie dort eine vollständige Erleichterung, Liebe, Wärme, Geborgenheit und Akzeptanz. Auch sie bemerkte dort an sich mehr Bewusstsein, mehr Wachheit. Ihr Denken war beschleunigt und ihre Sinne waren viel schärfer als sonst. In der Notaufnahme erwachte sie wieder in ihrem Körper. Über den Arzt, der sie wieder in das Leben zurückholte, hat sie sich sehr geärgert. So sehr, dass sie in der Notaufnahme handgreiflich wurde. Ihre Erfahrung hat ihr gezeigt, dass es ein Leben nach dem Tod gibt. Sie hat daher keine Angst mehr vor dem Tod. Ihre Erfahrung hat ihre Persönlichkeit vollkommen verändert und sie wurde ein spiritueller Mensch. Um herauszufinden, ob eine Person nun tatsächlich eine Nahtod-Erfahrung hatte, und wenn ja, wie tief diese war, werden in der Forschung zwei spezielle Fragebögen eingesetzt. Der erste Fragebogen wurde, wie bereits am Anfang dieses Buches erwähnt, vom amerikanischen Psychiater und

Neurowissenschaftler Prof. Bruce Greyson 1983 entwickelt. Die Greyson-Skala oder NDE-Scale, wie der Fragebogen auch genannt wird, stellt dabei 16 signifikante Fragen und ordnet die Antworten, je nach Ausprägung und Intensität, den Werten 0, 1 oder 2 zu. Auf jede Frage gibt es folglich drei Antwortmöglichkeiten, wobei die Skala insgesamt einen Wertebereich von 0 bis 32 Punkten umfasst. Ab einer Punktzahl von 7 gilt es in der Nahtod-Forschung als sicher, dass jemand ein Erlebnis in Todesnähe hatte. Um einen besseren Eindruck zu bekommen, soll hier die NDE-Scale in der deutschen Übersetzung vollständig wiedergegeben werden:

1. Schien die Zeit schneller oder langsamer zu vergehen?

0 = Nein
1 = Die Zeit schien schneller zu vergehen als sonst
2 = Alles schien gleichzeitig zu passieren, oder die Zeit blieb stehen oder war bedeutungslos

2. Dachten Sie schneller oder langsamer als sonst?

0 = Nein
1 = Schneller als sonst
2 = Unglaublich schnell

3. Haben Sie Augenblicke aus der Vergangenheit erneut erlebt?

0 = Nein
1 = Ich habe mich an frühere Ereignisse erinnert
2 = Meine Vergangenheit ist an mir vorbeigezogen, ohne jede Kontrolle

4. Hatten Sie das Gefühl, alles zu verstehen?

0 = Nein
1 = Alles über mich und andere
2 = Alles über das Universum

5. Hatten Sie ein Gefühl von Frieden oder innerer Ruhe?

0 = Nein
1 = Erleichterung oder Ruhe
2 = Ungeheurer Frieden und innere Ruhe

6. Hatten Sie ein Gefühl unerklärlicher Freude?
0 = Nein
1 = Glücksgefühl
0 = Unbändige Freude

7. Fühlten Sie sich eins mit dem Universum?
0 = Nein
1 = Ich hatte keine Angst mehr vor der Natur
2 = Ich war eins mit der Welt

8. Haben Sie ein strahlendes Licht gesehen oder waren Sie davon umgeben?
0 = Nein
1 = Ein überwältigend strahlendes Licht
2 = Ein klares Licht, mystisch und nicht von dieser Welt

9. Waren Ihre Sinne ungewöhnlich klarer als sonst?
0 = Nein
1 = Lebhafter als sonst
2 = Unglaublich lebendig

10. Hatten Sie das Gefühl, Dinge von woanders wahrzunehmen, als hätten Sie einen zusätzlichen Sinn?
0 = Nein
1 = Ja, aber die Fakten wurden nicht wirklich überprüft
2 = Ja, und ich habe die Fakten überprüft

11. Haben Sie Szenen aus der Zukunft gesehen?
0 = Nein
1 = Ja, aus meiner persönlichen Zukunft
2 = Ja, aus der Zukunft der Welt

12. Waren Sie von Ihrem Körper getrennt?
0 = Nein
1 = Ich habe meinen Körper nicht mehr gefühlt
2 = Ich war außerhalb meines Körpers und existierte dort

13. Hatten Sie das Gefühl, eine andere Welt zu betreten?

0 = Nein
1 = Ja, ein ungewohnter, seltsamer Ort
2 = Ja, ein mystischer und überirdischer Ort

14. Hatten Sie das Gefühl, einem mystischen Wesen oder einer mystischen Präsenz zu begegnen oder eine undefinierbare Stimme zu hören?

0 = Nein
1 = Ich hörte eine Stimme, die ich nicht kannte
2 = Ich traf ein Wesen oder eine Stimme überirdischer Herkunft

15. Sind Sie Verstorbenen begegnet oder religiösen Geistern?

0 = Nein
1 = Ich spürte ihre Gegenwart
2 = Ich habe sie gesehen

16. Sind Sie zu einem Punkt oder einer Grenze gekommen, von der es keine Rückkehr gibt?

0 = Nein
1 = Es gab eine bewusste, definitive Entscheidung, ins Leben zurückzukehren
2 = An einem bestimmten Punkt ging es nicht weiter, ich musste gegen meinen Willen zurück

Wie man bei genauerer Betrachtung der Greyson-Skala erkennen kann, prüft der Fragebogen mit seinen typischen 16 Items vier verschiedene Felder oder Kategorien einer Nahtod-Erfahrung ab. So erfassen die Fragen 1 bis 4 die kognitiven Komponenten. Mit den Fragen 5 bis 8 werden die affektiven Komponenten ermittelt. Die Fragen 9 und 12 detektieren die paranormalen Komponenten einer Nahtod-Erfahrung, und mit den Fragen 13 bis 16 werden die transzendenten Komponenten eines Sterbe-Erlebnisses überprüft. Die Greyson-Skala hat sich in den fast 40 Jahren der Nahtod-Erforschung bewährt. Sie gilt daher heute als der Goldstandard für eine standardisierte Identifizierung einer Nahtod-Erfahrung.

Der zweite Fragebogen wurde vom Psychologieprofessor und Pionier der Nahtod-Forschung Kenneth Ring 1980 entwickelt. Er basiert auf der von Dr. Raymond Moody, einem US-amerikanischen Psychiater, beschriebenen Kernerfahrung, so wie er sie 1975 in seinem Buch »Life After Life« charakterisiert und niedergeschrieben hat. Einem Werk, mit dem die Nahtod-Forschung begann und mit dem er das Thema einer breiten Öffentlichkeit zugänglich machte. Unter einer Kernerfahrung, so wie sie Moody konzipierte, versteht man eine Nahtod-Erfahrung mit den typischen Hauptelementen wie das Verlassen des Körpers, das Tunnelerlebnis, die Lichterfahrung und so weiter. Der Weighted Core Experience Index oder kurz WCEI, den Ring entworfen hat, besteht aus zehn Fragen, mit der sich die Tiefe einer Nahtod-Erfahrung einschätzen lässt. Die Antworten werden nach ihrem Vorhandensein oder Fehlen mit einer entsprechenden Punktzahl bewertet, wobei der gewichtete Kernerfahrungsindex einen Wertebereich von 0 bis maximal 29 Punkten abbildet. Bei einer Punktzahl von 1 bis 5 spricht man von einer oberflächlichen oder nicht tiefen Erfahrung. Werte zwischen 6 und 9 Punkten charakterisieren eine mäßig tiefe Erfahrung. Bei einer Punktzahl zwischen 10 und 14 Punkten ist von einer tiefen Erfahrung auszugehen. Und Werte von 15 Punkten und mehr bedeuten, dass eine sehr tiefe Erfahrung vorgelegen hat.

Um von einer Kernerfahrung sprechen zu können, müssen nach dem Weighted Core Experience Index mehr als sechs Punkte erreicht werden. Erst dann ist davon auszugehen, dass eine Person genügend Komponenten in Bezug auf diese Art von Erfahrung erlebt hat. Zur standardisierten Identifizierung einer Nahtod-Erfahrung ist der gewichtete Kernerfahrungsindex von Kenneth Ring allerdings nicht geeignet, weil die Skala zu falsch positiven Ergebnissen führen kann. Um auch hier wieder ein besseres Verständnis zu erhalten, soll im Folgenden der Weighted Core Experience Index, mit seinem Frageteil und der entsprechenden Antwortgewichtung, in der deutschen Übersetzung komplett dargestellt werden:

1. Hatten Sie das subjektive Gefühl, tot zu sein?

0 = Nein
1 = Ja

2. Hatten Sie ein Gefühl von Frieden, Schmerzlosigkeit, Annehmlichkeit etc.?

0 = Nein
2 = Ja
4 = Ja, sehr stark

3. Hatten Sie das Gefühl, von Ihrem Körper getrennt zu sein?

0 = Nein
2 = Ja
4 = Ja, ich bin aus meinem Körper herausgetreten

4. Hatten Sie das Gefühl, einen dunklen Bereich zu betreten?

0 = Nein
2 = Ja
4 = Ja, die Wahrnehmung war verbunden mit einem Gefühl der Bewegung

5. Sind Sie einer Präsenz begegnet oder haben Sie eine Stimme gehört?

0 = Nein
3 = Ja

6. Hatten Sie das Gefühl, eine Bestandsaufnahme Ihres eigenen Lebens zu sehen?

0 = Nein
3 = Ja

7. Sahen Sie ein Licht oder waren Sie darin eingehüllt?

0 = Nein
2 = Ja

8. Haben Sie prächtige Farben gesehen?

0 = Nein
1 = Ja

9. Hatten Sie das Gefühl, in ein Licht einzugehen?

0 = Nein
4 = Ja

10. Hatten Sie eine Begegnung mit sichtbaren Geistern?

0 = Nein
3 = Ja

Wendet man nun beide Skalen auf die zuvor beschriebenen zwei Sterbe-Erlebnisse an, bei denen die Personen kein einziges Hauptelement erlebt haben, so erreichte der Betroffene im ersten Fall auf der Greyson-Scale acht Punkte. Damit ist eindeutig von einer Nahtod-Erfahrung auszugehen. Auf der WCEI-Skala wurden dagegen fünf Punkte erreicht, was einer nicht tiefen Erfahrung gleichkommt. Und es kann ebenso ausgesagt werden, dass der Nahtod-Erfahrene keine Kernerfahrung durchlebt hat. Im zweiten Fall erreichte die betroffene Person auf der Greyson-Scale zehn Punkte, was ebenfalls eindeutig für eine Nahtod-Erfahrung spricht. Auf der WCEI-Skala wurden dagegen sechs Punkte erreicht. Dies entspricht einer mäßig tiefen Erfahrung. Eine Kernerfahrung wurde auch im zweiten Fall nicht gemacht. Entsprechend diesen Beispielen zeigt Tabelle 1 die Ergebnisse aller in die Studie aufgenommenen Fälle an:

NTE	Greyson-Scale	NTE	WCEI-Index	Tiefe der NTE	Kernerfahrung
1	7	Ja	12	Tiefe Erfahrung	Ja
2	9	Ja	8	Mäßig tiefe NTE	Ja
3	21	Ja	16	Sehr tiefe NTE	Ja
4	24	Ja	20	Sehr tiefe NTE	Ja
5	14	Ja	20	Sehr tiefe NTE	Ja
6	20	Ja	13	Tiefe Erfahrung	Ja
7	12	Ja	8	Mäßig tiefe NTE	Ja
8	10	Ja	7	Mäßig tiefe NTE	Ja
9	24	Ja	20	Sehr tiefe NTE	Ja
10	16	Ja	18	Sehr tiefe NTE	Ja

11	7	Ja	12	Tiefe Erfahrung	Ja
12	9	Ja	12	Tiefe Erfahrung	Ja
13	14	Ja	19	Sehr tiefe NTE	Ja
14	24	Ja	23	Sehr tiefe NTE	Ja
15	7	Ja	13	Tiefe Erfahrung	Ja
16	18	Ja	14	Tiefe Erfahrung	Ja
17	8	Ja	10	Tiefe Erfahrung	Ja
18	14	Ja	16	Sehr tiefe NTE	Ja
19	18	Ja	10	Tiefe Erfahrung	Ja
20	8	Ja	11	Tiefe Erfahrung	Ja
21	24	Ja	20	Sehr tiefe NTE	Ja
22	15	Ja	15	Sehr tiefe NTE	Ja
23	17	Ja	15	Sehr tiefe NTE	Ja
24	27	Ja	23	Sehr tiefe NTE	Ja
25	20	Ja	10	Tiefe Erfahrung	Ja
26	17	Ja	12	Tiefe Erfahrung	Ja
27	8	Ja	13	Tiefe Erfahrung	Ja
28	16	Ja	10	Tiefe Erfahrung	Ja
29	15	Ja	11	Tiefe Erfahrung	Ja
30	18	Ja	12	Tiefe Erfahrung	Ja
31	21	Ja	16	Sehr tiefe NTE	Ja
32	9	Ja	8	Mäßig tiefe NTE	Ja
33	15	Ja	13	Tiefe Erfahrung	Ja
34	25	Ja	16	Sehr tiefe NTE	Ja
35	19	Ja	17	Sehr tiefe NTE	Ja
36	8	Ja	10	Tiefe Erfahrung	Ja
37	17	Ja	17	Sehr tiefe NTE	Ja
38	22	Ja	16	Sehr tiefe NTE	Ja
39	21	Ja	21	Sehr tiefe NTE	Ja
40	17	Ja	19	Sehr tiefe NTE	Ja
41	19	Ja	10	Tiefe Erfahrung	Ja
42	17	Ja	12	Tiefe Erfahrung	Ja
43	14	Ja	6	Mäßig tiefe NTE	Nein

44	18	Ja	11	Tiefe Erfahrung	Ja
45	7	Ja	4	Nicht tiefe NTE	Nein
46	8	Ja	14	Tiefe Erfahrung	Ja
47	8	Ja	11	Tiefe Erfahrung	Ja
48	27	Ja	24	Sehr tiefe NTE	Ja
49	14	Ja	10	Tiefe Erfahrung	Ja
50	9	Ja	4	Nicht tiefe NTE	Nein
51	13	Ja	12	Tiefe Erfahrung	Ja
52	22	Ja	24	Sehr tiefe NTE	Ja
53	15	Ja	15	Sehr tiefe NTE	Ja
54	10	Ja	4	Nicht tiefe NTE	Nein
55	25	Ja	20	Sehr tiefe NTE	Ja
56	8	Ja	4	Nicht tiefe NTE	Nein
57	17	Ja	15	Sehr tiefe NTE	Ja
58	16	Ja	16	Sehr tiefe NTE	Ja
59	20	Ja	19	Sehr tiefe NTE	Ja
60	16	Ja	12	Tiefe Erfahrung	Ja
61	13	Ja	17	Sehr tiefe NTE	Ja
62	11	Ja	7	Mäßig tiefe NTE	Ja
63	14	Ja	12	Tiefe Erfahrung	Ja
64	14	Ja	12	Tiefe Erfahrung	Ja
65	10	Ja	6	Mäßig tiefe NTE	Nein
66	19	Ja	18	Sehr tiefe NTE	Ja
67	8	Ja	5	Nicht tiefe NTE	Nein
68	12	Ja	10	Tiefe Erfahrung	Ja
69	11	Ja	8	Mäßig tiefe NTE	Ja
70	20	Ja	17	Sehr tiefe NTE	Ja
71	15	Ja	14	Tiefe Erfahrung	Ja
72	8	Ja	4	Nicht tiefe NTE	Nein
73	14	Ja	7	Mäßig tiefe NTE	Ja
74	10	Ja	6	Mäßig tiefe NTE	Nein
75	15	Ja	15	Sehr tiefe NTE	Ja
76	16	Ja	11	Tiefe Erfahrung	Ja

77	14	Ja	10	Tiefe Erfahrung	Ja
78	14	Ja	10	Tiefe Erfahrung	Ja
79	14	Ja	11	Tiefe Erfahrung	Ja
80	16	Ja	16	Sehr tiefe NTE	Ja
81	24	Ja	21	Sehr tiefe NTE	Ja
82	16	Ja	17	Sehr tiefe NTE	Ja
83	15	Ja	12	Tiefe Erfahrung	Ja
84	7	Ja	8	Mäßig tiefe NTE	Ja
85	22	Ja	14	Tiefe Erfahrung	Ja
86	7	Ja	7	Mäßig tiefe NTE	Ja
87	19	Ja	17	Sehr tiefe NTE	Ja
88	19	Ja	16	Sehr tiefe NTE	Ja
89	7	Ja	6	Mäßig tiefe NTE	Nein
90	8	Ja	7	Mäßig tiefe NTE	Ja
91	18	Ja	12	Tiefe Erfahrung	Ja
92	20	Ja	12	Tiefe Erfahrung	Ja
93	13	Ja	16	Sehr tiefe NTE	Ja
94	15	Ja	14	Tiefe Erfahrung	Ja
95	16	Ja	14	Tiefe Erfahrung	Ja
96	14	Ja	9	Mäßig tiefe NTE	Ja
97	10	Ja	7	Mäßig tiefe NTE	Ja
98	7	Ja	12	Tiefe Erfahrung	Ja
99	14	Ja	11	Tiefe Erfahrung	Ja
100	21	Ja	16	Sehr tiefe NTE	Ja
101	9	Ja	4	Nicht tiefe NTE	Nein
102	10	Ja	5	Nicht tiefe NTE	Nein
103	17	Ja	12	Tiefe Erfahrung	Ja
104	22	Ja	14	Tiefe Erfahrung	Ja
105	10	Ja	4	Nicht tiefe NTE	Nein
106	7	Ja	9	Mäßig tiefe NTE	Ja
107	21	Ja	15	Sehr tiefe NTE	Ja
108	16	Ja	20	Sehr tiefe NTE	Ja
109	7	Ja	8	Mäßig tiefe NTE	Ja

110	10	Ja	8	Mäßig tiefe NTE	Ja
111	12	Ja	8	Mäßig tiefe NTE	Ja
112	21	Ja	21	Sehr tiefe NTE	Ja
113	22	Ja	20	Sehr tiefe NTE	Ja
114	12	Ja	10	Tiefe Erfahrung	Ja
115	13	Ja	14	Tiefe Erfahrung	Ja
116	17	Ja	16	Sehr tiefe NTE	Ja
117	18	Ja	17	Sehr tiefe NTE	Ja
118	7	Ja	6	Mäßig tiefe NTE	Nein
119	17	Ja	13	Tiefe Erfahrung	Ja
120	9	Ja	9	Mäßig tiefe NTE	Ja
121	11	Ja	9	Mäßig tiefe NTE	Ja
122	17	Ja	9	Mäßig tiefe NTE	Ja
123	16	Ja	15	Sehr tiefe NTE	Ja

Tabelle 1: Greyson-Skala und WCEI-Index der Stichprobe

Fasst man nun die in der Tabelle 1 gewonnenen Daten zusammen, zeigt sich, dass alle Suizidenten eine Nahtod-Erfahrung erlebt haben. Das war auch eines der Einschlusskriterien für die Studie. Das andere war eine suizidale Handlung, die zu einer lebensbedrohlichen Situation geführt hat. Denn nur solche Suizidenten wurden in die Studie aufgenommen, die diese beiden Kriterien erfüllt haben. Ferner zeigte sich, dass neun Suizidenten eine nicht tiefe Erfahrung erlebt haben. Das entspricht einer Quote von 7,3%. 24 erlebten eine mäßig tiefe Nahtod-Erfahrung, was einer Quote von 19,5% entspricht. Eine tiefe Erfahrung erlebten 46, das macht einen Anteil von 37,4%. Und 44 Suizidenten hatten ein sehr tiefes Erlebnis in Todesnähe, was ein Quantum von 35,8% ausmacht. Eine Kernerfahrung machten in der Stichprobe 109 Probanden. Das entspricht einem Anteil von 88,6%. 14 Probanden hatten dagegen während ihres Suizids keine Kernerfahrung. Ihr Anteil belief sich somit auf 11,4%. Darüber hinaus ist noch zu erwähnen, dass der Median in Bezug auf die Greyson-Skala in der Stichprobe bei 15 lag, der Modus lag bei 14. Und der Median in Bezug auf den WCEI-Index lag in der Stichprobe bei 12, der Modus lag ebenfalls bei 12.

Natürlich interessierte in der Studie auch die Frage, welche Haupt- und Nebenelemente einer Nahtod-Erfahrung in der Stichprobe genau erlebt wurden, wie hoch ihr Prozentsatz war und wie der Vergleich mit der vorliegenden Literatur diesbezüglich ausfallen würde, soweit entsprechende Ergebnisse überhaupt vorliegen. Einen Überblick hierüber geben die Tabellen 2 und 3:

Hauptelemente	**Anzahl**	**Anteil**	**Literatur**
Außerkörper-Erfahrung	85	69,1%	24–90%
Tunnelerlebnis	42	34,2%	23–47%
Strahlendes Licht	80	65,5%	7–77%
Begegnung mit Lichtwesen	38	30,9%	32–72%
Spürten ihre Präsenz	6	4,9%	Keine Angabe
Begegnung mit Verstorbenen	37	30,1%	3–50%
Spürten ihre Präsenz	7	5,7%	Keine Angabe
Begegnung mit höherem Lichtwesen	10	8,1%	Keine Angabe
Lebensrückblick	33	26,8%	5–33%
Nicht irdische Welten	25	20,3%	7–66%
Grenzbarriere	36	29,3%	8–31%

Tabelle 2: Häufigkeit der Hauptelemente
Keine Angabe bedeutet, dass keine Angaben in der Literatur vorliegen

Nebenelemente	**Anzahl**	**Anteil**	**Literatur**
Erkenntnis, tot zu sein	30	24,4%	50,0%
Beschleunigtes Denken	83	67,5%	7,0–47,0%
Lebhaftere Sinne	94	76,4%	13,0–75,0%
Mehr Wachheit und Bewusstsein	86	69,9%	Keine Angabe
Verändertes Raum- und Zeitempfinden	105	85,4%	9,0–60,5,%
Begegnung religiöser Personen	9	7,3%	6,0%
Davon Begegnung mit Jesus	8	6,5%	6,5–30%
Davon Begegnung mit Petrus	1	0,8%	Keine Angabe
Davon Begegnung mit Muttergottes	1	0,8%	Keine Angabe

Telepathische Kommunikation	51	41,5%	23,0%
Keine Kommunikation	44	35,8%	Keine Angabe
Keine Angabe zur Kommunikation	28	22,7%	Keine Angabe
Goldene Stadt	8	6,5%	Keine Angabe
Sphärische Musik	11	8,9%	24,0%
Kosmisches Wissen	32	26,0%	5,0–45,0%
Frühere Leben	10	8,1%	Keine Angabe
Einblick in die Zukunft	29	23,6%	3,0–9,0%
Einblick, wie man leben sollte	23	18,7%	Keine Angabe
An der Grenze zurückgeschickt worden	56	45,5%	Keine Angabe
Konnte an der Grenze selbst entscheiden	15	12,2%	Keine Angabe
Bei der Rückkehr im Körper erwacht	96	78,1%	58%
Bewusste Rückkehr in den Körper	26	21,1%	Keine Angabe
Davon über den Tunnel	4	3,2%	Keine Angabe
Erfahrung war real	116	94,3%	95%
Erfahrung war wahrscheinlich real	3	2,4%	Keine Angabe
Die Realität der Erfahrung ist unklar	4	3,2%	Keine Angabe
Die Erinnerung ist bleibend	119	96,8%	95%
Die Erinnerung verblasst	4	3,2%	5%
Deutliche bis starke Persönlichkeitsveränderungen	99	80,5%	75%
Wenige Persönlichkeitsveränderungen	10	8,1%	Keine Angabe
Keine Persönlichkeitsveränderungen	14	11,4%	25%
Keine Angst vor dem Tod	114	92,7%	66–82%
Glaube an ein Leben nach dem Tod	115	93,5%	73%
Mediale Fähigkeiten erworben	51	41,5%	84–92%
Heilung erfahren	54	43,9%	Keine Angabe
Heilung vom Suizid erfahren	43	35,0%	Keine Angabe

Tabelle 3: Häufigkeit der Nebenelemente
Keine Angabe bedeutet, dass keine Angaben in der Literatur vorliegen

Wie sich unschwer aus Tabelle 2 entnehmen lässt, entsprechen die Prozentwerte der Stichprobe den Referenzwerten aus der Literatur, sofern diese dort vorzufinden sind. Dies ist insofern von Interesse, weil die Referenzwerte überwiegend an Patienten gewonnen wurden, die aufgrund eines Herzstillstandes reanimationspflichtig wurden. Daraus lässt sich die Vermutung ableiten, dass die genaue Ursache, weshalb es zu einem lebensbedrohlichen Zustand gekommen ist, ob aufgrund eines Herzstillstands oder aufgrund eines Suizids, keine Auswirkung auf die Häufigkeit der durchlebten Hauptelemente zu haben scheint. Von Belang ist offenbar nur der Umstand, dass es zu einem lebensbedrohlichen Zustand kam. Auch die Begegnung mit den Lichtwesen oder verstorbenen Freunden, Bekannten und Verwandten, entspricht den Referenzwerten in der Literatur. Einzig und allein für die Begegnung mit dem höheren Lichtwesen liegen leider in den internationalen Studien keine Werte vor, sodass ein direkter Vergleich hier nicht möglich ist. Es scheint aber so zu sein, wenn man die vorliegende Studie der Betrachtung zugrunde legt, dass eine Begegnung mit dem höheren Lichtwesen wesentlich seltener vorkommt als eine Begegnung mit Verstorbenen oder anderen Lichtwesen. So hatten fast ein Drittel aller Suizidenten eine Begegnung mit Lichtwesen und Verstorbenen, aber nur 8,1% der Suizidenten begegneten auch dem höheren Lichtwesen.

Anders als bei den Hauptelementen sieht es dagegen bei den Nebenelementen aus. Denn hier gibt es durchaus Unterschiede zu den in der Literatur angegebenen Werten. So liegt der Anteil der Suizidenten, die während ihrer Nahtod-Erfahrung die Erkenntnis hatten, tot zu sein, mit 24,4% doppelt so niedrig wie die Referenzwerte der zur Verfügung stehenden Literatur. Dagegen liegt der Anteil derjenigen Suizidenten, die während ihrer Nahtod-Erfahrung ein beschleunigtes Denkvermögen an sich festgestellt haben, gut 20% über den Vergleichswerten. Lebhaftere Sinne, also vor allem besseres Hören und Sehen, hatten die Suizidenten wiederum genauso häufig wie andere Nahtod-Erfahrene, die keinen Suizid begangen haben. Neben dem beschleunigten Denken und den lebhafteren Sinnen ist es vor allem wichtig abzufragen, ob während der Nahtod-Erfahrung auch mehr Wachheit und Bewusstsein von den Betroffenen festgestellt werden konnte. Denn nicht wenige Nahtod-Erfahrene berichten in diesem Zusammenhang von einem Überbewusstsein. Sie berichten, dass sich ihr

Bewusstsein derart ausgedehnt habe, dass sie Anteil nehmen konnten an der jenseitigen Welt. Leider gibt es hierüber in der Literatur keine eindeutigen Angaben, sodass ein direkter Vergleich nicht möglich ist. An dieser Stelle kann folglich nur spezifiziert werden, dass der Anteil derjenigen Suizidenten, die während ihrer NTE mehr Wachheit und Bewusstsein festgestellt haben, mit rund 70% doch recht hoch liegt. So wie auch der Wert für ein verändertes Raum- und Zeitempfinden. Mit 85,4% liegt er nämlich gut ein Viertel höher als die Literaturwerte. Dies würde bedeuten, dass sich bei Suizidenten weit häufiger ein Gefühl von verändertem Raum- und Zeitempfinden einstellt, als dies bei anderen NTE-lern der Fall ist. Gleichauf dagegen liegen die Werte bei der Begegnung mit Persönlichkeiten aus dem Bereich der Religionen. Das können überlieferte Personen sein, die aktiv oder passiv den Anstoß zur Bildung einer neuen Religion gegeben haben oder andere, die innerhalb der überlieferten Religionen Erwähnung fanden. Menschen nach einem Suizid begegnen folglich genauso häufig Persönlichkeiten aus dem religiösen Bereich. So trafen von neun Suizidenten, das entspricht einem Anteil von 7,3%, acht auf Jesus Christus, einer auf Jesus Christus und die Gottesmutter und ein weiterer auf den Apostel Petrus. Das entspricht auch der Erfahrung anderer Menschen mit einer Nahtod-Erfahrung, die während ihrer NTE entweder Gott selbst oder Jesus Christus begegnen. Manchmal sogar Gott und Jesus Christus gleichzeitig. Nahtod-Erfahrene sprechen in diesem Zusammenhang davon, dass sie Jesus Christus als eine Erweiterung Gottes wahrgenommen haben.

Bei diesen Begegnungen kam es bei den Suizidenten in der Regel auch zu einer Kommunikation. Nur zwei Betroffene haben diesbezüglich keine Angaben gemacht. Auch bei der Begegnung mit Verstorbenen und den Lichtwesen wurde oft kommuniziert. Weniger Austausch hingegen gab es bei der Begegnung mit dem höheren Lichtwesen. Und mit dem überirdischen Licht kam es in nur wenigen Fällen zu einem verbalen Kontakt. Interessant ist, dass wenn ein Gespräch stattfand, ausschließlich telepathisch kommuniziert wurde. Also im Geiste, ohne den Mund zu bewegen. Wenn jemand etwas auch nur dachte, so nahm es der andere gleich in seinem Bewusstsein wahr. Die Worte wurden somit nur mit Kraft der Gedanken zwischen den Beteiligten ausgetauscht. Auffällig dabei war vor allem die hohe Quote derjenigen, die keine Angaben zur Kommunikation machen wollten. Ihr Anteil betrug nämlich 22,7%. Das heißt, dass fast ein Viertel der Befragten hierüber keine Angaben machen wollten. Dies lässt vermuten, dass während des Sterbe-Erlebnisses möglicherweise Dinge zur Sprache kamen, die so intim und privater Natur waren, dass zur Frage nach der Kommunikation besser keine Angaben gemacht wurden, um nicht Gefahr zu laufen, eventuell zum Inhalt Aussagen treffen zu müssen. Trotzdem lässt sich festhalten, dass innerhalb der Stichprobe 41,5% der Suizidenten während ihrer Nahtod-Erfahrung eine Interaktion auf verbaler Ebene hatten, was fast dem doppelten des Referenzwertes innerhalb der Literatur entspricht. Dies könnte darauf hindeuten, dass bei den Suizidenten das Bedürfnis nach Kommunikation und Austausch besonders groß ist. Auffällig ist auch, dass in 35,8% aller Fälle überhaupt nicht gesprochen wurde. Dies ist insofern interessant, weil in der Literatur bisher eine nonverbale Nahtod-Erfahrung keine Erwähnung gefunden hat. Folglich gibt es hierzu auch keinen Referenzwert. Auch wird man vergeblich nach einem Referenzwert suchen, wenn es um die Frage geht, wie viele Nahtod-Erfahrene hinsichtlich einer etwaigen Kommunikation lieber keine Angaben machen. Mit dieser Frage betritt man nämlich ganz offensichtlich wissenschaftliches Neuland. Ein unerforschtes Gebiet betritt man ebenso, wenn man die Frage stellt, wie viele Menschen während ihrer Nahtod-Erfahrung eine goldene Stadt oder mehrere goldene Städte sahen. Denn auch hierüber findet man in der vorhandenen Literatur keine Vergleichswerte. Und so lässt sich nur festhalten, dass der Anteil bei den Suizidenten, die solcherlei Städte zu sehen bekamen, in der vorliegenden Stichprobe bei 6,5% lag. Mehr Erfolg hat man bei der Frage nach der sphärischen Musik, die manch ein Nahtod-Erfahrener während seines Sterbe-Erlebnisses wahrnimmt. Eine Musik, die so klingt, als würden die besten Virtuosen und die grandiosesten Stimmen zugleich erklingen. Eine Musik, für die es im Irdischen kein Pendant gibt und die man deshalb nur sphärisch nennen kann. In der Literatur wird der Anteil mit 24% angegeben. Bei den Suizidenten betrug er lediglich 8,9%, und damit deutlich weniger. Vergleichen lässt sich auch der Anteil derjenigen, die während ihrer Nahtod-Erfahrung eine Art kosmisches Wissen erlangt haben. Aus der Literatur wissen wir, dass der Anteil derjenigen, die während ihrer Nahtod-Erfahrung ein derartiges Wissen erlangen konnten, bei 5 bis 45% liegt. Bei den Suizidenten betrug der Wert 26%, was den üblichen Erfahrungswerten entspricht.

Spannend war auch die Frage, ob Betroffene auf frühere Leben zurückblicken konnten. Verbunden ist damit natürlich die Frage nach einer etwaigen Reinkarnation. Denn hin und wieder berichten Nahtod-Erfahrene tatsächlich davon, dass sie sich während ihrer Lebensrückschau an mehrere irdische Inkarnationen zurückerinnern konnten. Trotzdem gibt es in der Literatur keine Angabe darüber, wie häufig so etwas eigentlich vorkommt. Dabei wäre gerade diese Aussage von zentraler Bedeutung, würde sie doch möglicherweise einen Rückschluss darüber erlauben, ob die Reinkarnation als regelmäßiger Prozess verstanden werden muss, so wie es buddhistische oder auch hinduistische Vorstellungen nahelegen, oder eher als Ausnahme zu gelten hat. Bei den Suiziden konnten von 123 Betroffenen gerade einmal zehn auf frühere Leben zurückblicken, was einen Anteil von 8,1% ausmacht. Sollte sich dieser Wert in Zukunft in der Literatur verstetigen, so wäre vielmehr davon auszugehen, dass Reinkarnationen mit einer höheren Wahrscheinlichkeit eher die Ausnahme als die Regel darstellen.

Mit Zukunft hatte auch die nächste Frage etwas zu tun, in der es darum ging, wie viele Betroffene während ihrer Nahtod-Erfahrung Einblicke in die Zukunft erhielten – entweder in die Zukunft der Welt oder aber in die persönliche Zukunft. In der Literatur wird dieser Anteil mit 3 bis 9% angegeben, was nicht sonderlich viel ist. Erstaunlicherweise betrug dieser Wert bei den Suizidenten 23,6%. Das bedeutet, dass fast jeder Vierte der vorliegenden Stichprobe Einblick in die Zukunft erhalten konnte. Schlüsselt man diese Zahl noch etwas weiter auf, so lässt sich sagen, dass von den 29 Suizidenten, die in die Zukunft blicken durften, 17 ihre persönliche Zukunft wahrnahmen. Zehn erhielten Einblicke in die Zukunft der Welt und zwei sowohl in die persönliche Zukunft sowie in die Zukunft der Welt. Das bedeutet, dass die meisten Suizidenten Einblicke in ihre persönliche Zukunft erhalten haben, gefolgt von denen, die in die Zukunft der Welt blicken durften. Der Umstand, dass Suizidenten sowohl Einblicke in die persönliche Zukunft als auch in die der Welt bekamen, bildete dagegen die große Ausnahme. Ob es sich bei Nahtod-Erfahrungen, die durch etwas anderes zustande kamen als durch einen Suizid genauso verhält, wissen wir nicht, weil in der Literatur keine Vergleichswerte vorliegen. Der hohe Anteil an Einblicken in die Zukunft bei den Suizidenten könnte aber durchaus damit zusammenhängen, dass bei ihnen das Wissen, wie es mit ihnen und ihrem Leben weitergeht, von zentraler Bedeutung ist, sodass ihnen vielleicht deshalb mehr Einblicke in Zukünftiges gewährt werden als anderen Nahtod-Erfahrenen. In diesem Zusammenhang steht womöglich auch das Nebenelement der Einblicke, wie man leben sollte. Auch wenn wir in der Literatur diesbezüglich keine Vergleichswerte vorfinden, so wissen wir doch aus der Erfahrung mit anderen Nahtod-Erfahrenen, dass derartige Offenbarungen doch eher selten sind. Bei den Suizidenten dagegen betrug dieser Wert 18,7% und lag damit recht hoch. Dies kann durchaus als ein Stück Lebenshilfe für die weitere irdische Existenz nach der Rückkehr von der Grenzbarriere verstanden werden. Als eine Art roter Faden, an dem man sich in Zukunft entlanghangeln kann. Was für Suizidenten von enormer Wichtigkeit wäre.

An der Grenzbarriere, um das Stichwort hier noch einmal kurz aufzugreifen, ergeht es den Suizidenten allerdings nicht anders als anderen NTE-lern. So wissen wir aus der Literatur, dass 8 bis 31% aller Nahtod-Erfahrenen von einer Grenze oder Barriere berichten, die sie nicht überwinden konnten. Wir wissen auch, dass Nahtod-Erfahrene davon berichten, dass sie entweder an dieser Grenze in das Leben zurückgeschickt wurden oder selbst entscheiden konnten, ob sie in das Licht eingehen oder aber in ihre irdische Existenz zurückkehren. Manchmal bitten die Nahtod-Erfahrenen auch selbst darum, in das Leben zurückkehren zu dürfen, weil ihre Kinder sonst allein zurückbleiben würden oder Angehörige gepflegt werden müssen, die ansonsten ohne Hilfe und Unterstützung wären. Solche selbstlosen Bitten werden erhört, auch das wissen wir aus den Berichten von Nahtod-Erfahrenen. Was wir jedoch nicht wissen ist, wie viele an der Grenzbarriere zurückgeschickt werden und wie viele selbst entscheiden konnten, wie es mit ihnen weitergehen soll. Denn hierüber gibt es in der Literatur keine Angaben. Aus der vorliegenden Studie an Suizidenten können wir jedoch sagen, dass 45,5% aller Betroffenen an der Grenzbarriere gegen ihren Willen zurückgeschickt wurden. Immer wieder wurde ihnen dabei gesagt, dass ihre Zeit noch nicht gekommen sei oder, dass sie ihre Lebensaufgabe noch nicht erfüllt hätten. Manchmal sogar, dass der oder die Betroffene noch nicht einmal mit der Lebensaufgabe begonnen habe. Dagegen konnten nur 12,2%, und damit eine kleine Minderheit, selbst entscheiden, ob sie lieber sterben oder zurückkehren wollten. Bei der Rückkehr sind dann 78,1% aller Suizidenten im Körper erwacht, was in etwa den Literaturangaben entspricht. 21,1% sind dagegen bei vollem Bewusstsein wieder in ihren Körper zurückgekehrt. Und bei 3,2% erfolgte die Rückkehr über den Tunnel. Letztere Zahlen lassen sich leider nicht vergleichen, weil in der Literatur dazu keine Werte vorliegen.

Genaue Zahlenangaben finden wir hingegen bei der Frage nach der Qualität der Erfahrung. War sie für den oder die Nahtod-Erfahrenen real, nicht real oder doch eher wie ein Traum? Der vorliegenden Studie zufolge waren 94,3% aller Suizidenten der felsenfesten Überzeugung, dass ihr Erlebnis in Todesnähe absolut real war. Dies entspricht exakt den Zahlen, die sich auch in der Literatur finden lassen. Nur 2,4% waren der Meinung, dass ihre Erfahrung wahrscheinlich real war. Und bei ähnlich wenigen der Befragten war die Realität der Erfahrung unklar. Ihr Anteil betrug gerade einmal 3,2%. In diesem Zusammenhang stellte sich desgleichen die Frage, wie stark eine solche Erfahrung eigentlich im Gedächtnis haften bleibt. In der Literatur liegt der Wert bei 95%. Bei den Suizidenten waren es 96,8%, die gesagt haben, dass dieses Erlebnis für sie absolut bleibenden Charakter hatte. Wie eingebrannt und unauslöschlich, so die Formulierung. Nur 3,2% dagegen äußerten, dass ihre Erinnerung an das Ereignis mit der Zeit verblasst. Deshalb war es für die vorliegende Studie auch von großem Interesse, der Frage nachzugehen, ob und wie stark ein Sterbe-Erlebnis Spuren in der Persönlichkeit der Suizidenten hinterlässt. Dazu sagten 80,5% der Befragten, dass das Todesnähe-Erlebnis in ihrer Persönlichkeit deutliche bis starke Veränderungen hervorgerufen habe. Gemeint waren damit beispielsweise Änderungen im Sinne einer stärkeren Sensibilität gegenüber allen Sinneseindrücken oder eine verstärkte Fähigkeit zur Empathie, die sich im Laufe der Zeit mehr und mehr eingestellt hätte. Dazu gehörten auch Themen wie Reichtum, Geld, Besitz und Status, die immer mehr an Bedeutung verloren. Viel wichtiger wurde stattdessen ein liebevoller und mitfühlender Umgang mit anderen Menschen sowie die Wertschätzung des Lebens ganz allgemein. Demgegenüber sagten nur 8,1% der Befragten, dass ihre Nahtod-Erfahrung nur wenig an ihrer Persönlichkeit verändert habe. Und ein ähnlich geringer

Anteil der Befragten, nämlich 11,4%, gab an, überhaupt keine Persönlichkeitsveränderungen an sich bemerkt zu haben. Dies alles entspricht in etwa den Angaben der zur Verfügung stehenden Literatur. Weil von den Betroffenen eine Nahtod-Erfahrung meist als ein transformatives Ereignis wahrgenommen wird und sie deshalb oft berichten, wie sehr es ihr Leben verändert hat, erfolgten die Bewertungen zu den Veränderungen in der Persönlichkeit mittels einer Selbsteinschätzung. Die Anwendung des Life Changes Inventory-Revised von Kenneth Ring und Bruce Greyson war nicht möglich, weil die vorliegende Studie empirisch und damit retrospektiv angelegt war und ein Datensatz im Follow-up dadurch nicht erhoben werden konnte.

Die Ergebnisse der Befragung zu den Veränderungen in der Persönlichkeit spiegelten sich auch in den Antworten auf die Frage nach der Angst vor dem Tod oder dem Glauben an ein Weiterleben nach dem Tod. So erklärten 92,7% der Suizidenten, dass sie durch ihre Nahtod-Erfahrung die Angst vor dem Tod komplett verloren hätten. Der Vergleichswert in der Literatur liegt bei 66–82%. Und 93,5% sagten aus, dass sie durch ihr Erlebnis in Todesnähe felsenfest an ein Leben nach dem Tod glauben. Hier liegt der Referenzwert in der Literatur bei 73%. Auffallend in diesem Kontext war auch die Aussage, dass 41,5% der Suizidenten nach ihrer Nahtod-Erfahrung mediale Fähigkeiten an sich feststellten. Dazu gehörte beispielsweise die Gabe, Emotionen anderer Menschen zu spüren oder eine verstärkte Intuition. Auch wurde von der Fähigkeit berichtet zu erfühlen, dass ein Mensch bald sterben wird sowie von der Befähigung, mit Toten zu kommunizieren. Von herausragender Bedeutung war auch die Tatsache, dass 43,9% der Suizidenten angaben, nach ihrer Erfahrung in Todesnähe von einer Krankheit geheilt worden zu sein. Dazu gehörten ganz diverse Heilungen. So zum Beispiel die Heilung von einer Depression, einer bipolaren Störung, von Drogen und Alkohol, einer Schmerzkrankheit, von Leber- und Nierenversagen bis hin zu Krebserkrankungen. Auch wurde von 35,0% der Probanden in der Stichprobe angegeben, durch die Sterbe-Erfahrung vom Suizid geheilt worden zu sein. Das heißt, über ein Drittel aller Suizidenten hatten nach ihrer Nahtod-Erfahrung sämtliche Gedanken an einen weiteren Selbsttötungsversuch verloren. Vergleichen lassen sich diese Zahlen leider nicht, weil hierüber in der Literatur keine Vergleichswerte existieren.

Veränderungen im Denken und in der Persönlichkeit führen möglicherweise auch zu einem Umdenken in spiritueller oder religiöser Hinsicht. Und so konzentrierte sich die vorliegende Studie verständlicherweise auch auf die Frage, was das Sterbe-Erlebnis aus diesem Blickwinkel ausgelöst hat. Werden Menschen nach einem solchen Ereignis spiritueller? Werden sie religiöser? Kehren sie den gängigen Weltreligionen eher den Rücken zu? Oder suchen sie nach ihrem eigenen, ganz persönlichen Weg? Diese Fragen haben durchaus ihre Berechtigung, schließlich haben 92,7% der Suizidenten ihre Angst vor dem Tod verloren und 93,5% glaubten nunmehr unerschütterlich an ein Leben nach dem Tod. Unter diesen Gesichtspunkten waren die Antworten der Suizidenten dann auch nicht mehr überraschend. So gaben rund 46% der Befragten aus der Stichprobe an, dass ihr Sterbe-Erlebnis sie offener für spirituelle Fragen gemacht habe, dass sie spiritueller geworden sind, eher eigene Wege gehen und sich nicht mehr wirklich zu einer institutionellen Religion hingezogen fühlen. Rund 45% hingegen beantworteten die Frage eher so, dass sie religiöser geworden sind. Dass sie sich eher und mehr zu ihrer eigenen Religion hingezogen gefühlt hätten. Diese Bindung sei nach dem Todeserlebnis deutlich stärker geworden. Und so gaben rund 40% von diesen 45% der religiösen Suizidenten an, sich nach ihrer Nahtod-Erfahrung dem Christentum zugehörig zu fühlen. Rund 3% fühlten sich zum Buddhismus hingezogen und rund 2% zum Judentum. Und von den übrigen Studienteilnehmern sagten rund 3%, sie seien nach ihrer Nahtod-Erfahrung Atheisten. Nur 1% hingegen gab an, Agnostiker zu sein. Rund 5% wiederum wollten in puncto Religion keine Angaben machen.

Von elementarer Bedeutung für die Studie war aber vor allem die Frage nach der Intensität und Qualität der Nahtod-Erfahrungen. Welche Emotionen hatten die Studienteilnehmer während ihrer Nahtod-Erfahrung? Wie viele Sterbe-Erlebnisse bei Suizidenten würden positiv oder negativ ausfallen? Und zu welchem Ergebnis würde man kommen, wenn man die Todesnähe-Erlebnisse von Suizidenten mit denen vergleicht, für deren Nahtod-Erfahrung kein Suizid die Ursache war? Das waren eigentlich die zentralen Fragen, weshalb die vorliegende Studie überhaupt ins Leben gerufen wurde. Zu diesen essentiellen Fragen gibt Tabelle 4 Auskunft und Antwort:

Qualität der NTE	Anzahl	Anteil	Literatur
Durchgehend positiv	73	59,3%	56–89%
Durchgehend negativ	16	13,0%	6,0–20,0%
Erst positiv, dann negativ	1	0,8%	13,3%
Erst negativ, dann positiv	13	10,6%	46,7%
Neutral	20	16,3%	Keine Angabe

Tabelle 4: Qualität der NTE in der Untersuchung
Keine Angabe bedeutet, dass keine Angaben in der Literatur vorliegen

Wie sich in der Untersuchung herausstellte, hatten 59,3% der Suizidenten eine durchgehend positive Nahtod-Erfahrung. Damit verbunden waren Gefühle wie Frieden, Ruhe, Wohlgefühl, Erleichterung und Akzeptanz bis hin zu Freude, Glück, absoluter Liebe, Euphorie und Ekstase. Insofern hatten in der Stichprobe genauso viele Suizidenten ein positives Sterbe-Erlebnis wie andere Nahtod-Erfahrene auch. Das lässt sich aus der Literatur belegen. Nicht anders sah es bei den negativ erlebten Nahtod-Erfahrungen aus. Hier gaben 13,0% der Suizidenten an, eine durchgehend negative Nahtod-Erfahrung gehabt zu haben. Damit verbunden waren Gefühle wie Leere, Verwirrung, Bedauern, Traurigkeit, Einsamkeit, Verlassenheit, Angst und Panik. Oder es wurden Begriffe verwendet wie furchterregend, erschreckend, Terror und höllisch. Vergleicht man aber diese Beschreibungen mit denen anderer Nahtod-Erfahrener, so ergibt sich hier das gleiche Muster. Auch die Häufigkeit entspricht mit 13,0% durchaus den Werten, wie wir sie aus der Literatur kennen. Das bedeutet, dass Suizidenten nicht öfter eine negative Nahtod-Erfahrung erleben als andere. Schaut man noch etwas genauer hin bei den Suizidenten, die während ihrer NTE eine durchgehend negative Erfahrung gemacht hatten, konnte des Weiteren festgestellt werden, dass neun von den 16 Betroffenen, und somit 7,3%, ein negatives Sterbe-Erlebnis vom Typ 2 erfahren haben. Der Literaturwert liegt hier bei bis zu 28% (Rommer). Vier Betroffene hatten dagegen eine negative NTE vom Typ 3. Das entspricht 3,2%. Und nur ein sehr geringer Teil, nämlich 2,4%, erlebten eine höllische NTE vom Typ 4. Das betraf drei von den 16 Suizidenten, die eine durchgehend negative Nahtod-Erfahrung erlebt hatten. Der Literaturwert für diesen höllischen Typ von Nahtod-Erfahrung bewegt sich zwischen 1–2% (van Lommel) und 41,7% (Rommer). Damit erleben Suizidenten genauso häufig eine höllische Nahtod-Erfahrung wie alle übrigen NTE-ler auch. Es gibt faktisch keinen Unterschied. Somit kann der Suizid an sich nicht als Grund für eine negative Nahtod-Erfahrung herangezogen werden. Es muss folglich andere Gründe für das Erleben einer negativen Nahtod-Erfahrung geben. Welche das auch immer sein mögen, die Selbsttötung ist es jedenfalls nicht. Blickt man noch tiefer in das Studienmaterial hinein, so lässt sich darüber hinaus feststellen, dass gerade einmal ein Betroffener, das sind 0,8%, eine NTE hatte, die zuerst positiv anfing, aber negativ endete. Genauer gesagt mit einer negativen NTE vom Typ 3. Dagegen erlebten 13 Suizidenten aus der Stichprobe zuerst eine negative NTE, die dann aber positiv endete. Bei sieben von den 13 Betroffenen begann dabei die Erfahrung mit einer negativen NTE vom Typ 2. Bei drei Betroffenen mit dem Typ 3 und bei drei mit dem Typ 4. Das heißt, 10,6% der Suizidenten in der Stichprobe erlebten zuerst eine negative Nahtod-Erfahrung, die aber zum Schluss dann doch positiv endete. Von denen, die während ihrer Nahtod-Erfahrung in Not und Bedrängnis gerieten, haben in der vorliegenden Studie insgesamt fünf Suizidenten nach Gott und zwei nach Jesus geschrien. In allen genannten Fällen kam ihnen dadurch, so nach den Aussagen der Betroffenen, auch tatsächlich Hilfe zuteil. Diese Angaben, samt den dazugehörigen Werten, decken sich mit den Erfahrungen und den Zahlen in der zur Verfügung stehenden Literatur. Keine Vergleichszahlen lassen sich dagegen für diejenige Gruppe von Suizidenten finden, die während ihres Sterbe-Erlebnisses weder positive noch negative Gefühle hatten und damit eine neutrale NTE durchlebt haben. Sie berichteten davon, dass ihre NTE weder angenehm noch beunruhigend verlief. Während bei anderen die Nahtod-Erfahrung sämtliche Emotionen auslöste, sagte diese Gruppe aus, während ihrer NTE gar keine Gefühle verspürt zu haben. Das ist insofern erstaunlich, weil bis dato von neutralen Nahtod-Erfahrungen noch nie in der Literatur berichtet wurde. Bisher wurden nämlich nur positive oder negative Nahtod-Erfahrungen erwähnt. In der vorliegenden Stichprobe betraf diese Form der Nahtod-Erfahrung immerhin 20 Suizidenten und damit insgesamt 16,3%.

Abschließend wurden die Studienteilnehmer noch darüber befragt, ob es ihnen schwergefallen ist, ihre Erlebnisse in Worten auszudrücken und ob sie vor ihrer eigenen NTE ein Wissen über Nahtod-Erfahrungen gehabt haben. Dabei sagten insgesamt 70 Suizidenten innerhalb der Stichprobe, dass es für sie äußerst schwierig war, Worte für ihre Nahtod-Erfahrung zu finden. Das macht einen Anteil von 56,9%. 43,1% dagegen erklärten, dass sie keinerlei Schwierigkeiten damit hätten. Insgesamt waren das 53 von 123 befragten Suizidenten. Ein Wissen über Nahtod-Erfahrungen vor ihrer eigenen NTE hatten gerade einmal 29 Suizidenten, was einem Anteil von 23,6% entspricht. Die überwiegende Mehrzahl hatte hingegen, konkret gesprochen 94 Betroffene, kein vorheriges Wissen über Nahtod-Erfahrungen, was einen Anteil von 76,4% ausmacht. Damit hatten drei Viertel aller Studienteilnehmer keinerlei Vorwissen vor ihrem eigenen Sterbe-Erlebnis, und nur ein Viertel der Betroffenen war vor der eigenen NTE mit diesem Thema vertraut. Die allermeisten davon einzig und allein durch Hören oder Sehen, also durch Rundfunk, Fernsehen, Bücher oder Hörensagen. Nur drei Suizidenten bezogen dagegen ihr Vorwissen aus einer zuvor erlebten NTE. Einer davon sogar aus mehreren Nahtod-Erfahrungen.

Wie jede Studie auf dieser Welt, so hat auch die vorliegende Untersuchung Begrenzungen beziehungsweise Einschränkungen bezüglich ihrer Aussagefähigkeit. So kann beispielsweise keine Aussage darüber getroffen werden, wie viel Prozent aller Suizidenten überhaupt eine Nahtod-Erfahrung erleben. Das liegt einfach daran, weil nur solche in die Studie aufgenommen wurden, die wissenschaftlich gesichert eine Nahtod-Erfahrung erlebt haben. Ferner kann keine Aussage darüber getroffen werden, ob die Tiefe einer Nahtod-Erfahrung mit der Todesnähe korreliert, weil die Studie empirisch und damit retrospektiv angelegt war und medizinische Befunde folglich nicht lückenlos vorlagen. Beim Vergleich mit anderen Studien ist zu beachten, dass die vorliegende Untersuchung an einer internationalen Stichprobe durchgeführt wurde. Dies könnte gegebenenfalls Unterschiede zu Studien erklären, die eher ein nationales Kollektiv im Fokus hatten. Des Weiteren ist anzumerken, dass die vorliegende Arbeit an einem hochselektiven Probandengut durchgeführt wurde. Ob ein Vergleich mit Stichproben anderer Nahtod-Erfahrener überhaupt möglich ist, bleibt daher zunächst offen und muss durch weitere Studien abgeklärt werden.

Welches Fazit bleibt am Schluss?

Um zu einem angemessenen Fazit zu kommen, ist es vonnöten, sich die Kernaussagen der vorliegenden Studie in komprimierter Form vor Augen zu führen:

1. Es neigen mehr Frauen als Männer zum Suizidversuch.
2. Die bevorzugte Methode, sich selbst zu töten, sind Arzneimittel und Drogen.
3. Es gibt nicht nur positive, negative und gemischte NTEs, sondern auch neutrale Nahtod-Erfahrungen.
4. Nicht immer wird in NTEs kommuniziert.
5. Nahezu drei Viertel der Suizidenten verfügten während ihrer NTE über lebhaftere Sinne, mehr Bewusstsein und Wachheit sowie ein beschleunigtes Denken.
6. Während der NTE begegneten die Suizidenten ausschließlich Verstorbenen.
7. Der Gott der Christenheit erschien während der NTEs in 6,5% der Fälle.
8. Alle Suizidenten, die während ihrer NTE nach Gott oder Jesus riefen, empfingen Hilfe.
9. Die weit überwiegende Mehrzahl der NTEs nach einem Suizid ist positiv.
10. Die Anzahl der negativen NTEs ist gleich hoch wie bei NTEs ohne suizidalen Hintergrund.
11. Fast alle Suizidenten hielten ihre Nahtod-Erfahrung für absolut real.
12. Fast allen Suizidenten blieb das Todesnähe-Erlebnis wie eingebrannt im Gedächtnis.
13. Fast alle Suizidenten hatten nach ihrer NTE keine Angst mehr vor dem Tod.
14. Fast alle Suizidenten glaubten nach ihrer NTE an ein Leben nach dem Tod.

15. Bei über drei Viertel der Suizidenten kam es nach der NTE zu Persönlichkeitsveränderungen.
16. Die Hälfte der Suizidenten wurde nach der Todesnähe-Erfahrung spirituell.
17. Die Hälfte der Suizidenten wurde nach der NTE verstärkt religiös.
18. Die Mehrheit der Suizidenten bekannte sich nach der NTE zum Christentum.
19. Fast die Hälfte der Suizidenten entwickelten nach der NTE mediale Fähigkeiten.
20. Fast die Hälfte der Suizidenten empfingen durch ihre NTE eine Heilung.
21. Über ein Drittel der Suizidenten wurde durch die NTE von der Selbsttötung geheilt.

Wir können damit sagen, dass sich im Großen und Ganzen Nahtod-Erfahrungen durch einen Suizid kaum von denen anderer Verursachungen unterscheiden. Außer vielleicht in einem speziellen Punkt, den Heilungen. Genauer gesagt der Heilung, nicht mehr selbsttötungsgefährdet zu sein. Dieser Umstand ist zweifelsohne den Sterbe-Erlebnissen zuzuschreiben, oder besser gesagt, den neuen Einsichten und Erkenntnissen, die dadurch gewonnen wurden. Ob es daneben noch Unterschiede in Bezug auf andere Heilungen gibt, wissen wir nicht, weil diese in den zur Verfügung stehenden Studien nicht systematisch untersucht wurden. Hier besteht in jedem Fall noch erheblicher Forschungsbedarf. Des Weiteren besteht ein erheblicher Forschungsbedarf in Bezug auf die medialen Fähigkeiten, die sich bei Betroffenen einstellen können. Auch hier mangelt es noch an gezielten Untersuchungen. Doch das alles sind Feststellungen auf der physisch-materiellen Ebene. Ein weltliches Fazit, wenn man so möchte.

Aber wie sieht es auf der spirituellen Ebene aus? Welches spirituelle Fazit können wir ziehen? Und damit sind wir wieder bei der Frage: Ist es aus spiritueller Sicht erlaubt, sich selbst zu töten? Noch immer steht diese Frage, trotz Studie, im Raum und ist bis jetzt unbeantwortet geblieben. Auf den ersten Blick könnte man sagen, wenn man nur die reinen Studienergebnisse betrachtet, dass es wohl aus spiritueller Sicht kein Problem darstellt, sich selbst zu töten. Schließlich erleben Suizidenten genauso häufig positive Nahtod-Erlebnisse wie andere NTE-ler auch. Und die Anzahl der negativen Nahtod-Erfahrungen unterscheidet sich ebenfalls nicht von NTEs ohne suizidalen Hintergrund. Doch das wäre ein schlimmer Fehlschluss. Hier zeigt sich nämlich wieder einmal mehr, wie wichtig es ist, nicht nur Fragen an Nahtod-Erfahrene zu stellen, sondern viel wichtiger ist, sie zu Wort kommen zu lassen. Etwas deutlicher ausgedrückt, wer als Wissenschaftler in der Sterbeforschung zu validen Ergebnissen kommen möchte, der muss die Watte aus seinen Ohren nehmen und sie sich in den Mund stecken. Denn es ist kein Zufall, dass der Schöpfer dem Menschen zwei Ohren, aber nur einen Mund gab. Aus diesem Grunde sollen an dieser Stelle, weit über die vorliegende Studie hinaus, Nahtod-Erfahrene zu Wort kommen. Wir wollen hören, was sie zu sagen haben, mit welchen Erfahrungen und Einblicken sie von der Todeszone zurückgekehrt sind. Hier ihre Einsichten, aus dem Reich der Toten:

»Aber merke dir vier Dinge für das Leben:
1. Bringe nie einen Menschen um!
2. Begehe niemals Selbstmord!
3. Eigne dir Wissen an!
4. Schenke Liebe!

Wenn du dich danach richtest, dann ist alles in Ordnung.«
Zitiert nach: von www.allmystery.de/themen/gw23752-6

»Alles Schlechte, was ich jemals getan habe, wurde hervorgekehrt. Ehrlich, ich fühlte mich wie in der Hölle. Ich fühlte mich beurteilt in Bezug auf absolut alles, was ich getan habe – danach, ob es gut oder böse war.«
Zitiert nach: Barbara Rommer, Der verkleidete Segen

»Ich war richtiggehend entsetzt, als ich ein überirdisch schönes Wesen wahrnahm, das enorme Liebe, Güte und Wärme ausstrahlte. Es war ein Wesen aus schönem, hellen weißen Licht. Silberfäden kamen aus seiner Mitte. Ich war schüchtern und konnte nichts sagen. Dann merkte ich, dass meine Gedanken von diesem unglaublichen Wesen aufgefangen wurden. ›Nein!‹, kam als Wie-

derholung. ›So ist der Tod nicht. Komm mal mit, ich werde es dir zeigen.‹ In meiner Erinnerung bin ich dann mit ihm über eine Art Abgrund geschwebt. Darin sah ich keine Schönheit, kein Leben. Irgendwelche Leute gingen dort in einer furchtbar deprimierenden Art und Weise mit gesenkten Köpfen und gebeugten Schultern umher. Sie rempelten sich hin und wieder ziellos gegenseitig an, aber sie fielen nicht um und gingen immer weiter. Es war ein furchtbarer Gedanke, bald in diese Gemeinschaft verwirrter Seelen hineingeworfen zu werden. Die Stimme schien mein Entsetzen zu bemerken und tröstete mich: ›Das hier ist deine eigene Hölle. Irgendwann würdest du wieder zur Erde zurückgeschickt werden. Dort würdest du ein ganz neues Leben bekommen, würdest aber vor dieselben Probleme gestellt werden wie in deinem Leben jetzt. Bis dahin wirst du bei diesen verirrten und verlorenen Seelen bleiben. Selbstmord ist nämlich kein Ausweg …‹ Ich weinte. Das Lichtwesen schien zu verstehen, wie sehr ich alles bedauerte, und dass Mitfühlen und Liebe in mir war. Er richtete sich wie ein Vater mit ernster, ruhiger Stimme an mich: ›Du kannst mit deinem Leben nicht machen, was du willst. Hast du dich denn selbst geschaffen, hast du dir selber Leben gegeben? Wohl nicht. Und ebenso wenig kannst du dich selbst vernichten.‹«
Zitiert nach: www.nderf.org/German/suicide_nte.htm

»Dann sprach es die Worte, die ich nie vergessen werde, als es sagte: ›Das Leben ist ein Geschenk, es ist nicht an uns es zu nehmen.‹«
Zitiert nach: www.nderf.org/German/kathy_o_nte.htm

»Der tatsächliche Gottvater, mein Vater, der mir in strengen Begriffen sagte, dass ich nicht wieder flüchten könnte, dass ich meinen Job auf der Erde nicht nur zu seiner Ehre beenden musste, sondern für meinen eigenen spirituellen Zustand. Er sagte, wenn ich jemals wieder versuchen würde, Selbstmord zu verüben, so hätte er die Macht einzugreifen, dass er entweder eines seiner anderen Kinder schicken würde, um mich zu stoppen oder jeden weiteren Selbstmordversuch scheitern lassen würde.«
Zitiert nach: www.nderf.org/German/ashli_ndes.htm

»Ich erkannte kurz gesagt, dass die Ereignisse in meinem Leben alle einem tieferen Sinn dienten und ich vor dieser Inkarnation mit ihnen einverstanden war. Sie kamen nicht über mich, ich WÄHLTE sie!! Und dass ich voller Zuversicht inkarnierte, weil ich mir vollkommen vertraute, mit diesen Prüfungen klarzukommen.«
Zitiert nach: www.nderf.org/German/alfred_a_nte.htm

»Ich verstand, dass ich ein Egoist war, und dass es schrecklich war, Selbstmord zu begehen. Ich erkannte, dass die Menschen, die wir lieben, das Einzige ist, was im Leben wirklich zählt. Geld und Wohlstand haben beim Lebensrückblick keine Bedeutung. Das Einzige von Wert sind unsere Beziehungen. Ich erkannte, dass ich zu meiner Familie öfter ›Ich liebe dich‹ hätte sagen sollen.«
Zitiert nach: www.nderf.org/German/katrina_nte.htm

»Es gibt einen spezifischen und unsagbar wichtigen Grund, weshalb ich gerade jetzt dieses Leben hier lebe, und warum ich noch hier bin, mein Zweck ist noch nicht erfüllt. Wenn das der Fall ist, werde ich gehen. Selbstmord ist keine Option.«
Zitiert nach: www.nderf.org/German/debra_h_nte.htm

»Der Engel des Herrn sagte: ›Sag unserem Herrn, was dich hierher bringt.‹ Ich begann zu erklären, dass ich das Gefühl hatte, die Welt sei kein fairer Ort und ich wollte kein Teil davon mehr sein. Er sah mich an, als wäre ich verrückt und fragte: ›Wer hat dir gesagt, dass es eine faire Welt wird?‹ … Er erklärte mir, dass ich zu diesem Konzil gekommen bin und darum gebeten habe, in die materielle Welt hineingeboren zu werden. Er erklärte, dass ich ihnen einen sehr gut durchdachten Fall vorgelegt und die Hilfe vieler weiser Leute eingesetzt habe, um genau zu bestimmen, wo und wann ich geboren werde und bei wem ich geboren werde. Ich habe meinen eigenen Namen aus einem ganz bestimmten Grund gewählt, und wenn es jemanden gibt, der für das Leben, das ich lebe, verantwortlich ist, dann bin ich es. Er erklärte, dass ich einen Vertrag mit dem Urheber abgeschlossen habe, und dass ich diesen Vertrag einhalten oder mich den Konsequenzen stellen muss. Er beendete die ganze Rede und erzählte mir, dass ich wusste, wor-

auf ich mich einließ, die Risiken und Komplikationen kannte, und dass ich gewarnt worden war. Meine einzige Wahl war, zurückzugehen und zu beenden, was ich angefangen hatte.«
Zitiert nach: www.nderf.org/German/jeffrey_c_nte_8024.htm

»Ich war Geist, bevor ich Fleisch wurde und aus irgendeinem Grund entschied ich, vorübergehend in dieser Welt zu leben, aber ich gehöre hier nicht wirklich hin … Das Leben auf der Erde ist vorübergehend und hat einen Zweck, der dem spirituellen Wesen dient, welches unser wahres Ich darstellt.«
Zitiert nach: www.nderf.org/German/goldie_t_nte.htm

»Aus meiner Erfahrung habe ich viel mitgenommen. Zum Beispiel:

1) Es gibt eine Realität jenseits unseres endlichen, sterblichen Seins.
2) Unser sterblicher Zustand kann diese unendliche Realität nicht verstehen.
3) Das Leben ist wertvoll, spielen Sie nicht damit.«

Zitiert nach: www.nderf.org/German/spencer_o_nte.htm

»Es war die ›realste‹ Erfahrung, die ich je hatte. Dass ich keine Angst vor dem Tod haben musste. Ich trauere nicht bei Begräbnissen, außer es war ein Selbstmord. Dann bete ich wie verrückt, dass sie nicht dort oben enden.«
Zitiert nach: www.nderf.org/German/mark_r_nte.htm

»Ja, so wie ich es verstanden habe, entschieden wir uns, ein menschliches Leben zu leben, um die Erfahrung zu machen. Es ist nicht tiefgründig oder mythisch, es ist, als würde man ein Videospiel spielen … Die Schwierigkeiten, Herausforderungen und Mühsal sind Teil des Nervenkitzels.«
Zitiert nach: www.nderf.org/German/justin_m_nte_7131.htm

»Töte dich nie selbst. Du musst warten, bis die richtige Zeit für dich gekommen ist, um zu sterben. Wir sind nur eine kurze Weile hier.«
Zitiert nach: www.nderf.org/German/annie_v_nte.htm

»Ich beging Selbstmord in dem Glauben, dass ich die völlige Vernichtung meines Selbst in die Wege leite. Ich hatte nicht erwartet, einen überirdischen Ort mit überirdischen geistigen Wesen zu besuchen, wie ich es mangels treffender Worte ausdrücken würde.«
Zitiert nach: www.nderf.org/German/claire_b_nte.htm

»Sie ließ mich erkennen, dass es definitiv ein Leben danach gibt, aber kein Leben wie unseres, ein spirituelles Leben, und dass wir für ewig leben, es sei denn wir haben etwas sehr Schlimmes im irdischen Leben gemacht … Wir wählen nicht aus, was geschieht, nachdem wir sterben. Sie tun das.«
Zitiert nach: www.nderf.org/German/paula_l_nte.htm

»Ich fand heraus, dass es nicht so ist, dass ›wir einfach hier sind und wenn wir sterben, gibt es nichts mehr‹, da es etwas von uns selbst gibt, unsere Essenz, oder Energie, und diese wird nie verschwinden.«
Zitiert nach: www.nderf.org/German/lilith_w_nte.htm

»Im Rest meines persönlichen Lebens betrachte ich jetzt den Selbstmord als ein No-Go. Was ich weiß ist, dass du für deine Entscheidungen auf dieser Seite dann bezahlen musst, wenn du auf die andere Seite kommst und Selbstmord ist keine Last, die ich auf die andere Seite mittragen will.«
Zitiert nach: www.nderf.org/German/john_r_ntes.htm

»Ich fürchte den ›Tod‹ nicht mehr. Was vielleicht noch verblüffender ist, ich freue mich auf jenen Tag mit großer Vorfreude. Selbstmord jedoch wird nie wieder eine Option für mich sein. Ich weiß, wenn ich diesen Weg nehmen würde, könnte ich jenes Gefühl von Liebe und Glück nicht wieder erleben.«
Zitiert nach: www.nderf.org/German/mr_w_nte.htm

»Ein unbeschreibliches Wissen von Wohlbehagen und ausgedehnter Weisheit hatte sich in meiner tiefsten Existenz verwurzelt. Ich verlasse mich auch mehr auf intuitive Gefühle. Auch die Tatsache, dass Selbstmord im Jenseits nicht toleriert wird.«
Zitiert nach: www.nderf.org/German/damien_r_nte.htm

»Aber aus einem Grund kann ich mich nicht mehr dabei sehen, einen Selbstmord zu machen, um dorthin zu gelangen. Das ist ein Tabu.«
Zitiert nach: www.nderf.org/German/karen_h_nte_3570.htm

»Ich glaube nicht an Horoskope oder irgendeinen Gott, von dem wir Erdlinge den Drang verspüren, an Ihn zu glauben, um sich traulich, heil und sicher zu fühlen, aber dort gibt es etwas, das ›über‹ dem allen ist. Ich kümmere mich nicht darum, wie es genannt wird. Ich weiß, dass ich irgendwie ein Teil davon bin. Im Licht davon kann ich nur meine Augenbrauen über die meisten Dinge des täglichen Lebens heben, und ich will nicht mehr ein Teil DAVON sein. Was nichts Neues ist, aber Selbstmord ist ein nein-nein.«
Zitiert nach: www.nderf.org/German/kevin_p_nte.htm

»Ich wurde dazu gebracht zu glauben, dass sich selbst zu töten, eine Sünde sei und schlecht. Aber Gott war verständnisvoll und konnte meinen Schmerz fühlen. Ich denke, wenn ich es nochmals versuchen würde, so würde Gott mich dort behalten. Ich weiß nicht weshalb, aber das würde er. Aber er weiß, dass ich es nicht mehr tun werde, weil er mir zeigte, wie ich hier auf der Erde in Frieden sein kann.«
Zitiert nach: www.nderf.org/German/lisa_r_nte.htm

»Ich sprach mit ihnen, und sie sagten, ich müsse entscheiden, ob ich meine Aufgabe erfüllt hätte. Ich sah Teile meines Lebens durch meinen Kopf rasen und sah, dass ich meine Ziele nicht erreicht hatte. Sie sagten mir, dass ich dieses Leben als eine Prüfung angenommen hatte. Sie sagten, ich könne wählen, zurück in meinen Körper zu gehen oder einen anderen Körper zu bekommen, aber

das Ziel wäre dasselbe … Wir alle sind hier aus demselben Grund – bedingungslose Liebe – wir wählen unsere Ziele, wie wir das erreichen wollen, wir als Menschheit sind weit davon entfernt.«
Zitiert nach: www.nderf.org/German/tara_b_nte.htm

»Ich lernte, dass ein Mensch nicht zurückgehen kann, wenn sie ihr eigenes Leben nehmen oder das eines anderen.«
Zitiert nach: www.nderf.org/German/rica_s_nte.htm

»Ich fürchte mich nicht vor dem Sterben, wie es normalerweise erfolgt, aber ich fürchte mich, dass ich versuche, mich nochmals selbst zu töten. Und dann vielleicht nicht an den gleichen Ort komme.«
Zitiert nach: www.nderf.org/German/toni_m_nte.htm

»Es hat mich nicht beeinflusst, außer dass ich eine engere Beziehung mit Gott will, weil das der wichtigste Teil unseres temporären Lebens auf der Erde ist.«
Zitiert nach: www.nderf.org/German/jean_r_nte.htm

»Ich realisierte, dass wir unsterblich sind, und dass wir einige Rollen oder überhaupt Rollen ausführen auf unserem Pfad.
Zitiert nach: www.nderf.org/German/marlene_k_nte.htm

»JETZT weiß ich, dass es keinen Tod gibt nach diesem Leben. Ich will verzweifelt wieder in die andere Welt zurückgehen. Ich weiß nur, dass ich nicht gehen kann, bevor es nicht meine Zeit ist.«
Zitiert nach: www.nderf.org/German/fena_d_nte.htm

»Mein letzter Selbstmordversuch hatte eine solche Wirkung auf mein Leben, dass ich seither nie wieder einen Versuch machte und es auch nie wieder tun werde … Ich dachte einfach, dass der Tod das Ende von allem wäre und ich einfach friedlich einschlafen und niemals wieder aufwachen würde und der Rest der Ewigkeit einfach eine Leere wäre und nicht mehr existieren würde.
Zitiert nach: www.nderf.org/German/linda_s_nte.htm

»Ich weiß und erkenne, dass nicht nur mein Leben auf Erden ein Geschenk Gottes ist, alles ist ein Geschenk Gottes. Meine Familie, mein Haustier, die Blumen neben den Autobahnen, wo wir alle daran vorbeifahren, die Vögel, die singen, die Fische, die in Seen, Flüssen, Strömen und Ozeanen schwimmen, das Wasser, das wir trinken, die Nahrung, die wir essen. Ich weiß und erkenne, dass ich nicht derjenige bin, der mein Geschenk wegnehmen kann, ich erkenne, dass Gott mir dieses Leben auf Erden gegeben hat mit so wundervollen Gaben. Meine beiden Eltern sind wunderbare Geschenke und alles, was sie mir zeigten, ist ein wundervolles Geschenk, das sie erhielten und an mich weitergaben.«
Zitiert nach: www.nderf.org/German/michael_d_nte.htm

»Ich war selbstmörderisch, seit ich zwölf Jahre alt war … ich konnte die Präsenz Gottes fühlen. Weißt du, was er sagte? Er sagte nicht ›Du wirst in der Hölle brennen, du bist böse deswegen, du bist eine schlechte Person.‹ Weißt du, was er zu mir sagte? ›Ich kann dich jetzt nicht gleich mitnehmen, Liebling; du hast diese Lebenszeit kaum aufgebraucht. Du musst abschließen, wofür du hier bist.‹«
Zitiert nach: www.nderf.org/German/nicole_nte.htm

»Dann sagte eine Stimme in meinem Kopf: ›Selbstmord ist nicht länger eine Option für dich.‹ Als junge Universitätsstudentin hatte ich den Existenzialismus angenommen und verschlang die Schriften von Nietzsche. Von ihm hatte ich gelernt, dass Selbstmord immer eine Option war, um das Elend hinter sich zu lassen. Seitdem gab es Zeiten, in denen ich sterben wollte, weiß aber, dass Selbstmord keine Option ist. Ich lerne, jeden Tag, das Leben zu wählen.«
Zitiert nach: www.nderf.org/German/susanna_nte.htm

»Ich glaube, dass dieses höchste Wesen mir die Hölle zeigen wollte, als eine Art Warnung, damit ich mein Leben ändern konnte … Diese Erfahrung überzeugte mich, dass die Seele nach diesem Leben an einen Ort geht, den ich mir durch die Dinge, die ich während meines Lebens getan hatte, verdient hatte. Mir wurde plötzlich klar, dass dies mein Leben ist und nur ich allein dafür

verantwortlich bin, wie ich mit den Dingen umgehe, die auf mich zukommen. Ich habe nicht immer gewählt, was mir in den Weg kommt, aber ich entscheide, wie ich mit Situationen umgehe … Kümmern Sie sich um einander. Nur das, was ihr gebt, nehmt ihr mit ins Jenseits … Solange wir nicht lernen, bedingungslos zu lieben, werden wir uns immer wieder im Leiden suhlen. Wir kommen nur dann aus diesem Zustand heraus, wenn wir uns von dem Schlechten distanzieren und uns immer wieder für die bedingungslose Liebe entscheiden.«
Zitiert nach: www.nderf.org/German/mvc_nte.htm

»Vergib dir selbst, vergib anderen und lerne aus deinen Fehlern. Du nimmst sie mit, wenn dein physischer Körper stirbt, wenn du dich entscheidest, ein negatives Leben zu führen.«
Zitiert nach: www.nderf.org/German/ben_b_nte_9298.htm

»Ich kann niemandem raten, sich umzubringen, also Selbstmord zu begehen. Niemals!«
Zitiert nach: www.youtube.com/watch?v=CWQUTJjONnA

Es ist wichtig, all diese Stimmen zu Wort kommen zu lassen und zu hören, denn diese Nahtod-Erfahrenen verraten uns sehr viel darüber, wie das Jenseits über das Thema Selbsttötung denkt. Mehr noch, sie geben uns darüber hinaus auch einen Einblick in die tieferen Ebenen der Wirklichkeit und den Sinn unserer Existenz. Demnach scheint es so zu ein, dass sich die Seelen selbst diejenigen Aufgaben und Erfahrungen aussuchen, die sie während ihrer Inkarnation bewältigen und machen möchten. Niemand zwingt die Seelen dazu. Sie selbst wollen es, um zu reifen. Darum geht es, um seelische Reifung. Jede Seele inkarniert somit mit einer bestimmten Lebensaufgabe. An diese Lebensaufgabe kann sich aber keine Seele in dieser irdischen Existenz mehr erinnern. Schlimmer noch, sie kann sich noch nicht einmal daran erinnern, dass sie eigentlich aus ihrer lichten jenseitigen Heimat stammt und dazu erschaffen wurde, um ewig zu leben. Folglich ist die Seele erst einmal verwirrt. Sie weiß nicht, wozu sie da ist und welchen Sinn ihr Aufenthalt in der irdischen Dimension hat. Das Einzige, was sie bei ihrer Geburt merkt, ist, dass sie nunmehr von ihrem göttlichen Ursprung getrennt ist. Jedes Kind weint und schreit deshalb bitterlich bei seiner Geburt. Kein einziges Kind kommt mit einem Lächeln auf dem Gesicht zur Welt. Trotzdem ist es wichtig, dass jedwede Erinnerung an die jenseitige Welt vollkommen ausgelöscht wird, denn ansonsten würde jede Seele Hand an sich legen wollen, um schnellstmöglich wieder in die Heimat des Lichtes zurückzukommen. Doch so würde Gottes Plan nie erfüllt werden können; denn die Schöpfung ist zwar vollkommen, aber sie ist nicht vollendet.

Es ist die Aufgabe der vielen Geistseelen, dies zu tun. Dazu müssen sie aber hierbleiben, in dieser unwirtlichen Welt. Die Unwissenheit über die jenseitige Welt hilft dabei, denn dadurch hält die Seele an ihrem Leben in der Regel fest. Sie kennt ja schließlich nichts anderes und meint daher, dass es auch nichts anderes gibt. Das Einzige, was sie weiß ist, dass sie lebt, ob da aber noch etwas kommt nach dem irdischen Tod, das weiß sie nicht. Die Seele weiß deshalb genau, was sie zu verlieren hat, aber nicht, was sie eventuell gewinnen könnte. Das bleibt in der irdischen Dimension ein ewiges Geheimnis. So, wie die Lebensaufgabe selbst.

Und doch kann jede Seele auf eine sehr leichte Art und Weise herausfinden, was ihre Lebensaufgabe ist; denn jeder Mensch ist ein Unikat, das mit einer einzigartigen Kombination aus Fähigkeiten und Talenten ausgestattet ist. Deshalb heißt es auch, da, wo deine Talente liegen, da liegen auch deine Aufgaben. Man muss nur herausfinden, welche Befähigungen man hat, der Rest kommt dann von ganz allein. Die Seele spürt das. Ist es nicht die richtige Aufgabe, stellen sich sehr schnell Unzufriedenheit und Frustration ein. Ist es dagegen die richtige Aufgabe, dann ist die Seele erfüllt. Sie ist wie besessen von dieser Aufgabe. Das ist es, was Konfuzius meinte, als er sagte: »Wenn du liebst, was du tust, wirst du nie wieder in deinem Leben arbeiten.« Und das ist es auch, worum es im Kern geht. Es geht darum, Erfüllung zu finden. Seine Aufgabe in diesem Leben zu finden, um die göttliche Schöpfung zu vollenden. Und dadurch gleichzeitig auch seelisch zu reifen. Das ist das Ziel der menschlichen Existenz und damit zugleich der Sinn des Lebens. Wer einen Sinn in seinem Leben sieht und sein Leben danach ausrichtet, findet auch Erfüllung. In diesem Zusammenhang sprach Jesus auch vom Weinberg Gottes. Jede menschliche Seele ist dazu aufgerufen, in diesem Weinberg zu arbeiten. Mit seinen

Fähigkeiten und Talenten dafür Sorge zu tragen, dass am Ende ein guter Wein herauskommt. Der Lohn dafür ist das ewige Leben, für das jede Seele nach dem Willen Gottes bestimmt ist. Dafür braucht es aber eine gewisse Reife. Und die lässt sich nur im Weinberg, sprich in dieser irdischen Existenz erwerben. Ist die Seele noch zu unreif, so kann sie nicht zu Gott aufsteigen, was ja das Ziel jeder Seele ist. Die Wiedervereinigung mit dem göttlichen Urgrund. Zurück in das Licht. Was aber, wenn die Seele diese Reife nicht erreicht? Dann muss sie wiedergeboren werden. Sie wird dann wieder vor die gleichen Aufgaben und Schwierigkeiten gestellt, bis sie ihre Aufgaben gelöst und die notwendige Reife erreicht hat. Erst dann kann sie aufsteigen und in der jenseitigen Welt weiter heranreifen. Heranreifen bis zum Göttlichen.

So gesehen ist Wiedergeburt als eine Art spirituelles Sitzenbleiben zu verstehen. Wie in der Schule. Auch dort geht es erst weiter, wenn der Stoff verstanden und bewältigt wurde. Aus dieser Perspektive betrachtet, macht Selbsttötung überhaupt keinen Sinn. Man läuft nur Gefahr, wiedergeboren und vor die gleichen Aufgaben gestellt zu werden. Der Suizid löst damit kein einziges Problem, im Diesseits nicht und erst recht nicht im Jenseits. Natürlich ist es denkbar, dass eine Seele zum Zeitpunkt der Selbsttötung eine ausreichende Reife erlangt hat. Doch wer will das beurteilen? Nur das Jenseits kann das. Und wie das Jenseits darüber entscheidet, das weiß kein Mensch. Deshalb stimmen die Zeugnisse Suizidaler auch alle darin überein, dass Selbsttötung keine Lösung ist. Es findet sich kein einziges Zeugnis, das diesen Weg allen Ernstes empfiehlt. Im Gegenteil, fasst man all die Erfahrungen der Suizidenten in der vorliegenden Untersuchung zusammen, die während ihrer NTE gelernt haben, wie ein Mensch auf Erden sein Leben gestalten soll, dann klingt das in etwa so:

> Vergib dir selbst und vergib anderen. Lerne aus deinen Fehlern, ansonsten nimmst du sie mit, wenn dein physischer Körper stirbt und deine Seele ihn verlässt. Mache dir bewusst und verstehe, dass wir alle miteinander verbunden sind und menschliches Leben zum Erfahren von Liebe da ist. Ja, die Liebe ist das einzige Ziel. Bedingungslose Liebe und Vergebung ist alles, worum es im Universum und im Leben geht. Liebe ist das einzige Gesetz in der Sphäre des Geistes. Deshalb lerne, bedingungslos zu lieben. Begreife, dass

> die Liebe, die du teilst, das Mitgefühl, das du für andere empfindest, die Güte, die du anderen zukommen lässt und das, was du von dir selbst anderen gibst, die deinen Lebensweg kreuzen, das Wichtigste sind in deinem Leben. Lebe auf diese Weise dein Leben, um anderen zu dienen; denn wir werden von Gott für unser Verhalten, uns selbst und anderen gegenüber, zur Rechenschaft gezogen. Kümmere dich also um dich, um andere Menschen und um deine Beziehung zu Gott. Und vergiss dabei eins niemals. Nur das, was du an Liebe gibst und an Weisheit lernst, nimmst du mit ins Jenseits. Lasse dich auf diesem Weg nicht vom Bösen abbringen, auch wenn es noch so schwierig wird; denn Unwägbarkeiten, Hindernisse und Widerstände in der Welt sind dazu da, um Unreinheiten in deinem Geist zu beseitigen. Solange du nicht lernst, bedingungslos zu lieben, wirst du dich im Leid, Schmerz und Elend regelrecht wälzen. Aus diesem Zustand kommst du erst heraus, wenn du dich von allem Schlechten distanzierst und dich immer wieder für die bedingungslose Liebe entscheidest.

Diese Aussagen, kurz zusammengefasst, sind der Grund dafür, weshalb Nahtod-Erfahrene ihre NTE nach einem Suizidversuch häufig als zweite Chance begreifen. Als Chance, das Leben, das sie bisher geführt haben, besser zu machen. Und sie sind auch der Grund dafür, weshalb Suizidenten in der Regel kein zweites Mal versuchen, sich das Leben zu nehmen. Das belegen zumindest einige Studien sehr eindrucksvoll (Corcoran, 1988; Morris et al., 2003; Sutherland, 1990). Verständlich, denn wer die jenseitige Welt während seiner Nahtod-Erfahrung erlebt hat, der weiß, dass der Suizid der Weisheit und Liebe Gottes vollkommen entgegensteht. Und wer eine negative Erfahrung erlebt hat, der ist genug gewarnt. Interessant ist in diesem Zusammenhang immer wieder die Beobachtung, dass Nahtod-Erfahrene offensichtlich über eine Art Intuition bezüglich des Suizids verfügen. Auf die Frage nämlich, warum sie sich denn nicht selbst töten, wenn sie doch so gerne wieder in das göttliche Licht zurückkehren würden, antworten NTE-ler oft, dass sie es nicht tun, weil sie wissen, dass sie dann nicht mehr an diesen wunderschönen Ort gelangen würden. Auf die Nachfrage, woher sie das denn wüssten, antworten dann viele, dass sie es einfach innerlich spüren und deshalb Abstand davon nehmen würden. Natürlich gibt es auch Ausnahmen, wie immer in dieser Welt. Es gibt Nahtod-Erfahrene, selbst solche nach einem Suizidversuch, die sich trotzdem das Leben nehmen. Das liegt einfach daran, dass Nahtod-Erfahrungen durch ihre unbeschreiblich schönen Erlebnisse die Bereitschaft zum Suizid gerade bei denjenigen Menschen verstärken können, die ohnehin schon mit dem Gedanken an eine Selbsttötung spielen. Dieser Aspekt muss daher besonders in der Beratung und Therapie Berücksichtigung finden. Also bei denjenigen Menschen, die keine Nahtod-Erfahrung hatten, aber Gedanken an einen Suizid hegen. Für sie können nämlich die herrlichen Geschehnisse an der Grenze des Todes, von denen sie vielleicht gehört haben, eine verführerische Sogwirkung entfalten und sich damit eher zugunsten eines Suizids auswirken.

Doch Menschen, die sich das Leben nehmen wollten und dabei eine positive Nahtod-Erfahrung hatten, neigen dagegen kaum zu einer Wiederholung der Tat. Zu offensichtlich ist für sie dabei der spirituelle Widersinn. Und diejenigen, die ein negatives Sterbe-Erlebnis während ihres Suizidversuches hatten, kämen ohnehin nicht mehr auf den Gedanken, so etwas noch einmal erleben zu wollen. So gesehen entfalten Nahtod-Erfahrungen größtenteils eine suizidabschreckende Wirkung. Das gilt aber, wie wir aus den Forschungsarbeiten der US-amerikanischen Sterbeforscherin P. M. H. Atwater wissen (»Children of the New Millennium«), nur für Erwachsene. Für Kinder gilt es dagegen leider nicht, denn bei ihnen können Nahtod-Erfahrungen durchaus zu einer verstärkten Suizidneigung führen. In der Beratung und Therapie müssen wir daher lernen, verschiedene Patientengruppen auseinanderzuhalten, als da wären:

- Erwachsene mit einer Nahtod-Erfahrung
- Kinder mit einer Nahtod-Erfahrung
- Suizidgefährdete Menschen ohne eine Nahtod-Erfahrung

Diese Differenzierung ist sehr wichtig, denn die verschiedenen Patientengruppen erfordern verschiedene Beratungsschwerpunkte sowie unterschiedliche Therapieansätze. Dabei darf man natürlich auch die Suizidprophylaxe nicht aus den Augen verlieren. Bei der Beratung und Therapie suizidgefährdeter Menschen ohne eine Nahtod-Erfahrung sollte sich der Therapeut beispielsweise stets vor Augen halten, dass wir es mit einer Mischung aus biologischen, psychischen und sozialen Faktoren zu tun haben, die in ihrem Zusammenwirken zu einer Suizidgefährdung führen können. Gerade deshalb ist häufig eine Kombination von verschiedenen therapeutischen Ansätzen notwendig, um die Problematik möglichst auf allen Ebenen anzugehen. Ferner muss sich der Therapeut bewusst sein, dass sich niemand ohne Not das Leben nimmt. Das heißt, dass hinter jedem Suizid und jedem Suizidversuch ganz akute schwere seelische Krisen und häufig auch eine psychische Erkrankung stehen. Dabei sind die möglichen Auslöser sehr vielfältig. Diejenigen Menschen, die sterben wollen, weil für sie das Leben unerträglich geworden ist, kann man deshalb nur beraten, indem man voll und ganz auf ihre persönliche Situation eingeht. Drei Hauptansätze sind dabei zu verfolgen. Dazu gehört die Krisenintervention, die Psychotherapie sowie die medikamentöse Therapie. Bei der Krisenintervention muss der Therapeut zunächst einmal eine Beziehung zu dem Betroffenen aufbauen und das grundlegende Problem seines Patienten herausfinden und verstehen. Er muss sich der Tatsache bewusst werden, dass sein Gegenüber im Grunde leben will, nur ebenso nicht mehr weiterleben möchte. Deshalb geht es bei der Krisenintervention zunächst einmal darum, die Belastung für den Betroffenen zu reduzieren sowie seine Selbsthilfekräfte zu aktivieren. Damit sollen die Symptome reduziert werden. Alles mit dem Ziel, die akute Krise zu überwinden und eine mögliche Selbst- oder Fremdgefährdung zu verhindern. Ferner geht es darum, mit dem Betroffenen zeitlich begrenzte Vereinbarungen zu treffen. Darunter sind kleine konkrete Handlungsanweisungen zu verstehen, die Teil der Therapie sind. Auch ist es notwendig, das Umfeld mit einzubeziehen; denn mit ihrem Suizid würden die Betroffenen in ihrem gesamten sozialen Umfeld, darunter sind vor allem die Familie, Freunde sowie Arbeits- beziehungsweise Schulkollegen zu verstehen, ganz erhebliche Probleme auslösen. Eine Selbsttötung würde nämlich sowohl Familie als auch Freunde in einen absoluten Schockzustand versetzen. Das Umfeld wäre augenblicklich mit der Frage konfrontiert, warum haben wir es nicht bemerkt? Hätten wir es verhindern können? Wie hätten wir es verhindern können? Diese Fragen bleiben, genauso, wie die Frage nach dem »Warum«. Und sie bleiben wie ein Schatten auf dem Leben der Hinterbliebenen liegen. Für sie gibt es deshalb ein Leben davor und ein Leben danach. Ein Leben mit quälenden Fragen, Selbstvorwürfen und Scham. Ein lebenslanges Trauma eben. Durch dieses Trauma können die Hinterbliebenen manchmal selbst in krisenhafte Zustände geraten. Um daraus herauszufinden, müssen sie die Wirklichkeit des Todes und des Verlustes erst einmal begreifen. Sie müssen die Vielfalt der Gefühle, die auftauchen und sehr widersprüchlich ausfallen können, durchleben und sich zugestehen. Sodann geht es darum, Veränderungen in der Umwelt wahrnehmen und zu gestalten. Auch geht es darum, der oder dem Toten einen neuen Platz zuzuweisen. Und es gilt zu lernen, mit dem Tod und dem Verlust des geliebten Menschen weiterzuleben. Damit aber das alles eben nicht eintritt, ist es absolut unerlässlich, das soziale Umfeld in die Krisenintervention mit einzubeziehen und gemeinsam mit dem Betroffenen einen Ansatz zur Problembewältigung zu entwickeln.

Die Krisenintervention ist allerdings zeitlich begrenzt, als Kurztherapie zu verstehen. Um darüber hinaus für Betroffene eine Unterstützung zu gewährleisten, ist in der Regel eine Psychotherapie notwendig. In deren Fokus steht hauptsächlich die Behandlung des Auslösers. Das können zum Beispiel familiäre Konflikte, Mobbing im Beruf, eine Depression oder andere psychische Erkrankungen und vieles mehr sein. Als Psychotherapie bei Suizidgefährdung kommen dabei vor allem drei Methoden zum Einsatz. Zum einen die sogenannte »Schemafokussierte Therapie«. Unter den Schemata versteht man dabei die typischen Gefühls- und Gedankenmuster, die das Verhalten der betroffenen Person lenken und steuern. In der Therapie geht es darum, die ungünstigen Erlebens- und Verhaltensmuster, welche sich im Lauf des Lebens entwickelt haben, bewusst zu machen. Es geht darum, diese so zu verändern, dass die Betroffenen ihre Gefühle und ihr Verhalten besser regulieren und lernen, die eigenen Bedürfnisse auf eine vorteilhaftere Weise zu befriedigen. Eine andere Form der Psychotherapie ist die sogenannte »Dialektisch Behaviorale Therapie«. Wie der Name bereits andeutet, steht bei ihr die dialektische Betrachtungsweise im Vordergrund. Das bedeutet, dass während der Therapie gegensätzliche Problemfelder und Standpunkte erkannt und angenommen werden. Dadurch soll ein Gleichgewicht zwischen ihnen entwickelt werden. Dabei akzeptiert und respektiert der Therapeut grundsätzlich die aktuelle Gefühls- und Erlebniswelt der betreffenden Person. Währenddessen sucht er nach einer Lösung, die zwischen Akzeptanz einer Situation und deren Veränderung liegt. Auf diese Art und Weise bearbeitet er das typische Muster von Instabilität im Bereich der Stimmungen, der zwischenmenschlichen Beziehungen und des Selbstbildes. Suizidalität, Selbstverletzungen, selbst- und therapieschädigendes Verhalten werden so reduziert. Und es werden Fertigkeiten zum effektiven Umgang mit Belastungen eingeübt. Ziel ist es, die Betroffenen zu Experten ihrer eigenen Probleme und deren Lösungen zu machen. Neben der schemafokussierten und der dialektisch behavioralen Therapie, gibt es noch die sogenannte »Kognitive Verhaltenstherapie«. Sie ist eine Mischung aus der kognitiven Therapie und der Verhaltenstherapie. Die Basis ist dabei die Erkenntnis, dass unsere Gedanken und unser Verhalten eng miteinander zusammenhängen. Folglich geht es in der Therapie darum, krankmachende Denkweisen und verzerrte Wahrnehmungen zu erkennen, sie in einem weiteren Schritt zu überprüfen und letztlich zu verändern. Und zwar so, dass dadurch auch die Gefühle positiv beeinflusst werden. Damit sollen während der therapeutischen Arbeit Fähigkeiten der Problembewältigung sowie sozialer Kompetenzen aufgebaut werden. Leidet jedoch der Suizidgefährdete an einer Depression oder einer anderen psychischen Störung, dann wird versucht, mittels geeigneter Medikamente die Symptome und damit das Problem in den Griff zu bekommen. Meist handelt es sich dabei um Antidepressiva, darunter vor allem selektive Serotonin-Wiederaufnahmehemmer, Serotonin- und Noradrenalinaufnahmehemmer, trizyklische Antidepressiva und Stimmungsstabilisierer. Hier ist allerdings Vorsicht geboten, denn Antidepressiva wirken zwar antidepressiv, aber auch aktivierend. Dabei setzt die antidepressive Wirkung erst nach einigen Wochen ein, während die aktivierende Wirkung schneller einsetzt. Dadurch besteht die Gefahr, dass gerade zum Beginn der antidepressiven Therapie sich das Suizidrisiko sogar noch erhöht. Es ist von daher ratsam, gerade in dieser Zeit, die Betroffenen aufmerksam im Blick zu behalten. Falls nötig, werden aber auch noch andere Medikamente eingesetzt, so zum Beispiel Antipsychotika, oder es kommt eine Kombination aus verschiedenen Medikamenten zum Einsatz, je nachdem, was die Suizidgedanken auslöst. Es muss aber betont werden, dass Medikamente im Rahmen der Krisenintervention eher eine untergeordnete Rolle spielen. Hier sind, wenn überhaupt, Benzodiazepine zur Beruhigung oder Neuroleptika bei Erregungszuständen denkbar. Insgesamt betrachtet haben aber Psychopharmaka, eingebunden in ein umfassendes, individuell abgestimmtes Therapiekonzept, einen wichtigen Stellenwert sowohl in der Behandlung als auch in der Prävention von Suizidalität.

Unter der Prävention von Suizidalität versteht man dabei alle ärztlichen und gesellschaftlichen Maßnahmen für diejenigen Menschen, bei denen eine Gefahr für eine Selbsttötung besteht, welche sich entweder durch Suizidgedanken, -träume oder -phantasien ankündigt oder sich bereits in einem misslungenen Suizidversuch gezeigt hat. Derartige Maßnahmen können sehr weitreichend sein. Desgleichen gehört die Schaffung von Kriseninterventionsangeboten sowie von Nachsorgeangeboten für Menschen nach Suizidversuchen zur Prophylaxe. Hier ist vor allem die frühe Erkennung und Behandlung von Menschen mit psychischen Problemen und Suchterkrankungen sowie von Patienten mit chronischen Schmerzen von zentraler Bedeutung. Darüber hinaus umfasst die Suizidprävention gleichfalls die Sensibilisierung der breiten Öffentlichkeit für dieses wichtige Thema. Dazu gehören Antistigmatisierungskampagnen ebenso wie eine seriöse und verantwortungsbewusste Medienberichterstattung. Und zu guter Letzt gehören auch Schulungen von Ärzten und anderen Beschäftigten im Gesundheitswesen sowie Mitarbeitern des Bildungswesens, der Polizei und anderer Berufsgruppen, die potenziell mit Risikogruppen in Berührung kommen, zur Suizidprävention. Denn gerade Gefährdete oder Überlebende von Suizidversuchen brauchen viel Unterstützung seitens ihrer Mitmenschen.

Ein Aspekt fehlt jedoch noch in der Suizidprävention, die den Menschen als eine bio-psycho-soziale Einheit sieht. Es ist die spirituelle Dimension. Sie ist genauso von Bedeutung, denn es geht hier um das Verhältnis und Verständnis von Religiosität, Spiritualität und Gesundheit. Wir wissen nämlich mittlerweile, dass das Seelisch-Geistige sowie religiöses oder spirituelles Erleben als eine Ressource für Menschen zu werten ist. Eine Kraft, die bei Krankheit und Genesung eine entscheidende Rolle spielen kann. Folglich könnte es denkbar sein, dass Religiosität und Spiritualität gleichermaßen vor einem Suizid schützen. Von daher sollte auch der entscheidende Schritt gewagt werden, um spirituelle Aspekte in die Beratung, Therapie und Prävention von Gefährdeten beziehungsweise von Überlebenden eines Suizidversuchs miteinzubeziehen. Und zwar im Sinne eines »religious« beziehungsweise »spiritual coping«. Angesichts schwieriger Lebenssituationen geht es bei dieser religiösen oder spirituellen Bewältigung um die Einbeziehung kognitiver oder Verhaltenstechniken, die sich entweder aus der eigenen Religion beziehungsweise Spiritualität ergeben oder aus der anderer Menschen. Ganz konkret gesprochen könnten beispielsweise in die Beratung, Therapie und Prävention Suizidgefährdeter oder von Personen, die einen gescheiterten Suizidversuch hinter sich gebracht haben, die Erkenntnisse und Einsichten von nahtod-erfahrenen Menschen berücksichtigt werden. Idealerweise von Menschen, die selbst schon einen Suizidversuch unternommen und in diesem Zuge eine Nahtod-Erfahrung erlebt haben. Desgleichen könnten auch die Ergebnisse der vorliegenden Studie in die Arbeit mit Suizidgefährdeten einfließen, samt den Erfahrungen und Lehren derjenigen Menschen mit Nahtod-Erfahrungen, die hier in diesem Buch zu Wort gekommen sind und deren Botschaft zum Thema Suizid eindeutig und unmissverständlich ist.

Eine Botschaft, die da lautet: Lasst es bleiben! Das Jenseits bestraft euch zwar nicht dafür, aber ihr schadet euch massiv selbst! Ihr behindert nur euren eigenen seelischen Reifungsprozess damit und lauft Gefahr, wiedergeboren und somit erneut vor die gleichen Schwierigkeiten gestellt zu werden! Ihr vergrößert damit eure Probleme nicht nur im Diesseits, sondern auch in der jenseitigen Welt! Also lasst es bleiben, um euretwillen! Es gibt keine Alternative zum Leben! Ihr müsst eure spirituellen Lektionen lernen und eure Aufgabe erfüllen, sonst gibt es keine Weiterentwicklung in der anderen Realitätsebene! Denn der Tod ist nur eine Illusion! Es gibt kein Ende, nur einen Übergang! Ihr könnt euch deshalb nicht selbst töten!

Diese Erkenntnis steht dem Wunsch von Suizidenten diametral entgegen, denn sie glauben, mit ihrer Selbsttötung alle ihre Probleme vom Tisch zu haben und sich von diesem Leben erlösen zu können, indem sie in einen ewigen Schlaf, eine ewige Bewusstlosigkeit, sinken. Doch das ist reines Wunschdenken, denn die Erlebnisse Nahtod-Erfahrener offenbaren uns eine ganz andere Realität. Es ist daher elementar wichtig, diese Realität in die Beratung, Therapie und Prävention suizidgefährdeter Menschen miteinzubeziehen. Gemeint sind damit alle Health-Care-Maßnahmen, die auf spezifische Risikogruppen zugeschnitten sind. Dieser Appell richtet sich aber genauso an die Öffentlichkeitsarbeit, an alle Public-Health-Maßnahmen, welche sich mit ihrem Anliegen an die gesamte Bevölkerung wenden. Damit sind gezielt diejenigen Organisationen angesprochen, die sich in Forschung, Lehre oder Praxis mit der Suizidprävention befassen. Denn ihre Aufgabe besteht nicht nur darin, die entsprechenden Akteure in der Prävention zu vernetzen und die Forschung auf diesem Feld zu fördern, sondern eben auch die Öffentlichkeit mit relevanten Informationen zu versorgen. Dazu wäre es aber notwendig, Mut zu fassen und neue Wege zu gehen. Wege im Sinne eines »religious« beziehungsweise »spiritual coping«, indem man die Erkenntnisse der vorliegenden Studie mit in die tägliche Arbeit einbezieht. Speziell richtet sich daher dieser Appell folglich an Organisationen wie die »Deutsche Gesellschaft für Suizidprävention«, die »Nationale Suizidpräventionsstrategie« (SUPRA) in Österreich, den »Aktionsplan Suizidprävention« in der Schweiz und ähnliche Organisationen in anderen Ländern weltweit.

Sie alle sollten die Erfahrung von Menschen, die einen Suizidversuch unternommen und mit einer Nahtod-Erfahrung überlebt haben, zur Kenntnis nehmen und weitergeben. Denn wenn Menschen hören, dass es Personen gibt, die versucht haben, sich selbst zu töten und währenddessen bei vollem Bewusstsein geblieben sind, obwohl ihr Körper für tot erklärt wurde, könnte sich in der Bevölkerung das Bewusstsein dafür entwickeln und durchsetzen, dass es die Möglichkeit der Selbsttötung gar nicht gibt. Und das über Generationen hinweg. Die Absicht, sich selbst zu töten, aus welchem Grund auch immer, könnte auf diese Weise kritisch hinterfragt und reflektiert werden. Das würde möglicherweise eine ganz neue Perspektive eröffnen, im Hinblick auf die eigene Aufgabe und den Sinn des Lebens.

Für Menschen mit Nahtod-Erfahrungen besteht zum Beispiel dieser Sinn des Lebens darin, lieben zu lernen und sich Wissen zu erwerben. Gemeint ist damit eine selbstlose Liebe, die uneigennützig handelt sowie ein Wissen in Form von Weisheit. Denn nur Liebe und Wissen können wir, so die Nahtod-Erfahrenen, aus diesem Leben mit in die andere Dimension nehmen. Alles andere dagegen werden wir zurücklassen müssen. Dieses »Andere« ist deshalb unbedeutend. Diese Erkenntnis, für so viele Nahtod-Erfahrene zu einem Glaubensbekenntnis geworden, ist Ausdruck des tiefen Sinneswandels und der umfassenden Persönlichkeitstransformation, die eine Grenzerfahrung wie ein Todesnähe-Erlebnis nach sich ziehen kann. Gelingt es dem Betroffenen, seine Erfahrung in sein Leben zu integrieren, so lebt er auch aus der Erkenntnis dieser Erfahrung. Er wird dadurch zu einem Mystiker. Denn er lebt in der Erkenntnis Gottes aus seiner Erfahrung. Oder wie es die Lateiner auszudrücken pflegen, aus der *Cognitio Dei experimentalis*. Als Mystiker bleibt der nahtod-erfahrene Mensch ein Realist. Er lebt bescheiden und demütig und weiß, dass er im Grunde nichts weiß. Doch bis es so weit ist, durchleben Nahtod-Erfahrene verschiedene Phasen. Ungefähr 20% der Nahtod-Erfahrenen können sich erst im Laufe von Tagen, Wochen und Monaten, manchmal sogar erst nach Jahren, an Einzelheiten ihres Erlebnisses erinnern. Und auch die Persönlichkeitsveränderungen setzen nicht sofort ein, sondern beginnen erst im Laufe der Jahre, mit der Auseinandersetzung des Erlebten. Dabei ist die erste Phase nach einer Nahtod-Erfahrung oft geprägt von tiefer Verwirrung und Traurigkeit. Verwirrung, weil sich dem Betroffenen viele Fragen stellen wie:

- Wo war ich?
- Was ist mir widerfahren?
- Was bedeutet das alles?
- War das ein Traum oder Wirklichkeit?
- Warum ist das gerade mir zugestoßen?
- Welche Botschaft liegt darin?
- Welche Bedeutung hat das für mein Leben?
- Wie kann ich das dort Gelernte in mein Leben integrieren?
- Wem kann ich das Erlebte erzählen?
- Wie soll ich es anderen begreiflich machen?
- Wird mir jemand Glauben schenken?
- Was soll ich nur als Nächstes tun?

Und Traurigkeit, weil sich für die Betroffenen noch eine ganz andere Frage stellt, nämlich:

- Wo finde ich die unermessliche Liebe des Lichtes hier auf Erden?

Nahtod-Erfahrene sind in doppelter Hinsicht traumatisiert. Erstens, weil sie sich mit ihrer Erkrankung, die zu ihrer NTE geführt hat, zurechtfinden müssen und zweitens, weil sie sich mit dem Verlust der Liebe des Lichtes abfinden müssen. Das klingt für Außenstehende zwar befremdlich, für Nahtod-Erfahrene ist es aber eine absolute Katastrophe. Gerade eben waren sie in diesem wunderbaren und unbeschreiblichen Licht. Aufgehoben in einer Liebe, die mit Worten überhaupt nicht auszudrücken ist. Alles hätten sie dafür getan und gegeben, um nur in diesem Licht bleiben zu dürfen. Und dann scheitert dieser brennende Wunsch kläglich. Der Nahtod-Erfahrene erwacht wieder in dieser Welt. Einer Welt, die nunmehr als kalt, schmutzig und fremd empfunden wird. Hier wollen sie nicht mehr bleiben, aber ein Zurück gibt es auch nicht mehr. Das kann zu Wut, Enttäuschung, ja sogar bis zu einer Depression und Autoaggressionen führen. In diesen Fällen ist eine Traumatherapie angezeigt. Genauso, wie bei denjenigen Betroffenen, die eine fürchterliche Nahtod-Erfahrung erlebt haben und von denen dieses schreckliche Gefühl von Alleinsein, Verlassenheit, schwarzer Ewigkeit, verurteilt und körperlich wie seelisch gequält worden zu sein, einfach nicht mehr weichen will. So ist es bei positiven Nahtod-Erfahrungen der Verlust des Lichtes und seiner Liebe, der zum Trauma führt. Und bei negativen Nahtod-Erfahrungen ist es eben das Nicht-Erleben des Lichtes, das vollkommene Ausbleiben jedweder Liebe, das eine Traumatisierung bewirkt. Wichtig ist es von daher, dass der Betroffene zuerst einmal in der Traumatherapie lernt, seine Gefühle zu kontrollieren, wobei am Anfang noch keine Auseinandersetzung mit dem eigentlichen Trauma erfolgen sollte. Denn der Patient muss sich zuerst stabilisieren. Bis Nahtod-Erfahrene ihre erste Phase der Verwirrung und Traurigkeit wirklich überwinden, können mehrere Jahre vergehen. Manchmal bis zu drei Jahren. Erst dann beginnen Einsamkeit, Heimweh nach dem Licht und Depressionen langsam nachzulassen. Geheilt sind die Betroffenen damit aber noch lange nicht, denn nun kommt für sie die Phase der Erkenntnis. Besser gesagt, während dieser Phase suchen sie nach Erkenntnissen. Sie lesen in der Bibel oder anderen heiligen Schriften, versuchen diese mit ihrer eigenen Erfahrung abzugleichen oder suchen Halt in Glaubensgemeinschaften. Bis diese Phase abgeschlossen ist, können auch wieder gut drei Jahre vergehen. Danach vertiefen für gewöhnlich Nahtod-Erfahrene ihre Erkenntnisse, wobei diese Phase der Vertiefung sogar bis zu vier Jahren Zeit in Anspruch nehmen kann. Erst dann beginnt für sie die Phase des inneren Friedens. Bis also eine Nahtod-Erfahrung vollkommen in das eigene Leben integriert ist, können bis zu acht Jahre und mehr vergehen. Je reifer, je lebenserfahrener und je reflektierter eine Persönlichkeit ist, desto mehr wird sie mit dem Erlebtem aus der Nahtod-Erfahrung anfangen können und desto leichter wird sie diese auch in den Alltag integrieren können. Und für die Therapie gilt, je mehr Nahtod-Erfahrene begreifen, wie normal ihre Erfahrung ist, dass sie nicht verrückt sind, und auch Art und Umfang ihrer Probleme aus dieser Erfahrung nur logisch und natürlich erscheinen, desto schneller werden sie imstande sein, sich zu stabilisieren und wieder in die Gesellschaft zu integrieren. Aber es braucht trotzdem Zeit, viel Zeit. Und es braucht Geduld, denn eine Nahtod-Erfahrung berührt alles und wird von nichts übertroffen. Sie stellt das Leben des Betroffenen, insbesondere bei einer Kernerfahrung, vollkommen auf den Kopf.

Das heißt, eine NTE wirkt im Grunde wie ein spiritueller Reset-Knopf. Manch ein Nahtod-Erfahrener versucht deshalb, die Erfahrung zu verdrängen und so aus seinem Leben zu verbannen, doch das ist bei einer Kernerfahrung kaum möglich. Einfach deshalb nicht, weil die NTE wie ein emotionales Erdbeben wirkt. Und weil sich diese Erfahrung immer wieder aufdrängt. Aufdrängt, ähnlich einem Trauma. Der Vergleich mit dem Erdbeben ist daher durchaus angebracht, denn immer wieder gibt es Nachbeben. Diese können sich im Alter sogar noch verstärken. Eine Heilung beginnt erst mit der Auseinandersetzung mit der NTE. Es muss dem Nahtod-Erfahrenen gelingen, den spirituellen Schatz, den er während seiner NTE entdeckt hat, in ein permanentes Gut zu verwandeln. Es muss ihm gelingen, die Sehnsucht nach dem Licht in Lebenskraft umzuwandeln. Was aber dennoch bleibt, ist eine tiefe Ergriffenheit, ein Leben lang. Was die Betroffenen ebenfalls ein Leben lang begleitet, ist eine gewisse Sterbesehnsucht. Die Sehnsucht, endlich wieder nach »Drüben« zu dürfen, ins Licht. Es fühlt sich an wie ein ständiges Heimweh, ein Sog von der anderen

Seite, wenn man so will. Für einen Menschen ohne Nahtod-Erfahrung kaum nachvollziehbar, aber für all diejenigen, die die Herrlichkeit des Jenseits gekostet haben, tägliches Verlangen. Denn die NTE bleibt ein Leben lang im Gedächtnis eingebrannt, sodass sich die Betroffenen selbst nach 50 Jahren noch an jedes Detail erinnern können. So, als wäre alles erst gestern passiert. Nur weniger als 5% haben das Gefühl, dass die Erinnerung an die NTE mit den Jahren allmählich verblasst. Die Integration der Erfahrung ist deshalb genauso wichtig wie das Erlebnis selbst. Denn eine Erfahrung, die nicht in den Alltag führt, ist ein Irrweg. Einfach deshalb, weil jeder wahre spirituelle Weg in den Alltag führt. Hier passieren die täglichen Herausforderungen des Lebens. Nach einer NTE gilt es daher, das Maß, das dem Betroffenen an Erfahrungen zugemessen wurde, zu ergreifen und es sowohl zu integrieren als auch zu nutzen. Dabei gilt es, mithilfe der Erfahrung erst einmal sich selbst zu entdecken. Dann geht es darum, die Erfahrung aus der NTE in den Alltag einzuarbeiten. Das dauert aber seine Zeit, deshalb setzen die Persönlichkeitsveränderungen nach einer NTE auch nicht sofort ein, sondern beginnen erst im Laufe der Jahre, mit der Auseinandersetzung des Erlebten. Wer es aber schafft, die Folgen aus seiner Erfahrung zu ziehen, der ist erleuchtet. Das bedeutet, ein erleuchtetes Leben zu führen, ist der Versuch, die Erfahrungen aus dem Erlebnis in den Alltag zu übertragen. Der Nutzen einer NTE hängt von daher ganz entscheidend davon ab, inwieweit der Betroffene die durch sie enthüllten Erkenntnisse in sein Verhalten integrieren kann. Wie gesagt, im besten Fall wird er oder sie zum Mystiker beziehungsweise zur Mystikerin.

In seltenen Fällen kann jedoch eine Nahtod-Erfahrung auch eine latent vorhandene Psychose auslösen. Das heißt, jemand ist nach einer Nahtod-Erfahrung nicht mehr ganz bei Verstand. Ebenso kann es vorkommen, dass Betroffene in den Mystizismus abgleiten. Das heißt, der Betroffene fängt an, hochtrabende metaphysische Theorien aufzustellen. Und letztlich ist auch ein Abgleiten in den Narzissmus möglich. Das bedeutet, die Betroffenen meinen, dass sie nicht mehr zur übrigen Menschheit gehören, weil sie über höhere Einsichten verfügen. Dadurch fühlen sie sich anderen überlegen. Man könnte in diesem Zusammenhang auch von einer spirituellen Hybris sprechen. Alle diese Sachverhalte muss ein Berater und Therapeut wissen und sich gut auskennen mit Nahtod-Erfahrungen, wenn er oder sie Betroffenen auf ihrem Weg wirklich helfen will. Ansonsten erhält er oder sie keinen Zugang zur Erlebniswirklichkeit des Klienten, und dann ist eine wirkliche Hilfe auch nicht mehr möglich. Von daher muss sich der Therapeut und Berater klar vor Augen halten, dass seine Reaktion auf das Erlebnis einen bedeutenden Einfluss darauf hat, ob es dem Betroffenen gelingt, seine Erfahrung zu verarbeiten, sie zu integrieren und für sein persönliches Wachstum zu nutzen. Und es muss ihm oder ihr klar sein, wie wichtig es ist, auch das Umfeld des Betroffenen mit in die Beratung und Therapie einzubeziehen. Gerade weil sich die Prioritäten und Lebensziele nach einer Nahtod-Erfahrung in der Regel verändern, was erhebliche Folgen für Freunde, Angehörige und Lebenspartner nach sich ziehen kann. So scheitern 70 bis 80% aller Ehen und Lebenspartnerschaften nach einer Nahtod-Erfahrung. Nur wenn sie vor der NTE wirklich auf einem stabilen Fundament standen, haben Beziehungen eine tatsächliche Überlebenschance. Ansonsten sind sie zum Scheitern verurteilt. Zu groß ist einfach das Unverständnis für die Lebenswirklichkeit der Nahtod-Erfahrenen und zu gering die Bereitschaft, all die Veränderungen in der Persönlichkeit dieser Menschen auch mittragen zu wollen. Die Wesensveränderungen können manchmal einfach zu radikal sein, sodass die Lebensziele beider nicht mehr zusammenpassen wollen. Wenn zum Beispiel ein Bankdirektor nach seinem Nahtod-Erlebnis plötzlich Krankenpfleger werden will, um anderen Menschen in Not zu helfen. Dann fragen sich die Angehörigen schon, wie denn von nun an die Villa, das Ferienhaus auf Mauritius, das Luxusauto sowie die Yacht in Zukunft finanziert werden sollen. Dem Nahtod-Erfahrenen selbst ist das dagegen völlig egal, denn Reichtum, Geld und Ansehen haben für ihn keine Bedeutung mehr. Was aber ihm wiederum viel bedeutet, nämlich das Leben an sich, das Interesse an Menschen und Beziehungen sowie das Streben nach bleibenden Werten, das wiederum kann für sein Umfeld völlig bedeutungslos sein. Und so sind Konflikte zuhauf schon vorprogrammiert. Man kann es auf einen Punkt bringen. Unter der Nahtod-Erfahrung eines Menschen können Freunde und Angehörige manchmal mehr leiden als der Betroffene selbst; denn das Umfeld versteht überhaupt nicht, was hier vor sich geht, warum der geliebte Mensch sich so sehr entfremdet. Bezieht man aber das Umfeld des Nahtod-Erfahrenen in die Beratung und Therapie mit ein, können alle Beteiligten die Folgeeffekte einer Nahtod-Erfahrung verstehen und nachvollziehen. Dabei können beide Seiten viel voneinander lernen und somit die gleichen Chancen erhalten, von dieser einzigartigen Erfahrung zu profitieren. Das gilt insbesondere für die Phase der Traurigkeit und Verwirrung, also für die ersten drei Jahre danach. Für den Berater und Therapeuten heißt das in erster Linie, so viele Informationen wie nur möglich über Nahtod-Erfahrungen sowie ihre Folgeeffekte zu vermitteln. Darüber hinaus muss er oder sie die Fähigkeit besitzen, aktiv und empathisch zuhören zu können. Der Nahtod-Erfahrene muss das Gefühl bekommen, in einem geschützten Raum sprechen zu können, wo man ihm mit Interesse begegnet. Dabei muss man ihm viel Zeit und Freiheit einräumen, damit er seine Erinnerungen formulieren kann, was nicht immer so einfach ist. Denn für das Erlebte fehlen einfach oft die Worte. Ein Nahtod-Erfahrener drückte es einmal so aus: Stellen sie sich vor, sie würden als Affe leben und für einen Tag die Gelegenheit erhalten, Mensch zu sein. Sie würden alles tun, was Menschen so tun. Das heißt Auto fahren, zur Arbeit gehen, vielleicht tauchen oder sogar den Weltraum bereisen. Und dann würden sie wieder Affe werden und müssten anderen Affen erklären, was sie erlebt haben. Aber eben nur mit den Mitteln, die Affen zur Verfügung haben. Dieses Beispiel macht deutlich, dass es während einer Beratung oder Therapie zwangsläufig zu Nachfragen kommen wird. Wenn diese formuliert werden, dann sollte der Berater oder Therapeut darauf achten, dass er mit seinen Fragen keine Gefühle wie Lächerlichkeit, Scham oder Schuld auslöst. Keinesfalls darf nämlich dem Nahtod-Erfahrenen mit Spott und Hohn begegnet werden. Am besten wäre es, das Gespräch in einer nicht bewertenden Weise zu führen. Und es ist wichtig, während des Gesprächs keinen Druck auszuüben. Und noch eines muss man an dieser Stelle Beratern wie Therapeuten mit auf den Weg geben. Seien Sie nicht erstaunt, wenn Ihr Klient beziehungsweise Ihre Klientin einen kurzen Augenblick klinisch tot war, aber drei Nachmittage über das Erlebnis berichten kann. Denn in der Dimension, in der sich Nahtod-Erfahrene bewegt haben, gibt es keine Zeit. Sie existiert dort nicht, zumindest nicht im irdischen Sinne. Seien Sie auch nicht erstaunt, wenn Ihnen Ihr Klient oder Ihre Klientin von seinem oder ihrem Erlebnis erzählt, so als wäre es gestern erst geschehen und sich während des Gespräches herausstellt, dass das Ereignis schon 40 Jahre zurückliegt. Halten Sie sich einfach vor Augen, dass sich eine Nahtod-Erfahrung regelrecht in das Gedächtnis eines Menschen einbrennt und in der Regel unauslöschlich ist. Von daher bleibt sie auch frisch im Gedächtnis, so als wäre sie tatsächlich gerade erst passiert. Und seien Sie bitte auch nicht von der Stärke der Transformation überrascht, die Ihnen begegnet. Denn eine Nahtod-Erfahrung vermag Persönlichkeitsveränderungen hervorzurufen, die 100 Psychotherapien nicht bewirken können. Vergegenwärtigen Sie sich einfach, dass die Individualität eines Menschen nach einer Nahtod-Erfahrung nicht verloren geht. Vielmehr ist es sogar so, dass sich die ursprünglichen Charakteristika der Persönlichkeit eher noch verstärken können. Das bedeutet, was auch immer für Stärken und Schwächen in der Persönlichkeit vorhanden waren, sie werden möglicherweise nach einer NTE noch stärker in Erscheinung treten. Das kann den Umgang mit Nahtod-Erfahrenen für den Berater und Therapeuten unter Umständen ganz schön schwierig machen.

Noch viel schwieriger sind die Probleme und Nöte bei Kindern mit Nahtod-Erfahrungen anzusprechen und zu identifizieren. Zwar machen Kinder im Grunde die gleichen NTE-Erfahrungen wie Erwachsene, und auch die Folgeerscheinungen sind die gleichen, trotzdem gibt es einige Unterschiede, die zu beachten sind. So kommen Nahtod-Erfahrungen bei Kindern wesentlich öfter vor als bei Erwachsenen. Erleben von den Erwachsenen im Schnitt etwa 10 bis 15 von 100 Personen mit Herz-Kreislauf-Stillstand, die erfolgreich wiederbelebt wurden, ein solches Ereignis, sind es bei den Kindern 85, die eine Nahtod-Erfahrung aufweisen. Kinder erinnern sich auch an ihre Nahtod-Erfahrung wesentlich häufiger als Erwachsene. Und es fällt ihnen offensichtlich infolge ihres frühen Erlebnisses entsprechend leichter, in ihrem späteren Erwachsenenleben die eigene Spiritualität anzunehmen und zu verstehen. Weitere Unterschiede zwischen Nahtod-Erfahrungen von Kindern und Erwachsenen bestehen darin, dass fast alle Kinder im Sterben das strahlende Licht sehen, während es bei den Erwachsenen weit weniger sind. Interessant ist auch, dass Kinder nie allein im Tunnel sind, sondern immer von Lichtwesen begleitet werden, während es sich bei den Erwachsenen fast immer genau andersherum verhält. Und es ist bemerkenswert, dass Kinder erst ab dem fünften Lebensjahr eine Lebensrückschau erhalten und nicht vorher. Also ab dem Alter, ab dem ihre eigene Persönlichkeit zunehmend in den Vordergrund drängt und sich das Ich-Bewusstsein bereits entwickelt hat. Kinder sind zu diesem Zeitpunkt durchaus in der Lage, über sich selbst und ihr Verhalten nachzudenken. Mit der Lebensrückschau werden Kinder während einer Nahtod-Erfahrung folglich erst dann konfrontiert, wenn sie ein erwachsenes Verständnis von sich als Selbst und ihrer Umwelt erlangt haben. Für die Beratung und Therapie von Kindern mit Nahtod-Erfahrungen müssen darüber hinaus noch ein paar weitere Aspekte berücksichtigt werden. So werden Kinder mit ihren Äußerungen oft nicht ernst genommen. Man glaubt ihnen auch weit weniger als Erwachsenen. Wer würde schon einem Kind Glauben schenken, wenn es darüber erzählt, dass es im Himmel bei Jesus war und dort auf einem bunten Pony geritten ist. Kinder besitzen auch keinen umfangreichen Wortschatz. Deshalb fällt es ihnen oft noch schwerer als Erwachsenen zu beschreiben, was sie erlebt oder gar durchgemacht haben. Im schlimmsten Fall kann das dazu führen, dass Kinder ihre Trauer, ihren Schmerz, ihre Verwirrung und ihre Wut nicht adäquat ausdrücken können. In der Folge können sie dadurch in die Isolation getrieben werden, wodurch sich bereits bestehende Konflikte noch weiter verschärfen. Deshalb haben Nahtod-Erfahrungen bei Kindern keine suizidabschreckende Wirkung und Suizidneigungen können sich bei ihnen eher noch verstärken. Auf diesen Aspekt sollte man folglich als Berater und Therapeut ein besonderes Augenmerk legen. Entdeckt man bei Kindern mit einer Nahtod-Erfahrung mögliche Suizidgefährdungen, so gilt es, diesen schnellstmöglich entgegenzuwirken. Dazu hat die Internationale Organisation für Nahtodstudien (IANDS) in den USA entsprechende Empfehlungen erarbeitet und herausgegeben, die hier in abgewandelter Form wiedergegeben werden sollen.

So empfiehlt die IANDS jedem Berater und Therapeuten, sich erst einmal gründlich mit dem Thema Nahtod-Erfahrungen vertraut zu machen. Dazu gehört natürlich das Studium der Literatur, wie auch, und das ist besonders wichtig, der Austausch mit Nahtod-Erfahrenen. Ferner gilt es aufmerksam zu sein, wenn ein Kind einen Herzstillstand erlitten hat oder anderweitig in Todesnähe war. Denn hier ist die Wahrscheinlichkeit sehr groß, dass dieses Kind eine Nahtod-Erfahrung hatte. Deshalb ist es wichtig, in diesen Fällen besonders vorsichtig zu sein und darauf zu achten, ob das Kind Merkmale beschreibt, die auf eine Nahtod-Erfahrung hindeuten könnten. Sollte dies der Fall sein, gilt es, vorsichtig offene Fragen zu stellen und dem Kind zu signalisieren, dass man Verständnis dafür hat, dass bestimmte Themen schwierig zu diskutieren sind. Wichtig ist auch, dem Kind aufmerksam zuzuhören und die Realität seiner Erfahrung zu respektieren. Deshalb sollte Diskretion gewahrt werden, für all das, was einem das Kind mitteilt. Gerade bei diesem Aspekt ist es von großer Bedeutung, dem Kind dabei zu helfen, dass es erkennt, mit wem und wann es über seine Nahtod-Erfahrung sprechen kann. Kinder, die eine Nahtod-Erfahrung erlebt haben, zeichnen sich nicht selten dadurch aus, dass sie ein gesteigertes Interesse daran haben, tiefe Gespräche über die Bedeutung und den Sinn des Lebens zu führen. Dabei wirken sie manchmal wie kleine Erwachsene. Darauf sollte man als Berater und Therapeut vorbereitet sein. Auch wenn das Kind ein vermehrtes Interesse an Spiritualität zeigt, kann man es dahingehend unterstützen und den Eltern empfehlen, darauf zu achten, wohin das Kind im Glauben tendiert: Ob es seinen Glauben in Form von Gebeten zum Ausdruck bringt oder nach Gottesdienstbesuchen verlangt. Vorbereitet sollte man als Berater und Therapeut auch darauf sein, das Kind durch die Veränderungen und Anpassungsphasen nach einer NTE zu führen. Ein guter Berater und Therapeut antizipiert solche Veränderungen und achtet auf erhebliche Anpassungsstörungen, die sich in Form von Alkohol- und Drogenmissbrauch, in Entzug, Depressionen und Selbsttötungsgedanken äußern können. In diesen Fällen können Kunst- und Musiktherapie sehr hilfreich sein. Auch eine Spieltherapie kann angezeigt sein, insbesondere, wenn das Kind zwei bis zehn Jahre alt ist. Es ist wichtig, das Kind dahingehend zu ermutigen, sowohl über seine Nahtod-Erfahrung als auch über seinen Anpassungsprozess zu schreiben. Ist das Kind noch zu klein dafür, können Zeichnen, Malen und Theaterspielen in Erwägung gezogen werden. Eltern sollten Tagebuch über die verschiedenen Phasen der Nahtod-Erfahrung ihres Kindes führen. Auf diese Weise können sie ihre Eindrücke und Erfahrungen mit dem Berater und Therapeuten teilen oder zu einem späteren Zeitpunkt mit ihrem Kind. Zum Abschluss noch einen letzten Satz, der allerdings nicht von der IANDS stammt. Er steht im Talmud, einem der bedeutendsten Schriftwerke des Judentums und besagt:

> »Wer ein Menschenleben rettet, dem wird es angerechnet, als würde er die ganze Welt retten. Und wer ein Menschenleben zu Unrecht auslöscht, dem wird es angerechnet, als hätte er die ganze Welt zerstört.«

Denken Sie daran, der Suizidwunsch eines Menschen ist oft ambivalent. Er will leben, nur so eben nicht. Der Suizidwunsch ist deshalb nicht der Wunsch nach dem Tod, sondern der Ruf nach Hilfe. An dieser Stelle deshalb mein Appell:

Lasen Sie uns Leben retten!
Lassen Sie uns die Welt retten!
Gemeinsam!

Literaturverzeichnis und Quellen

Atwater, P. M. H.: Children of the New Millennium: Children's Near-Death Experiences and the Evolution of Humankind, Three Rivers Press, 1999.

Atwater, P. M. H., Ring, Kenneth: Rückkehr vom Licht: Die Auswirkungen von Nahtod-Erfahrungen, Santiago Verlag, 2011.

Corcoran, D. K.: Helping patients who've had near-death experiences, Nursing: November 1988, Volume 18, Issue 11, S. 34–39.
file://bg48fs-mue10.ms.bgnet.de/HOME$/U22PLC/Downloads/_book_edcoll_9783657771929_BP000009-preview.pdf, Stand Juni 2022
file://bg48fs-mue10.ms.bgnet.de/HOME$/U22PLC/Downloads/Themenspecial_Weltreligionen%20(2).pdf, Stand Juli 2022

Greyson, B., Flynn, P.: The NearDeath Experience: Problems, Prospects, Perspectives. Springfield, USA: Charles C Thomas, 1984.

Greyson, B.: Near-death experiences precipitated by suicide attempt: Lack of influence of psychopathology, religion, and expectations, Journal of Near-Death Studies volume 9, S. 183–188, März 1991.

Imhof, Beat: Wie auf Erden so im Himmel: Wie das Leben als Mensch das Leben im Jenseits bestimmt, Aquamarin Verlag, 3. Auflage, 2013.

Jakoby, Bernard: Wir sterben nie: Was wir heute über das Jenseits wissen können, Rowohlt Taschenbuch Verlag, 5. Auflage, Januar 2009.

Kamphausen, Klaus: Exit – Ende gut, Alles gut: Das Lebensende als letzte Herausforderung, Komplett-Media, 2012.

Knoblauch, H., Soeffner, H. G., Todesnähe: Interdisziplinäre Zugänge zu einem außergewöhnlichen Phänomen, UVK Universitätsverlag Konstanz GmbH, 1999.

Moody, Raymond A., Leben nach dem Tod, Weltbild Verlag, 1977.

Morris, L. L., Knafl, K.: The Nature and Meaning of the Near-Death Experience for Patients and Critical Care Nurses, Journal of Near-Death Studies Volume 21, S. 139–167, März 2003.

Nedoma, Robert: »Selbsttötung«, in: Hoops, Johannes: Reallexikon der Germanischen Altertumskunde, hrsg. v.: Heinrich Beck u.a., Berlin. New York 2007.

Plackov, Sascha: Das Leib-Seele-Problem im Licht der Nahtod-Erfahrungen: Band 1 und 2, Frieling & Huffmann, 1. Edition, 2021.

Ring, K., Franklin, S.: Do Suicide Survivors Report Near-Death Experiences?, OMEGA - Journal of Death and Dying, Volume 12, Issue 3, S. 191–208, Mai 1982.

Ring, K., Life at Death: A Scientfic Investigation of the Near-Death Experience.

New York: Coward, McCann and Geoghegan, 1980 (and New York: Quill, 1982).

Rommer, Barbara: Der verkleidete Segen: Erschreckende Nah-Todeserfahrungen und ihre Verwandlung, Santiago Verlag, 1. Auflage 2004.

Schröter-Kunhardt, M.: Nah-Todeserfahrungen, Transpersonale Psychologie und Psychotherapie, 55–64, 2/2005.

Séguin, Monique, Huon, Philippe : Le suicide: Comment prévenir, comment intervenir, Les Editions Logiques, April 2000.

Sutherland, C.: Changes in religious beliefs, attitudes, and practices following near-death experiences: An Australian study, Journal of Near-Death Studies Volume 9, S. 21–31, September 1990.

Waak, Anne, Der freie Tod: Eine kleine Geschichte des Suizids, Blumenbar/Aufbau-Verlag, November 2016.

World Health Organisation, Suicide worldwide in 2019, Global Health Estimates, Publication: 16. Juni 2021.

http://biblipedia.de/2019/07/06/die-spaltung-getrennte-wege-der-kirche-und-israels/, Stand Juli 2022

http://certamencarolinum.de/dokus/vortragcatharinaconzen.pdf, Stand Juni 2022

http://www.hellenicaworld.com/Greece/Mythology/de/Moiren.html#:~:text=Die%20Moiren%20(griechisch%20%CE%BC%CE%BF%CE%AF%CF%81%CE%B5%CF%82%20von,(oder%20auch%20der%20Ananke).&text=Personifiziert%20finden%20sich%20Klotho%2C%20die,Atropos%2C%20die%20den%20Lebensfaden%20abschneidet., Stand Juni 2022

http://www.kriseninterventionszentrum.at/wp-content/uploads/2018/03/Praeventiv-Suizid_Angehoerige_Online_Doppelseiten.pdf, Stand Februar 2022

https://baum-der-religionen.de, Stand Juni 2022

https://beratung.de/recht/ratgeber/sterbehilfe-unter-welchen-umstaenden-erlaubt-und-wann-strafb_fmzqer#:~:text=%E2%80%8CIm%20Februar%202020%20folgte%20schlie%C3%9Flich%20das%20Urteil%20des,erlaubt%2C%20bedarf%20jedoch%20immer%20der%20Einwilligung%20des%20Sterbewilligen.,Stand April 2022

https://brasilienportal.ch/kultur/ureinwohner-in-brasilien/indio-voelker-brasiliens/zuruaha/, Stand März 2022

https://core.ac.uk/download/pdf/287869884.pdf, Stand September 2022

https://de-academic.com/dic.nsf/dewiki/1553642, Stand März 2022

https://de.knowledgr.com/07706382/buddhismusundderk%C3%83%C2%B6rper, Stand Juni 2022

https://dewiki.de/Lexikon/Sirene_(Mythologie), Stand Juni 2022 https://de.wikipedia.org/wiki/Antigone#:~:text=Als%20der%20Seher%20Teiresias%20jedoch,auch%20Haimon%20den%20Freitod%20w%C3%A4hlt., Stand Juni 2022

https://de.wikipedia.org/wiki/Gespr%C3%A4ch_eines_Lebensm%C3%BCden_mit_seiner_Seele, Stand Mai 2022

https://de.wikipedia.org/wiki/Jenseits, Stand August 2022

https://de.wikipedia.org/wiki/Mord_(Deutschland), Stand Februar 2022

https://de.wikipedia.org/wiki/Parthenope_(Mythologie), Stand Juni 2022

https://de.wikipedia.org/wiki/Peoples_Temple, Stand Februar 2022

https://de.wikipedia.org/wiki/Seneca, Stand Juni 2022

https://de.wikipedia.org/wiki/Trugbild, Stand August 2022

https://de.wikisource.org/wiki/Das_vierte_Buch_der_Makkabäer, Stand Juni 2022

https://d-nb.info/1053635796/34, Stand Juni 2022

https://fisg.ch/mm/Deiss_Abschluss_WP_11-12.pdf, Stand Oktober 2022

https://hpd.de/artikel/suizid-kein-widerspruch-zur-ordnung-natur-15812, Stand Juni 2022

https://iands-org.translate.goog/childrens-near-death-experiences.html?_x_tr_sl=en&_x_tr_tl=de&_x_tr_hl=de&_x_tr_pto=sc, Stand November 2022

https://ifightdepression.com/webinar/?gclid=EAIaIQobChMIo8-Xs9uu9wIVDYxoCR2XbAgxEAAYASAAEgIThvD_BwE, Stand April 2022

https://karl-schlecht.de/fileadmin/daten/Download/Buecher/eurich/Eurich_Spiritualitaet_und_Ethik_red.pdf, Stand Juli 2022

https://klexikon.zum.de/wiki/Jenseits, Stand August 2022

https://koeln.efl-beratung.de/fileadmin/koeln/infothek/fachartikel/Was_beginnt__wenn_jemand_sein_Leben_beendet.pdf, Stand Februar 2022

https://lexikon.stangl.eu/455/suizid, Stand Februar 2022

https://orf.at/stories/3233892/, Stand Mai 2022

https://philosophisches-jahrbuch.de/wp-content/uploads/2019/10/PJ111_S62-89_Busche_Darf-man-sich-selbst-t%C3%B6ten.pdf, Stand Juli 2022

https://pib.socioambiental.org/en/Povo:Zuruahã, Stand März 2022

https://profjohannesfischer.de/wp-content/uploads/2020/11/Medizin-und-Spiritualit%C3%A4t.pdf, Stand Juli 2022

https://programm.ard.de/?sendung=283855749706217, Stand Februar 2022

https://psychische-hilfe.wien.gv.at/fakten/suizidpraevention/notfall-und-krisensituationen-soforthilfe/wie-erkennen-sie-dass-jemand-suizidgefaehrdet-ist/, Stand April 2022

https://spirit-online.de/?gclid=EAIaIQobChMI3v7X5uCE-QIVh53VCh1-lQi2EAMYAiAAEgJVHPD_BwE, Stand Juli 2022

https://stoisch-bleiben.de/stoiker/seneca/, Stand Juni 2022

https://stoisch-bleiben.de/stoiker/zenon-von-kition/, Stand Juni 2022

https://sumikai.com/japan-erleben/kamikaze-war-der-tod-freiwillig-142671/, Stand Februar 2022 https://taz.de/Prozess-um-Beihilfe-zur-Selbsttoetung/!5845251/, Stand Mai 2022

https://unipub.uni-graz.at/obvugrhs/download/pdf/216537?originalFilename=true, Stand Juli 2022

https://weblogographic.com/what-is-difference-between-ethics, Stand Juli 2022

https://wiki.yoga-vidya.de/Realit%C3%A4t, Stand August 2022

https://wiki.yoga-vidya.de/Trugbild, Stand August 2022

https://www.abitur-und-studium.de/Blogs/Stiftung-Deutsche-Depressionshilfe/Suizidpraevention-4-Ebenen-Intervention-von-EU-als-best-practice-ausgezeichnet, Stand April 2022

https://www.aerzteblatt.de/nachrichten/105842/WHO-Alle-40-Sekunden-stirbt-ein-Mensch-durch-Suizid, Stand Februar 2022

https://www.aerzteblatt.de/nachrichten/124816/WHO-Jeder-hundertste-Todesfall-weltweit-ist-ein-Suizid, Stand Februar 2022

https://www.aerztezeitung.de/Kongresse/Suizidassistenz-Aerzteparlament-wagt-sich-in-ethisches-Neuland-vor-419394.html, Stand April 2022

https://www.aerztezeitung.de/Politik/Suizid-gefaehrdet-Experten-uneins-ueber-die-Ursachen-415723.html, Stand Februar 2022

https://www.agus-selbsthilfe.de/fileadmin/common/broschueren/downloads/kirche_umgang_mit_suizid.pdf, Stand Mai 2022

https://www.anwalt.org/mord/, Stand Februar 2022

https://www.apotheken.de/krankheiten/hintergrundwissen/4665-selbstmord, Stand Februar 2022

http://www.archiv.soziologie.phil.uni-erlangen.de/system/files/9.07._freitod-selbstmord.pdf, Stand Mai 2022

https://www.bibelkommentare.de/lexikon/2568/nebukadnezar, Stand Juni 2022

https://www.bibelwissenschaft.de/wirelex/das-wissenschaftlich-religionspaedagogische-lexikon/wirelex/sachwort/anzeigen/details/suizid-1/ch/05c50fff97d14c3f2d0c0cbdfe2c83dd/#h8, Stand Juli 2022

https://www.br.de/nachrichten/wissen/faq-sterbehilfe-die-wichtigsten-fragen-und-antworten,RrPJwaX, Stand April 2022

https://www.br.de/themen/religion/tod-sterben-hinduismus-100.html, Stand Juni 2022

https://www.bundesverband-bestattungsbedarf.de/blog/mit-gottes-segen-die-kirchliche-bestattung-suizidtoter/1927/, Stand Juli 2022

https://www.bundesverfassungsgericht.de/SharedDocs/Pressemitteilungen/DE/2020/bvg20-012.html#:~:text=Die%20selbstbestimmte%20Verfügung%20über%20das,wenngleich%20letzter%2C%20Ausdruck%20von%20Würde., Stand Mai 2022

https://www.cdl-rlp.de/Unsere_Arbeit/Sterbehilfe/Sterbehilfe-in-Europa.html, Stand April 2022 https://www.churchofjesuschrist.org/study/broadcasts/first-presidency-christmas-devotional/2016/12/prophetic-announcements-of-christs-birth?lang=deu, , Stand Juli 2022

https://www.daserste.de/unterhaltung/film/themenabend-selbstbestimmtes-sterben/rechtslage-deutschland-100.html, Stand April 2022

https://www.degruyter.com/document/doi/10.1515/spircare-2020-0105/html?lang=de, Stand Juli 2022

https://www.deutsche-depressionshilfe.de/depression-infos-und-hilfe/depression-in-verschiedenen-facetten/suizidalitaet, Stand Februar 2022

https://www.deutschesgesundheitsportal.de/wp-content/uploads/pdfs/suizidpraevention-4-ebenen-intervention-von-eu-als-best-practice-ausgezeichnet.pdf, Stand April 2022

https://www.deutschesgesundheitsportal.de/2020/09/10/suizidpraevention-4-ebenen-intervention-von-eu-als-best-practice-ausgezeichnet/, Stand April 2022

https://www.deutschlandfunk.de/als-sich-das-judentum-und-das-christentum-voneinander-100.html, Stand Juli 2022

https://www.doctors.today/home/a/wenn-die-krankheitseinsicht-fehlt-1627369, Stand April 2022

https://www.domradio.de/artikel/die-frage-nach-dem-warum-bleibt-fuer-immer-angehoerige-leiden-lebenslang-unter-einem-suizid, Stand Februar 2022

https://www.duhocchina.com/wiki/de/Suruahà, Stand März 2022

https://www.esoterikforum.at/threads/meine-Nahtod-Erfahrung-ich-habe-bei-versuchtem-selbstmord-die-hoelle-gesehen-die-gibts.113229/, Stand November 2022

https://www.evolution-mensch.de/Anthropologie/Zuruahã, Stand Februar 2022

https://www.fachdidaktik.klassphil.uni-muenchen.de/forschung/exkursionen/exkursion/referate/wesselsky.pdf, Stand Juni 2022

https://www.fachverbaende.net/vfp/no-jos/pruef/pruef_arb/08.pdf, Stand Juni 2022

https://www.focus.de/gesundheit/ratgeber/depression/neue-wege-aus-der-depression-mit-einem-angstbluetenweissen-hemd-betrat-ich-die-klinik_id_5368171.html, Stand Mai 2022

https://www.galileo.tv/natur/fata-morgana-bedeutung-des-begriffs-und-wie-die-trugbilder-entstehen/, Stand August 2022

https://www.geo.de/geolino/mensch/9167-rtkl-weltreligionen-der-islam-entstehung-und-grundpfeiler-der-weltreligion, Stand Juli 2022

https://www.geo.de/geo-tv/10599-rtkl-cunaha-tod-im-regenwald, Stand März 2022

https://www.gesundheit.gv.at/leben/suizidpraevention/angehoerige/warnsignale, Stand April 2022

https://www.gesundheit.gv.at/leben/suizidpraevention/wissenswertes/was-ist-suizid, Stand Februar 2022 https://www.glaube.at/impulse/erf-sued/article/1000004412-gottes-heilsplan/, Stand Juli 2022

https://www.goethe.de/de/kul/ges/eu2/mue/21480851.html, Stand August 2022

https://www.grin.com/document/103785, Stand August 2022

https://www.grin.com/document/307481, Stand Juni 2022

https://www.hanisauland.de/wissen/lexikon/grosses-lexikon/r/religion.html, Stand Juli 2022

https://www.hausarbeiten.de/document/375638, Stand Juli 2022

https://www.herder.de/hk/hefte/spezial/komm-suesser-tod-konflikte-am-lebensende/gleitflug-ins-licht-wissenschaftliche-erkenntnisse-ueber-Nahtod-Erfahrungen/, Stand August 2022

https://www.hospiz.at/es-ist-geschafft-ein-gesetz-im-sinne-der-menschlichkeit/, Stand Mai 2022

https://www.jesus.ch/information/jesus/biografie/auftreten_und_wirken, Stand Juli 2022

https://www.juraforum.de/lexikon/jenseits, Stand August 2022

https://www.juraforum.de/lexikon/suizidgefahr, Stand April 2022

https://www.kriminalpolizei.de/ausgaben/2007/maerz/detailansicht-maerz/artikel/einblicke-und-erklaerungsansaetze-zum-suizid.html, Stand Februar 2022

https://www.lernhelfer.de/schuelerlexikon/geschichte/artikel/die-fuenf-saeulen-des-islam, Stand Juli 2022

https://www.maennergesundheitsportal.de/aktuelles/aktuelle-meldungen/neueste-suizidstatistik-9206-suizide-in-deutschland-2020/, Stand Februar 2022

https://www.mdr.de/wissen/fragebogen-nahtod-erlebnis-100.html, Stand September 2022

https://www.mittelalter-lexikon.de/wiki/Eselsbegr%C3%A4bnis, Stand Juli 2022

https://www.muromachi.de/informationen-zum-karate/kultur-japans/seppuku/, Stand Februar 2022

https://www.naspro.de/dl/Suizidzahlen2020.pdf, Stand Februar 2022

https://www.ndr.de/kultur/Sterbehilfe-Was-ist-in-Deutschland-erlaubt-was-strafbar,sterbehilfe386.html, Stand April 2022

https://www.ndr.de/kultur/Selbstbestimmtes-Sterben-Kein-Recht-auf-Suizid-Mittel,sterbehilfe390.html, Stand April 2022

https://www.netdoktor.de/krankheiten/suizidalitaet/, Stand Februar 2022

https://www.neurologen-und-psychiater-im-netz.org/kinder-jugendpsychiatrie-psychosomatik-und-psychotherapie/warnzeichen/suizidabsichten-suizidversuch/moegliche-ursachen, Stand Februar 2022

https://www.orthpedia.de/index.php/7_Makkabäer,_hll._Märtt,_und_ihre_Mutter_Solomonia, Stand Juni 2022 https://www.parlament.gv.at/PAKT/VHG/XXVII/ME/ME_00150/imfname_1006947.pdf, Stand Mai 2022

https://www.pharmazeutische-zeitung.de/medikamente-zur-sterbehilfe-ab-2022-aus-der-apotheke-130314/, Stand Mai 2022

https://www.planet-wissen.de/gesellschaft/tod_und_trauer/selbsttoetung/index.html, Stand Mai 2022

https://www.prevention-suicide.lu/de/fuer-fachleute/suizid-verstehen/, Stand April 2022

https://www.psychosoziale-gesundheit.net/pdf/Int.1-Suizidalitaet(0).pdf, Stand Juni 2022

https://www.quarks.de/gesellschaft/sterbehilfe-deshalb-ist-die-rechtslage-so-verwirrend/,Stand April 2022

https://www.religionen-entdecken.de/fragen/2735/wie-starb-jesus-nach-dem-koran, Stand Juli 2022

https://www.religionen-entdecken.de/lexikon/a/achtfacher-pfad-der-erkenntnis, Stand Juni 2022

https://www.religionen-entdecken.de/lexikon/s/selbsttoetung-im-buddhismus, Stand Juni 2022

https://www.religionen-entdecken.de/lexikon/c/christentum, Stand Juli 2022

https://www.religionen-entdecken.de/lexikon/f/freitagsgebet, Stand Juli 2022

https://www.religionen-entdecken.de/lexikon/n/Nirvana, Stand August 2022

https://www.religionen-entdecken.de/lexikon/s/selbsttoetung-im-christentum, Stand Juli 2022

https://www.religionen-entdecken.de/lexikon/s/selbsttoetung-im-hinduismus, Stand Juni 2022

https://www.religionen-entdecken.de/lexikon/s/selbsttoetung-im-islam, Stand Juli 2022

https://www.religionen-entdecken.de/lexikon/s/selbsttoetung-im-judentum, Stand Juli 2022

https://www.religionen-entdecken.de/lexikon/z/zehn-gebote-im-judentum, Stand Juli 2022

https://www.ruhr-uni-bochum.de/malakow/mam/zme/materialien/mm-136.pdf, Stand Juli 2022

https://www.sonntagsblatt.de/artikel/glaube/selbsttoetung-im-lichte-von-nahtod-erfahrungen-wenn-suizidale-aus-der-todeszone, Stand Oktober 2022

https://www.sonntagsblatt.de/artikel/glaube/was-bedeuten-tod-und-auferstehung-fuer-christen, Stand August 2022

https://www.sozialministerium.at/Themen/Gesundheit/Medizin-und-Gesundheitsberufe/Medizin/Sterbeverf%C3%BCgung.html, Stand Mai 2022 https://www.spiegel.de/geschichte/massenselbstmord-von-jonestown-1978-a-948013.html, Stand Februar 2022

https://www.spiritualresearchfoundation.org/de/spirituelle-praxis/spirituelle-wege/was-ist-spiritualitaet/?gclid=EAIaIQobChMIq7jHweSE-QIVEdtRCh2lAAq1EAAYAiAAEgID4PD_BwE, Stand Juli 2022

https://www.stiftung-patientenschutz.de/uploads/docs/Sterbehilfe_in_Europa_Strafbarkeit_04_22.pdf, Stand April 2022

https://www.stiftung-patientenschutz.de/uploads/docs/Sterbehilfe_Europa_Uebersicht_20161026.pdf, Stand April 2022

https://www.strafrecht-bundesweit.de/strafrecht-kanzlei-verzeichnis/toetungsdelikte-und-kapitalstrafsachen-wie-mord-totschlag/, Stand Februar 2022

https://www.studierendenberatung.at/persoenliche-probleme/selbstmordgedanken-absichten/warum-sich-menschen-das-leben-nehmen/, Stand Februar 2022

https://www.suedkurier.de/ueberregional/politik/Im-Koran-ist-Toeten-streng-verboten-Interview-mit-dem-Mit-Organisator-der-Demonstration-von-Muslimen-in-Koeln;art410924,9294478, Stand Juli 2022

https://www.suedkurier.de/ueberregional/wissenschaft/Die-10-groessten-Religionen-und-Glaubensrichtungen;art1350069,10389587, Stand Juni 2022

https://www.suizidpraevention.de/wissen/suizidstatistiken/suizide-2020/, Stand Februar 2022

https://www.swr.de/swr2/wissen/sterbehilfe-in-deutschland-die-schwierige-neuregelung-swr2-wissen-2021-03-25-100.html?msclkid=552ae109cf6711ec8b60bc6ac8a08812, Stand Mai 2022

https://www.tagesschau.de/inland/gesellschaft/sterbehilfe-deutschland-101.html, Stand Mai 2022

https://www.swr.de/swr2/wissen/suizid-verhindern-was-fachkraefte-und-laien-tun-koennen-swr2-wissen-2020-08-24-102.html, Stand Februar 2022

https://www.tagesspiegel.de/kultur/meine-stirn-deine-locke/672260.html, Stand Juni 2022

https://www.telefonseelsorge.de/wp-content/uploads/2020/05/Handbuch-Suizidpraevention.pdf, Stand April 2022

https://www.test.de/Sterbehilfe-Was-in-Deutschland-erlaubt-ist-5559399-0/#:~:text=Sterbe%C2%ADhilfe%20Was%20in%20Deutsch%C2%ADland%20erlaubt%20ist%201%20Eine,...%207%20Ein%20Sterbewil%C2%ADliger%20zieht%20vor%20Gericht.%20, Stand April 2022

https://www.theo-web.de/zeitschrift/ausgabe-2002-01/hemel02-1-2.pdf, Stand Juli 2022

https://www.therapie.de/psyche/info/index/diagnose/suizid/gruende-selbsttoetungsabsichten-suizidalitaet/, Stand Februar 2022

https://www.therapie.de/psyche/info/index/diagnose/suizid/hilfsangebote-therapien/, Stand Oktober 2022 https://www.thieme-connect.com/products/ejournals/pdf/10.1055/a-1107-1877.pdf, Stand Juni 2022

https://www.trenfo.com/de/biografii-2/pythagoras-2, Stand Juni 2022

https://www.webmick.de/de/konnte-gott-suende-nicht-ohne-das-blut-des-lammes-vergeben.php, Stand Juli 2022

https://www.welt.de/geschichte/article149028213/Was-die-Selbstmordattentaeter-wirklich-antreibt.html, Stand Februar 2022

https://www.welt.de/wissenschaft/article7013319/Was-man-sich-vom-Judaslohn-heute-kaufen-koennte.html, Stand Juni 2022

https://www.wienerzeitung.at/nachrichten/wissen/geschichte/2146275-Lebenslust-und-Ausschweifung.html, Stand Juni 2022

https://www.wiki.de-de.nina.az/Zuruaha.html, Stand März 2022

https://www.wissen.de/bildwb/das-religioese-leben-der-griechen-opfer-und-orakel, Stand Juni 2022

https://www.wissenstagebuch.com/2011/07/21/i-thales-oder-die-geburt-der-philosophie/#:~:text=Die%20Philosophie%20sei%20aber%20erst,als%20erster%20Philosoph%20der%20Geschichte., Stand Juni 2022

https://www.wo-ist-gott.info/beweise-fuer-gott/ Nahtod-Erlebnisse/ich-habe-die-hoelle-gesehen-zdf-dokumentation.php, Stand November 2022

https://www.xn--dipus-iua.com/, Stand Juni 2022

https://www.zeit.de/zeit-wissen/2011/03/Will-wissen?utm_referrer=https%3A%2F%2Fwww.google.de%2F, Stand August 2022

http://www.zeno.org/Eisler-1912/A/Hegesias+aus+Kyrene, Stand Juni 2022

https://www.zobodat.at/pdf/Sitz-Ber-Akad-Muenchen-phil-hist-Kl_1937_0001-0068.pdf, Stand Mai 2022

https://www.zobodat.at/pdf/Sitz-Ber-Akad-Muenchen-phil-hist-Kl_1992_0001-0034.pdf, Stand Juni 2022

https://www.147.ch/de/persoenliche-probleme/suizidgedanken/warnsignale-fuer-suizid/, Stand April 2022

Danksagung

Zum Schluss ist es immer an der Zeit zurückzublicken, um all jenen herzlich zu danken, die dafür Sorge getragen haben, dass aus einer Idee und vielen losen Blättern, ein zusammenhängendes Buch geworden ist. Auch wenn es für den einen oder anderen vielleicht etwas befremdlich klingen mag, danke ich zuallererst dem Heiligen Geist, der mir in einem mystischen Moment die Anregung sowie die Worte für dieses Buch eingegeben hat. Mediales oder mystisches Schreiben wird so etwas genannt. Man könnte auch göttliche Inspiration dazu sagen. Alle Menschen können das Erlernen und unmittelbar anwenden. Es gibt nur zwei Voraussetzungen dafür: Tiefer Glaube und aufrichtiges Gebet. Gott wartet nur darauf, denn sein Weinberg ist groß, aber es gibt nur wenige Arbeiter.

Mein Dank gilt aber auch vor allem den Nahtod-Erfahrenen, die sich bereit erklärt haben, an der vorliegenden Studie teilzunehmen und den Mut besaßen, über zwei absolute Tabuthemen gleichzeitig zu sprechen. Ohne sie hätte es diese Studie nie gegeben und damit auch nicht die Ergebnisse und Einsichten, die sie uns gebracht hat. Es bleibt für die empirische Jenseitsforschung zu hoffen, dass in Zukunft gleichermaßen Menschen mit Erfahrungen aus der Todesnähe die Beherztheit finden und ihr Schweigen brechen. Dies wäre Hilfe zur Selbsthilfe, denn nur so können wir Wissenschaftler brauchbare Ergebnisse erzielen, die der Welt zeigen, dass Nahtod-Erfahrungen keine Hirngespinste sind und Nahtod-Erfahrene folglich auch keine Wirrköpfe.

Danken möchte ich desgleichen meiner lieben Frau Christiane für das Korrekturlesen und das geduldige Zuhören. Danke für all die vielen Stunden und Jahre, in denen Du auf mich verzichtet hast, damit ich in Ruhe arbeiten und meiner Lebensaufgabe nachgehen konnte.

Ebenso bin ich meiner Lektorin Frau Annerose Sieck für die Durchsicht und der Geschäftsführerin des Crotona Verlages Frau Annette Wagner für die Umschlaggestaltung und Umsetzung zu Dank verpflichtet. Ich hoffe, dass ich Ihnen nicht allzu viel Mühe bereitet habe und sich die Fehler in erträglichen Grenzen hielten. Danke auch für die hervorragende Betreuung, die vielen kostbaren Hinweise, die ich von Ihnen erhalten habe sowie für die professionelle Realisierung des eingereichten Manuskripts.

Möge Gott es allen Beteiligten lohnen!

Abbildungsnachweis

Abbildung 1: Abgewandelt nach WHO Global Health Estimates 2000-2019, mit freundlicher Genehmigung

Abbildung 2: Abgewandelt nach WHO © Statistisches Bundesamt (Destatis), 2021, mit freundlicher Genehmigung

Abbildung 3: Abgewandelt nach DGS, Suizide in Deutschland 2020, mit freundlicher Genehmigung

Abbildung 4: Abgewandelt nach DGS, Suizide in Deutschland 2020, mit freundlicher Genehmigung

Abbildung 5: Abgewandelt nach DGS, Suizide in Deutschland 2020, mit freundlicher Genehmigung

Abbildung 6: Abgewandelt nach DGS, Suizide in Deutschland 2020, mit freundlicher Genehmigung

Abbildung 7: Abgewandelt nach DGS, Suizide in Deutschland 2020, mit freundlicher Genehmigung

Abbildung 8: Abgewandelt nach DGS, Suizide in Deutschland 2020, mit freundlicher Genehmigung

Tabelle 1: Copyright Sascha Plackov

Tabelle 2: Copyright Sascha Plackov

Tabelle 3: Copyright Sascha Plackov

Tabelle 4: Copyright Sascha Plackov

Evelyn Elsaesser
Nachtod-Kontakte
Spontane Begegnungen mit Verstorbenen
Mit einem Vorwort von Pim van Lommel

In den letzten zwanzig Jahren haben die sogenannten „Nahtod-Erfahrungen" im Bewusstsein einer breiten Öffentlichkeit große Anerkennung gefunden. Sie haben bei vielen Menschen die Gewissheit verstärkt, dass es ein Leben nach dem Ablegen der physischen Hülle gibt.
Noch weitgehend unerforscht ist dagegen das Phänomen der „Nachtod-Kontakte", in dem es um das spontane Auftreten von meist erst vor Kurzem verstorbenen Freunden oder Angehörigen geht. Evelyn Elsaesser gilt als eine der profiliertesten Forscherinnen auf diesem Feld und legt hier die erste umfassende Studie zu einem noch kaum untersuchten Gebiet der modernen Sterbeforschung vor.
Das Buch liefert nicht nur eine Reihe von faszinierenden Erfahrungen aus erster Hand, sondern lässt auch wissenschaftliche Stimmen zu Wort kommen, die durchaus kritisch ausfallen können.
Eine faszinierende Studie zu einem der ungewöhnlichsten Phänomene der Gegenwart!
ISBN: 978-3-86191-113-5

Joachim Nicolay und Wilfried Kuhn
Im Angesicht der Ewigkeit
Faszinierende Erklärungen
von Nahtod-Erfahrungen
aus der Sicht der Wissenschaft
Beeindruckende Erfahrungsberichte und faszinierende Erklärungen der Wissenschaft!
Die wissenschaftlichen Untersuchungen zu Nahtod-Erfahrungen oder Nachtod-Kontakten stellen noch ein relativ junges Forschungsgebiet dar. Trotzdem liegen bereits beeindruckende Erklärungsmodelle vor, die ganz unterschiedliche Bereiche der Wissenschaft umfassen. Dabei reicht das Spektrum von Biologen über Quantenphysiker bis hin zu Theologen. Jeder Wissenschaftler blickt aus seiner Perspektive und gewinnt dadurch ganz spezifische Einsichten.
Erstmals sind in diesem Buch zahlreiche der bahnbrechenden Arbeiten zu Nahtod-Erfahrungen in einem Band vereinigt. Ein Meilenstein in der Erforschung eines der wichtigsten Phänomene der Gegenwart!
ISBN: 978-3-86191-240-8